वस्तुनिष्ठ

विज्ञान एवं प्रौद्योगिकी

सिविल सेवा प्रारंभिक परीक्षा

G K Publications (P) Ltd

CL MEDIA (P) LTD.

Edition : 2020

ISBN : **978-93-89573-79-4**

Typeset by : *CL Media DTP Unit*

Administrative and Production Offices

Published by : **CL Media (P) Ltd.**
A-45, Mohan Cooperative Industrial Area,
Near Mohan Estate Metro Station,
New Delhi - 110044

Marketed by : **G.K. Publications (P) Ltd.**
A-45, Mohan Cooperative Industrial Area,
Near Mohan Estate Metro Station,
New Delhi - 110044

For product information :
Visit ***www.gkpublications.com*** or email to ***gkp@gkpublications.com***

विषय-सूची

प्रकाशक के विचार

यह पुस्तक विज्ञान एवं प्रौद्योगिकी विषय पर उच्च गुणवत्ता वाले वस्तुनिष्ठ प्रश्नों का एक संग्रह है जिसमें विज्ञान के विषय भी शामिल हैं। प्रश्न पूरी व्याख्याओं के साथ दिए गए हैं और इस प्रकार यूपीएससी सिविल सेवा प्रारंभिक परीक्षा और अन्य राज्य लोक सेवा आयोग की परीक्षाओं की तैयारी करने वाले उम्मीदवारों के लिए एक मूल्यवान स्रोत होगा।

प्रारंभिक परीक्षा में पूछे गए कुल बहुविकल्पीय प्रश्नों (MCQ) का लगभग 15% विज्ञान एवं प्रौद्योगिकी से संबंधित विषयों से होते हैं।

कानून एवं कला संकायों के उम्मीदवारों को आमतौर पर विज्ञान एवं प्रौद्योगिकी के मुद्दों को समझने में कठिनाई हो सकती है। कम से कम प्रत्यक्ष प्रश्नों के साथ, और बहु-विषयक प्रकार के प्रश्नों के लिए, उम्मीदवार निश्चित रूप से इस पुस्तक को उनकी तैयारी में एक भरोसेमंद साथी पाएंगे। यह पुस्तक छात्रों को नए विश्वास के साथ इस चुनौती का सामना करने में सक्षम बनाने का एक ईमानदार प्रयास है।

प्रश्नों को विज्ञान एवं प्रौद्योगिकी से संबंधित विभिन्न उपशीर्षकों में विभाजित किया गया है। इस पुस्तक में विज्ञान एवं प्रौद्योगिकी से संबंधित लगभग आठ सौ बहुविकल्पीय प्रश्नों (MCQ) को रखा गया है। हमें उम्मीद है कि उम्मीदवारों को यूपीएससी सिविल सेवाओं, राज्य सेवाओं और अन्य समान प्रतियोगी परीक्षाओं की तैयारी में इन प्रश्नों का संग्रह एक मूल्यवान स्रोत के रूप में प्राप्त होगा।

प्रकाशक

6. धूम्रपान किस प्रकार से स्तन कैंसर के खतरे को बढ़ाता है?

1. शरीर में स्तन कैंसर का जोखिम बढ़ाने वाले जीन BRCA2 की उपस्थिति में धूम्रपान करने से कैंसर होने की संभावना बहुत अधिक बढ़ जाती है।
2. BRCA2 उत्परिवर्तित जीन वाले किसी व्यक्ति में कैंसर से प्रभावित होने की संभावना लगभग 80 गुना अधिक होती है।
3. धूम्रपान डीएन को क्षतिग्रस्त करता है क्योंकि BRCA जीन में होने वाले उत्परिवर्तनों के कारण डीएनए स्वयं की प्रतिकृति बनाने में अक्षम हो जाता है।

निम्नलिखित कूटों की सहायता से सही उत्तर चुनिए :

(a) केवल 1 और 2 (b) केवल 2 और 3

(c) केवल 1 और 3 (d) 1, 2 और 3

7. बढ़ती हुई कार दुर्घटनाएं चिंता का विषय है। सीट बेल्ट और एयर बैग के प्रयोग से दुर्घटनाओं से होने वाली मृत्यु की संख्या में कमी आ सकती है। एयर बैग किस प्रकार कार्य करता है?

(a) हवा से भरे हुए एक थैले को वाहन में लगा दिया जाता है और सामने से होने वाली टक्कर की स्थिति में सेंसर बैग को फेंक देता है।

(b) वाहन के अंदर एक खाली थैला लगा दिया जाता है जो इंजन के कंप्रेशर से उत्पन्न होने वाले प्रतिबल द्वारा एक मिलीसेकंड में हवा द्वारा भर जाता है।

(c) टक्कर के बाद, सेंसर लाल फॉस्फोरस को प्रज्जवलित कर देता है जो 150 से 250 मील प्रति घंटे के वेग से पॉलीएमाइड बैग को हाइड्रोजन गैस से भर देता है।

(d) टक्कर के बाद सोडियम एज़ाइड के टुकड़े में विस्फोट होता है जिससे नाइट्रोजन गैस बनती है और इससे थैला भर जाता है।

8. दैनिक उपयोग में आने वाले निम्नलिखित उत्पादों पर विचार कीजिए :

1. टॉयलेट क्लीनर
2. टूथपेस्ट
3. सिरका
4. साबुन

ऊपर दिए गए उत्पादों में से कौन से उत्पादों की प्रकृति अम्लीय नहीं है?

(a) केवल 1 और 2 (b) केवल 2 और 3

(c) केवल 3 और 4 (d) केवल 2 और 4

9. 'बक्यलोवायरसिस' के संदर्भ में निम्नलिखित कथनों पर विचार कीजिए :

1. ये रोगजनक होते हैं, जो कीटों और अन्य संधिपाद प्रार्णियों पर हमला करते हैं।
2. इनका प्रयोग जैव नियंत्रण कारक के रूप में किया जाता है।
3. ऐसा प्रदर्शित किया जा चुका है कि इनका पादपों, स्तनधारियों, पक्षियों, मछलियों इत्यादि पर कोई नकारात्मक प्रभाव नहीं पड़ता।
4. यह जैव सुधार फसलों के लिए आवश्यक बीटी जीवाणु की जगह उसका विकल्प हो सकता है।

उपर्युक्त कथनों में से कौन से कथन सही हैं?

(a) केवल 1, 2 और 3 (b) केवल 2, 3 और 4

(c) केवल 1, 3 और 4 (d) 1, 2, 3 और 4

10. च्यूइंगम में आमतौर पर निम्नलिखित में से क्या पाया जाता है?

1. सुक्रोज़ एसिटेट आइसोब्यूट्रेट
2. रोज़िन से प्राप्त ग्लिसरॉल एस्टर

निम्नलिखित कूटों की सहायता से सही उत्तर चुनिए :

(a) केवल 1 (b) केवल 2

(c) 1 और 2 दोनों (d) न तो 1 और न ही 2

11. विश्व की सबसे बड़ी पेय पदार्थ निर्माता कंपनी, कोका कोला ने अपने पेय पदार्थों से एक विवादास्पद अवयव ब्रोमीनेटेड वेजिटेबल ऑयल (बीवीओ) को हटाने की घोषणा की है। क्यों?

1. बीवीओ हाइड्रोजनीकरण की प्रक्रिया से तैयार किया जाता है और इस प्रक्रिया में ओजोन क्षयकारी पदार्थों का प्रयोग किया जाता है।
2. बीवीओ को खाद्य योज्य के रूप में प्रयोग किया जाता है और यह मधुमक्खियों के लिए हानिकारक है।
3. बीवीओ युक्त शीतल पेय पदार्थों के अत्यधिक प्रयोग से स्मृतिलोप, त्वचा और तंत्रिकातंत्र से जुड़ी समस्यायें हो सकती हैं।

निम्नलिखित कूटों की सहायता से सही उत्तर चुनिए:

(a) केवल 1 और 2 (b) केवल 2 और 3

(c) केवल 3 (d) 1, 2 और 3

12. पर्यावरणविद प्रसाधन उत्पादों में प्रयोग होने वाले प्लास्टिक के छोटे टुकड़े, 'माइक्रोबीड्स' को लेकर चिन्तित क्यों हैं?

1. ये अति सूक्ष्म होते हैं और जल शोधन संयत्रों में छाने नहीं जा सकते हैं और झीलों तथा महासागरों में मिल जाते है।
2. ये स्पंज की तरह कार्य करते हैं इस प्रकार ये कीटनाशकों और अप्रदहन कारकों को सोख लेते हैं।
3. बहुत सारी मछलियों की प्रजातियां, जैसे कि तुना और प्लवक प्लास्टिक के इन टुकड़ों का अंतर्ग्रहण कर लेते हैं जिसके कारण खाद्य श्रृंखला में विषैले पदार्थ पहुँच जाते हैं।

निम्नलिखित कूटों की सहायता से सही उत्तर चुनिए:

(a) केवल 1 और 2 (b) केवल 2 और 3

(c) केवल 1 और 3 (d) 1, 2 और 3

13. नियमों के मुताबिक, वैश्विक तापन के कारण बढ़ते हुए तापमान को 2 डिग्री सेंटीग्रेड तक बनाये रखने के लिए वर्ष 2050 तक कार्बन डाइऑक्साइड तथा अन्य हरित गैसों के उत्सर्जन में 40-70 प्रतिशत तक की कटौती की जानी चाहिए। इस संबंध में निम्नलिखित कथनों पर विचार कीजिए:

1. वर्ष 2000 से 2010 के बीच वैश्विक उत्सर्जन औसतन 2.2 प्रतिशत या 1 गीगा टन प्रतिवर्ष की दर से बढ़ा है।
2. वर्तमान में वायु से CO_2 को अवशोषित करने के लिए सर्वोत्तम उपलब्ध तकनीक बायोएनर्जी कहलाती है जिसमें कि कार्बन संग्रहण एवं भण्डारण किया जाता है।
3. अवशोषित की गयी CO_2 को भूमिगत रूप से भंडारित करके पर्यावरण में CO_2 की कुल मात्रा में कमी लायी जाती है।

उपर्युक्त कथनों में से कौन से कथन सही हैं?

(a) केवल 1 और 2 (b) केवल 2 और 3

(c) केवल 1 और 3 (d) 1, 2 और 3

14. गोल्डन राइस के संदर्भ में निम्नलिखित कथनों में से कौन से कथन सही हैं?

1. गोल्डन राइस का उत्पादन चावल के खादनीय भाग में विटामिन ए के प्रीकर्सर, बीटा-कैरोटीन के जैवसंश्लेषण के लिए किया जाता है।
2. चावल के भ्रूणपोष में लाइकोपीन के प्रसंस्करण के कारण चावल का रंग पीला होता है जिसके कारण इसका नाम गोल्डन राइस है।

3. विटामिन ए की कमी को पूरा करने के लिए गोल्डन राइस वाले आहार में वसा की आवश्यकता बिल्कुल नहीं होती है।

निम्नलिखित कूटों की सहायता से सही उत्तर चुनिए :

(a) केवल 1 और 2 (b) केवल 2 और 3

(c) केवल 1 और 3 (d) 1, 2, 3 और 4

15. निम्नलिखित कथनों पर विचार कीजिए :

1. कैंसर एक संक्रामक बीमारी है।
2. जीन थेरेपी द्वारा हीमोफीलिया जैसे आनुवंशिक विकारों का उपचार किया जा सकता है जिसमें रोगग्रस्त रक्त कोशिकाओं को अनुवांशिक रूप से परिवर्धित कोशिकाओं द्वारा स्थानांतरित कर दिया जाता है।
3. वर्ष 1990 में प्रारंभ होकर वर्ष 2003 में संपन्न हुई मानव जीनोम परियोजना द्वारा संपूर्ण मानव जीनोम का अंकन कर लिया गया है।

उपर्युक्त कथनों में से कौन से कथन सही हैं?

(a) केवल 1 और 2 (b) केवल 2 और 3

(c) केवल 1 और 3 (d) 1, 2 और 3

16. एंटीवायरल दवाएं बनाना एंटीबायोटिक दवाएं बनाने से अधिक कठिन है, क्योंकि :

1. जीवाणुओं की तुलना में विषाणुओं में अपनी रोगकारी प्रकृति को बदलने की अत्यधिक प्रवृत्ति होती है।
2. जीवाणुओं की तुलना में विषाणुओं की जैविक संरचना अत्यधिक जटिल होती है।

निम्नलिखित कूटों की सहायता से सही उत्तर चुनिए :

(a) केवल 1 (b) केवल 2

(c) 1 और 2 दोनों (d) न तो 1 और न ही 2

17. वैश्विक तापन को कम करने के लिए, वैज्ञानिक 'सिण्ड्रेला तकनीक' का उपयोग करके वायुमण्डल में होने वाले कार्बन डाईऑक्साइड के उत्सर्जन को विस्थापित करने की योजना पर विचार कर रहे हैं। इस संबंध में निम्नलिखित कथनों पर विचार कीजिए :

1. 'सिण्ड्रेला तकनीक' में बायोएनर्जी कार्बन कैपचर एण्ड स्टोरेज (BECCS) विधि का प्रयोग किया जाता है।

2. इसके अतंर्गत, दहन से पूर्व या उसके पश्चात कार्बन को विस्थापित किया जाता है और उसे पाइप द्वारा भूमि के नीचे पहुँचा दिया जाता है जिससे कि गैस बिना रिसाव के चट्टानों के बीच में बनी रहती है।

उपर्युक्त कथनों में से कौन सा/से कथन सही है/हैं?

(a) केवल 1 (b) केवल 2

(c) 1 और 2 दोनों (d) न तो 1 और न ही 2

18. जापानी इंसेफलाइटिस के सन्दर्भ में निम्नलिखित कथनों पर विचार कीजिए :

1. जापानी इन्सेफलाइटिस, विषाणु जनित और संक्रामक बीमारी है।
2. JEEV जापानी इन्सेफलाइटिस के लिए भारत का पहला तरल टीका है।
3. JEEV स्वदेशी रोगाणुओं के प्रयोग से तैयार किया जाता है।

उपर्युक्त कथनों में से कौन से सही हैं?

(a) केवल 1 और 2 (b) केवल 2 और 3

(c) केवल 1 और 3 (d) 1, 2 और 3

19. हाल में, देश में विकसित क्रायोजेनिक इंजन वाले, भारत के दो जी एस एल वी (GSLV) प्रक्षेपण असफल रहे हैं। क्रायोजेनिक इंजन के संदर्भ में निम्न कथनों पर विचार कीजिएः

1. क्रायोजेनिक इंजन अति निम्न ताप पर कार्य करता है, जो कि ऑक्सीकारक व ईंधन दोनों को पर्याप्त बल उत्पन्न करने हेतु उच्च द्रव्यमान प्रवाह दर प्रदान करता है, जो सामान्य ताप एवं दाब पर उत्पादित नहीं किया जा सकता है।
2. क्रायोजेनिक इंजन रॉकेट की टन भार क्षमता को घटा कर, थ्रस्ट प्रदान करता है।
3. क्रायोजेनिक इंजन के कार्यप्रणाली के आंकलन के लिए तमिलनाडु के महेन्द्रगिरी में परीक्षण सुविधायें स्थापित की गयी हैं।
4. यह मिसाइल प्रौद्योगिकी नियंत्रण व्यवस्था (एम.टी.सी.आर) के अन्तर्गत आता है।

उपर्युक्त कथनों में से कौन सा/से असत्य है/हैं?

(a) केवल 1

(b) केवल 2

(c) केवल 1 और 3

(d) केवल 1 और 4

20. वर्तमान में एथनॉल को पेट्रोल में मिला कर स्वचालित वाहनों में ईंधन के रूप में प्रयोग किया जाता है, परन्तु प्रति गैलन पेट्रोल की तुलना में एथनॉल का मूल्य कम होने के बावजूद भी एथनॉल के प्रयोग की कुल लागत अधिक होती है। क्यों?

1. इंजन में एथनॉल के दहन के परिणामस्वरूप उत्पन्न होने वाली ओजोन की मात्रा, समान मात्रा वाले पेट्रोल के दहन से उत्पन्न होने वाली ओजोन से लगभग दोगुना होती है और पृथ्वी की निचली सतह वाली ओजोन, स्मॉग के लिए प्रमुख रूप से उत्तरदायी है।
2. विशुद्ध पेट्रोल की तुलना में, एथनॉल के मिश्रण वाला ईंधन प्रयोग करने वाले वाहन प्रति गैलन कम दूरी तय करते हैं।

निम्नलिखित कूटों के आधार पर सही उत्तर चुनिए :

(a) केवल 1　　(b) केवल 2

(c) 1 और 2 दोनों　　(d) न तो 1 और न ही 2

21. इकोवायो प्लास्टिक के संदर्भ में निम्नलिखित कथनों पर विचार कीजिए :

1. ये प्लास्टिक पूर्णतया जैव-निम्नीकृत होती हैं क्योंकि इनकी आणविक संरचना प्राकृत रूप से मिलने वाले पदार्थों के समान ही होती है।
2. कवक तथा जीवाणु जैसे सूक्ष्म जीव, इकोवायो एवं कार्बनिक वर्ज्य पदार्थों को जल, CO_2 तथा बायोमास में परिवर्तित कर देते हैं।
3. ये प्लास्टिक, गड्ढे भरने वाले अपशिष्टों के रूप में परिवर्तित न होकर वस्तुतः मूल्यवान कम्पोस्ट में परिवर्तित हो जाते हैं।

निम्नलिखित कूटों के आधार पर सही उत्तर चुनिए :

(a) केवल 1 और 2　　(b) केवल 2 और 3

(c) केवल 1 और 3　　(d) 1, 2 और 3

22. महासागर तथा महासागरीय जैव-विविधता हरित ग्रह के लिए आवश्यक क्यों हैं?

1. पादप-प्लवक, खाद्य-श्रृंखला में एक महत्वपूर्ण भूमिका निभाने के अतिरिक्त वायुमंडल से अतिरिक्त कार्बन डाइऑक्साइड को अवशोषित करने का भी कार्य करते हैं।
2. महासागरों को वैश्विक कार्बन-चक्र में एक महत्वपूर्ण कड़ी माना जाता है क्योंकि वे वायुमंडलीय कार्बन डाइऑक्साइड को अवशोषित करने वाले सिंक के रूप में कार्य करते हैं तथा ये वो क्षेत्र हैं जहाँ गहराई में जल-निर्माण संबंधी गतिविधियाँ होती हैं।
3. संपूर्ण महासागरीय खाद्य-जाल को आधार प्रदान कराने वाले जंतुप्लवकों के साथ पादप-प्लवक, धरती पर घटित होने वाले लगभग आधे प्रकाश संश्लेषण के लिए उत्तरदायी हैं।

निम्नलिखित कूटों के आधार पर सही उत्तर चुनिए :

(a) केवल 1 और 2 (b) केवल 2 और 3

(c) केवल 1 और 3 (d) 1, 2 और 3

23. 'आईएनएस तरकश' के संबंध में निम्नलिखित कथनों पर विचार कीजिए :

1. यह डीआरडीओ द्वारा स्वदेशी रूप से बनाया गया है।
2. यह कई भूमिकाएं निभाने वाला स्टील्थ फ्रिगेट है।

उपर्युक्त कथनों में से कौन सा/से कथन सही है/हैं?

(a) केवल 1 (b) केवल 2

(c) 1 और 2 दोनों (d) न तो 1 और न ही 2

24. स्टेडियोमीटर का उपयोग दैनिक चिकित्सीय परीक्षणों तथा क्लीनिकल जाँचों एवं प्रयोगों में भी होता है। इसका उपयोग होता है :

(a) हृदय-स्पन्दन मापने के लिए। (b) ऊँचाई मापने के लिए।

(c) वजन तौलने के लिए। (d) नाड़ी-गति-दर मापने के लिए।

25. ग्लोबल बर्डन ऑफ डिजीज (जीबीडी) रिपोर्ट के नतीजों के संदर्भ में निम्नलिखित कथनों पर विचार कीजिए :

1. उच्च रक्तचाप, घरेलू वायु प्रदूषण, तंबाकू धूम्रपान और कुपोषण के बाद भारत में सर्वाधिक मृत्यु का पांचवां सबसे बड़ा कारण बाह्य वायु प्रदूषण है।
2. भारत के लगभग आधे शहर, निलंबित कणों से होने वाले गंभीर प्रदूषण के खतरों से ग्रसित हैं जबकि परंपरागत एवं सतत बने रहने वाले प्रदूषक जैसे कि नाइट्रोजन ऑक्साइड, ओजोन एवं वायु में उपस्थित अन्य विषैले पदार्थ मानव के स्वास्थ्य के लिए चुनौती बन रहे हैं।
3. रिपोर्ट में सुझाव दिया गया है कि वाहनों से संबंधित तकनीक को कड़ा बनाया जाना चाहिए और डीजल के प्रयोग पर लगाम लगायी जानी चाहिए।

उपर्युक्त कथनों में से कौन से कथन सही हैं?

(a) केवल 1 और 2 (b) केवल 2 और 3

(c) केवल 1 और 3 (d) 1, 2 और 3

26. हाई-डिफिनिशन (एचडी) टीवी से अत्यधिक उन्नतशील संस्करण वाली टीवी 4K टीवी है। इस संदर्भ में निम्नलिखित कथनों पर विचार कीजिए :

1. 4K टीवी का मूल सिद्धांत नीयर फील्ड क्म्यूनिकेशन (एनएफसी) है।
2. 4K शब्द का तात्पर्य चित्रों के क्षैतिज रिजोल्यूशन से है जो कि 4000 पिक्सेल की कोटि का होता है।

3. अत्यधिक बड़ी स्क्रीन वाले एचडी में धुंधले चित्र प्राप्त होते हैं क्योंकि चित्रों का रिजोल्यूशन एवं पिक्सेल सीमित होते हैं।

उपर्युक्त कथनों में से कौन से कथन सही हैं?

(a) केवल 1 और 2
(b) केवल 2 और 3
(c) केवल 1 और 3
(d) 1, 2 और 3

27. 'ग्लोबल डिमिंग' के संदर्भ में निम्नलिखित कथनों पर विचार कीजिए :

1. यह एक ऐसी प्रक्रिया है जो वातावरण में एरोसोल्ज़ और जल की बूंदों के संयुक्त उपस्थिति के कारण होता है।
2. ग्लोबल डिमिंग एक शीतल प्रभाव उत्पन्न करती है, जो आंशिक रूप से वैश्विक तापन पर ग्रीन हाउस गैस के प्रभाव को कम कर देती है।

उपर्युक्त कथनों में से कौन सा/से कथन सही है/हैं?

(a) केवल 1
(b) केवल 2
(c) 1 और 2 दोनों
(d) न तो 1 और न ही 2

28. निम्नलिखित कथनों में से कौन सा कथन आइसफॉल को सबसे उपयुक्त परिभाषित करता है?

(a) बर्फ का वह भाग जो ध्रुवीय क्षेत्रों मे स्थित बड़े हिमनदों से टूट कर अलग हो जाता है।
(b) बर्फ का वह भाग जो धरातल के बड़े भाग को आच्छादित करता है।
(c) हिमनदों का वह भाग जहाँ पर कि ढाल में होने वाले परिवर्तन से हिम-विदर उत्पन्न हो जाता है जिसके कारण बर्फ का तल टूटकर हिम-स्तंभ बनाता है।
(d) वह काल जिसमें उत्तरी गोलार्ध का विशाल भाग बर्फ से ढका हुआ था।

29. पूरे विश्व में बोइंग 787 ड्रीमलाइनर यात्री जेट विमानों की उड़ाने क्यों रोक दी गयी थी?

(a) ब्लैक बॉक्स में समस्या के कारण।
(b) लीथियम-ऑयन बैटरियों की सुरक्षा संबंधी समस्या के कारण।
(c) विमानों के भीतर ऑक्सीजन के कम स्तर की घटना की पुनरावृर्ति के कारण।
(d) बारंबार शार्ट-सर्किट के कारण लगने वाली आग के कारण।

30. नासा और यूरोपीय स्पेस एजेंसी के वैज्ञानिकों की एक टीम 'डार्क मैटर' या 'डार्क एनर्जी' के अस्तित्व को सिद्ध करने के लिए प्रयोग कर रही है। इस संदर्भ में निम्नलिखित कथनों पर विचार कीजिए :

1. डार्क मैटर को ऐसा इसलिए कहते हैं क्योंकि यह प्रकाश से अभिक्रिया नहीं करता।
2. डार्क मैटर साधारण पदार्थों से गुरुत्व के माध्यम से अभिक्रिया करता है और यह आकाश गंगाओं को एक अदृश्य गोंद की तरह जोड़ता है।
3. जबकि डार्क-मैटर दूसरे पदार्थों को अपनी ओर आकर्षित करता है, डार्क एनर्जी ब्रह्माण्ड को अत्यधिक गति से प्रतिकर्षित करती है।
4. डार्क मैटर भविष्य में अनेक डायग्नोसिस युक्तियों जैसे कि पीईटी स्कैनर में प्रभावी हो सकते हैं।

उपर्युक्त कथनों में से कौन से कथन सही हैं?

(a) केवल 1, 2 और 3 (b) केवल 2, 3 और 4

(c) केवल 1, 3 और 4 (d) 1, 2, 3 और 4

31. भारत के प्रथम सार्वजनिक इलेक्ट्रॉनिक शौचालय, ई-टॉयलेट के संदर्भ में निम्नलिखित कथनों पर विचार कीजिए :

1. इलेक्ट्रॉनिक शौचालय का डिज़ाइन, 'ऑस्ट्रेलियन नेशनल पब्लिक टॉयलेट मैप' के आधार पर किया गया है।
2. इन शौचालयों का अपनी सुविधानुसार प्रयोग किया जा सकता है और ये प्रयोग में लगने वाले समय के अनुसार प्रोगाम किया जा सकते हैं जिसके कारण बहने वाले जल पर नियंत्रण रहता है।
3. इलेक्ट्रॉनिक शौचालय के साथ हमेशा एक बायो गैस संयंत्र लगा होता है जो कि बदले में इस प्रणाली की ऊर्जा जरूरतों को पूरा करता है।

उपर्युक्त कथनों में से कौन सा/से कथन सही है/हैं?

(a) केवल 1 और 2 (b) केवल 2 और 3

(c) केवल 1 और 3 (d) 1, 2 और 3

32. हर व्यक्ति का टाइम क्लॉक भिन्न होता है, ऐसी स्थिति में यह निश्चित करना कठिन है कि कौन व्यक्ति किशोर है और कौन वयस्क। आयु परीक्षण की विभिन्न तकनीकों के संदर्भ में निम्नलिखित कथनों पर विचार कीजिए :

1. सामान्यतः, फोरेंसिक विशेषज्ञ किसी व्यक्ति के अग्र चवर्णक दाँतों के परीक्षण से उसकी आयु निर्धारित करते हैं क्योंकि अग्र चवर्णक दाँत 18 वर्ष तक की आयु में पूर्ण विकसित हो जाते हैं।
2. उम्र की पुष्टि के लिए बोन ऑसीफिकेशन टेस्ट (बीओटी) सबसे आम परीक्षण है जिसमें कोहनी, कमर, घुटने, कलाई और गले की हड्डी (कॉलर बोन) का एक्स-रे शामिल है।

3. थायरॉइड व वृद्धि हार्मोन में विकार होने के कारण और खराब पोषण के कारण होने वाले वृद्धि से हड्डियों के विकास में परिवर्तन आ जाता है और इन कमियों से बचने के लिए टैनर-व्हाइटहाउस-3 (टीडब्ल्यू-3) जैसे उन्नत व जटिल परीक्षण का प्रयोग किया जाता है।
4. विभिन्न उपलब्ध तकनीकों की उपलब्धता के बावजूद, सही तारीख व समय तक उम्र के सटीक निर्धारण के लिए कोई पूर्ण प्रमाणित चिकित्सकीय विधि नहीं है।

उपर्युक्त कथनों में से कौन से कथन सही हैं?

(a) केवल 1 और 2
(b) केवल 2, 3 और 4
(c) केवल 1, 3 और 4
(d) 1, 2, 3 और 4

33. 'जैव निम्नीकरणीय स्याही' को पारंपरिक ऑफसेट मुद्रण स्याही की तुलना में वरीयता दी जाती है क्योंकि :

1. जैव निम्नीकरणीय स्याही, वनस्पति तेल आधारित स्याही है जिसे जलीय विलयन से साफ किया जा सकता है।
2. मुद्रण के समय सुखाने व धुलने के दौरान, जैव निम्नीकरणीय स्याही से हानिकारक उत्सर्जन नहीं होता है।
3. जैव निम्नीकरणीय स्याही के प्रमुख घटक पेट्रोलियम से प्राप्त किये जाते हैं इस कारण जैव निम्नीकरणीय स्याही एक सस्ता विकल्प है।

निम्नलिखित कूटों के आधार पर सही उत्तर चुनिए :

(a) केवल 1 और 2
(b) केवल 2 और 3
(c) केवल 1 और 3
(d) 1, 2 और 3

34. 'तड़ित से बचाव' के संदर्भ में निम्नलिखित कथनों पर विचार कीजिए :

1. बंद दरवाजे व खिड़कियों वाली कार या बस से यात्रा के दौरान अंदर बैठे हुए यात्री सुरक्षित होते हैं।
2. खुले हुए वाहन जैसे कि मोटरसाइकिल, ट्रैक्टर, निर्माण करने वाली मशीनें, खुली हुई कारें सुरक्षित नहीं होती हैं।
3. जंगलों में, छोटे पेड़ों की तुलना में लंबे पेड़ों के नीचे आश्रय लेना अधिक सुरक्षित होता है।
4. जमीन पर न लेटने की सलाह दी जाती है वरन् जमीन पर सिमट कर नीचे बैठना उचित रहता है ऐसा करने से कोई भी आघात के लिए लघुतम लक्ष्य बनता है।

उपर्युक्त कथनों में से कौन से कथन सही हैं?

(a) केवल 1, 2 और 3 (b) केवल 2, 3 और 4

(c) केवल 1, 2 और 4 (d) 1, 2, 3 और 4

35. ''ग्रीनवेयर'' नामक कंप्यूटर के संदर्भ में निम्नलिखित कथनों पर विचार कीजिएः

1. ''ग्रीनवेयर'' पॉलीविनाइल क्लोराइड (पीवीसी) व बीएफआर (ब्रोमिनेटेड फ्लेम रिटार्डेंट्स) दोनों प्रकार के खतरनाक पदार्थों से पूर्णतया मुक्त होता है।
2. ''ग्रीनवेयर'' कंप्यूटरों का निर्माण उसी प्रकार से परिवर्तन ला सकता है जिस प्रकार से सभी वैद्युत बल्बों के स्थान पर सीएफएल का प्रयोग होने लगा है, जो कि अधिक पर्यावरण अनुकूल है।

उपर्युक्त कथनों में से कौन सा/से कथन सही है/हैं?

(a) केवल 1 (b) केवल 2

(c) 1 और 2 दोनों (d) न तो 1 और न ही 2

36. निम्नलिखित कथनों में से कौन सा/से कथन स्तरी-कपासी बादल के अभिलक्षण है/हैं?

1. ये श्वेत तथा धूसर रंग वाले होते हैं और ये बड़े-बड़े गोलाकार चकत्तों के रूप में पाये जाते हैं।
2. ये 6500 से 7000 मीटर तक की ऊँचाई पर पाये जाते हैं
3. इन बादलों की संरचना रेशेदार होती है जिससे होकर सूर्य की किरणें धुंधली चमकती हैं।

निम्नलिखित कूटों के आधार पर सही उत्तर चुनिए :

(a) केवल 1 और 2 (b) केवल 1

(c) केवल 1 और 3 (d) 1, 2 और 3

37. निम्नलिखित में से कौन से क्षेत्रों का 'ग्रीन रेटिंग प्रोजेक्ट' (जीआरपी) के तहत मूल्यांकन किया गया है?

1. लौह एवं इस्पात क्षेत्र
2. ऑटोमोबाइल क्षेत्र
3. सीमेन्ट क्षेत्र
4. क्लोर-अल्कली क्षेत्र
5. लुग्दी और कागज क्षेत्र

निम्नलिखित कूटों के आधार पर सही उत्तर चुनिए :

(a) केवल 1 और 2 (b) केवल 2, 3 और 5

(c) केवल 1,3,4 और 5 (d) 1,2,3,4 और 5

38. सिगुआटेरा मछली विषाक्तता के सन्दर्भ में निम्नलिखित कथनों पर विचार कीजिएः

1. यह समुद्री भोजन से होने वाले सबसे सामान्य बीमारियों में से एक है जो प्रत्येक वर्ष लगभग 50,000 लोगों को बीमार करती है।
2. महासागर के तापक्रम में वृद्धि की वजह से विषैला समुद्री शैवाल गाम्बियरडिस्कस, जो कि विषाक्तता का प्रमुख कारण है, विलुप्त होने के कगार पर है।

उपर्युक्त कथनों में से कौन सा/से सही है/हैं?

(a) केवल 1 (b) केवल 2

(c) 1 और 2 दोनों (d) न ही 1 और न ही 2

39. किसी आपदा या आपात्काल के दौरान, बहुत सारी जीवन रक्षक तकनीकों का पालन करना पड़ता है और कार्डियो पल्मोनरी रिससिटेशन (सीपीआर) उनमें से एक है। कार्डियो पल्मोनरी रिससिटैशन (सीपीआर) के संदर्भ में निम्नलिखित कथनों पर विचार कीजिए :

1. प्राथमिक चिकित्सा के रूप में सीपीआर, भूकंप व अन्य आपदाओं की तैयारियों के लिए आयोजित मॉक ड्रिल का हिस्सा है।
2. किसी व्यक्ति के हृदयाघात की अवस्था में उसके स्वतः रक्त परिसंचरण एवं श्वसन को पुनः प्रारंभ कराने के लिए सीपीआर तकनीक का प्रयोग किया जाता है तथा कृत्रिम-श्वसन प्रदान करना सीपीआर का एक भाग है।
3. सीपीआर अकेले ही हृदय को पुनः प्रारंभ कर सकता है और इसका प्रमुख उद्देश्य आक्सीकृत रूधिर का हृदय तथा मस्तिष्क की ओर पुनः संचालन करना है।
4. कभी-कभी, सीपीआर के अंतर्गत रोगी के हृदय को वैद्युत झटके दिए जाते हैं, जिसे डिफिब्रिलेशन कहा जाता है।

उपर्युक्त कथनों में से कौन से कथन सही हैं?

(a) केवल 1, 2 और 3 (b) केवल 2, 3 और 4

(c) केवल 1, 3 और 4 (d) केवल 1, 2 और 4

40. इलेक्ट्रॉनिक कचरे के संबंध में निम्नलिखित कथनों पर विचार कीजिएः

1. भारत में, ई वेस्ट (प्रबंधन एवं संचालन) नियम 2011 के अनुसार इलेक्ट्रॉनिक वस्तुओं के विनिर्माता पुनर्चक्रण और खतरनाक तत्वों को घटाने के लिए उत्तरदायी हैं।
2. स्टॉकहोम संधि राष्ट्रों के बीच इलेक्ट्रॉनिक कचरे के आवागमन को कम करने के लिए की गई अंतर्राष्ट्रीय संधि है।

3. केंद्रीय पर्यावरण और वन मंत्रालय की नवीनतम वार्षिक रिपोर्ट के अनुसार, वर्ष 2012 के अंत तक भारत, विगत सात वर्षों से आठ गुना अधिक, आठ लाख टन ई-कचरा उत्पन्न करेगा।
4. मुम्बई, भारत में सर्वाधिक ई-कचरा उत्पन्न करने वाले 10 शहरों में शीर्ष पर है, जिसके बाद दिल्ली एवं बेंगलुरू हैं।

उपर्युक्त कथनों में से कौन से कथन सही हैं?

(a) केवल 1, 2 और 3 (b) केवल 2, 3 और 4
(c) केवल 1, 3 और 4 (d) 1, 2, 3 और 4

41. निम्नलिखित में से कौन खतरनाक अपशिष्ट की मूल विशेषताएं हैं?

1. विषाक्तता 2. उच्च गलनाँक बिंदु
3. ज्वलनशीलता 4. क्षयकारी

सही कूट :

(a) केवल 1 और 4 (b) केवल 2, 3 और 4
(c) केवल 1, 3 और 4 (d) 1, 2, 3 और 4

42. निम्नलिखित कथनों पर विचार कीजिए :

1. वॉइस ओवर इंटरनेट प्रोटोकॉल (वीओआईपी), उस संचार प्रोटोकॉल को बताता है जो कि इंटरनेट के बजाए पब्लिक स्विच्ड टेलीफोन नेटवर्क (पीएसटीएन) के माध्यम से प्रसारित होता है।
2. अत्यधिक लघु एपर्चर टर्मिनल (वी-सेट), भू-केंद्र वाला द्विमार्गी उपग्रह है और इसका प्रयोग प्वाइंट ऑफ सेल (पीओएस) अंतरणों के लिए किया जाता है।
3. रियल टाइम ट्रांसफर प्रोटोकॉल (आरटीपी), वॉइस ओवर इंटरनेट प्रोटोकॉल (वीओआईपी) के प्रौद्योगिकी आधारों में से एक है।

उपर्युक्त कथनों में से कौन से कथन सही हैं?

(a) केवल 1 और 2 (b) केवल 2 और 3
(c) केवल 1 और 3 (d) 1, 2 और 3

43. आधुनिक जैव प्रौद्योगिकी से उत्पन्न लिविंग मॉडीफाइड आर्गेनिज़्म (LMO), सामान्य तौर पर आनुवांशिक रूप से संशोधित जीवों (GMO) के बराबर होते हैं। इनके संबंध में सही कथन पहचानिए:

1. LMO और GMO के बीच अंतर यह है कि आनुवांशिक रूप से संशोधित जीव वृद्धि करते हैं तथा विशेषतः कृषि उपजों को इंगित करते हैं।

2. आनुवांशिक रूप से संशोधित जीव में, LMO तथा अन्य जीव जो वृद्धि नहीं करते हैं यानि मृत हैं, दोनों शामिल हैं।

सही कूट :

(a) केवल 1 (b) केवल 2

(c) 1 और 2 दोनों (d) न तो 1 और न ही 2

44. जब कोई हवाई जहाज कम ऊँचाई से गुजरता है तो हम देखते हैं कि टीवी पर आने वाले चित्रों में एक प्रकार का कंपन होने लगता है। दिए गए विकल्पों में से इस घटना के लिए संभव व्याख्या का चयन कीजिए?

(a) टीवी तरंगें यांत्रिक तरंगें होने के कारण, निचली ऊँचाई पर उड़ने वाले हवाई जहाज द्वारा उत्पन्न प्रबल ध्वनि तरंगों द्वारा प्रभावित होती हैं क्योंकि ध्वनि तरंगें भी यांत्रिक प्रकृति की होती हैं।

(b) टीवी के एंटीना द्वारा ग्रहण किए जाने वाले प्रत्यक्ष संकेतों में, गुजरते हुए हवाई जहाज द्वारा परावर्तित किए जाने वाले कमजोर संकेतों के कारण होने वाला व्यवधान होता है।

(c) निचली ऊँचाई पर उड़ रहा हवाई जहाज कभी-कभार वायु में प्रघाती तरंगें उत्पन्न करता है और इसके कारण टीवी द्वारा ग्रहण किए जा रहे संकेतों में व्यवधान उत्पन्न होता है।

(d) चूँकि हवाई जहाज धातु के बने होते हैं, इसलिए नीचे उड़ने वाला जहाज टीवी प्रसारण के लिए प्रेषित वैद्युत चुंबकीय तरंगों का अवशोषण कर लेता है।

45. ब्रह्म बी जी II है :

(a) डी आर डी ओ के बेंगलुरू स्थित अनुसंधान एवं विकास केंद्र द्वारा विकसित सुपरसोनिक प्रक्षेपास्त्र ब्रह्मोस का द्वितीय संस्करण।

(b) हैदराबाद स्थित कोशिकीय एवं आणविक जीव विज्ञान केंद्र द्वारा खोजा गया एक मानव जीव, जो कि मानव जीनोम में उत्परिवर्तन करता है, जिसके फलस्वरूप प्रतिरक्षा तंत्र कमजोर हो सकता है।

(c) मोनसैंटो द्वारा विकसित बी टी कपास की एक संकर प्रजाति।

(d) एक जीवाणु का नाम, जो कि बायो-गैस के उत्पादन में अति आवश्यक है और इस प्रकार यह बायो-फर्टिलाइजर की तरह उपयोग किया जा सकेगा।

46. किसी वाद्यवृंद (ऑर्केस्ट्रा) में वॉयलिन तथा बाँसुरी एक ही समय बजाई जा सकती है। दोनों ध्वनियाँ वायु के द्वारा हमारे कानों तक एक ही समय पर पहुँचती हैं। परंतु फिर भी हम दोनों ध्वनियों की अलग-अलग पहचान कर लेते हैं। ऐसा ध्वनि के एक गुण के कारण होता है और वह है :

(a) दाब (b) अनुरणन

(c) तारत्व (d) आयाम

47. निम्नलिखित में से कौन सा कथन डिजिटल-डाइटिंग (Digital Dieting) को सर्वोपयुक्त रूप से परिभाषित करता है?

(a) यह एक ऐसी घटना है जो कि अल्प-विकसित राष्ट्रों में अंकीय-विभाजन (डिजिटल डिवाइड) और कुपोषण में एक संबंध स्थापित करती है।

(b) यह विश्व स्वास्थ्य संगठन एवं खाद्य व कृषि संगठन द्वारा जारी की गयी नई दिशा-निर्देशिका है, जो कि यह बताती है कि किस प्रकार दूरसंचार तकनीक का प्रयोग करके विकसित राष्ट्रों की मोटापे की समस्या से निपटा जा सकता है।

(c) यह उन मानदण्डों को परिभाषित करती है, जिनके प्रबंधन व प्रशासन द्वारा डिजिटल दुनिया व डिजिटल अनुप्रयोगों पर अत्यधिक निर्भरता को कम किया जा सकता है।

(d) यह आहार को संतुलित करने वाली दैनिक प्रक्रिया (डाइटिंग) को इंटरनेट व डिजिटल उपकरणों (डिजिटल इक्विटमेंट्स) द्वारा प्रतिस्थापित करने की विधि है।

48. भारत की एकीकृत ऊर्जा नीति की निम्नलिखित विशेषताओं पर विचार कीजिएः

1. ऊर्जा क्षेत्र में अनुसंधान एवं विकास को वित्तीय सहायता देने के लिए एक राष्ट्रीय ऊर्जा निधि (एनईएफ) की स्थापना।
2. लक्षित परिवारों को बिजली, स्वच्छ ईंधन, मिट्टी तेल या एलपीजी के लिए चरणबद्ध रूप में डेबिट कार्ड प्रणाली के माध्यम से आर्थिक सहायता उपलब्ध करायी जाएगी।
3. अन्य विकल्पों के साथ आयातित ईंधन के प्रतिस्थापन के द्वारा ऊर्जा सुरक्षा सुनिश्चित करना और इस प्रकार अंतर्राष्ट्रीय ईंधन की आपूर्ति के संकट का मुकाबला करने के लिए परमाणु ईंधन का सामरिक भंडार कम करना।

उपर्युक्त कथनों में से कौन से कथन सही हैं?

(a) केवल 1 और 2 (b) केवल 2 और 3

(c) केवल 1 और 3 (d) 1, 2 और 3

49. घरों में पायी जाने वाली गौरैया की संख्या में तेजी से कमी हो रही है और इसलिए 20 मार्च को विश्व घरेलू गौरैया दिवस के रूप में घोषित किया गया है। निम्नलिखित में से किन कारणों को गौरैया की घटती संख्या के संभावित कारणों में से माना जा सकता है?

1. सीसारहित पेट्रोल के दहन से मिथाइल नाइट्राइट उत्पन्न होता है, जो कि गौरैया के भोजन के रूप में काम आने वाले छोटे कीटों के लिए अत्यंत विषैला है, इसके अतिरिक्त कीटनाशकों का अतिशय प्रयोग भी इनके अस्तित्व के लिए प्राणघातक सिद्ध हुआ है।
2. घरों एवं आवासों के प्रतिमान में होने वाला परिवर्तन, जिससे कि गौरैया को बैठने एवं घोंसला बनाने के लिए कम स्थान उपलब्ध हो रहा है और इनके विलुप्त होने का नवीनतम् कारण मोबाइल फोन के टावर हैं, जिनसे निकलने वाली तरंगें अंडों को नष्ट कर देने में सक्षम होती हैं।
3. हरित गैसों के बढ़ते हुए प्रभाव ने वैश्विक-तापन को बढ़ा दिया है, जिसके कारण गौरैया का प्रजनन काल व जनन व्यवहार अप्रत्यक्ष रूप से प्रभावित हुआ है।
4. नगरीय क्षेत्रों में सुपरमार्केट संस्कृति के बढ़ते हुए प्रचलन ने परंपरागत पुरानी दुकानों को हटा दिया है, जिनके बिखरे हुए दाने गौरैया के खाने के काम आते थे।

सही कूटः

(a) केवल 1, 2 और 3 (b) केवल 2, 3 और 4

(c) केवल 1, 2 और 4 (d) 1, 2, 3 और 4

50. डिब्बा बंद खाद्य पदार्थों जैसे- जूस, मिष्ठान और शीतल पेय में 'E' नामक एक कूट संख्या उल्लिखित होती है, कूट 'E' के संदर्भ में निम्नलिखित कथनों पर विचार कीजिए :

1. 'E' संख्याएं, खाद्य योज्यी कूट हैं और 'E' उपसर्ग दुनिया भर में ऐक्सीलेंट के लिए प्रयुक्त होता है।
2. 'E' 100 से 199 तक की सीमा खाद्य पदार्थों के कृत्रिम या प्राकृतिक रंजक का प्रतिनिधित्व करता है, जबकि 'E' 200–299, खाद्य परिरक्षक का प्रतिनिधित्व करता है।
3. 'E' 300–399 एंटीऑक्सीडेंट और अम्ल नियामकों का प्रतिनिधित्व करता है, उदाहरण के लिए ग्लूकॉन-डी पर अंकित 'E' 330 अम्ल नियामक के रूप में साइट्रिक अम्ल का प्रतिनिधित्व करता है।

उपर्युक्त कथनों में से कौन से कथन सही हैं?

(a) केवल 1 और 2 (b) केवल 2 और 3

(c) केवल 1 और 3 (d) 1, 2 और 3

51. निम्नलिखित कथनों में से कौन सा कथन, मार्स-500 मिशन का सर्वोत्तम वर्णन करता है?

(a) यह रूस द्वारा प्रस्तावित मंगल ग्रह की कक्षा में मानव भेजने का मिशन है, जिसमें विद्युत रॉकेट इंजन को संचालित करने के लिए परमाणु रिएक्टर का उपयोग होगा।

(b) यह ईएसए और रूस का संयुक्त मिशन है, जिसमें दो अंतरिक्षयानों को मंगल ग्रह पर भेजा जाएगा- इनमें पहला छः व्यक्ति का दल ले जाएगा और दूसरा अभियान को आवश्यक सामानों की आपूर्ति करेगा।

(c) इस योजना के तहत मंगल ग्रह पर अनिश्चित काल के लिए पहली बार अंतरिक्ष यात्री भेजा जाएगा, जिससे मिशन की लागत भी कम होगी और मंगल ग्रह पर स्थायी प्रवास में भी मदद मिलेगी।

(d) यह मानवयुक्त अंतरिक्षयान को मंगल ग्रह पर भेजने की तैयारी के लिए रूस, यूरोप और चीन द्वारा किया गया एक मनोसामाजिक प्रयोग है।

52. प्रत्येक वर्ष हृदय की जाँच कराने वाले लाखों रोगियों को एक आम आयोडाइड कॉनट्रास्ट एजेंट दिया जाता है। इस कॉनट्रास्ट एजेंट से कौन से रोग का ख़तरा हो सकता है?

(a) स्तन कैंसर (b) उच्च रक्तचाप (हाइपर टेंशन)

(c) थायरॉइड रोग (d) ऑस्टियोपोरोसिस

53. निम्न में से कौन सा कथन 'दक्ष' के बारे में सही है?

(a) यह एक मानव रहित यान (UAV) है जिसका काम दुश्मन के इलाके से खुफिया जानकारी जुटाना है।

(b) यह दूर से नियंत्रित होने वाला रोबोट है जिसका काम खतरनाक वस्तुओं को ढूंढना और नष्ट करना है।

(c) यह लाइव फायर प्रशिक्षण के लिए हवाई उपलक्ष्य प्रदान करने वाली सुदूर संचालित उच्च गति लक्ष्य वाली ड्रोन प्रणाली है।

(d) यह डीआरडीओ (DRDO) का सात मॉड्यूल वाला एकीकृत पुस्तकालय प्रबंधन सॉफ्टवेयर है।

54. अवतार आरएलवी के संदर्भ में निम्नलिखित कथनों पर विचार कीजिए:

1. यह एक एकल-चरण वाला पुनः प्रयोज्य अंतरिक्ष विमान है जिसे नासा (NASA) द्वारा विकसित किया जा रहा है।
2. परिचालन के पश्चात यह अंतरिक्ष में सामान भेजने का सबसे सस्ता तरीका होगा।

उपर्युक्त कथनों में से कौन सा/से कथन सही है/हैं?

(a) केवल 1 (b) केवल 2
(c) 1 और 2 दोनों (d) न तो 1 और न ही 2

55. कंप्यूटर के संदर्भ में निम्नलिखित कथनों पर विचार कीजिए:

1. रीड ओनली मेमोरी (रोम), में संग्रहित सूचनाएं कंप्यूटर के 'बूटिंग-अप' के लिए निर्देशित होती हैं।
2. रोम (ROM) में संग्रहित सूचना, कंप्यूटर के निर्माण के समय ही प्रोग्राम की जाती है और इसे बदला नहीं जा सकता।
3. रैंडम ऐक्सेस मेमोरी (रैम), स्थायी तौर पर सूचनाओं को संग्रहित करता है।

उपर्युक्त कथनों में से कौन सा/से कथन सही है/हैं?

(a) केवल 1 (b) केवल 1 और 2
(c) केवल 1 और 3 (d) 1, 2 और 3

56. निम्नलिखित कथनों पर विचार कीजिए:

1. पिंग एक कंप्यूटर नेटवर्किंग यूटिलिटी है, जिसका प्रयोग किसी होस्ट की इंटरनेट प्रोटोकॉल पर उपलब्धता पता करने के लिए किया जाता है।
2. बॉट्स (BOTS) सॉफ्टवेयर अनुप्रयोग हैं जो कि इंटरनेट के माध्यम से स्वचालित कार्यों को संपन्न करते हैं।
3. किसी ब्लॉग पर अत्याधिक प्रयोगकर्ताओं के कारण पड़ने वाले भार को ब्लॉगैज़्म (Blogasm) कहते हैं।

उपर्युक्त कथनों में से कौन सा/से कथन सही है/हैं?

(a) केवल 2 और 3 (b) केवल 1
(c) केवल 1 और 2 (d) 1, 2 और 3

57. जैवोपचारण के संबंध में निम्नलिखित कथनों पर विचार कीजिए:

1. यह जीवों (मुख्य रूप से सूक्ष्म जीवों) की मदद से जैवमण्डल से प्रदूषकों को हटाने की एक प्रक्रिया है।

2. उच्च तापमान पर जैवोपचारण की प्रक्रिया मंद हो जाती है।

उपर्युक्त कथनों में से कौन सा/से कथन सही है/हैं?

(a) केवल 1 (b) केवल 2

(c) 1 और 2 दोनों (d) न तो 1 और न ही 2

58. मुम्बई में चिकित्सकों ने टीबी (ट्यूबरकुलोसिस) के एक असाध्य प्रकार की पहचान की है। इस संबंध में निम्नलिखित कथनों पर विचार कीजिए:

1. इटली और ईरान के बाद भारत तीसरा देश है जिसमें टीबी रोग का पूर्णतया औषधि प्रतिरोधी प्रकार, टोटल ड्रग रेसिस्टेंट ट्यूबरकुलोसिस (टीडीआर-टीबी) रोग पाया गया है।
2. टोटल ड्रग रेसिस्टेंट ट्यूबरकुलोसिस (टीडीआर-टीबी), उपचार रोक देने या खुराक कम कर देने वाले कुप्रबंधन के कारण होता है और इसकी उत्पत्ति मल्टी ड्रग रेसिस्टेंट ट्यूबरकुलोसिस (एमडीआर-टीबी) से हुई है।
3. टोटल ड्रग रेसिस्टेंट ट्यूबरकुलोसिस (टीडीआर-टीबी), सर्वप्रथम इटली में 2007 में खोजी गई थी।
4. मल्टी ड्रग रेसिस्टेंट ट्यूबरकुलोसिस (एमडीआर-टीबी), आगे चलकर एक्सटेंसिवली ड्रग रेसिंस्टेट टीबी (ईडीआर-टीबी) के रूप में उत्परिवर्तित हो गयी जो कि आगे चलकर टोटल ड्रग रेसिस्टेंट ट्यूबरकुलोसिस (टीडीआर-टीबी) के रूप में पायी गयी।

उपर्युक्त कथनों में से कौन से कथन सही हैं?

(a) केवल 1, 2 और 3 (b) केवल 2, 3 और 4

(c) केवल 1, 2 और 4 (d) 1, 2, 3 और 4

59. भारतीय खाद्य सुरक्षा और मानक प्राधिकरण (एफएसएसएआई) के बारे में निम्नलिखित कथनों पर विचार कीजिए:

1. भारतीय खाद्य सुरक्षा और मानक प्राधिकरण (एफएसएसएआई) की स्थापना खाद्य सुरक्षा अधिनियम, 2006 के तहत की गई है।
2. इसकी स्थापना, खाद्य वस्तु एवं उनके निर्माण, भण्डारण, वितरण, बिक्री एवं आयात के लिए मानव के उपयोग लायक सुरक्षित एवं पौष्टिक भोजन की उपलब्धता सुनिश्चित करने के लिए, विज्ञान अधारित मानक निर्धारित करने के उद्देश्य से की गयी है।
3. कृषि मंत्रालय, एफएसएसएआई के कार्यान्वयन के लिए प्रशासनिक मंत्रालय है।

उपर्युक्त कथनों में से कौन सा/से कथन सही है/हैं?

(a) केवल 1 (b) केवल 1 और 2

(c) केवल 2 और 3 (d) 1, 2 और 3

60. आईआरवी 2020 (IRV 2020) क्या है?

(a) आईआरवी 2020, विश्व स्वास्थ्य संगठन और स्वास्थ्य एवं परिवार कल्याण मंत्रालय द्वारा संयुक्त रूप से शुरु की गई एक परियोजना है, इसका तात्पर्य इंडियन रेट्रो वाइरस 2020 से है और इसका लक्ष्य 2020 तक भारत से रेट्रो वाइरस के संक्रमणों का उन्मूलन करना है।

(b) आईआरवी 2020, (इंडियन राइनो विज़न 2020), असम के वन विभाग, डब्ल्यूडब्ल्यूएफ और इंटरनेशनल राइनो फाउंडेशन (आईआईएफ) का एक संयुक्त कार्यक्रम है जिसका लक्ष्य, असम में 2020 तक गैंडों की संख्या को 3000 तक बढ़ाना है।

(c) इंटरएक्टिव रेस्पांस वॉयस (आईआरवी) एक प्रौद्योगिकी है जोकि ध्वनि के प्रयोग से कंप्यूटर और मानव के बीच वार्तालाप को सुगम बनाती है, आईआरवी 2020, भारत के सभी पंचायतों को 2020 तक इस सुविधा को उपलब्ध कराने वाली एक परियोजना का नाम है।

(d) आईआरवी 2020, (इंडियन रिसोर्सेज विज़न 2020) इसरो की एक महत्वाकांक्षी परियोजना है जो कि इंडियन रिमोट सेंसिंग एजेंसी व गूगल मैप के साथ मिलकर, भारत के सभी प्राकृतिक संसाधनों का डिजिटल मैप तैयार करेगी।

61. "3V – Avatar' क्या है?

(a) यह हृदय रोगियों के लिए देश की पहली जैव-अवशोषण इन्डोवैस्कुलर दवा है।

(b) यह भारतीय अंतरिक्ष अनुसंधान संगठन द्वारा पुनः प्रयोग के योग्य विकासाधीन अंतरिक्ष यान है।

(c) यह भाभा परमाणु अनुसंधान केन्द्र द्वारा विकसित तृतीय पीढ़ी का प्रोटोटाइप न्यूक्लियर रिएक्टर है।

(d) यह सेन्टर फॉर डेवलॅपमेन्ट ऑफ एडवान्स्ड कम्प्यूटिंग द्वारा विकसित एक कम्प्यूटर सॉफ्टवेयर है।

62. क्विक रेस्पॉन्स कोड या क्यू आर कोड के सन्दर्भ में निम्नलिखित कथनों पर विचार कीजिए:

1. यह एक प्रकार का मैट्रिक्स बारकोड है जो सर्वप्रथम, निर्माण के दौरान वाहनों का पता लगाने हेतु वाहन उद्योग के लिए डिजाइन किया गया था।

2. यह कोड सफेद पृष्ठभूमि वाले एक रेखीय पैटर्न में व्यवस्थित, काले मॉड्यूल से मिलकर बना होता है।

3. क्यू आर कोड एक प्रकार का प्रचलित द्वि-विमीय कोड है।

उपर्युक्त कथनों में से कौन सा/से कथन सही है/हैं?

(a) केवल 1 और 2 (b) केवल 2

(c) केवल 2 और 3 (d) केवल 1 और 3

63. आजकल, किसी मॉल या सुपरबाजार में खरीददारी के दौरान, वस्तुओं की पहचान करने और पता लगाने के उद्देश्य से, एक रीडर द्वारा किसी वस्तु में लगे हुए टैग से इलेक्ट्रॉनिक डेटा को स्थानांतरित करने के लिए रेडियो तरंगों वाली एक तकनीक का प्रयोग किया जाता है। उस तकनीक का क्या नाम है?

(a) रेडियो मैग्नेटिक आइडेंटीफिकेशन (आर.एम.आईडी)

(b) इंटिग्रेटेड रेडियो डिवाइस टेक्नोलाजी (आई.आर.डी.टी)

(c) रेडियो फ्रीक्वेंसी आइडेंटीफिकेशन (आर.एफ.आईडी)

(d) रेडियो फ्रीक्वेंसी मॉडयुलेशन डिवाइस (आर.एफ.एम.डी)

64. निम्नलिखित कथनों में से कौन सा कथन "एपोजी किक" की घटना की सही व्याख्या करता है?

(a) यह कृत्रिम उपग्रह के 'एपोजी' से वृत्तीय भू-स्थैतिक ट्रांस्फर आर्बिट में स्थानान्तरण को संदर्भित करता है।

(b) यह कृत्रिम उपग्रह के पेरिजी से एपोजी में स्थानान्तरण को संदर्भित करता है।

(c) यह कृत्रिम उपग्रह के एपोजी से पेरिजी में स्थानान्तरण को संदर्भित करता है।

(d) उपरोक्त में से कोई नहीं।

65. एंड्रोएड, गूगल और ओपन हैंडसेट एलाइंस द्वारा विकसित किया गया एक मोबाइल ऑपरेटिंग सिस्टम है। सामान्य रूप से इस ऑपरेटिंग सिस्टम के हर संस्करण का नाम किसी खाद्य-पदार्थ के नाम पर किया गया है। नीचे दिए गए संस्करणों का उनके कोड नामों से मिलान कर और दिए गए विकल्पो में से सही उत्तर का चयन कीजिएः

(कूट नाम)	(संस्करण)
1. जिंजरब्रेड	- एंड्रोएड 2.3
2. हनीकॉम्ब	- एंड्रोएड 3.0
3. आइस क्रीम सैंडविच	- एंड्रोएड 4.0

सही कूटः

(a) केवल 1 और 2 (b) केवल 2 और 3

(c) केवल 1 और 3 (d) 1, 2 और 3

66. हाइड्रोजन रिकंबाइनर के संदर्भ में निम्नलिखित कथनों पर विचार कीजिएः

1. इसका प्रयोग नाभिकीय संयत्र में हाइड्रोजन के सांद्रण को कम करने में किया जाता है अन्यथा यह विस्फोट का कारण बन सकता है।
2. फुकुशिमा नाभिकीय संयंत्र में रिकंबाइनर नहीं लगे हुये थे और इस कारण वहाँ विस्फोट हुआ।
3. थ्री माइल आइलैण्ड कन्टेनमेंट एक बड़े हाइड्रोजन विस्फोट से 1979 ई. में प्रभावित हुआ था, जबकि वहाँ हाइड्रोजन रिकंबाइनर भी लगा हुआ था।

उपर्युक्त कथनों में से कौन सा/से सही है/हैं?

(a) केवल 1 (b) केवल 2

(c) केवल 2 और 3 (d) उपर्युक्त में से कोई नहीं

67. निम्नलिखित कथनों पर विचार कीजिएः

1. मोनो सोडियम ग्लूटामेट जिसे सोडियम ग्लूटामेट और एम. एस. जी. नाम से भी जानते हैं, प्राकृतिक रूप से पाए जाने वाले एक आवश्यक अमीनो अम्ल ग्लूटामेट का सोडियम लवण है।
2. मोनोसोडियम ग्लूटामेट (एम. एस. जी.) का प्रयोग खाद्य संयोजी के रूप में होता है और साधारणतया इसे स्वाद वर्धक के रूप में बेंचा जाता है।

उपर्युक्त कथनों मे से कौन सा/से कथन सही है/हैं?

(a) केवल 1 (b) केवल 2

(c) 1 और 2 दोनो (d) न तो 1 और न ही 2

68. निम्नलिखित कथनों पर विचार कीजिएः

1. जे ई वी चेक्स (JEV Chex), मानव के केंद्रयी रीढ़-द्रव्य व सीरम में, जापानीज इंसफालाइटिस विषाणु (जे ई वी) के बिरूद्ध उत्पन्न हुई आई जी एम (igm) प्रतिरक्षी के तीव्र पहचान करने की एक 'रैपिड-एलिसा-किट' है
2. जे ई वी चेक्स (JEV Chex), किट का विकास राष्ट्रीय मानसिक स्वास्थ्य और स्नायु-विज्ञान संस्थान (निम्हांस) के सहयोग से किया गया है।

उपर्युक्त में से कौन सा/से कथन सही है/हैं?

(a) केवल 1 (b) केवल 2

(c) 1 और 2 दोनों (d) न ही 1 और न ही 2

69. सूची – I का सूची– II से मिलान कीजिए एवं नीचे दिए गए कूटों मे से सही उत्तर का चयन कीजिएः

सूची – I (लडाकू विमान)	सूची – II (देश)
A. जे ए एस 39 ग्रिपेन	1. फ्रांस
B. जुंकर्स जू 88	2. अमेरीका
C. न्यूपोर्ट 28	3. जर्मनी
D. लॉकहीड मार्टिन F-22 रैप्टर	4. स्वीडन

कूटः

	A	B	C	D
(a)	2	1	4	3
(b)	2	4	1	3
(c)	4	3	1	2
(d)	3	4	2	1

70. निम्नलिखित कथनों पर विचार कीजिएः

1. ग्लोनास–के रुस का एक अगली पीढी का नौपरिवहन संबंधी उपग्रह है, जिसका प्रक्षेपण कक्षा में अधिक उन्नत सोयुज 2-1 बी द्वारा किया गया।
2. चीन और रुस ने ग्लोनास/जीपीएस जुडवां प्रणाली रिसीवर और दूसरे नौपरिवहन उपकरणों के संयुक्त रुप से निर्माण के लिए एक समझौते पर हस्ताक्षर किये।
3. ग्लोनास–के रुस की अमेरिका के ग्लोबल पोजिशनिंग सिस्टम पर निर्भरता को कम करेगा।

उपर्युक्त दिये गये कथनों में कौन सा/से सही नहीं है/हैं?

(a) केवल 1 (b) केवल 2

(c) केवल 1 और 2 (d) केवल 2 और 3

71. निम्नलिखित कथनों पर विचार कीजिएः

1. वायुदूत की स्थापना एक कारपोरेशन के रूप में उत्तर–पूर्वी क्षेत्रों में वायु सेवाओं की आवश्यकताओं को पूरा करने के लिए वर्ष 1981 में किया गया था।
2. पवनहंस की स्थापना भारतीय हेलीकॉप्टर कारपोरेशन के रूप में वर्ष 1985 में किया गया था, जिसको बाद में पवनहंस कारपोरेशन लिमिटेड (पी.एच. सी.एल.) नाम दिया गया।

3. दो विमानपत्तन प्राधिकरण, राष्ट्रीय विमानमत्तन प्राधिकरण (एन.ए.ए.) और अन्तर्राष्ट्रीय विमानपत्तन प्राधिकरण, भारत (आई.ए.ए.आई.) का वर्ष 1995 में विलय करके एक नया संगठन भारतीय विमानपत्तन प्राधिकरण नाम से बना।

उपर्युक्त कथनों में से कौन से कथन सही हैं?

(a) केवल 1 और 2 (b) केवल 2 और 3

(c) केवल 1 और 3 (d) उपरोक्त सभी

72. निम्नलिखित कथनों पर विचार कीजिए:

1. मोबाइल नम्बर संवहनीयता (MNP) सुविधा सर्वप्रथम फिनलैण्ड में अगस्त 1997 में प्रारम्भ की गई थी।
2. भारत में, MNP सुविधा हरियाणा में 25 नवम्बर 2010 से प्रारम्भ हुई थी।
3. भारत में MNP सुविधा को उपभोक्ता 15 दिनों में प्राप्त कर सकते हैं जबकि आस्ट्रेलिया तथा न्यूजीलैण्ड में उपभोक्ता इस सुविधा को कुछ क्षणों में ही प्राप्त कर सकते हैं।

उपर्युक्त कथनों में से कौन सा/से कथन सही है/हैं?

(a) केवल 1 और 2 (b) केवल 2 और 3

(c) केवल 1 (d) केवल 1 और 3

73. **कथन (A):** जेनेटिक इंजीनियरिंग अनुमोदन समिति (जी.इ.ए.सी.) ने आनुवांशिक रूप से परिष्कृत प्रथम खाद्य फसल के रूप में बीटी बैंगन के उत्पादन को पर्यावरणीय मंजूरी दे दी है।

कारण (R): बीटी कपास और बीटी बैंगन दोनों आनुवांशिक रूप से परिष्कृत फसले हैं, जिसमें मूल रूप से मिट्टी में पाए जाने वाले जीवाणु *बैसिलस थुरिंजिएंसिस* में पाए जाने वाले बाह्य जीन क्राई 1 ए सी (cry 1 AC) को समाहित किया जाता है।

नीचे दिये गये कूट में से सही उत्तर को चुनिए:

(a) (A) और (R) दोनों सही हैं, और (R), (A) की सही व्याख्या करता है।

(b) (A) और (R) दोनों सही हैं, लेकिन (R), (A) की सही व्याख्या नहीं करता है।

(c) (A) सही है, परन्तु (R) गलत है।

(d) (A) गलत है, परन्तु (R) सही है।

74. T-5 से क्या तात्पर्य है?

(a) राष्ट्रीय विषाणु विज्ञान संस्थान, पुणे द्वारा विकसित एच.आई.वी. एड्स विषाणु का नया टीका है।

(b) यह रणथम्भौर राष्ट्रीय उद्यान, राजस्थान में ''काचिदा मादा'' नाम की एक शेरनी थी।

(c) डी.आर.डी.ओ. द्वारा विकसित गुप्त युद्धक टैंक का नया संस्करण है।

(d) C-DAC, पुणे द्वारा विकसित सुपर कम्प्यूटर का नवीनतम संस्करण है।

75. AFNET के सन्दर्भ में निम्नलिखित में से कौन सा कथन सही नहीं है?

(a) यह भारतीय वायु सेना का टेराबाइट डिजिटल संचार ग्रिड है जिसका प्रबंधन व संचालन वायु सेना द्वारा किया जाता है।

(b) इसने ट्रोपो स्कैटर प्रौद्योगिकी को विस्थापित किया है जो कि पुरानी संचार प्रणाली में प्रयोग की जाती थी।

(c) AFNET का विकास भारतीय वायु सेना ने Cisco, HCL Infosystem, और BSNL के सहयोग से किया है।

(d) यह 'Network for Spectrum' नामक मिशन का हिस्सा है।

76. निम्नलिखित कथनों पर विचार करें:

I. कार्टोसेट 2B भारत का सुदूर संवेदी उपग्रह है।

II. सूर्य समकालिक कक्षा में यह एक पृथ्वी अवलोकन उपग्रह है।

III. कोर्टोसेट 2B को 12 जुलाई 2010 को प्रक्षेपित किया गया था।

उपर्युक्त में से कौन सा/से कथन सत्य है/हैं?

(a) केवल I (b) केवल III

(c) केवल I और III (d) I, II और III

77. मोबाइल नंबर वहनीयता का अर्थ है:

(a) एक ही हैंडसेट द्वारा एक ही समय में बहुत सारे नंबरों के प्रयोग की स्वतंत्रता।

(b) एक ही नंबर को विभिन्न क्षेत्राधिकारों एवं विभिन्न सेलुलर क्षेत्रों में प्रयोग करने की स्वतंत्रता।

(c) बिना नंबर बदले विभिन्न सेवा-प्रदाताओं को परिवर्तित करने की स्वतंत्रता।

(d) मोबाइल नंबर को अन्य विभिन्न युक्तियों (Devices) जैसे कि स्मार्टफोन एवं अन्य दूरसंचार युक्तियों में वहन करने की स्वतंत्रता।

78. निम्न में से कौन सा तथ्य एकीकृत जीवन रक्षक प्रणाली (ILSS) के बारे में सत्य नहीं है?

(a) सुखोई-एमकेआई 30, फरवरी 2011 से ILSS से सुसज्जित होगा।

(b) ILSS का मुख्य घटक ऑनबोर्ड ऑक्सिजन जेनरेशन सिस्टम (OBOGS) है, जो कि उंचाई पर उड़ते समय भी यानचालक के लिए ऑक्सिजन की मात्रा को समुद्र तल के स्तर पर रखता है।

(c) ILSS के पास एक ऐसा तंत्र है जिसे डिमांड ऑक्सिजन रेग्युलेटर (DOR) कहते हैं, जो कि यह सुनिश्चित करता है कि उंचाई की आवश्यकता के अनुसार यानचालकों को सांस लेने के लिए गैस प्रदान की जा रही है।

(d) L&T के साथ DEBEL एक विकास-सह-उत्पादन साझेदार के तौर पर ILSS निर्मित करेगा।

79. ग्लोबल-डिमिंग का अर्थ है:

(a) विशिष्ट समयावधि के लिए विश्व के प्रमुख शहरों में बिजली के उपभोग की दर में योजनागत कमी।

(b) प्रदूषित बादलों के कारण सूर्य से प्राप्त इंसोलेशन और ऊष्मा में बाधा।

(c) अत्यधिक बाधाओं के कारण निश्चित आवृतियों में सूचना वहन करने की क्षमता में कमी।

(d) अंतर्राष्ट्रीय स्तर पर उर्जा के उपयोग में शुद्ध कमी।

80. 'एंगल ऑफ लौल' शब्द का प्रयोग निम्न को वर्णन करने के लिए किया जाता है:

(a) कर्ण एवं आधार के मध्य के कोण को।

(b) जहाज की वह स्थिति जो उसके उर्ध्वाधर होने पर अस्थिर होती है।

(c) जहाज के डेक में एक उठा हुआ और खिड़की युक्त पृष्ठ द्वार।

(d) जलयान के पिछले भाग का एक प्रकार जो कि समुद्री वाहिकाओं के लिए उपयोग करने के लिए डिज़ाइन किया गया है।

81. चीन द्वारा 'पल्सर' का पता लगाने के लिए अंतरिक्ष में एक उपग्रह को छोड़ा गया। 'पल्सर' के संदर्भ में निम्नलिखित कथनों पर विचार कीजिए:

1. पल्सर, घुर्णन करता न्यूट्रॉन तारा होते हैं।
2. पल्सर का द्रव्यमान सूर्य के द्रव्यमान से कम होता है।
3. पल्सर का गुरूत्वाकर्षण क्षेत्र पृथ्वी के गुरूत्वाकर्षण क्षेत्र का लगभग 200 अरब गुना होता है।

उपर्युक्त कथनों में से कौन-सा/से कथन 'पल्सर' के संदर्भ में सही है/हैं?

(a) केवल 1 एवं 2 (b) केवल 2

(c) केवल 3 (d) केवल 1 एवं 3

82. 'नासा-इसरो सिंथेटिक एपर्चर रडार (निसार)' मिशन, नासा एवं इसरो के बीच एक संयुक्त परियोजना है जिसके तहत एक 'ड्यूल सिंथेटिक एपर्चर रडार उपग्रह को विकसित एवं प्रक्षेपित किया जाना है। यह निरक्षण करने के लिए बनाया जा रहा है:

1. पारिस्थितिक गड़बड़ी 2. बर्फ क्षत्रपों का पिघलना

3. भूकंप 4. भूस्खलन

उपर्युक्त परिघटनाओं में किनका पर्यवेक्षण 'निसार' द्वारा किया जायेगा?

(a) केवल 1, 2 एवं 4 (b) केवल 2 एवं 3

(c) केवल 3 एवं 4 (d) 1, 2, 3 एवं 4

83. बॉयो-इण्डिकेटर लीडॉर इन्स्ट्रूमेंट (BILI) खबरों में रहा है। यह वायुमण्डल में कणों की संरचना का पता लगाने व विश्लेषण करने के दौरान प्रकाश का उपयोग करता है। इसका (BILI) का विकास किया गया है?

(a) भारतीय अंतरिक्ष अनुसंधान संगठन (इसरो)

(b) नेशनल एयरोनॉटिक्स एंड स्पेस एडमिनिस्ट्रेशन (नासा)

(c) यूरोपीय अंतरिक्ष एजेंसी

(d) चीन नेशनल स्पेस एडमिनिस्ट्रेशन

84. 'मल्टी परपज फॉस्ट न्यूट्रॉन रिसर्च रिएक्टर' (MBIR) के संदर्भ में निम्नलिखित कथनों पर विचार कीजिए:

1. यह खुला ईंधन चक्र आधारित फॉस्ट न्यूट्रॉन रियक्टर है।
2. इस रियक्टर में भारी जल का प्रयोग नियंत्रक के रूप में किया जाता है।
3. MBIR के द्वारा अपशिष्ट की निकासी कम मात्रा में होगी एवं इसमें नये ईंधन की पुनर्निर्माण की प्रक्रिया संभव होगी।

उपर्युक्त वर्णित कथनों में से कौन-सा/से कथन सही है/हैं?

(a) केवल 1 एवं 2 (b) केवल 3

(c) केवल 2 एवं 3 (d) केवल 1, 2 एवं 3

85. 'जेनेटिक उपयोग प्रतिबंध प्रोद्योगिकी (GURT)' के संदर्भ में निम्नलिखित कथनों पर विचार कीजिए:

1. यह तकनीक टर्मिनेटर तकनीक भी कही जाती है।
2. इसका प्रयोग बाँझ बीज तैयार करने के लिए किया जाता है।
3. यह बीज विविधता को उत्पन्न करता है।
4. टर्मिनेशन बीज के कारण पर्यावरण में जीएम जीनों के प्रसार पर रोक लगता है।

उपर्युक्त वर्णित कथनों में से कौन-से कथन सही हैं?

(a) केवल 1, 2 एवं 4 (b) केवल 2 एवं 3

(c) केवल 3 एवं 4 (d) 1, 2, 3 एवं 4

86. 'प्राकृतिक गैस हाइड्रेट्स' के संदर्भ में निम्नलिखित कथनों पर विचार कीजिए:

1. यह महासागरों एवं ध्रुवीय क्षेत्रों में पाये जाने वाला प्राकृतिक गैस एवं जल का बर्फ की तरह संरचना वाला तत्व है।
2. ये महाद्वीपीय शेल्फ मार्जिन में समुद्री तलहट में पाया जाता है।
3. गैस हाइड्रेट से मुक्त होने वाले मिथेन की जलवायु परिवर्तन में महत्वपूर्ण भूमिका हो सकती है।

उपर्युक्त वर्णित कथनों में से कौन-सा/से कथन सही है/हैं?

(a) केवल 1 एवं 2

(b) केवल 1 एवं 3

(c) केवल 3

(d) 1, 2 एवं 3

87. 'पॉवर वॉल' प्रौद्योगिकी के संदर्भ में निम्नलिखित कथनों पर विचार कीजिए:

1. यह एक वॉल-माउण्टेबल, उच्च क्षमता युक्त लिथियम आयन बैटरी है।
2. यह सौर पैनलों के माध्यम से उत्पादित विद्युत से चार्ज नहीं हो सकती है।

उपर्युक्त वर्णित कथनों में से कौन-सा/से कथन सही है/हैं?

(a) केवल 1

(b) केवल 2

(c) 1 एवं 2 दोनों

(d) न तो 1 न ही 2

88. वर्ष 2016 में, 'प्रौद्योगिकी दृष्टिकोण-2035' लाया गया था। इस दस्तावेज में 'ब्लू स्काई रिसर्च' की बात की गयी थी। निम्नलिखित कथनों में कौन-सा इसके बारे में सबसे अच्छा वर्णन होगा?

(a) यह वह अनुसंधान है जहाँ इसका वास्तविक दुनिया में तुरंत अनुप्रयोग संभव नहीं है।

(b) यह वह अनुसंधान है जिसका वास्तविक एवं प्रत्यक्ष प्रयोग संभव है।

(c) यह बाह्य अंतरिक्ष से संबंधित अनुसंधान है।

(d) यह 'ब्लू अर्थव्यवस्था' से संबंधित शोध है।

89. 'क्वाण्टम एक्सपेरिमेण्टस ऐट स्पेश स्केल (QUESS)' के संदर्भ में निम्नलिखित कथनों पर विचार कीजिए:

1. QUESS का मुख्य लक्ष्य, जमीन पर स्थित दो स्टेशनों एवं उपग्रह के मध्य 'क्वाण्टम कुंजी डिस्ट्रीब्यूशन (QKD)' का प्रदर्शन करना है।
2. क्वाण्टम कुंजी एक स्ट्रिंग है जो '1' एवं '0' दोनों को शामिल किये हुये है तथा इसका प्रयोग संदेश को इनकोड या डिकोड करने में किया जा सकता है जो संदेश को चोरी होने से बचायेगा।

उपर्युक्त वर्णित कथनों में से कौन-सा/से कथन सही है/हैं?

(a) केवल 1 (b) केवल 2

(c) 1 एवं 2 दोनों (d) न तो 1 न ही 2

90. 'संकलनी विनिर्माण' के संदर्भ में निम्नलिखित कथनों पर विचार कीजिए:

1. इसमें अनेक प्रौद्योगिकी को इस्तेमाल में लाया जाता है, जिसमें शामिल है – 3डी प्रिंटिंग, रैपिड प्रोटोटाइप (RP), प्रत्यक्ष डिजिटल विनिर्माण (DDM), बहुस्तरीय विनिर्माण एवं संकलनी निर्माण।
2. ऊतक इंजीनियरिंग में इंकजेट तकनीक का प्रयोग करते हुए जैव-मुद्रण (Bio-printing) का प्रयोग किया जाता है।
3. एजाईल टूलिंग का आशय विनिर्माण संबंधित उपकरणों के डिजाइन एवं निर्माण से है।

उपर्युक्त वर्णित कथनों में से कौन-सा/से कथन सही है/हैं?

(a) केवल 1 एवं 2 (b) केवल 2 एवं 3

(c) केवल 3 (d) 1, 2 एवं 3

91. 'आदित्य-एल 1 मिशन' के संदर्भ में, निम्नलिखित कथनों में से कौन-सा/से कथन सही है/हैं?

1. यह सूर्य के अध्ययन हेतु द्वितीय भारतीय मिशन है।
2. इसे 800 किमी. ऊँचाई पर स्थिति पृथ्वी की निचली कक्षा में स्थापित करने की योजना है।
3. अतिरिक्त प्रयोगों के साथ यह मिशन अब सूर्य के बाह्य प्रभामण्डल, वर्णमण्डल एवं कोरोना का अवलोकन प्रदान करेगा।

नीचे दिये गये कूट की सहायता से सही उत्तर का चयन कीजिए।

(a) केवल 1 और 2 (b) केवल 2
(c) केवल 2 और 3 (d) 1, 2 और 3

92. 'अंतर-महाद्विपीय बैलिस्टिक प्रक्षेपास्त्र', अग्नि-V के संदर्भ में निम्नलिखित कथनों पर विचार कीजिए:

1. यह सतह से हवा में मार करने वाला प्रक्षेपास्त्र है।
2. यह द्विस्तरीय ठोस प्रणोदक प्रक्षेपास्त्र है।
3. आणविक आयुध में सक्षम इस प्रक्षेपास्त्र की मारक क्षमता 5,000 किमी से अधिक है।

उपर्युक्त वर्णित कथनों में से कौन-सा/से कथन सही है/हैं?

(a) केवल 1 और 3 (b) केवल 3
(c) केवल 2 और 3 (d) 1, 2 और 3

93. कागज के पुनर्चक्रण के द्वारा निम्नलिखित में से क्या बचाया जा सकता है?

1. ऊर्जा 2. जल
3. लैंडफिल स्थान 4. ग्रीन हाउस गैस उत्सर्जन

नीचे दिये गये कूट की सहायता से सही उत्तर चुनिए।

(a) केवल 1 और 2 (b) केवल 2 और 3
(c) केवल 1, 3 और 4 (d) 1, 2, 3 और 4

94. इसरो की स्वदेशी 'टेलीमेट्री एवं टेली कमाण्ड प्रोसेसर (TTCP)' जो कभी-कभी समाचारों में रहती है, के संदर्भ में निम्नलिखित कथनों में से कौन-सा/से कथन सही है/हैं?

1. TTCP का विकास FPGA (फील्ड प्रोग्रामेबल गैट ऐरे) प्लेटफार्म पर किया गया है।

2. TTCP का प्रयोग, पृथ्वी की निम्नकक्षा, भूस्थिर कक्षा के अंतरिक्ष यानों के एकीकृत परीक्षण हेतु किया जायेगा तथा अंतर्ग्रही अंतरिक्ष यान परीक्षण हेतु भारत आयातित टेलीमेट्री एवं टेलीकमाण्ड उपकरणों का प्रयोग करेगा।

नीचे दिये गये कूट का प्रयोग कर सही उत्तर का चयन कीजिए।

(a) केवल 1 (b) केवल 2

(c) 1 और 2 दोनों (d) न तो 1, न ही 2

95. लिडार (LiDAR) के संदर्भ में निम्नलिखित कथनों में से कौन-सा/से कथन सही है/हैं?

1. LiDAR में दृश्यप्रकाश स्पेक्ट्रम के दीर्घ तरंगद्धैर्य वाले तरंगों का उपयोग होता है।
2. 'डिफरेंशियल अब्सॉर्प्शन लिडार (DIAL)' का प्रयोग हाइड्रोकार्बन निक्षेपों के ऊपर वायुमण्डल में गैसों का पता लगाने में किया जा सकता है।
3. LiDAR का प्रयोग कैमरे के बिना संगीत वीडियो की रिकॉर्डिंग में किया जा सकता है।

नीचे दिये गये कूट का प्रयोग कर सही उत्तर का चयन कीजिए।

(a) केवल 1 और 2 (b) केवल 1 और 3

(c) केवल 2 और 3 (d) 1, 2 और 3

96. निम्नलिखित कथनों पर विचार कीजिएः

ओजोन का उपयोग किया जाता है:

1. जल उपचार संयंत्रों में
2. सिगरेट एवं सिगार के धुंआँ को हटाने में
3. घर के अंदर वायु प्रदूषण हटाने में

नीचे दिये गये कूट का प्रयोग कर सही उत्तर का चयन कीजिए।

(a) केवल 1 और 2 (b) केवल 1 और 3

(c) केवल 1 (d) 1, 2 और 3

97. 'VoLTE' के संदर्भ में निम्नलिखित कथनों में से कौन-सा/से कथन सही है/हैं?

1. 'VoLTE' आईपी मल्टीमीडिया उपतंत्र (IMS) नेटवर्क आधारित है।
2. एक 'VoLTE' नेटवर्क पर वॉयस कॉल को सूचनाओं के पैकेट्स में बाँट दिया जाता है।

नीचे दिये गये कूट का प्रयोग कर सही उत्तर का चयन कीजिए।

(a) केवल 1 (b) केवल 2

(c) 1 और 2 दोनों (d) न तो 1, न ही 2

98. 'शौर्य' मिसाइल के संदर्भ में निम्नलिखित कथनों पर विचार कीजिए:

1. इसका विकास HAL द्वारा किया गया है।
2. यह एक सबसोनिक मिसाइल है।
3. यह सतह-से-सतह तक मार करने वाली मिसाइल है।

उपर्युक्त वर्णित कथनों में से कौन-सा/से कथन सही है/हैं?

(a) केवल 1 (b) केवल 1 और 2

(c) केवल 3 (d) 1, 2 और 3

99. आयातित ईंधन पर निर्भरता को कम करने एवं ऊर्जा की लागत को तर्कसंगत बनाने के उद्देश्य से 'मिशन डिकार्बोनिशन एंड मिशन इलेक्ट्रिफिकेशन' की शुरूआत किसके लिये की गयी है?

(a) भारतीय रेल के लिए (b) भारतीय नागरिक उड्डयन के लिए

(c) राष्ट्रीय राजमार्ग के लिए (d) भारतीय प्रमुख बंदरगाहों के लिए

100. निम्नलिखित में से कौन-सा 'हाइपरलूप' के संदर्भ में सही है?

(a) हाइपरलूप 'स्पेस-एक्स (Space-X)' द्वारा विकसित एक हाइपरसोनिक स्पेस शटल है।

(b) 'हाइपरलूप' एक बहु-प्रणाली परिवहन प्रणाली है जिसे ड्राइव भी किया जा सकता है एवं ड्रोन की मदद से उड़ाया भी जा सकता है।

(c) 'हाइपरलूप' यात्री एवं माल परिवहन का एक प्रस्तावित मोड़ है, जो लगभग निर्वात ट्यूब में पॉड समान यान के द्वारा वायुमान से तीव्र गति पर परिवहन को सक्षम बनायेगा।

(d) 'हाइपरलूप' कृत्रिम बुद्धि (AI) आधारित एक 'साउण्ड ट्रैक है जो ऐसी सुंदर एवं सीमा रहित ध्वनि तरंगों को उत्पन्न करेगा, जिससे लोगों को आवश्यकता के समय एकाग्रता प्रदान कर उनकी कार्यक्षमता को बढ़ाया जा सकता है।

101. निम्नलिखित कौन-सा/से कथन 'विकास के लिए कार्बन इनिशिसटिव (Ci-Dev)' के संबंध में सही है/हैं?

1. जलवायु परिवर्तन पर संयुक्त राष्ट्र फ्रेमवर्क कन्वेंशन द्वारा पेरिस समझौते के दौरान Ci-Dev का शुभारंभ किया गया।

2. Ci-Dev को क्षमता विकसित करने के लिए और दुनिया के सबसे गरीब देशों में ऊर्जा के उपयोग के लिए, मुख्य रूप से ऊर्जा पहुँच के क्षेत्र में, कार्बन फाइनेंस का प्रयोग करने में मदद करने के लिए, उपकरण और तरीके विकसित करने के लिए, लांच किया गया था।
3. कम आय वाले देशों में स्वच्छ और कुशल प्रौद्योगिकियों का उपयोग करने वाली परियोजनाओं का समर्थन करने के लिए, कम उत्सर्जन के आधार पर प्रदर्शन भुगतान का उपयोग करने के लिए Ci-Dev की स्थापना की गयी थी।

नीचे दिए गए कूट का प्रयोग कर सही उत्तर का चयन कीजिए।

(a) केवल 1 (b) केवल 1 और 2
(c) केवल 2 और 3 (d) 1, 2 और 3

102. भू-वैज्ञानिकों ने यह दावा किया है कि उन्होंने एक नये महाद्वीप 'जील इण्डिया' की खोज की है। निम्नलिखित कौन-सा/से कथन 'जीलेण्डिया' के संदर्भ में सही है/हैं?

1. यह पूर्व में गोंडवानालैण्ड का हिस्सा था।
2. यह समुद्र स्तर से नीचे 94% जलमग्न है।
3. आस्ट्रेलिया से इसका अलगाव और बड़ा भू-भाग इसके महाद्वीप के रूप में परिभाषा को समर्थन करता है।
4. 'जीलेण्डिया' का उच्चतम बिंदु आओराकी माउंट कुक है।

नीचे दिए गए कूट का प्रयोग कर सही उत्तर का चयन कीजिए।

(a) केवल 1, 2 और 4 (b) केवल 2
(c) केवल 2, 3 और 4 (d) 1, 2, 3 और 4

103. 'इम्पैक्टिंग रिसर्च इनोवेशन एण्ड टेक्नॉलॉजी (IMPRINT) इण्डिया' के संबंध में निम्नलिखित कथनों पर विचार कीजिए:

1. यह 10 चिन्हित प्रौद्योगिकी क्षेत्रों में प्रमुख अभियांत्रिकी एवं प्रौद्योगिकी चुनौतियों को हल करने हेतु शोध का खाका विकसित करने के लिए एक पहल है।
2. यह भारतीय प्रौद्योगिकी संस्थानों, भारतीय विज्ञान संस्थान तथा भारतीय प्रबंधन संस्थानों का संयुक्त उपक्रम है।
3. नैनो प्रौद्योगिकी तथा उन्नत पदार्थ, चिन्हित क्षेत्रों का भाग है।

उपर्युक्त वर्णित कथनों में से कौन-सा/से कथन सही है/हैं?

(a) केवल 1 (b) केवल 1 और 3
(c) केवल 2 और 3 (d) 1, 2 और 3

104. वैज्ञानिकों द्वारा 'ग्रेफीन' का निर्माण सोयाबीन से किया गया है। निम्नलिखित कथनों में से कौन-सा/से कथन 'ग्रेफीन' के संदर्भ में सही है/हैं?

1. 'ग्रेफीन' द्वीआयामी गुणों वाला कार्बन का एक क्रिस्टलीय अपररूप है।
2. 'ग्रेफीन' विद्युत एवं ऊष्मा का एक बुरा चालक है।
3. ग्रेफीन इस्पात की तुलना में लगभग 200 गुना अधिक मजबूत होता है।

नीचे दिए गये कूट का प्रयोग कर सही उत्तर का चयन कीजिए।

(a) केवल 1 (b) केवल 1 और 3
(c) केवल 2 और 3 (d) 1, 2 और 3

105. निम्नलिखित कथनों पर विचार कीजिए:

1. अंटार्कटिका के लिए भारतीय वैज्ञानिक अभियान (36 आईएसईए), अंटार्कटिका और महासागर अनुसंधान केन्द्र (एनसीएओआर) द्वारा आयोजित किया गया है।
2. अंटार्कटिका और महासागरीय अनुसंधान के लिए राष्ट्रीय केन्द्र (एनसीएओआर) अंटार्कटिक, आर्कटिक और दक्षिणी महासागर के वार्षिक भारतीय अभियान से संबंधित सभी वैज्ञानिक एवं रसद गतिविधियों को लागू करने में एक प्रबंधन भूमिका निभाता है।

उपर्युक्त वर्णित कथनों में से कौन-सा/से कथन सही है/हैं?

(a) केवल 1 (b) केवल 2
(c) 1 और 2 दोनों (d) न तो 1, न ही 2

106. 'तीन जनक वाला बच्चा (Three Parent Baby)', डिजायन किया गया है:

(a) राइबोसोमल रोगों वाले परिवारों की सहायता के लिए
(b) माइटोकोंड्रियल रोगों वाले परिवारों की सहायता के लिए
(c) तंत्रिका से संबंधित रोगों वाले परिवारों की सहायता के लिए
(d) साइटोप्लास्मिक रोगों वाले परिवारों की सहायता के लिए

107. 'नैनोप्रौद्योगिकी' के संदर्भ में निम्नलिखित कथनों पर विचार कीजिए:

1. यह 1 से 100 नैनोमीटर के नैनोस्केल पर कार्यरत विज्ञान, इंजीनियरिंग एवं प्रौद्योगिकी है।
2. नैनोसाइंस एवं नैनोप्रौद्योगिकी के पीछे विचारात्मक अवधारणा की शुरूआत, भौतिक वैज्ञानिक रिचर्ड फेमैन द्वारा कही गयी बात "नीचे बहुत सारा जगह है" "(There's Plenty of Room at the Bottom)" से हुई थी।

उपर्युक्त वर्णित कथनों में से कौन-सा/से कथन सही है/हैं?

(a) केवल 1 (b) केवल 2

(c) 1 और 2 दोनों (d) न तो 1, न ही 2

108. निम्नलिखित में से कौन 'CRISPR - Cas9' को सबसे अच्छे से वर्णन करता है?

(a) यह योजनाबद्ध अंतरिक्ष अभियानों की एक श्रृंखला है।

(b) यह उच्च उपज देने वाली चावल की एक संकर किस्म है।

(c) यह जीनोम संपादन की एक तकनीक है।

(d) यह उच्च उपज देने वाली गेहूँ की एक संकर किस्म है।

109. निम्नलिखित कथनों में से कौन-सा/से कथन 'एडवांस एयर डिफेंस (AAD)' इंटरसेप्टर मिसाइल के संदर्भ में सही है/हैं?

1. इसे भारतीय अंतरिक्ष अनुसंधान संगठन द्वारा अब्दुल कलाम द्वीप से प्रक्षेपित किया गया।
2. अन्तःवायुमण्डलीय यह मिसाइल 15-25 किमी. ऊँचाई पर हमलावर मिसाइल को नष्ट करने में सक्षम है।

नीचे दिए गये कूट की सहायता से सही उत्तर का चयन कीजिए।

(a) केवल 1

(b) केवल 2

(c) 1 और 2 दोनों

(d) न तो 1, न ही 2

110. 'एकीकृत स्वचालित विमानन मौसम विज्ञान प्रणाली (IAAMS)' के संबंध में निम्नलिखित कथनों पर विचार कीजिए।

1. 'INS राजली' में सर्वप्रथम 'एकीकृत स्वचालित विमानन मौसम विज्ञान प्रणाली (IAAMS)' उद्घाटित हुई।
2. IAAMS, के नौसेना वायु-स्टेशनों (NAS) के मौसम विज्ञान आधारित संरचना के आधुनिकीकरण करने की भारतीय नौसेना की एक महत्त्वाकांक्षी परियोजना है।

उपर्युक्त कथनों में से कौन-सा/से कथन सही है/हैं?

(a) केवल 1 (b) केवल 2

(c) 1 और 2 दोनों (d) न तो 1, न ही 2

111. '3D- प्रिंटिंग' तकनीक के संदर्भ में निम्नलिखित कथनों में से कौन-से कथन सही हैं?

1. 3D- प्रिंटर एक प्रकार का औद्योगिक रोबोट है।
2. 3D- प्रिंटिंग व्यर्थ बर्बादी को बचाता है क्योंकि इसके द्वारा सामग्री को ठीक उसी स्थान पर रखा जाता है जहाँ उसकी जरुरत होती है, एवं शेष स्थान खाली छोड़ दिया जाता है।
3. 3D- प्रिंटिंग द्वारा अगली औद्योगिक क्रांति लायी जा सकती है।

नीचे दिये गये कूट का प्रयोग कर सही उत्तर का चयन कीजिए।

(a) केवल 1 और 2
(b) 1 और 3
(c) केवल 2 और 3
(d) 1, 2 और 3

112. 'ब्लू कार्बन पहल (Blue Carbon Initiative)' से संबंधित निम्नलिखित कथनों पर विचार कीजिए।

1. ब्लू कार्बन, तटीय और समुद्री पारिस्थितिकी तंत्रों में संगृहीत होता है।
2. 'ब्लू कार्बन पहल' वर्तमान में तटीय पारिस्थितिक तंत्रों-मेंग्रोव, ज्वारीय दलदलों और समुद्री घासों - पर केन्द्रित है।
3. 'ब्लू कार्बन पहल' विश्व बैंक द्वारा समन्वित है।

उपर्युक्त वर्णित कथनों में से कौन-सा/से कथन सही है/हैं?

(a) केवल 1 और 2
(b) केवल 1 और 3
(c) केवल 1
(d) 1, 2 और 3

113. यूएसए में वैज्ञानिकों ने 3D प्रिंटिंग तकनीक एवं मीथेन खाने वाले वैक्टीरिया का प्रयोग कर, पहला रियक्टर बनाया है जो ग्रीन हाउस गैसों से मिथेनॉल का उत्पादन कर सकता है। यह एक ऐसी प्रगति है जिससे अधिक कुशल ऊर्जा उत्पादन संभव हो सकता है। निम्नलिखित कथनों में से कौन-से 3D-प्रिंटिंग तकनीक के संदर्भ में सही हैं?

1. 3D-प्रिंटर एक प्रकार का औद्योगिक रोबोट है।
2. 3D-प्रिंटिंग व्यर्थ बर्बादी को बचाता है क्योंकि इसके द्वारा समाग्री को ठीक उसी स्थान पर रखा जाता है जहाँ उसकी जरूरत होती है, एवं शेष स्थान खाली छोड़ दिया जाता है।
3. 3D-प्रिंटिंग द्वारा अगली औद्योगिक क्रांति लायी जा सकती है।

नीचे दिये गये कूट का प्रयोग कर सही उत्तर का चयन कीजिए:

(a) केवल 1 एवं 2
(b) केवल 1 एवं 3
(c) केवल 2 एवं 3
(d) 1, 2 एवं 3

114. भारतीय मानक ब्यूरो के संदर्भ में निम्नलिखित कथनों पर विचार कीजिएः

1. भारतीय मानक ब्यूरो (BIS), भारतीय मानक अधिनियम-1986 के प्रावधानों के तहत गठित एक सांविधिक निकाय है।
2. भारतीय मानक ब्यूरो, अन्तर्राष्ट्रीय मानकीयकरण संगठन (ISO) का सदस्य नहीं है।

उपर्युक्त कथनों में से कौन सा/से सही है/हैं?

(a) केवल 1
(b) केवल 2
(c) 1 एवं 2 दोनों
(d) न तो 1 और न ही 2

115. 'सेण्टर फॉर साइंस एण्ड एनवायरमेण्ट (CSE)' के एक हाल के अध्ययन में यह खुलासा हुआ है कि दिल्ली से सैम्पल के लिए गये ब्रेड एवं बेकरी नमूने के 84 प्रतिशत में श्रेणी - 2B कैंसर एजेंट पाया गया। श्रेणी - 2B कैंसर एजेंट के संदर्भ में निम्नलिखित कथनों पर विचार कीजिएः

1. श्रेणी - 2B, मनुष्यों के लिए संभावित कैंसर कारक होता है।
2. श्रेणी - 2B में किसी एजेंट (तत्व) को तब ही रखा जाता है, जब उसके मनुष्य पर कैंसर कारक प्रभाव का पर्याप्त सबूत मिल जाता है।
3. पौटेशियम ब्रोमेट एक श्रेणी - 2B, कैंसर कारक तत्व है।

उपर्युक्त कथनों में से कौन-सा/से सही है/हैं?

(a) केवल 2
(b) केवल 1 एवं 3
(c) 1, 2 एवं 3
(d) केवल 2 एवं 3

116. भारत में परमाणु ऊर्जा परिदृश्य के संदर्भ में निम्नलिखित कथनों में से कौन-सा गलत है?

(a) 'अप्सरा', एशिया का पहला परमाणु अनुसंधान रिएक्टर है।
(b) भारत में परमाणु ऊर्जा, विद्युत का चौथा सबसे बड़ा स्रोत है।
(c) भारत द्वारा थोरियम आधारित ईंधन के क्षेत्र में प्रगति की गई है।
(d) वर्तमान में भारत में क्रियाशील (operational) फास्ट ब्रीडर रिएक्टर (FBR) कार्यरत है।

117. निम्नलिखित कथनों में से कौन-सा/से पुनः प्रयोज्य प्रक्षेपण यान (RLV) के संदर्भ में सही है/हैं?

1. पुनः प्रयोज्य प्रक्षेपण यान प्रौद्योगिकी, विभिन्न प्रौद्योगिकियों नामतः हाइपरसोनिक उड़ान, स्वायत्त लैंडिंग, संचालित हाइपरसोनिक क्रूज उड़ान एवं एयर-ब्रिदिंग प्रणोदन प्रणाली की, संकर प्रौद्योगिकी है।

2. इसरो द्वारा RLV प्रौद्योगिकी क्षेत्र में सफलतापूर्वक अपनी क्षमता का प्रदर्शन किया गया।
3. वर्तमान में केवल रूस एवं चीन के पास पूरी तरह से पुनः प्रयोज्य कक्षीय प्रक्षेपण प्रणाली (Reusable Orbital Launch System) है।

नीचे दिये गये कूट का प्रयोग कर सही उत्तर का चयन कीजिए:

(a) केवल 1 एवं 2 (b) केवल 1 एवं 3
(c) केवल 2 (d) 1, 2 एवं 3

118. निम्नलिखित को सुमेलित कीजिए:

(प्रक्षेपास्त्र)	(विशेषताएँ)
A. हेलिना	1. लम्बी दूरी की सबसोनिक क्रूज मिसाइल
B. धनुष	2. सतह से सतह तक मार करनेवाली नौसैनिक बैलिस्टिक मिसाइल
C. बराक-8	3. टैंक रोधी मिसाइल
D. निर्भय	4. लम्बी दूरी की सतह-से-हवा में मार करनेवाली मिसाइल

कूटः

	A	B	C	D
(a)	1	2	3	4
(b)	3	2	4	1
(c)	3	1	2	4
(d)	2	3	4	1

119. 'प्रोजेक्ट सरनाइज' के संदर्भ में निम्नलिखित कथनों में से कौन-सा सही है?

(a) यह भारत द्वारा सौर ऊर्जा का पूर्ण उपयोग करने हेतु, सौर ऊर्जा के क्षेत्र में तकनीकी उन्नयन पहल है।

(b) यह उत्तर-पूर्व के आठ राज्यों में समन्वयित विकास के लिये भारत सरकार की एक पहल है।

(c) भारत द्वारा नियंत्रित नाभिकीय संलयन तकनीक को स्वतः से विकसित करने की एक पहल है।

(d) उत्तर-पूर्व के आठ राज्यों में एड्स नियंत्रण हेतु एक पहल है।

120. प्रोजेक्ट 'ई–ग्रीन वॉच' (e-Green Watch) के संदर्भ में निम्नलिखित कथनों पर विचार कीजिएः

1. CAMPA निधि के जरिये चलाई जा रही विभिन्न वनीकरण परियोजनाओं की व्यापक रूप से ऑनलाइन निगरानी से, 'प्रोजेक्ट ई–ग्रीन वॉच' जुड़ा हुआ है।
2. 'ई–ग्रीन वॉच' द्वारा वास्तविक समय (real time) में, आंकड़ो का प्रस्तुतीकरण होता है जो सभी हित धारकों के लिए उपलब्ध होता है, लेकिन आम जनता के लिए उपलब्ध नहीं होता है।

उपर्युक्त कथनों में से कौन–सा/से सही है/हैं?

(a) केवल 1
(b) केवल 2
(c) 1 एवं 2 दोनों
(d) न तो 1 और न ही 2

121. 'साकार' चर्चा में रहा है जो इसरो (ISRO) द्वारा शुरू किया गया। निम्नलिखित में से कौन सा कथन 'साकार' का सबसे अच्छा वर्णन करता है।

(a) यह एक ध्रुवीय उपग्रह प्रक्षेपण यान है।
(b) अंतर्राष्ट्रीय उपग्रह बाजार में उपस्थिति दर्ज कराने के लिये इसरो (ISRO) का मिशन।
(c) अंतरिक्ष अनुसंधान संगठन (ISRO) का संवर्धित वास्तविकता (AR) आधारित 'एंड्रायड' के लिये बनाया गया एक एप्लिकेशन (App)।
(d) चन्द्रयान-2 के लिये तैयार किया गया एक मून इंपैक्ट प्रोब (MIP) है।

122. भारत द्वारा 'इंटरसेप्टर मिसाइल' का सफलतापूर्वक परीक्षण किया गया। इस मिसाइल के संदर्भ में निम्नलिखित कथनों पर विचार कीजिएः

1. भारत द्वारा स्वदेशी सुपरसोनिक बैलिस्टिक, 'एंटी एयर डिफेंस' प्रणाली का विकास किया गया है।
2. इंटरसेप्टर ने, बंगाल की खाड़ी से जहाज से छोड़े गये पृथ्वी मिसाइल के नौसैनिक संस्करण को, 'लक्ष्य' के रूप में ध्वस्त किया।
3. यह मिसाइल, निर्देशित द्विचरणीय ठोस प्रणोदक प्रणाली वाली है।

उपर्युक्त कथनों में से कौन–सा/से सही है/हैं?

(a) केवल 1
(b) केवल 1 एवं 2
(c) केवल 2 एवं 3
(d) 1, 2 एवं 3

123. निम्नलिखित उपग्रहों पर विचार कीजिए:

1. रिसोर्ससैट 1 एवं 2
2. कार्टोसैट 1, 2, 2A, 2B
3. रीसैट (RISAT) 1 एवं 2
4. ओशन सैट 2

उपर्युक्त वर्णित उपग्रह, किस उपग्रह समूह से जुड़े हैं?

(a) संचार उपग्रह
(b) भूपर्यवेक्षण उपग्रह
(c) नेविगेशन उपग्रह
(d) प्रायोगिक उपग्रह

124. निम्नलिखित कथनों में से कौन-से कथन मानवरहित अंतरिक्षयान 'एक्सोमार्स 2016' (Exo Mars 2016) के संदर्भ में सही है?

1. यह नासा (NASA) एवं यूरोपीय अंतरिक्ष एजेंसी (ESA) का संयुक्त मिशन है।
2. इसका प्राथमिक उद्देश्य मंगल ग्रह पर जीवन के अस्तित्व की उपस्थिति का पता लगाना।
3. इसमें दो मिशन शामिल हैं। पहला 2016 में एवं दूसरा 2018 में।

नीचे दिये गये कूटों की सहायता से सही उत्तर का चयन करें:

(a) केवल 1
(b) केवल 1 एवं 2
(c) केवल 2
(d) केवल 2 एवं 3

125. 'पारंपरिक ज्ञान डिजिटल लाइब्रेरी' (TKDL) के संदर्भ में निम्नलिखित कथनों पर विचार कीजिए।

1. यह वैज्ञानिक एवं औद्योगिक अनुसंधान परिषद (CSIR) एवं आयुष (AYUSH) मंत्रालय की संयुक्त पहल है।
2. यह भारतीय औषधीय उपयोग में आनेवाली प्रणालियों, औषधीय पौधों एवं योग आदि से जुड़े पारंपरिक ज्ञान वाला भारतीय डिजिटल ज्ञान भंडार है।
3. इस लाइब्रेरी में केवल गैर-पेटेंट पारंपरिक ज्ञान को शामिल किया गया है।

नीचे दिये गये कूटों की सहायता से सही उत्तर का चयन करें:

(a) केवल 2
(b) केवल 1 एवं 2
(c) केवल 1 एवं 3
(d) 1, 2 एवं 3

126. 'बच्चों के स्वास्थ्य' के संदर्भ में निम्नलिखित कथनों में से कौन-सा सही है/हैं?

1. ऊँचाई, प्रारंभिक जीवन अवस्था एवं बाद के जीवन परिस्थितियों का अच्छा प्रतिनिधि/संकेतक है।
2. बच्चे का प्रथम 1000 दिन का जीवन काल उसके शारीरिक एवं संज्ञानात्मक विकास तथा इससे जुड़े दूरगामी प्रभावों के लिये 'अत्यंत महत्वपूर्ण अवधि' माना जाता है।

नीचे दिये गये कूटों की सहायता से सही उत्तर का चयन करें:

(a) केवल 1 (b) केवल 2
(c) 1 एवं 2 दोनों (d) न तो 1 और न ही 2

127. 'नई प्रौद्योगिकी' के क्षेत्र से संबंधित निम्नलिखित कथनों पर विचार कीजिए :

1. 'रैंक ब्रेन' बड़े पैमाने पर सामान्य भाषा को, कृत्रिम बुद्धि (AI) की मदद से गणितीय भाषा (वेक्टर) में बदल देता है, ताकि कंप्यूटर उसे आसानी से समझ सके।
2. फुलरीन एक खोखलावृत, दीर्घवृत्तीय, नलिका एवं अन्य कई आकृतियों वाला कार्बन का अणु है।
3. कृत्रिम मांस (सिंथेटिक मीट) एक पशु मांस उत्पाद है, जो कभी भी किसी विकसित पशु का हिस्सा नहीं रहा है।

ऊपर वर्णित कथनों में कौन से 'नई प्रौद्योगिक' से जुड़े हैं?

(a) केवल 1 और 2 (b) केवल 2 और 3
(c) केवल 1 और 3 (d) 1, 2 और 3

128. 'प्रोजेक्ट लून' के संदर्भ में निम्नलिखित कथनों पर विचार कीजिए :

1. यह सर्च इंजन गूगल की एक महत्वाकांक्षी परियोजना है, जिसके द्वारा शहरी क्षेत्रों में, ऊँचाई पर स्थित हीलियम गुब्बारे के माध्यम से, वैकल्पिक इंटरनेट प्रदान किया जायेगा।
2. इन गुब्बारे में लगे हुए ट्रांस रिसिवरों के द्वारा सेल फोन नेटवर्क से जोड़ कर पहाड़ी एवं मरुस्थली क्षेत्रों में नेटवर्क की कमी को दूर किया जा सकता है।
3. इन गुब्बारों का एक निश्चित जीवनकाल होगा एवं इनका पुनर्चक्रण संभव है।

'प्रोजेक्ट लून' के संदर्भ में उपर्युक्त कथनो में से कौन सा/से सही है/हैं?

(a) केवल 1 और 2 (b) केवल 2
(c) केवल 2 और 3 (d) 1, 2 और 3

129. स्वदेश निर्मित वायुयान 'तेजस' का निर्माण कर भारत द्वारा सर्वप्रथम, स्वदेशी वायुशक्ति क्षमता का प्रदर्शन किया गया। इस विमान (तेजस) के संदर्भ में निम्नलिखित कथनो पर विचार कीजिए :

1. भारत के हल्के लड़ाकू विमान (LCA) के साथ-साथ, यह अपने श्रेणी में सबसे छोटा एवं सबसे हल्का बहु कार्यात्मक सुपरसोनिक लड़ाकू विमान है।
2. यह एक स्वदेशी लड़ाकू विमान है जो संयुक्त रूप से 'वैमानिक विकास एजेंसी' एवं 'हिन्दुस्तान एयरोनॉटिक्स लिमिटेड' द्वारा विकसित है।
3. यह दुनिया का सबसे छोटा, सबसे हल्का, बहुकार्यात्मक, एकल इंजन वाला रणनीतिक लड़ाकू विमान है।

निम्नलिखित कूटों की सहायता से सही उत्तर चुनिए :

(a) केवल 1 और 2
(b) केवल 2 और 3
(c) केवल 1 और 3
(d) 1, 2 और 3

130. 'अस्त्र' प्रक्षेपास्त्र से जुड़े निम्नलिखित कथनों पर विचार कीजिए :

1. यह हवा से हवा में मार करने वाली प्रक्षेपास्त्र है।
2. यह जैमिंग से प्रतिरोधक है।
3. यह धूम विहीन प्रणोदक तंत्र का प्रयोग करती है।
4. यह सुपरसोनिक गति से हवाई लक्ष्यों का पीछा करने एवं तबाह करने में सक्षम है।

उपर्युक्त कथनों में से कौन से कथन सही हैं?

(a) केवल 1, 2 और 3
(b) केवल 2, 3 और 4
(c) केवल 1, 3 और 4
(d) 1, 2, 3 और 4

131. 'वर्चुअल प्राइवेट नेटवर्क' (VPN) के उपयोग करने में 'इण्डोनेशिया' विश्व में शीर्ष पर है। वर्चुअल प्राइवेट नेटवर्क के संदर्भ में निम्नलिखित कथनों पर विचार कीजिए:

1. यह सार्वजनिक नेटवर्क के आर-पार एक निजी नेटवर्क है।
2. यह सार्वजनिक एवं निजी नेटवर्क के संदर्भ में सुरक्षा एवं निजता को बढ़ाने वाली यह युक्ति है।
3. यह भौगोलिक दृष्टि से अलग-अलग कार्यालयों को जोड़कर एक सशक्त नेटवर्क का निर्माण करता है।

उपर्युक्त कथनो में से कौन से कथन सही हैं?

(a) केवल 1 और 2
(b) केवल 2 और 3
(c) केवल 1 और 3
(d) 1, 2 और 3

132. हाल के समाचारों में 'क्रैब पल्सर' (Crab Pulsar) चर्चित रहा है। 'क्रैब पल्सर' से जुड़ी निम्नलिखित कौन सी विशेषताएं सही हैं?

1. इसका द्रव्यमान सूर्य के द्रव्यमान का 1.5 गुना है।
2. यह हमारी आकाश गंगा में सबसे शक्तिशाली पल्सर है।

निम्नलिखित कूटों की सहायता से सही उत्तर चुनिए :

(a) केवल 1 (b) केवल 2
(c) 1 और 2 दोनों (d) इनमें से कोई नहीं

133. 'एरोसोल्स' से जुड़े निम्नलिखित कथनों पर विचार कीजिए:

1. बिजली संयंत्रों से उत्सर्जन में 'एरोसोल्स' होता है।
2. 'घने एरोसोल्स' प्रकाश को अवशोषित कर पुनः उत्सर्जित करते हैं।
3. विरल एरोसोल्स प्रकाश को परावर्तित करते हैं।
4. एरोसोल्स मेघ के निर्माण में बीज (आधार) का कार्य करते हैं।
5. जैवभारों को जलाने पर हवा में एरोसोल्स मुक्त होता है।

उपर्युक्त कथनों में से कौन सा/से सही है/हैं?

(a) केवल 1, 3 और 5 (b) केवल 2, 3 और 4
(c) केवल 2, 3, 4 और 5 (d) 1, 2, 3, 4 और 5

134. इम्पैक्टिंग रिसर्च इनोवेशन एण्ड टेक्नॉलॉजी (इम्प्रिंट) इण्डिया के सम्बन्ध में निम्नतिलखित कथनों पर विचार कीजिए:

1. यह 10 चिह्नित प्रौद्योगिकी क्षेत्रों में प्रमुख अभियांत्रिकी एवं प्रौद्योगिकीय चुनौतियों को हल करने हेतु शोध का खाका विकसित करने के लिए एक पहल है।
2. यह भारतीय प्रौद्योगिकी संस्थानों, भारतीय विज्ञान संस्थान तथा भारतीय प्रबंधन संस्थानों का संयुक्त उपक्रम है।
3. नैनो प्रौद्योगिकी तथा उन्नत पदार्थ चिह्नांकित प्रौद्योगिकी क्षेत्रों का भाग हैं।

उपर्युक्त कथनों में से कौन सा/से कथन सही है/हैं?

(a) केवल 1
(b) केवल 1 और 3
(c) केवल 2 और 3
(d) 1, 2 और 3

135. पूर्वोत्तर भारत के लिए हाइड्रोकार्बन विजन 2030 के संदर्भ में निम्नलिखित कथनों पर विचार कीजिए :

1. विजन रिपोर्ट को तैयार करने में क्रिसिल (CRISIL) अवसंरचना सलाहकार सूचना भागीदार रहा।
2. विजन पाँच स्तंभों: लोग, नीति, भागीदारी, परियोजना एवं उत्पादन पर निर्भर है।

उपर्युक्त कथनों में से कौन सा/से कथन सही है/हैं?

(a) केवल 1 (b) केवल 2

(c) 1 और 2 दोनों (d) न तो 1 और न ही 2

136. कभी-कभी समाचारों में रहने वाला "मेटा स्किन" संबंधित है :

(a) रडार के संसूचन से पिण्डों को बचाने के लिए एक नई प्रौद्योगिकी से।

(b) पराबैगनी रेडियोधर्मिता से मनुष्यों को बचाने के लिए एक नई प्रौद्योगिकी से।

(c) समतापमण्डल में एक रक्षात्मक परत से।

(d) धातु वाले जीवित तथा अजीवित जीवों दोनों के मानचित्रीकरण के लिए एक नई प्रौद्योगिकी से।

137. लेजर इंटरफेरोमीटर ग्रेविटेशनल वेव ऑब्जर्वेटरी (लिगो) ने गुरुत्वाकर्षण तरंगों की खोज की थी। गुरुत्वाकर्षण तरंगों के बारे में निम्नलिखित कौन सा कथन सही है?

(a) ये तरंगें स्पेस टाइम, जो कि प्रसारित होता है, की वक्रता में उत्पन्न होने वाली तरंगें हैं क्योंकि ये तरंगें स्रोत से बाहर की ओर प्रसारित होती हैं।

(b) ये तरंगें अपनी ऊर्जा को निर्वात से होकर प्रसारित कर करने में समर्थ होती हैं।

(c) ये तरंगें आवेशित कणों के कंपन से उत्पन्न होती हैं।

(d) ये तरंगें अपनी ऊर्जा को निर्वात से होकर प्रसारित करने में समर्थ नहीं होती हैं।

138. थर्मोप्लास्टिक के संबंध में निम्नलिखित में से कौन सा/से कथन सही है/हैं?

1. इन पालीमर में कोई तिर्यक बंध (cross bond) नहीं होता है।
2. ये गर्म करने पर नर्म व ठंडा करने पर कठोर हो जाते हैं।
3. एक बार एक निश्चित आकार में ढल जाने के उपरांत ये रूपांतरित नहीं किये जा सकते हैं।

निम्नलिखित कूटों की सहायता से सही उत्तर चुनिए :

(a) केवल 1 और 2 (b) केवल 2

(c) केवल 1 और 3 (d) केवल 2 और 3

139. 'हरित पहल' के अंतर्गत भारत के दक्षिण-पश्चिमी रेलवे जोन में जैव-डीज़ल के उपयोग की शुरुआत की गयी है। 'जैव-डीज़ल' के संदर्भ में निम्नलिखित कथनों पर विचार कीजिए :

1. यह एक हरित ईंधन है, जो डीज़ल लोकोमोटिव के लिए स्वच्छ विकल्प के रूप में संधारणीय ईंधन प्रदान करता है तथा जीवाश्म ईंधन विशेषतः डीज़ल पर निर्भरता कम करता है।
2. यह ईख, कसावा, मक्का, आलू, चुकंदर आदि फसलों से प्राप्त किया जाता है।
3. भारत सरकार द्वारा रेलवे में इसके उपयोग को ऊर्जा सुरक्षा, शुद्ध वायु और विदेशी मुद्रा की बचत के उद्देश्य से बढ़ावा दिया जा रहा है।

उपर्युक्त कथनों में से कौन सा/से कथन सही है/हैं?

(a) केवल 1

(b) केवल 2 और 3

(c) केवल 1 और 3

(d) 1, 2 और 3

140. निम्नलिखित में से कौन किसी परितंत्र के विभिन्न पर्यावासों के भौतिकी-रासायनिक विविधता के मुख्य तत्व हैं?

1. तापमान
2. जल
3. प्रकाश
4. मृदा

निम्नलिखित कूटों की सहायता से सही उत्तर चुनिएः

(a) केवल 1 और 2

(b) केवल 2 और 3

(c) केवल 3 और 4

(d) 1, 2, 3 और 4

उत्तरमाला

1. (a)	**2.** (a)	**3.** (b)	**4.** (a)	**5.** (c)	**6.** (d)	**7.** (d)
8. (d)	**9.** (a)	**10.** (c)	**11.** (c)	**12.** (d)	**13.** (d)	**14.** (a)
15. (b)	**16.** (a)	**17.** (c)	**18.** (a)	**19.** (b)	**20.** (c)	**21.** (d)
22. (d)	**23.** (b)	**24.** (b)	**25.** (c)	**26.** (b)	**27.** (c)	**28.** (c)
29. (b)	**30.** (a)	**31.** (a)	**32.** (b)	**33.** (a)	**34.** (c)	**35.** (c)
36. (c)	**37.** (d)	**38.** (a)	**39.** (d)	**40.** (c)	**41.** (c)	**42.** (b)
43. (b)	**44.** (b)	**45.** (c)	**46.** (c)	**47.** (c)	**48.** (a)	**49.** (c)
50. (b)	**51.** (d)	**52.** (c)	**53.** (b)	**54.** (b)	**55.** (b)	**56.** (c)
57. (c)	**58.** (c)	**59.** (b)	**60.** (b)	**61.** (a)	**62.** (d)	**63.** (c)
64. (a)	**65.** (d)	**66.** (c)	**67.** (d)	**68.** (c)	**69.** (c)	**70.** (b)
71. (c)	**72.** (d)	**73.** (b)	**74.** (b)	**75.** (a)	**76.** (d)	**77.** (c)
78. (a)	**79.** (b)	**80.** (b)	**81.** (d)	**82.** (d)	**83.** (b)	**84.** (b)
85. (a)	**86.** (d)	**87.** (a)	**88.** (a)	**89.** (c)	**90.** (d)	**91.** (d)
92. (b)	**93.** (d)	**94.** (a)	**95.** (c)	**96.** (d)	**97.** (c)	**98.** (c)
99. (a)	**100.** (c)	**101.** (c)	**102.** (d)	**103.** (b)	**104.** (b)	**105.** (c)
106. (b)	**107.** (c)	**108.** (c)	**109.** (b)	**110.** (c)	**111.** (d)	**112.** (a)
113. (d)	**114.** (a)	**115.** (b)	**116.** (d)	**117.** (a)	**118.** (b)	**119.** (d)
120. (a)	**121.** (c)	**122.** (b)	**123.** (b)	**124.** (d)	**125.** (b)	**126.** (c)
127. (d)	**128.** (c)	**129.** (d)	**130.** (d)	**131.** (d)	**132.** (c)	**133.** (d)
134. (b)	**135.** (c)	**136.** (a)	**137.** (a)	**138.** (a)	**139.** (d)	**140.** (d)

व्याख्या

1. a उत्प्रेरक परिवर्तक (वैफटालिटिक कनवर्टर) में कीमती धातु, प्लैटिनम-पैलेडियम और रोडियम लगे होते हैं जो उत्प्रेरक (वैफटेलिस्ट) का कार्य करते हैं। ये परिवर्तक स्वचालित वाहनों में लगे होते हैं जो विषैले गैसों वेफ उत्सर्जन को कम करते हैं। जैसे ही निर्वात उत्प्रेरक परिवर्तक से होकर गुजरता है अद्ग्ध हाइड्रोकार्बनडाईऑक्साइड और जल में बदल जाता है और कार्बन मोनोऑक्साइड तथा नाइट्रिक ऑक्साइड क्रमशः कार्बन डाइऑक्साइड और नाइट्रोजन गैस में परिवर्तित हो जाता है। उत्प्रेरक परिवर्तक युक्त मोटर वाहनों में सीसा रहित (अनलेडेड) पेट्रोल का उपयोग करना चाहिए; क्योंकि सीसा युक्त पेट्रोल उत्प्रेरक को अक्रिय करता है।

2. a तारों का निर्माण कैसे हुआ यह जानने के लिए नासा ने स्ट्रेटोस्फेरिक आब्ज़र्वेटरी फॉर-इंफ्रारेड एस्ट्रोनॉमी (सोफिया) नामक विश्व की पहली उड़न वेधशाला प्रक्षेपित की। यह एक परिवर्धित बोइंग 747 हवाई जहाज है जिस पर 17 टन वजनी तथा 8 फीट लंबी दुरबीन लगी है।

3. b भूमिगत जल में पाये जाने वाले संदूषण या तो प्राकृतिक रूप से पाये जाते हैं या फिर मानवीय क्रिया-कलापों के कारण नाइट्रेट के अलावा दिये गये अन्य संदूषण प्राकृतिक रूप से पाये जाते हैं और वे जल में भौगोलिक संरचना के कारण निःसृत होते हैं।

4. a ओजोन एक शक्तिशाली ऑक्सीकारक है, इसका अर्थ है कि यह जंग लगने की प्रक्रिया के समान ही कोशिकाओं को क्षतिग्रस्त कर सकती है।

5. c सामान्यतः किसी रेफ्रिजरेटर की क्षमता या तो लीटर या घन फीट में मापी जाती है। एक मीट्रिक टन जल में 334 मेगा जूल ऊर्जा को संचित किया जा सकता है। इसलिए 'एक टन' का एयर कंडीशनर प्रतिदिन 334 मेगाजूल ऊर्जा को निष्कासित कर सकता है प्रति टन प्रशीतन एयर कंडीशनर की उष्मा को प्रशीतित करने की क्षमता है।

7. d एयर बैग प्रणाली का पहला घटक सेंसर है जो सामने से होने वाली टक्कर का पता लगाता है और एयर बैग को तुरंत सक्रिय करता है। सेंसर एक स्टील की गेंद होती है जो एक समतल छिद्र के भीतर घुमती है। कार की गति बहुत तेजी से कम होने पर गेंद अचानक आगे की ओर जाती है और विद्युत परिपथ को चालू कर देती है। सेंसर द्वारा विद्युत परिपथ के चालू किए जाने के बाद सोडियम एज़ाइड (NaN3) की गोली प्रज्जवलित है। (N2) एक

अतिशीघ्र अभिक्रिया होती है और नाइट्रोजन गैस का उत्सर्जन होता है। यह गैस नायलॉन या पॉलीएमाइड के थैले को 150-250 मील प्रति घंटे के वेग से भर देता है। टक्कर के प्रारंभिक प्रभाव से लेकर एयर बैग के पूर्ण रूप से फैलने की इस प्रक्रिया में केवल 40 मिलिसेकंड का समय लगता है।

8. d टॉयलेट क्लीनर (तनु Hcl) और सिरका (ऐसिटिक अम्ल) अम्लीय होते हैं। टूथपेस्ट और साबुन क्षारिय होते हैं।

9. a बक्यलोवायरसिस विषाणु है। यह विषाणु प्रजाति विशेष, संकर स्पेक्ट्रम कीटनाशीय उपचारों के लिए अति उत्तम माने गये हैं। यह बीटी (Bt), जो एक प्रकार बैक्टीरिया है, का विकल्प नहीं हो सकता।

11. c ब्रोमिनेटेड वेजिटेबल ऑयल (बीवीओ) नाम का पदार्थ कोका कोला के फैंटा और पावरएड और पेप्सी के माउंटेन ड्यू जैसे पेय पदार्थों या स्पोर्ट ड्रिंक में पाया गया है। पेप्सी ने भी बीवीओ पर प्रतिबंध लगाने का निर्णय लिया है। जापान और यूरोपीय संघ में, बीवीओ को एक खाद्य योज्य के रूप में प्रयोग करने की अनुमति नहीं है। फलों के स्वाद वाले पेय पदार्थों में बीवीओ का प्रयोग उस पेय पदार्थ को टिकाऊ बनाने के लिए किया जाता है ताकि पेय-पदार्थ के विभिन्न अवयव पृथक नहीं होते हैं। शोधकर्त्ताओं के अनुसार बीवीओ युक्त पेय पदार्थों के अधिक प्रयोग से स्वास्थ्य पर नकारात्मक प्रभाव पड़ता है इसमें स्मृति लोप, त्वचा और तंत्रिका तंत्र से जुड़ी समस्यायें हो सकती हैं।

14. a चूँकि कैरोटीन जलविरागी होते हैं अतः विटामिन ए की कमी को दूर करने के लिए गोल्डेन राइस वाले आहार में वसा (अथवा विटामिन ए के अन्य अनुपूरक) की पर्याप्त मात्रा की आवश्यकता होती है।

15. b कैंसर गैर-संक्रामक कारकों से होने वाला रोग है। मुख्यतः यह या तो आनुवांशिक कारणों से होता है या फिर पर्यावरण कारकों से।

16. a जीवाणुओं की तुलना में विषाणुओं की जैविक संरचना अत्यधिक सरल होती है किंतु अपनी सरल कोशिकीय संरचना के कारण विषाणु अपने अनुवांशिक पदार्थ तथा प्रोटीनों को लगातार बदलते रहते हैं।

18. a JEEV को तैयार करने में स्वदेशी रोगाणुओं का प्रयोग नहीं किया जाता है।

19. b क्रायोजेनिक इंजन के द्वारा बल प्रदान करके, रॉकेट की टन भार क्षमता को बढ़ाया जाता है।

23. b इसे रूस द्वारा बनाया गया है।

25. c ग्लोबल बर्डन ऑफ डिजीज (जीबीडी) रिपोर्ट के अनुसार भारत के लगभग आधे शहर, निलंबित कणों से होने वाले गंभीर प्रदूषण के खतरों से ग्रसित हैं जबकि कुछ नए प्रकार के प्रदूषक जैसे कि नाइट्रोजन ऑक्साइड, ओजोन एवं वायु में उपस्थित अन्य विषैले पदार्थ मानव के स्वास्थ्य के लिए चुनौती बन रहे हैं।

26. b नीयर फील्ड कम्यूनिकेशन (एनएफसी) कम परास वाला एक संचार स्टैंडर्ड है जो कि फाइलों, डेटा, फोटो इत्यादि को भेजने एवं शेयर करने के लिए दो या अधिक युक्तियों को आपस में जोड़ने का कार्य करता है।

30. a डायग्नोसिस करने वाली तकनीकों जैसे कि पीईटी स्कैनर में एंटी-कण भविष्य में अत्यधिक संभावना व्यक्त करते हैं जबकि एंटी-प्रोटॉन ट्यूमर के इलाज में प्रभावी हो सकता है।

31. a इन शौचालयों में बायोगैस संयंत्र नहीं पाए जाते हैं।

32. b अक्लदाढ़ का विकास 18 वर्ष की उम्र में होता है और उनका उपयोग अवस्था की जाँच के लिए किया जाता है।

33. a परम्परागत ऑफसेट स्याही के प्रमुख घटक पेट्रोलियम से प्राप्त किये जाते हैं ईंधन की कीमत बढ़ने पर विलायक की लागत भी बढ़ेगी रसायनिक जानकारों का मानना है कि ऐसी स्थित में वनस्पति तेल आधारित स्याही, जिसे जल विलायक द्वारा साफ किया जा सकता है, जबकि जैव निम्नीकरणीय स्याही पुनर्नविकरणीय स्रोतों से उत्पन्न किये जाने वाले गोंद से बनती है यह छपाई के लिए गैर खाद्य वनस्पति तेल का उपयोग करती है।

34. c खुले क्षेत्र, लंबे पेड़, पार्क के शरण स्थल एवं ऊँचाई वाले क्षेत्र हमें तड़ित से सुरक्षा प्रदान नहीं करते हैं। तड़ित झंझावत के दौरान छाता लेकर चलना सुरक्षित नहीं है। वन में छोटे पेड़ के नीचे शरण लेना चाहिए क्योंकि लंबे पेड़ों पर बिजली गिरने की अधिक संभावना होती है। अगर कोई आश्रय नहीं है और आप खुले क्षेत्र में हैं तो सभी पेड़ों से दूर रहें। मीनारों तथा धात्विक वस्तुओं से दूर रहें। जमीन पर न लेटें बल्कि जमीन पर इस प्रकार बैठें कि आपके हाथ घुटनों पर हों एवं आपका सिर दोनों हाथों के बीच रहे।

36. c स्तरी-कपासी बादलों के समान ऊँचाई 2500 से 3000 मीटर होती है।

38. a समुद्री तापमान में वृद्धि की वजह से समुद्री शैवाल गाम्बियरडिस्कस बढ़ रहे हैं।

39. d केवल सीपीआर अकेले ही, हृदय तथा मस्तिष्क की ओर होने वाले रूधिर परिसंचरण को पुनः प्रारंभ नहीं कर सकता वस्तुतः यह कोशिकाओं की मृत्य संबंधी प्रक्रियाओं व हाइपोक्सिया को धीमा करने की विधि मात्र है। सीपीआर के पश्चात् बहुत सारी अन्य चिकित्सा-संबंधी प्रक्रियाओं की आवश्यकता पड़ती है।

40. c बेसल कंवेंशन, एक अंतर्राष्ट्रीय संधि है जो राष्ट्रों के बीच खतरनाक कचरे (ई-कचरा सहित) की आवाजाही को कम करती है और विशेष रूप से विकसित देशों से कम विकसित देशों को कचरा स्थानांतरण को रोकती है, फिर भी यह रेडियोधर्मी कचरे के आवागमन से संबंधित नहीं है।

41. c खतरनाक अपशिष्टों की चार प्रमुख विषेशताएं इस प्रकार हैं।

1. ज्वलनशीलता
2. अभिक्रियाशीलता
3. क्षयकारी
4. विषाक्तता

42. b वॉइस ओवर इंटरनेट प्रोटोकॉल (वीओआईपी), वह संचार प्रोटोकॉल है, जो कि पब्लिक स्विच्ड टेलीफोन नेटवर्क (पीएसटीएन) के बजाए इंटरनेट के माध्यम से प्रसारित होता है।

43. b लिविंग मॉडिफाइड ऑर्गेनिज़्म, वृद्धि की क्षमता रखते हैं तथा विशेषतः कृषि उपज को इंगित करते हैं न कि आनुवांशिक रूप से संशोधित जीव को।

45. c ब्रह्म बीजी-II, मोनसैंटो होल्डिंग प्राइवेट लिमिटेड, दिल्ली द्वारा विकसित की गयी कपास की एक संकर किस्म है, जिसमें क्राई 1 AC (cry 1 AC) एवं क्राई 2 AB/MON1598 जीन शामिल होते हैं।

46. c किसी उत्सर्जित ध्वनि की आवृत्ति को मस्तिष्क किस प्रकार अनुभव करता है, उसे तारत्व कहते हैं। किसी स्रोत का कंपन जितनी शीघ्रता से होता है, उसकी आवृत्ति उतनी ही अधिक होती है और उसका तारत्व भी अधिक होता है। इस प्रकार किसी उच्च तारत्व वाली ध्वनि किसी बिंदु से निश्चित अवधि में अधिक संपीडन एवं विरलन बनते हैं। इसी प्रकार जिस ध्वनि का तारत्व कम होता है उसकी आवृत्ति भी कम होती है। विभिन्न प्रकार तथा स्थितियों वाली वस्तुएं भिन्न आपृत्तियों के साथ कंपन करती हैं और भिन्न तारत्व वाली ध्वनियां उत्पन्न करती हैं।

48. a एकीकृत ऊर्जा नीति आयातित ईंधन के अन्य विकल्पों के साथ प्रतिस्थापन के द्वारा ऊर्जा सुरक्षा सुनिश्चित करती है और अंतर्राष्ट्रीय ईंधन की आपूर्ति के अवरोध के संकट का मुकाबला करने के लिए परमाणु ईंधन के सामरिक भंडार में वृद्धि की परिकल्पना करती है।

49. c ऐसा कोई भी प्रमाण या अध्ययन नहीं है जिससे कि यह सिद्ध किया जा सके कि हरित गैसों के बढ़ते हुए प्रभाव से होने वाले वैश्विक-तापन ने गौरैया के प्रजनन काल व जनन व्यवहार को अप्रत्यक्ष रूप से प्रभावित किया है।

50. b 'E' शब्द विश्व भर में यूरोपीय संघ (ईयू) के मानक को दर्शाता है।

52. c आयोडीन की अनियमित खुराक थॉइराइड रोगों का कारण बन सकती है।

54. b इसे डीआरडीओ (DRDO) और इसरो (ISRO) मिलकर विकसित कर रहे हैं।

55. b रैम, कंप्यूटर में सूचनाओं के अस्थायी संग्रहण का कार्य करता है और कंप्यूटर के स्विच-ऑफ होने पर सूचनाएं मिट जाती हैं।

56. c जब किसी ब्लॉग पर, ब्लागर्स एक समय में एक तरह के विचारों को रखते हैं तो इसे तत्कालीन ब्लागैज़्म कहते हैं।

57. c जैवोपचारण की गति निम्न तापमान पर मंद होती है।

58. c टीडीआर-टीबी (TDR–TB), सर्वप्रथम ईरान में 2007 में पायी गयी।

59. b स्वास्थ्य एवं परिवार कल्याण मंत्रालय, भारत सरकार, एफएसएसएआई के क्रियान्वयन के लिए प्रशासनिक इकाई है।

61. a '3V-Avatar' देश की पहली जैव अवशोष्य इण्डोवस्कुलर औषधि लेपित स्टेण्ट है। इसका जानवरों पर परीक्षण प्रारम्भ हो चुका है और इसका 2014-15 तक बाजार में आना सम्भावित है। यह उत्पाद S3V वस्कुलर टेक्नोलॉजी द्वारा जारी किया गया है।

62. d क्यू आर कोड मे, सफेद पृष्ठभूमि पर काले रंग के माड्यूल एक वर्गाकार पैटर्न में व्यवस्थित होते हैं।

63. c आर. एफ. आई. डी. तकनीक, किसी इलेक्ट्रोनिक आर. एफ. आई. डी. टैग से डेटा स्थानांतरण करने के लिए रेडियो तरंगो का प्रयोग करने वाली एक तकनीक है। आर. एफ. आई. डी. टैग में एक छोटा आर एफ ट्रांसमिटर और रिसीवर होता है। आर एफ आई डी रीडर, टैग का पता लगाने के लिए एक कूट वाले रेडियो सिग्नल भेजता है।

64. a एक कृत्रिम उपग्रह के एपोजी से वृत्तीय भूस्थैतिक स्थानान्तरण कक्षा में स्थानान्तरण को एपीजी किक कहते है।

65. d एंड्रॉयड ने अपने ऑपरेटिंग सिस्टम के मूल संस्करण के पश्चात् कई सारे अपडेटेड संस्करण लाए हैं। इसके प्रत्येक सस्करण का नामकरण किसी मीठे खाद्य-पदार्थ के नाम पर किया गया है।

66. c हाइड्रोजन रिकॅम्बाइनर, हाइड्रोजन एवं ऑक्सीजन के पुनर्सयोंजन से जल-वाष्प बनाने के लिए एक सक्षम एवं सुरक्षित उपकरण होता है। यह नाभिकीय संयंत्र, जिसमें संयंत्र के भीतर खतरनाक हाइड्रोजन गैस उत्पन्न होती है, में विस्फोट को रोकने के लिए लगाया जाता है। हाइड्रोजन रिकॅम्बाइनर फुकुशिमा नाभिकीय संयत्र में लगाया गया था किन्तु बिजली के अभाव की वजह से इसने कार्य नहीं किया एवं हाइड्रोजन विस्फोट से संयंत्र टूट गया। 3 माइल द्वीप नाभिकीय संयंत्र में 1979 में भयंकर विस्फोट हुआ। इस संयंत्र में हाइड्रोजन रिकॅम्बाइनर स्थापित नहीं किया गया था।

81. d कथन (2) गलत है क्योंकि पल्सर भी न्यूट्रॉन तारा होते हैं, जिनका द्रव्यमान सूर्य के द्रव्यमान के 1.4 गुना या उससे अधिक ही होता है। अतः पल्सर का द्रव्यमान कम-से-कम सूर्य के द्रव्यमान के 1.4 गुना तो अवश्य होगा।

82. d नासा - इसरो सिंथेटिक एपर्चर रडार मिशन पृथ्वी ग्रह से जुड़े विभिन्न जटिल प्रक्रियाओं - पारिस्थितिकी गड़बड़ी, बर्फ क्षत्रपों का पिघलना एवं प्राकृतिक आपदाओं जैसे - भूकंप, सुनामी, भूस्खलन आदि के माप के अध्ययन के लिए बनाया गया है। यह प्राकृतिक संसाधनों का मानचित्रण एवं निगरानी आदि में भी उपयोगी होगा।

83. b BILI (बिली) एक प्रकाशा आधारित लिडार है जो रडार के समान एक दूर-संवेदी उपकरण के समान कार्य करता है। यह रेडियो तरंग की जगह प्रकाश तरंगों का उपयोग पता लगाने में एवं मूल्यांकन करने में करता है। इसका उपयोग मंगल ग्रह पर जीवन की खोज के लिए किया जा सकता है।

84. b एक द्रुत न्यूट्रॉन रिएक्टर ऐसा रिएक्टर होता है जहाँ नाभिकीय विखण्डन की श्रृंखला, द्रुत गति न्यूट्रॉन के द्वारा होती है। इसमें नियंत्रकों की आवश्यकता नहीं होती है एवं 'बंद ईंधन चक्र' के आधार पर कार्य करते हैं। ऐसे रिएक्टर की डिजाइन रूस द्वारा तैयार की गई है और भारत को भी उस प्रोजेक्ट में भागीदार बनने का न्यौता रूस द्वारा दिया गया है।

85. a जेनेटिक उपयोग प्रतिबंध प्रौद्योगिकी (GURTs) या टर्मिनेटर प्रौद्योगिकी द्वारा पौधों के आनुवांशिक संरचना में परिवर्तन कर बांझ बीज का उत्पादन किया जाता है। इस प्रौद्योगिकी के कारण स्थानीय अनुकूलित कृषि और बीज किस्मों को समाप्त हो सकती हैं।

87. a टेस्ला द्वारा निर्मित 'पॉवरवाल' को सौर पैनलों द्वारा उत्पादित विद्युत से चार्ज किया जा सकता है।

88. a ‘ब्लू स्काई’ वह अनुसंधान क्षेत्र है जहाँ पर किये गये अनुसंधान ‘वास्तविक जीवन’ में तुरंत अनुप्रयोग नहीं हो सकते हैं। इसमें शामिल हैं ‘इंटरनेट ऑफ थिंग्स’, वीयरेबल प्रौद्योगिकी, सिंथेटिक बायोलॉजी, ब्रेन-कंप्यूटर इंटरफेस, बायो-प्रिंटिंग एवं रिजेनरेटीव मेडिसिन आदि।

89. c क्वेस के संदर्भ में दोनों ही दिए गए कथन सत्य हैं।

91. d “आदित्य एल-1 मिशन” सूर्य का अध्ययन करने वाला प्रथम भारतीय मिशन है।

92. b भारत ने सफलतापूर्वक देश में पूर्णतः विकसित इंटरकांटिनेंटल बैलिस्टिक मिसाइल अग्नि-V का चौथा और निर्णायक प्रायोगिक परीक्षण ओडिसा तट की व्हीलर द्वीप से सफलतापूर्वक किया। यह परमाणु सक्षम मिसाइल है जिसकी मारक क्षमता 5000 किमी से अधिक है। यह सतह से सतह तक मार करने वाली मिसाइल है। यह त्रि-चरणीय ठोस प्रणोदक मिसाइल है।

93. d रिपोर्ट के अनुसार 1 टन पेपर के पुर्नचक्रण से हम 17 परिपक्व वृक्ष 7000 गैलन जल, 3 घन गज का लैंडफिल स्थान, 2 बैरल तेल और 4100 किलो वाट घंटे की विद्युत की बचत करते हैं। पुर्नचक्रित पेपर में नए पेड़ों से बनने वाले पेपर की कुल ऊर्जा की लगभग 60 प्रतिशत उर्जा आवश्यक होती है।

94. a TTCP का प्रयोग, पृथ्वी की निम्नकक्षा, भूस्थिर कक्षा एवं अन्तर्ग्रही अंतरिक्ष यानों के एकीकृत परीक्षण में किया जायेगा। अतः कथन (2) आंशिक सही है या सही नहीं है।

95. c LiDAR में दृश्य प्रकाश स्पेक्ट्रम के लघु तरंगद्धैर्य वाले तरंगों, आमतौर पर पराबैंगनी, दृश्य या निकटत अवरक्त का उपयोग होता है। अतः कथन (1) सही नहीं है। LiDAR के संदर्भ में कथन (2) एवं (3) सही हैं।

96. d सभी में ओजोन का प्रयोग किया जाता है।

97. c ‘VoLTE’ प्रौद्योगिकी के संदर्भ में दिये गये दोनों कथन सही हैं।

98. c ‘शौर्य’ मिसाइल एक हाइपरसोनिक सतह-से-सतह तक मार करने वाली DRDO द्वारा विकसित, सामरिक मिसाइल है। अतः केवल कथन 3 ही सही है।

99. a ‘मिशन डिकार्बोनिशन एंड मिशन इलेक्ट्रिफिकेशन’ भारतीय रेल से संबंधित है।

100. c ‘हाइपरलूप’ यात्री एवं माल परिवहन का एक प्रस्तावित मोड है जो लगभग निर्वात ट्यूब में पॉड समान यान के द्वारा वायुयान से तीव्र गति पर परिवहन को सक्षम बनायेगा।

101. c विकास के लिए कार्बन पहल (Ci–Dev) का प्रारंभ दिसंबर 2011 में विश्व बैंक द्वारा शुरू किया गया था। इसलिए कथन 1 सत्य नहीं है।

102. d 'जीलेण्डिया' पूर्व में गोंडवाना लैण्ड का भाग था। इसका 94% भाग वर्तमान समुद्री स्तर से नीचे जलमग्न है। इसके आस्ट्रेलिया और बड़े भू-भाग से इसका अलगाव इसके महाद्वीप की परिभाषा का समर्थन करता है। जीलेण्डिया का उच्चतम बिंदु आओराकी माउंट कुक है।

103. b इम्प्रिण्ट इंडिया पहल, भारतीय प्रौद्योगिकी संस्थानों तथा भारतीय विज्ञान संस्थान का संयुक्त उपक्रम है।

104. b ग्रेफीन विद्युत एवं ऊष्मा का एक अच्छा चालक होता है। इसलिए कथन 2 सही नहीं है।

105. c नेशनल सेंटर फॉर अंटार्कटिक और महासागरीय अनुसंधान ध्रुवीय और दक्षिणी महासागर क्षेत्र में देश की अनुसंधान गतिविधियों के लिए जिम्मेदार भारत का प्रमुख आर एंड डी संस्थान है।

106. b माइटोकोंड्रिया कोशिकाओं के अंदर के ऑर्गेन हैं, जो अन्य कार्यों के मध्य ऊर्जा उत्पन्न करते हैं। ये आर्गेन माता से बच्चों में स्थानांतरित होते हैं। तीन जनक वाले बच्चे की पद्धति माइटोकोंड्रियल रोगों से बचाव के लिए प्रयोग की गयी है।

107. c नैनो टैक्नोलॉजी के संदर्भ में दिए गये दोनों कथन सही हैं।

108. c CRISPR-Cas9 एक विशेष तकनीक है जो आनुवांशिकीविदों और चिकित्सा शोधकर्त्ताओं को DNA अनुक्रम में जीनोम से कुछ हटाने, जोड़ने एवं बदलने जैसे संपादन कार्य में उपयोगी है।

109. b DRDO ने अब्दुल कलाम द्वीप, ओड़ीसा से एडवांस एरिया डिफेंस (AAD) इंटरसेप्टर मिसाइल का सफलतापूर्वक प्रक्षेपण किया था। इसलिए कथन 1 सत्य नहीं है।

110. c 'INS राजली' में सर्वप्रथम 'एकीकृत स्वचालित विमानन मौसम प्रणाली (IANMS)' उद्घाटित हुई। IAAMS नौ नौसेना के वायु-स्टेशनों (NAS) के मौसम आधारित संरचना के आधुनिकीकरण करने की भारतीय नौसेना की एक महत्त्वाकांक्षी परियोजना है।

111. d 3D-प्रिंटिंग से जुड़े तीनों कथन सही है।

112. a 'ब्लू कार्बन पहल' कंजर्वेशन इंटरनेशनल (CI), प्रकृति-संरक्षण हेतु अंतर्राष्ट्रीय संघ (IUCN) तथा संयुक्त राष्ट्र शैक्षणिक, वैज्ञानिक और सांस्कृतिक संगठन (UNESCO) के अंतर-सरकारी आयोग (IOC-UNESCO) द्वारा समन्वित है।

113. d 3D प्रिंटिंग प्रौद्योगिकी से जुड़े तीनों कथन सही हैं।

114. a भारतीय मानक ब्यूरो (BIS) अन्तर्राष्ट्रीय मानकीयकरण संगठन (ISO) का संस्थापक सदस्य है।

115. b श्रेणी-2B एजेंट उन कैंसरकारक तत्वों की श्रेणी है जिनके मनुष्यों पर कैंसरकारी प्रभावों की प्रमाणिकता अभी सत्यापित नहीं हो पायी है लेकिन पशुओं पर प्रेक्षण के दौरान यह सत्यापित हो चुका है।

116. d वर्तमान में भारत द्वारा प्रोटोटाइप फास्ट ब्रीडर रिएक्टर (PFBR) को स्थापित किया गया है न कि भारत में क्रियाशील (operational) फास्ट ब्रीडर रिएक्टर कार्यरत है।

117. a वर्तमान में कोई भी पूर्णतः पुनः प्रयोज्य कक्षीय प्रक्षेपण प्रणाली उपयोग में नहीं है। निकटतम् उदाहरण आंशिक रूप से पुनः प्रयोज्य अंतरिक्ष शटल है।

119. d 'प्रोजेक्ट सनराइज' पूर्वोत्तर के आठ राज्यों में एड्स की रोकथाम के लिये योजना है। इस परियोजना का वित्तपोषण संयुक्त राज्य अमेरिका की 'रोग नियंत्रण केन्द्र' द्वारा किया गया है। यह योजना उत्तर-पूर्व में पहले से चल रहे राष्ट्रीय एड्स नियंत्रण संगठन (नॉको) के अन्य परियोजनाओं के साथ-साथ चलेगी।

120. a 'ई-ग्रीनवॉच के द्वारा वास्तविक समय से आंकड़ों की प्रस्तुति की जाती है, जो आम लोगों सहित सभी हितधारकों के लिए सुलभ हो जाएगा। इसके तहत, स्वतंत्र-संगठन, शोधकर्त्ताओं और आम जनता को, चल रही वनीकरण योजनाओं की निगरानी, मूल्यांकन एवं सामाजिक एवं पारिस्थितिक ऑडिट करने की अनुमति होगी।

122. b वर्तमान में परीक्षण की गई उन्नत वायु रक्षा मिसाइल एकल चरणीय मिसाइल है।

124. d 'एक्सोमार्स (Exo Mars) 2016' यूरोपीय अंतरिक्ष एजेंसी (ESA) एवं रूसी अंतरिक्ष एजेंसी का संयुक्त मिशन है।

125. b TKDL में पेटेंट प्राप्त एवं गैर-पेटेंट प्राप्त दोनों प्रकार के परंपरागत ज्ञान शामिल होता है।

126. c बच्चों के स्वास्थ्य से जुड़ा दोनों कथन सही है।

127. d दिये गये सभी कथन नवीन प्रौद्योगिकी (उभरती प्रोद्योगिकी) से संबंधित है।

128. c 'प्रोजेक्ट लून', सर्च इंजन गूगल की एक महत्वाकांक्षी योजना है। इसमें ऊँचाई पर स्थित हीलियम गुब्बारे की मदद से ग्रामीण एवं दूरदराज के क्षेत्रों में इंटरनेट पहुँच को बढ़ाया जायेगा।

130. d ‘अस्त्र’ मिसाइल से जुड़े सभी कथन सही हैं।

132. c दोनों कथन ‘Crab Pulsar’ के संदर्भ में सही हैं।

133. d सभी कथन ऐरोसोल्स के संदर्भ में सही है।

134. b इम्प्रिण्ट इण्डिया पहल भारतीय प्रौद्योगिकी संस्थानों तथा भारतीय विज्ञान संस्थान का संयुक्त उपक्रम है।

135. c पूर्वोत्तर भारत के लिए हाइड्रोकार्बन विजन 2030 का उद्देश्य इस क्षेत्र को हाइड्रोकार्बन से सशक्त बनाना, पेट्रोलियम उत्पादों की उपलब्धता बढ़ाना, स्वच्छ ऊर्जा तक पहुँच को बढ़ाना, आर्थिक विकास को सुगम बनाना तथा सामान्य लोगों को आर्थिक गतिविधियों से जोड़ना है।

136. a वैज्ञानिकों ने एक नये लचीले तथा आवश्यकतानुसार उपयोग किये जा सकने योग्य “मेटा स्किन” का विकास किया है जो पिण्डों को रडार के संसूचन से बचा सकता है और यह नई पीढ़ी के स्टील्थ लड़ाकू वायुयान तथा अदृश्य घड़ियों का विकास करने में सहायता कर सकता है।

137. a हाल ही में दो अत्यधिक दूर स्थित ब्लैक होल्स गुरुत्वाकर्षण तरंगों की पहचान की गई। ब्लैक होल्स की जानकारी आइंस्टीन ने दी थी। एक-दूसरे की परिक्रमा करने वाले ये ब्लैक होल्स परस्पर आकर्षित होकर अत्यधिक वेग से एक दूसरे में समा गये और उन्होंने मिलकर एक बड़े ब्लैक होल का निर्माण किया।

138. a थर्मोप्लास्टिक मुख्यतया एक प्लास्टिक पालीमर पदार्थ है। यह गर्म करने पर नर्म व ठंडा करने पर कठोर हो जाता है। इन्हें कई बार गर्म व ठंडा किया जा सकता है। पुनर्चक्रित भी किया जा सकता है। जब इन्हें गर्म करते हैं तो ये द्रव अवस्था में बदल जाते हैं।

140. d विभिन्न पर्यावासों की भौतिक-रासायनिक दशा में विविधता के मुख्य तापमान, जल, प्रकाश और मृदा हैं। इनके अतिरिक्त पर्यावास में रोगजनक, परजीवी, परभक्षी और अन्य पतिस्पर्द्धी, जो कि निरंतर अंतर्क्रिया करते हैं, जैसे जैविक अवयव सम्मिलित होते हैं।

अध्याय-2

जीव विज्ञान

(Biology)

1. कोलेस्ट्रॉल के संदर्भ में निम्नलिखित कथनों पर विचार कीजिए :

1. उच्च कोलेस्ट्रॉल के परिणामस्वरूप धमनियाँ सख़्त हो जाती हैं।
2. कोलेस्ट्रॉल एक प्रकार का लिपिड होता है जो कि जल में अघुलनशील पदार्थों जैसे कि मोम, तेल और वसा के अंतर्गत आता है।
3. कोलेस्ट्रॉल और ट्राईग्लिस्रायड एक ही होते हैं।

उपर्युक्त कथनों में से कौन से कथन सही हैं?

(a) केवल 1 और 2 (b) केवल 2 और 3
(c) केवल 1 और 3 (d) 1, 2 और 3

2. निम्नलिखित कथनों पर विचार कीजिए :

1. कोकेन, जिसे आमतौर पर कोक कहा जाता है, तंत्रिकापोषक (न्यूरोट्रांसमीटर) डोपमीन के परिवहन में बाधा डालता है।
2. कोकेन केंद्रीय तंत्रिका तंत्र पर जोरदार उद्दीपक (स्टीमुलेटिंग) असर पड़ता है जिससे सुखाभास (यूफोरिया) और ऊर्जा में वृद्धि की अनुभूति होती है।
3. शीतल पेय ऐसा पेय होता है जिसमें साइट्रिक अम्ल, मधुरक और फ़्लेवर एजेण्ट होता है।

उपर्युक्त कथनों में से कौन से कथन सही हैं?

(a) केवल 1 और 2 (b) केवल 2 और 3
(c) केवल 1 और 3 (d) 1, 2 और 3

3. खाद्य जाल के बारे में निम्नलिखित कथनों पर विचार कीजिए :

1. सामान्यतः यह खाद्य श्रृंखला की तुलना में कम स्थायी होता है।
2. यह अंतर्संबंधित खाद्य श्रृंखला का एक जटिल नेटवर्क है।

उपर्युक्त कथनों में से कौन सा/से कथन सही है/हैं?

(a) केवल 1
(b) केवल 2
(c) 1 और 2 दोनों
(d) न तो 1 और न ही 2

4. न्यूरो सक्रिय कीटनाशक, नियोनिकोटीनॉयड :

1. मधुमक्खियों की संख्या में गिरावट के लिए उत्तरदायी है।
2. अत्यधिक वसास्नेही होने के कारण यह रक्त-मस्तिष्क-बाधा को आसानी से भेद सकता है।

उपर्युक्त कथनों में से कौन सा/से कथन सही है/हैं?

(a) केवल 1
(b) केवल 2
(c) 1 और 2 दोनों
(d) न तो 1 और न ही 2

5. निम्नलिखित कथनों पर विचार कीजिए :

1. प्रतिजैविक ऐसा एजेण्ट होता है जो सूक्ष्मजैविकों को मार देता है या फिर उनकी वृद्धि को रोक देता है।
2. सामान्य जुकाम नासाविषाणुओं (राइनोवायरस) द्वारा होता है।
3. नासाविषाणु केवल नाक और श्वसन पथ को संक्रमित करते हैं किंतु फेफड़ों को नहीं।

उपर्युक्त कथनों में से कौन से कथन सही हैं?

(a) केवल 1 और 2
(b) केवल 2 और 3
(c) केवल 1 और 3
(d) 1, 2 और 3

6. Serule क्या है?

(a) किसी सूक्ष्म अधिवास में कवक एवं जीवाणु सहित सूक्ष्मजैविकों का अनुक्रमण।
(b) खाद्य से उपभोक्ता को रसायन का प्रभावी स्थानांतरण।
(c) स्तनधारी प्रजातियों में अनुक्रमण।
(d) उपर्युक्त कोई नहीं।

7. निम्नलिखित किस अंतर्क्रिया में किसी भी प्रजाति को हानि नहीं होती है?

(a) परभक्षण में
(b) परजीविता में
(c) प्रतिस्पर्धा में
(d) पारस्परिकता में

8. आनुवंशिक रूप से संशोधित जीवों के जीनोम में परिवर्तन हो जाता है। इस संदर्भ में निम्नलिखित कथनों में से कौन से कथन सही हैं?

1. जीन डीएनए से बने होते हैं और जीनोम भी।
2. किसी जीव के संपूर्ण डीएनए संग्रह को जीनोम कहा जाता है।
3. डीएनए कोशिकाओं में उपस्थित एमीनो अम्ल नामक सूक्ष्म इकाइयों से निर्मित होते हैं।

निम्नलिखित कूटों की सहायता से सही उत्तर चुनिए :

(a) केवल 1 और 2 (b) केवल 2 और 3

(c) केवल 1 और 3 (d) उपर्युक्त कोई नहीं

9. निम्नलिखित कथनों पर विचार कीजिए :

1. अपने आकार के कारण सूक्ष्मजीव मानव जीवन के लिए सदैव हानिकारक होते हैं।
2. पनीर और अचार बनाने में जीवाणुओं की भूमिका होती है।
3. अमीबा जैसे सूक्ष्मजीव स्वतंत्र रूप से रह सकते हैं जबकि कवक और जीवाणु समूह में रह सकते हैं।

उपर्युक्त कथनों में से कौन सा/से कथन सही है/हैं?

(a) केवल 1 (b) केवल 2 और 3

(c) केवल 1 और 3 (d) 1, 2 और 3

10. निम्नलिखित में से कौन जीवित प्राणियों में प्रलंबित क्रिया का/के उदाहरण है/हैं?

1. शीत-सुषुप्तावस्था (हाइबरनेशन)
2. ग्रीष्म-सुषुप्तावस्था (एस्टिवेशन)
3. उपरति (डायपॉज़)

निम्नलिखित कूटों की सहायता से सही उत्तर चुनिए :

(a) केवल 1 (b) केवल 2

(c) केवल 3 (d) 1, 2 और 3

11. क्रैशुलेसीन अम्ल उपापचय से संबंधित निम्नलिखित कथनों पर विचार कीजिए :

1. दिन में वाष्पोत्सर्जन की क्रिया को कम करने के लिए पत्तियों के रन्ध्र बंद रहते हैं।
2. रात्रि में पत्तियों के रन्ध्र ऑक्सीज़न लेने के लिए खुले रहते हैं।
3. यह उपापचय एक प्रकार का अनुकूलन है जो कि शुष्क जलवायु में पाया जाता है।

उपर्युक्त कथनों में से कौन सा/से कथन सही है/हैं?

(a) केवल 1
(b) केवल 1 और 2
(c) केवल 1 और 3
(d) 1, 2 और 3

12. अंतरजातीय परजीविता ऐसी दशा है जिसमें :

(a) एक प्रजाति को लाभ होता है, जबकि दूसरे को हानि होती है।
(b) दोनों प्रजातियां एक-दूसरे को लाभ पहुँचाती हैं।
(c) दोनों प्रजातियों को हानि होती है।
(d) एक प्रजाति को हानि होती है, जबकि दूसरी अप्रभावित रहती है।

13. पारिस्थितिकी पिरामिड के संदर्भ में निम्नलिखित कथनों पर विचार कीजिए :

1. संख्याओं का पिरामिड उलटा हो सकता है।
2. जैवभार (बायोमास) का पिरामिड उलटा हो सकता है।
3. ऊर्जा का पिरामिड उलटा हो सकता है।

उपर्युक्त कथनों में से कौन सा/से कथन सही है/हैं?

(a) केवल 1
(b) केवल 2
(c) केवल 1 और 2
(d) 1, 2 और 3

14. कॉर्निया आँख का अग्र पारदर्शी भाग है जिसमें आँख की पुतली, प्यूपल और अग्रवर्ती कोष्ठ शामिल होते हैं। कार्निया के प्रत्यारोपण के लिए पूर्वापेक्षित हैं :

1. कार्निया दाता व्यक्ति की सहमति के बाद मृत्यु के 12 घंटे के अंदर लिया जाता है।
2. कार्निया प्रत्यारोपण के लिए रक्त समूह मिलाने की आवश्यकता नहीं पड़ती है।

उपर्युक्त कथनों में से कौन सा/से कथन सही है/हैं?

(a) केवल 1
(b) केवल 2
(c) 1 और 2 दोनों
(d) न तो 1 और न ही 2

15. डेक्सटर क्या है?

(a) डिजिटल स्तर पर निजी जानकारी की चोरी करने वाला एक वायरस।
(b) एक प्रकार का दीर्घकालीन रोग।
(c) हैकिंग-रोधी सॉफ़्टवेयर।
(d) फलों में पाया जाने वाला एक पोषक।

16. निम्नलिखित में से कौन जलकृषि को सर्वश्रेष्ठ ढंग से परिभाषित करता है?

(a) पादपों को बिना मृदा के उगाना

(b) जल में खनिजों को मिलाना

(c) जल संदूषण

(d) जल आसवन

17. पूर्णशक्तता कोशिका के संदर्भ में निम्नलिखित कौन सा कथन सही है?

(a) अविभेदकारी कोशिका जो पूर्ण व्यवस्था या पूरे पौधे के रूप में विकसित होने में सक्षम होती है।

(b) अविभेदकारी कोशिका जो एक अंग के रूप में विकसित होने में सक्षम होती हैं।

(c) अविभेदकारी कोशिका जो एक पूर्ण भ्रूण (एम्ब्रियो) के रूप में विकसित होने में सक्षम होती हैं।

(d) कोशिका जिसमें एक अंग या तंत्र में विभेद करने की क्षमता का अभाव हो।

18. H1N1 विषाणु में, वर्णमाला के एच (H) और एन (N) क्या है?

1. H, हीमाग्लूटीनिन को प्रदर्शित करता है।
2. N, न्यूरामिनिडेज़ को प्रदर्शित करता है।

(a) केवल 1 सही है (b) केवल 2 सही है

(c) 1 और 2 दोनों सही हैं (d) 1 और 2 दोनों गलत हैं

19. कौन सा कथन प्रजातीकरण (Speciation) को सबसे अच्छी तरह से वर्णित करता है?

(a) मूल रूप से संकरण (Interbreed) करने में स्वतन्त्र विकास मूलक इकाईयों में वियोजन।

(b) पारिस्थिकी आवास को विस्तृत करके समुदाय में अधिक प्रजातियों को लाना।

(c) घुसपैठिए प्रजातियों को लाकर प्रजातियों के समुदाय को संकुचित करना।

(d) उपर्युक्त कोई नहीं।

20. एक स्वस्थ ताज़े जल की मछली को खारे जल में रख दिया जाता है। इसका संभावित परिणाम होगा कि :

(a) मछली निर्जलित हो जाएगी और मर जाएगी।

(b) मछली फूल जाएगी और मर जाएगी।

(c) मछली कवक या बैक्टीरिया संबंधित रोग से ग्रस्त हो जाएगी और मर जाएगी।

(d) यदि मछली को पर्याप्त भोजन प्रदान किया जाएगा तो उस पर कोई ध्यान देने योग्य प्रभाव नहीं पड़ेगा।

21. निम्नलिखित कौन सा कथन वीथि सस्यन प्रणाली के संदर्भ में सही है?

(a) बहुउद्देशीय बारहमासीं वनों/वृक्षों के साथ वार्षिक फसलों को उगाना।

(b) एक ही खेत में एक साथ दो या दो से अधिक फसल उगाना।

(c) अनुक्रम में एक से अधिक फसल उगाना।

(d) उपर्युक्त कोई नहीं।

22. भारत में, शंकर-6 किस फसल की एक बहुत प्रचलित प्रजाति है?

(a) मक्का की (b) बाजरा की

(c) कपास की (d) सरसों की

23. निम्नलिखित पादपों पर विचार कीजिए:

1. केला
2. गुलाब
3. अंगूर

उपर्युक्त में से कौन सा/से कायिक जनन विधि द्वारा उगाया/उगाये जाता है/जाते हैं?

(a) केवल 1 (b) केवल 1 और 2

(c) केवल 2 और 3 (d) 1, 2 और 3

24. निम्नलिखित कथनों पर विचार कीजिए:

1. मशरूम वास्तव में एक प्रकार के कवक होते हैं।
2. खाद्य मशरूमों में निम्न कैलोरी, जबकि प्रचुर मात्रा में विटामिन बी पाया जाता है।

उपर्युक्त कथनों में से कौन सा/से कथन सही है/हैं?

(a) केवल 1 (b) केवल 2

(c) 1 और 2 दोनों (d) न तो 1 और न ही 2

25. एचआईवी/एड्स प्रभावित व्यक्तियों को परिवार या समाज से अलग-अलग क्यों नहीं करना चाहिए?

1. एचआईवी/एड्स केवल छूने या शरीर के संपर्क में आने से नहीं फैलता है।
2. यह कदम रोगियों के शारीरिक एवं मनोवैज्ञानिक स्वास्थ्य के लिए आवश्यक है।
3. संक्रमण होने एवं एड्स के लक्षण प्रकट होने के बीच सदैव अंतराल होता है।

निम्नलिखित कूटों की सहायता से सही उत्तर चुनिए:

(a) केवल 1 और 2 (b) केवल 2 और 3

(c) केवल 1 और 3 (d) 1, 2 और 3

26. मिडिल-ईस्ट रेस्पिरेटरी सिंड्रोम (मर्स) के संदर्भ में निम्नलिखित कथनों पर विचार कीजिए:

1. सर्वप्रथम इसके बारे में जानकारी 2012 में सऊदी अरब में सामने आयी।
2. यह कोरोनावायरस का एक प्रकार है।
3. यह सामान्य विषाणुजनित रोगों जैसे - सर्दी जुकाम तथा सार्स (सीवियर एक्यूट रेस्पिरेटरी सिंड्रोम) के समान है।

उपर्युक्त कथनों में से कौन से कथन सही हैं?

(a) केवल 1 और 2 (b) केवल 2 और 3

(c) केवल 1 और 3 (d) 1, 2 और 3

27. जल और मृदा प्रदूषण जैसे पर्यावरणीय समस्याओं को हल करने के लिए जीवों का प्रयोग क्या कहलाता है?

(a) जैवउपचारण (b) बायोएथिक्स

(c) बायोजेनेसिस (d) जैवप्रशीतन

28. ऊत्तक संवर्धन का महत्वपूर्ण अनुप्रयोग, रोग ग्रस्त पौधों से स्वस्थ पौधों के रूप में पुनः प्राप्ति है। इस उद्देश्य के लिए पौधे का कौन सा भाग उपयोग किया जाता है?

(a) जाइलम (Xylem) (b) फ्लोएम (Phloem)

(c) मेरीस्टेम (Meristem) (d) मज्जा (Pith)

29. जैव उर्वरकों के मुख्य स्रोत है :

1. नील हरित शैवाल
2. सायनो बैक्टीरिया (Cyanobacteria)
3. लाइकेन
4. जीवाणु
5. केंचुआ
6. कवक
7. प्रोटोजोआ

निम्नलिखित कूटों की सहायता से सही उत्तर चुनिए :

(a) केवल 1, 2, 3, 4 और 5 (b) केवल 2, 3, 4 और 5

(c) केवल 1, 2, 4 और 6 (d) 1, 2, 3, 4, 5, 6 और 7

30. निम्नलिखित में से कौन सा/से युग्म सही सुमेलित है/हैं?

1. ऑक्जैमोफाइट - पीपल वृक्ष
2. हेलोफाइट - सुंदरी वृक्ष
3. सियोफाइट - पान का पत्ता

निम्नलिखित कूटों की सहायता से सही उत्तर चुनिए :

(a) केवल 1 (b) केवल 2

(c) केवल 1 और 2 (d) 1, 2 और 3

31. निम्नलिखित तकनीकों पर विचार कीजिए :

1. पुनर्योजक डीएनए प्रौद्योगिकी
2. पॉलीमरेज श्रृंखला अभिक्रिया
3. एंजाइम संलग्न प्रतिरक्षा शोषक आमापन (एलाइजा)

उपर्युक्त में कौन सी तकनीकें शीघ्र रोग निदान के उद्देश्य को पूरा करती हैं?

(a) केवल 1 और 2 (b) केवल 2 और 3

(c) केवल 1 और 3 (d) 1, 2 और 3

32. कीटों और रोगों का जैव-नियंत्रण मानव जाति के लिए लाभदायक क्यों है?

1. ये रसायनों की तुलना में प्राकृतिक परभक्षण पर अधिक निर्भर होते हैं।
2. जैव-विविधता को समृद्ध करता है क्योंकि जितनी अधिक जैव-विविधता किस्में होगी उतना ही अधिक स्थायित्व होगा।
3. यह एक ऐसी प्रणाली है जहाँ कीटों का पूर्ण रूप से उन्मूलन नहीं किया जा सकता।
4. इस विधि में लाभदायक और हानिकारक दोनों प्रकार के कीट नष्ट हो जाते हैं।

निम्नलिखित कूटों की सहायता से सही उत्तर चुनिए :

(a) केवल 1, 2 और 3 (b) केवल 1 और 2

(c) केवल 1, 2 और 4 (d) 1, 2, 3 और 4

33. डीएनए और आरएनए दोनों आनुवंशिक पदार्थ हैं किंतु आरएनए की तुलना में डीएनए अधिक महत्वपूर्ण आनुवंशिक पदार्थ है, क्यों?

1. डीएनए में राइबोज़ शर्करा होती है।
2. डीएनए में यूरैशिल की जगह थाइमिन होता है जो डीएनए को कम स्थिरता प्रदान करता है और इसे प्रतिकृति और उत्परिवर्तन के लिए उपयुक्त बनाता है।
3. आरएनए प्रतिक्रियाशील, उत्प्रेरक और आसानी से नष्ट हो जाता है।
4. डीएनए कम प्रतिक्रियाशील होता है।
5. डीएनए तीव्र गति से रूपांतरित होता है।

निम्नलिखित कूटों की सहायता से सही उत्तर चुनिए :

(a) केवल 1, 2 और 3 (b) केवल 3 और 4
(c) केवल 3, 4 और 5 (d) 1, 2, 3 और 5

34. गहरी मृदा में संग्रहित जैविक कार्बन का भंडार किस प्रकार वैश्विक जलवायु परिवर्तन में योगदान दे सकते हैं?

1. मृदा अपरदन द्वारा। 2. कृषि के माध्यम से।
3. सतही दावानल के माध्यम से।

निम्नलिखित कूटों की सहायता से सही उत्तर चुनिए :

(a) केवल 1 और 2 (b) केवल 2 और 3
(c) केवल 1 और 3 (d) 1, 2 और 3

35. निम्नलिखित में से कौन उद्धविकास के प्रमाण हैं?

1. जीवाश्म
2. तुलनात्मक शारीरिक संरचना और आकारिकी
3. औद्योगीकरण के पश्चात् गहरे वर्ण वाले शलभ का अस्तित्व में बने रहना

निम्नलिखित कूटों की सहायता से सही उत्तर चुनिए :

(a) केवल 1 और 2 (b) केवल 2 और 3
(c) केवल 1 और 3 (d) 1, 2 और 3

36. व्यापक टीकाकरण कार्यक्रम (UIP) के अंतर्गत, भारत सरकार निम्नलिखित में से किन रोगों की रोकथाम के लिए टीकाकरण कर रही है?

1. डिफ्थीरिया 2. कुकुरखांसी
3. कुष्ठ रोग 4. पोलियो
5. खसरा 6. डायरिया

निम्नलिखित कूटों की सहायता से सही उत्तर चुनिए :

(a) केवल 1, 2, 3 और 4 (b) केवल 1, 2, 3, 4 और 5

(c) केवल 1, 2, 4 और 5 (d) 1, 2, 3, 4, 5 और 6

37. विटामिन तथा खनिज के उच्च स्तर वाली, अथवा उच्च प्रोटीन तथा स्वास्थ्य वर्द्धक वसा वाली प्रजनित फसलों को जाना जाता है :

(a) जैव आवर्धन (b) सोमैक्लोन

(c) बायोफोर्टिफिकेशन (d) उत्परिवर्तित-प्रजनन

38. अनेक स्वास्थ्य कार्यकर्त्ता सभी खाद्य पदार्थों में ट्रांस-फैट के प्रयोग को प्रतिबंधित करने की माँग कर रहे हैं। इस संदर्भ में निम्नलिखित कथनों पर विचार कीजिए:

1. ट्रांस-फैट एक प्रकार की ठोस वसा होती है, जो मार्गरीन, केक और फास्ट-फूड में पाई जाती है।
2. ट्रांस-फैट का उपयोग खाद्य पदार्थों को सुरक्षित रखने के लिए किया जाता है लेकिन यह स्वाद को नष्ट कर देते हैं।
3. संतृप्त वसा के विपरीत, यह रक्त में कोलेस्ट्रॉल का स्तर बढ़ाते हैं जिससे कोरोनरी हृदय रोग का खतरा बढ़ जाता है।

उपर्युक्त कथनों में से कौन सा/से कथन सही है/हैं?

(a) केवल 1 (b) केवल 1 और 2

(c) केवल 1 और 3 (d) 1, 2 और 3

39. बीटी जीवाणु के संबंध में निम्नलिखित कथनों में से कौन सा/से कथन सही है/हैं?

1. क्राई 2एबी जीन द्वारा कूटकृत प्रोटीन कपास के पौधे पर कीटों के आक्रमण को रोकता है।
2. क्राई 1एसी जीन द्वारा कूटकृत प्रोटीन गेंहूँ के पौधे पर कीटों के आक्रमण को रोकता है।
3. क्राई 1एबी जीन द्वारा कूटकृत प्रोटीन मक्का के पौधे पर कीटों के आक्रमण को रोकता है।

निम्नलिखित कूटों की सहायता से सही उत्तर चुनिए :

(a) केवल 1 और 2 (b) केवल 1 और 3

(c) केवल 2 (d) 1, 2 और 3

40. वनस्पति-कैण्डी के संबंध में निम्नलिखित कथनों में से कौन सा/से कथन सही है/हैं?

1. वनस्पतियों में लवण का विलयन डाला जाता है।
2. लवण का विलयन वनस्पतियों को अधिक स्वादिष्ट बना देता है।
3. लवण का विलयन सूक्ष्मजीवों की सभी प्रकार की प्रतिरोधक क्षमता को भी कम कर देता है।

निम्नलिखित कूटों की सहायता से सही उत्तर चुनिए :

(a) केवल 1 (b) केवल 1 और 2
(c) केवल 1 और 3 (d) केवल 2 और 3

41. गुर्दों के कार्य के संबंध में निम्नलिखित कथनों पर विचार कीजिए :

1. नाइट्रोजनी अपशिष्ट पदार्थों का उत्सर्जन
2. pH मान को बनाये रखना
3. परासरणी दबाव को बनाये रखना

उपर्युक्त कार्यों में से कौन सा/से कार्य सही है/हैं?

(a) केवल 1 (b) केवल 1 और 3
(c) केवल 2 और 3 (d) 1, 2 और 3

42. निम्नलिखित पर विचार कीजिए :

1. जारण प्रक्रिया
2. कोशिका झिल्ली का संरचनात्मक यौगिक
3. आरएनए अणुओं की आधारभूत संरचना

उपर्युक्त में से किसमें कार्बोहाइड्रेट की महत्वपूर्ण भूमिका है?

(a) केवल 1 (b) केवल 1 और 2
(c) केवल 1 और 3 (d) 1, 2 और 3

43. निम्नलिखित कथनों पर विचार कीजिए :

1. अस्थियाँ विशिष्ट संयोजी ऊतक होते हैं, जो कि मजबूत होने के साथ-साथ लचीले भी होते हैं।
2. मानव शरीर की संरचना कार्बोहाइड्रेट से बनी होती है।

उपर्युक्त कथनों में से कौन सा/से कथन सही है/हैं?

(a) केवल 1 (b) केवल 2
(c) 1 और 2 दोनों (d) न तो 1 और न ही 2

44. ऑटम एण्ड स्प्रिंग टर्नओवर का क्या प्रभाव होता है?

1. जल का निर्बाध मिश्रण
2. O_2 का पुनर्वितरण
3. पादप प्लवकों में वृद्धि

निम्नलिखित कूटों की सहायता से सही उत्तर चुनिए :

(a) केवल 1 और 2 (b) केवल 2 और 3
(c) केवल 1 और 3 (d) 1, 2 और 3

45. चिकित्सीय निदान के दौरान किसी अल्ट्रासोनोग्राफी उपकरण में पराश्रव्य तरंगों की गति निर्भर करती है :

1. ऊतकों की प्रत्यास्थता पर।
2. ऊतकों के घनत्व पर।
3. ऊतकों के आयतन पर।

निम्नलिखित कूटों की सहायता से सही उत्तर चुनिए :

(a) केवल 1 और 2 (b) केवल 1 और 3
(c) केवल 2 और 3 (d) 1, 2 और 3

46. प्रशांतक रसायनों के संबंध में निम्नलिखित कथनों पर विचार कीजिए :

1. ये तंत्रिका सक्रिय औषध हैं जो तंत्रिका से ग्राही संदेश वाहन करने वाली प्रक्रिया को प्रभावित करती है।
2. ये अच्छा होने की भावना को अभिप्रेरित करके चिंता, तनाव, क्षोभ अथवा उत्तेजना से मुक्ति देते हैं।
3. ये नींद की गोलियों के आवश्यक घटक होते हैं।

उपर्युक्त कथनों में से कौन से कथन सही हैं?

(a) केवल 1 और 2 (b) केवल 2 और 3
(c) केवल 1 और 3 (d) 1, 2 और 3

47. तिटामिनों के संवर्भ में निम्नलिखित कथनों में से कौन से कथन सही हैं?

1. ये मनुष्यों के उपापचय के लिए आवश्यक होते हैं।
2. अधिक पकाने के कारण ये नष्ट हो जाते हैं क्योंकि इनका ऑक्सीकरण हो जाता है।
3. विटामिन B-12 स्वप्न को पर्याप्त समय तक याद रखने में मददगार होता है।

निम्नलिखित कूटों की सहायता से सही उत्तर चुनिए :

(a) केवल 1 और 2 (b) केवल 2 और 3

(c) केवल 1 और 3 (d) 1, 2 और 3

48. निम्नलिखित विशेषताओं पर विचार कीजिए :

1. उष्मा आघात को सहन करने वाली प्रोटीनों का संग्रहण
2. गहरी मूसला जड़ें
3. C_4 पाथवे
4. कोशिकाओं में ग्लिसरॉल का संग्रहण
5. रन्ध्रयुक्त (न्यूमैटोफोरस) वाली जड़ें

उपर्युक्त में से कौन सी विशेषताएं पौधों में जल की कमी के अनुकूलन के लिए उपयुक्त हैं?

(a) केवल 1, 2 और 3 (b) केवल 1, 2, 3 और 4

(c) केवल 2, 3, 4 और 5 (d) 1, 2, 3, 4 और 5

49. विभिन्न प्रजातियों के बीच होने वाली निम्नलिखित अंतः-पारस्परिक क्रियाओं पर विचार कीजिए :

1. शैवाल और फफूँद के संयोग से लाइकेन का निर्माण।
2. मनुष्य की बड़ी आँत में पाया जाने वाला *ई.कोलीई*।
3. भोजन प्राप्त करने के लिए श्रृंगालों का शेर अथवा बाघ के आस-पास बने रहना।
4. शैवाल तथा सीलेंट्रेट के संयोग से प्रवाल भित्ति का निर्माण।
5. पशुओं के शरीर पर रहने वाले किलनीं (ticks) व चीलरों (lice) को खाने वाले पक्षी।

उपर्युक्त में से कौन सी अंतः-पारस्परिक क्रियाएं पारस्परिकता अथवा सहजीविता का उदाहरण हैं?

(a) केवल 1, 2, 3 और 4 (b) केवल 1 और 4

(c) केवल 2, 3, 4 और 5 (d) केवल 1, 3, 4 और 5

50. निम्नलिखित प्रोटीनों पर विचार कीजिए :

1. किरेटिन 2. मायोसीन

3. एल्ब्यूमीन 4. इंसुलिन

उपर्युक्त प्रोटीनों में से कौन जल में घुलनशील हैं?

(a) केवल 1 और 2 (b) केवल 2 और 3

(c) केवल 3 और 4 (d) 1, 2, 3 और 4

51. डीएनए की संरचना के संबंध में निम्नलिखित कथनों पर विचार कीजिए :

1. एडिनीन और थायमीन में वही अनुपात होता है जो गुआनीन और साइटोसीन में होत है और यह स्थिर रहता है।
2. एडिनीन और थायमीन के बीच तीन हाइड्रोजन बंध होते हैं।
3. गुआनीन और साइटोसीन के बीच दो हाइड्रोजन बंध होते हैं।

उपर्युक्त कथनों में से कौन सा/से कथन सही है/हैं?

(a) केवल 1 (b) केवल 1 और 2

(c) केवल 1 और 3 (d) केवल 2 और 3

52. रक्त-वाहिका में बनने वाला रक्त का थक्का मृत्यु का कारण बन सकता है क्योंकि यह रक्त-प्रवाह को रोककर ऑक्सीजन की आपूर्ति बंद कर देता है। निम्नलिखित में से किस जीवाणु का उपयोग मानव-हृदय की रक्त-वाहिका से रक्त के थक्के को हटाने के लिए किया जाता है?

(a) स्ट्रेप्टोकाइनेज़ स्ट्रेप्टोकॉकस (b) साइक्लोस्पोरिन-ए

(c) ट्राइकोडर्मा पोलोस्पोरम (d) लैक्टोबैसिलस

53. निम्नलिखित पर विचार कीजिए :

1. मण्ड
2. शर्करा
3. सेलुलोज

उपर्युक्त यौगिकों में से कौन सा/से यौगिक जैव बहुलक है/हैं?

(a) केवल 1 (b) केवल 1 और 3

(c) केवल 2 और 3 (d) 1, 2 और 3

54. लाइकोपीन के सबंध में निम्नलिखित कथनों पर विचार कीजिए :

1. यह वसा में घुलनशील नहीं है।
2. यह एक एण्टीऑक्सीडेण्ट है जो कि मनुष्य के शरीर में उपस्थित हानिकारक तत्वों को नष्ट करता है और भारत में इसे औषधि के रूप में उपयोग किया जाता है।
3. लाइकोपीन के मुख्य स्रोत लाल अमरूद और तरबूज हैं।

उपर्युक्त कथनों में से कौन से कथन सत्य हैं?

(a) केवल 1 और 2
(b) केवल 2 और 3
(c) केवल 1 और 3
(d) 1, 2 और 3

55. मलेरिया में निम्नलिखित में से कौन सी स्थिति ठिठुरन और प्रत्येक तीन से चार दिन के अंतराल से आने वाले उच्च आवर्ती ज्वर के लिए उत्तरदायी है?

(a) जब प्लाजमोडियम की संक्रामक अवस्था जीवाणुज (स्पोरोज्वाइट), संक्रमित मादा एनोफेलीज के काटने से मानव शरीर में प्रवेश करता है।

(b) जब परजीवी यकृत में गुणन करते हैं और फिर लाल रूधिर कणिकाओं पर आक्रमण करते हैं।

(c) जब परजीवी लाल रूधिर कणिकाओं में प्रवेश करते हैं जिससे कि लाल रूधिर कणिकाएं फट जाती हैं तथा उनसे एक विषैला पदार्थ हीमोजोइन निकलता है।

(d) जब परजीवी फेफणों, मस्तिष्क तथा हृदय में प्रवेश करता है जिससे कि मलेरिया आघात हो जाता है।

56. डीएनए के संबंध में निम्नलिखित कथनों पर विचार कीजिए :

1. यह एक धनावेशिक अणु होता है।
2. इलेक्ट्रोड में यह कैथोड की ओर गति करता है।

उपर्युक्त कथनों में से कौन सा/से कथन सही है/हैं?

(a) केवल 1
(b) केवल 2
(c) 1 और 2 दोनों
(d) न तो 1 और न ही 2

57. निम्नलिखित कथनों पर विचार कीजिए :

1. किसी भी जैव-प्रजाति में लिंग निर्धारण के लिए सदैव नर गुणसूत्र उत्तरदायी होता है।
2. डीएनए के किसी एक भी क्षारीय युग्म में परिवर्तन के कारण उत्परिवर्तन हो सकता है।
3 सिकिल सेल रक्ताल्पता एक आनुवांशिक विकार है।

उपर्युक्त कथनों में से कौन से कथन सही हैं?

(a) केवल 1 और 2
(b) केवल 2 और 3
(c) केवल 1 और 3
(d) 1, 2 और 3

58. नवजात शिशुओं के लिए स्तनपान अतिआवश्यक होता है क्योंकि :

(a) स्तनपान से शिशुओं को आवश्यक प्रतिआविष (एंटीटॉक्सिंस) प्राप्त होते हैं।

(b) स्तनपान से शिशुओं को कोशिका-माध्यित प्रतिरक्षा (सी एम आई-सेल मेडिएटेड इम्युनिटी) प्राप्त होती है।

(c) स्तनपान से शिशुओं को प्राकृतिक रूप से सक्रिय प्रतिरक्षा प्राप्त होती है।

(d) स्तनपान से शिशुओं को तरल प्रतिरक्षा अनुक्रिया (ह्युमोरल इम्युन रेसपांस) प्राप्त होती है।

59. इम्यूनोसप्रेसिव एजेंट ऐसी औषधियां हैं जो प्रतिरक्षी तंत्र का शमन करती हैं और प्रत्यारोपित अंगों को अस्वीकार करने की प्रतिक्रिया से संबंधित खतरों को कम करती हैं। निम्नलिखित में से कौन सा जैविक अणु इम्यूनोसप्रेसिव एजेंट के रूप में प्रयोग किया जाता है?

(a) ट्राइकोडरमा पोलोस्पोरम
(b) पेक्टिनासिस-बी
(c) साइक्लोस्पोरिन-ए
(d) प्रेडनिसोन

60. धनवंतरी पुरस्कार के संदर्भ में निम्नलिखित कथनों पर विचार कीजिए:

1. एम.के.मणि, जो अपोलो अस्पताल के प्रमुख गुर्दा रोग विशेषज्ञ हैं, को 40 वें धनवंतरी पुरस्कार से सम्मानित किया गया है।
2. यह प्रसिद्ध पुरस्कार जो कि चिकित्सा विज्ञान क्षेत्र में किए गए कार्यो को पुरस्कृत करता है, 1971 से प्रतिवर्ष प्रदान किया जाता है।
3. आर. विश्वनाथन इस पुरस्कार को प्राप्त करने वाले प्रथम व्यक्ति थे।

उपर्युक्त कथनों में से कौन सा/से सही है/हैं?

(a) केवल 1
(b) केवल 1 और 2
(c) केवल 1 और 3
(d) 1, 2, और 3

61. कथन (A): अस्थिकरण की प्रक्रिया आयु निर्धारण में सहायता करता है।

कारण (R): अस्थिकरण, अस्थि-निर्माण की प्रक्रिया होती है।

नीचे दिए गए कूटों में से सही उत्तर चुनिए:

(a) (A) तथा (R) दोनों सही हैं और (R), (A) की सही व्याख्या करता है।

(b) (A) तथा (R) दोनों सही हैं किन्तु (R), (A) की सही व्याख्या नहीं करता है।

(c) (A) सही है किन्तु (R) गलत है।

(d) (A) गलत है किन्तु (R) सही है।

62. विभिन्न प्रकार के जैव-उर्वरकों के संबंध में निम्नलिखित कथनों पर विचार कीजिए :

1. एजेटोबैक्टर्स क्षारीय मिट्टी, जलीय वातावरण तथा पौधों की जड़ों में पाए जाते हैं और नाइट्रोजन को अमोनिया में परिवर्तित करते हैं।
2. राइजोबिया, स्वतंत्र रूप से नाइट्रोजन स्थिरीकरण नहीं कर पाते, क्योंकि उन्हें किसी पौधे की सहायता की आवश्यकता होती है।
3. साइनोबैक्टीरिया केवल वायुमण्डल में पाए जाते हैं।

उपर्युक्त कथनों में से कौन से कथन सही हैं?

(a) केवल 1 और 2 (b) केवल 2 और 3

(c) केवल 1 और 3 (d) 1, 2 और 3

63. निम्नलिखित में से किन स्थितियों में एंजाइम लिंक्ड इम्यूनोसॉर्बेण्ट एसे (एलीसा) जाँच का उपयोग किया जाता है?

1. एचआईवी संक्रमण
2. हेपेटाइटिस-बी एवं सी का पता लगाने के लिए
3. कुछ निश्चित हार्मोनों का स्तर मापने के लिए
4. एलर्जी का पता लगाने के लिए
5. मादक दवाओं के सेवन के बारे में पता लगाने के लिए

निम्नलिखित कूटों के आधार पर सही उत्तर चुनिए :

(a) केवल 1 और 2 (b) केवल 2, 3 और 4

(c) केवल 2, 4 और 5 (d) 1, 2, 3, 4 और 5

64. एंटी रेट्रोवायरल थेरेपी (ART) का प्रयोग एड्स के मामलों में किया जाता है। एंटी रेट्रोवायरल थेरेपी के संबंध में निम्नलिखित में से कौन सा/से कथन सही है/हैं?

1. इसका प्रयोग एचआईवी संक्रमण को नियंत्रित करने के लिए किया जाता है।
2. एचआईवी के जीवन-चक्र के अलग-अलग चरणों के लिए अलग-अलग एंटी रेट्रोवायरल अभिकारकों का प्रयोग किया जाता है।
3. एंटी रेट्रोवायरल थेरेपी के घटक के रूप में इफाविरेंज का प्रयोग एचआईवी टाइप-1 के मामले में किया जाता है।

निम्नलिखित कूटों के आधार पर सही उत्तर चुनिए :

(a) केवल 1 (b) केवल 2

(c) 1, 2 और 3 (d) केवल 2 और 3

65. अमेरिका के मक्का के किसानों तथा तेल शोधन करने वालों के मध्य संबंध कटु हो गए हैं और इस विवाद की जड़ मक्का से उत्पन्न होने वाले एथेनॉल का पेट्रोल में मिलाया जाना है। इस संदर्भ में निम्नलिखित कथनों पर विचार कीजिए :

1. एथेनॉल पेट्रोल में एक ऑक्सीजेनेटर के रूप में और ईंधन के ओक्टन रेटिंग को बढ़ाने के लिए मिलाया जाता है।
2. डिस्टिलर्स का तर्क है कि पेट्रोल में एथेनॉल मिलकर तनु किए जाने से इंजन की क्षति होती है।
3. शुद्ध पेट्रोल के हाइड्रोकर्बन से भिन्न, एथेनॉल वायुमंडल के जल के प्रति अधिक ग्राही है और इस प्रकार यह जल वाष्प जो कि एक हरित गैस है का प्रमुख एक स्रोत है।

उपर्युक्त कथनों में से कौन से कथन सही हैं?

(a) केवल 1 और 2
(b) केवल 2 और 3
(c) केवल 1 और 3
(d) 1, 2 और 3

66. ड्रग-प्रतिरोधी तपेदिक आज विश्व भर में चिंता का बड़ा कारण है। इसके बारे में निम्नलिखित में से कौन सा/से कथन सही है/हैं?

1. ड्रग-प्रतिरोधी तपेदिक के उपचार के लिए पाइराजिनएमाइड, इथमब्युटॉल और रिफाब्युटिन का मिश्रण प्रयोग किया जाता है।
2. ड्रग-प्रतिरोधी तपेदिक लाइलाज है।
3. ड्रग-प्रतिरोधी तपेदिक का कारण टेरा-वायरस है।

निम्नलिखित कूटों के आधार पर सही उत्तर चुनिए :

(a) केवल 1
(b) केवल 2
(c) केवल 3
(d) केवल 2 और 3

67. पूर्व में हमारे द्वारा उगायी गयी किसी भी फसल की जाँच की आवश्यकता नहीं पड़ती थी। किन्तु विशेषकर अनुवांशिक अभियांत्रिकी (GE) या अनुवांशिक रूप से परिवर्तित (GM) फसलों के मामलों में निरंतर जाँच की आवश्यकता पड़ती है। क्यों?

1. जीई (GE) फसलें, प्रयोगशाला में रीकॉम्बिनेंट डीएनए तकनीक द्वारा कृत्रिम रूप से विकसित की जाती है और अनुवांशिक अभियांत्रिकी की अनिश्चतता तथा अपरिवर्तनीय स्वरूप ने इस तकनीक पर प्रश्नचिह्न लगा दिए हैं।
2. अध्ययनों में पाया गया है कि जीई (GE) फसलों से पर्यावरण को क्षति पहुँचती है तथा ये मानव स्वास्थ्य पर भी विपरीत प्रभाव डालते हैं।

3. जीई (GE) फसलें हमारे पर्यावरण को अनवरत् क्षति पहुँचा रही हैं और हमारी कृषि तथा भोजन पर बहुराष्ट्रीय कंपनियों का प्रभुत्व बढ़ता जा रहा है।

निम्नलिखित कूटों के आधार पर सही उत्तर चुनिए :

(a) केवल 1 और 2 (b) केवल 2 और 3

(c) केवल 1 और 3 (d) 1, 2 और 3

68. रूधिर, भोजन, ऑक्सीजन तथा वर्ज्य पदार्थों का हमारे शरीर में वहन करता है। इस संदर्भ में निम्नलिखित कथनों पर विचार कीजिए :

1. रूधिर प्लाज्मा, भोजन, कार्बन डाइऑक्साइड तथा नाइट्रोजनी वर्ज्य पदार्थ को विलीन रूप में वहन करता है।
2. ऑक्सीजन, जो लाल रूधिर कोशिका के कोशिका द्रव्य (साइटोप्लाज्म) में विलीन होता है, लाल रूधिर कोशिकाओं द्वारा ले जायी जाती है।

उपर्युक्त कथनों में से कौन सा/से कथन सही है/हैं?

(a) केवल 1 (b) केवल 2

(c) 1 और 2 दोनों (d) न तो 1 और न ही 2

69. रक्तदाब के संदर्भ में निम्नलिखित कथनों पर विचार कीजिए:

1. यह वह दाब है जो रूधिर वाहिकाओं की भित्ति के विरूद्ध लगता है।
2. यह दाब धमनियों की अपेक्षा शिराओं में बहुत अधिक होता है।
3. उच्च रक्तदाब की वजह से शिरायें फट सकती हैं तथा आंतरिक रक्तस्रवण हो सकता है।

उपर्युक्त कथनों में से कौन सा/से कथन सही है/हैं?

(a) केवल 1 (b) केवल 2 और 3

(c) केवल 1 और 3 (d) 1, 2 और 3

70. यदि माता का रक्त समूह A तथा पिता का रक्त समूह AB हो तब बच्चों में असंभावित रक्त समूह क्या होगा?

(a) A (b) B

(c) AB (d) O

71. कीटों पर नियंत्रण के लिए रासायनिक कीटनाशकों के स्थान पर जैवकीटनाशियों के प्रयोग के संदर्भ में निम्नलिखित कथनों पर विचार कीजिए :

1. एक विशेष प्रकार के कीटों के अण्डों का प्रयोग गन्ने के खेतों में किया जाता है और उन अण्डों से निकलने वाले ततैया हानिकारक कीटों को नष्ट कर देते हैं।

2. कीटों के अतिरिक्त फफूँदी और जीवाणुओं का प्रयोग भी जैवकीटनाशियों के रूप में किया जाता है।
3. जैवकीटनाशियों का प्रयोग पर्यावरण के लिए सार्वकालिक लाभदायक होता है क्योंकि पर्यावरण पर और किसी भी जीव की प्राकृतिक संख्या पर बिना किसी प्रतिकूल प्रभाव डाले एक विशेष प्रकार के हानिकारक कीटों का विनाश हो जाता है।

उपर्युक्त कथनों में से कौन से कथन सही हैं?

(a) केवल 1 और 2 (b) केवल 2 और 3

(c) केवल 1 और 3 (d) 1, 2 और 3

72. 'माइटोकॉन्ड्रियल ईव' के सम्बन्ध में निम्नलिखित कथनों में से कौन सा/से कथन सही है/हैं?

1. ऐसा विश्वास किया जाता है कि 'माइटोकॉन्ड्रियल ईव' 140,000 वर्ष पूर्व अफ्रीका में रहते थे।
2. ये मानव के पूर्वजों के अद्यतन मातृपक्षीय पूर्वजों से संबंधित थे।

निम्नलिखित कूटों के आधार पर सही उत्तर चुनिए :

(a) केवल 1 (b) केवल 2

(c) 1 और 2 दोनों (d) न तो 1 और न ही 2

73. भारत में बहुत से घरों में दही जमाने के लिए गर्म दूध में थोड़ा सा दही मिलाया जाता है। इसके पीछे क्या वैज्ञानिक कारण है?

(a) दही में *राइजोबियम* बैक्टीरियम होता है जो दूध को दही में बदल देता है।

(b) गर्म दूध, दही को अधिक सुपाच्य बना देता है।

(c) दही में *लैक्टोबैसिलस* होता है जो दूध मे गुणित होता है और इसे दही में बदल देता है।

(d) उपर्युक्त सभी।

74. भारत में मानव में पहली बार पाये गये मलेरिया पैदा करने वाले परजीवी '*प्लाज्मोडियम नोलेसी*' के सन्दर्भ में निम्नलिखित कथनों गर विचार कीजिए :

1. यह परजीवी अण्डमान और निकोबार द्वीप समूह के आदिवासियों में पाया गया है और ऐसा विश्वास है कि यह दक्षिण पूर्व एशियाई देशों से आया है।
2. यह परजीवी, मलेरिया रोग के वाहक एनोफेलीज मच्छरों के समूह *ल्यूकोस्फाइरस*, के माध्यम से मनुष्यों में फैलता है।

उपर्युक्त कथनों में से कौन सा/से कथन सही है/हैं?

(a) केवल 1 (b) केवल 2

(c) 1 और 2 दोनों (d) न तो 1 और न ही 2

75. हम प्रायः सनसेट येलो वाले रंग से बनी हुई मिठाइयों एवं फास्ट-फूड का सेवन करते हैं। परंतु कुछ संभावित स्वास्थ्य समस्याओं के कारण खाद्य-पदार्थों में सनसेट येलो के प्रयोग को समाप्त करने की बात की जा रही है। इस संदर्भ में निम्नलिखित कथनों पर विचार कीजिए :

1. तथापि यह प्राकृतिक रूप से प्राप्त होता है यद्यपि इसके प्रयोग को कुछ अन्य स्वास्थ्य समस्याओं के कारण हतोत्साहित किया जा रहा है।
2. सनसेट येलो, सूडान-I का सल्फोनेट प्रकार है जो कि कैंसर कारी है।
3. एस्प्रिन के प्रति संवेदनशील लोगों में सनसेट येलो एलर्जी अभिक्रिया के लिए उत्तरदायी हो सकता है।

उपर्युक्त कथनों में से कौन से कथन सही हैं?

(a) केवल 1 और 2 (b) केवल 2 और 3

(c) केवल 1 और 3 (d) 1, 2 और 3

76. डेंगू ज्वर एक फैलने वाला विषाणु जनित रोग है जिसे कि *एडिस एजिप्टी* मच्छरों द्वारा फैलाया जाता है। इस संदर्भ में निम्नलिखित कथनों पर विचार कीजिए :

1. *एडिस एजिप्टी* मानव निर्मित पात्रों में प्रजनन करना पसंद करते हैं।
2. *एडिस एजिप्टी* मच्छर दिन में काटता है और घरों के भीतर कठिनाई से मिलने वाले अंधेरे क्षेत्रों में आराम करना पसंद करता है।
3. तीव्र शहरीकरण, जीवन-शैली में परिवर्तन तथा त्रुटि पूर्ण जल प्रबंधन के कारण हाल के वर्षों में डेंगू के संक्रमण में वृद्धि देखने को मिली है।
4. डेंगू वर्ष भर समान रूप से फैलने वाला एक रोग है।

उपर्युक्त कथनों में से कौन से कथन सही हैं?

(a) केवल 1, 2 और 3 (b) केवल 2, 3 और 4

(c) केवल 1, 3 और 4 (d) 1, 2, 3 और 4

77. प्राणियों के पाचन तंत्र एवं आहार नाल के विषय में निम्नलिखित कथनों पर विचार कीजिए :

1. कार्बोहाइड्रेट्स, प्रोटीन्स एवं वसा का पूर्ण पाचन आमाशय में हो जाता है।
2. विभिन्न प्राणियों में क्षुद्रांत्र की लंबाई भिन्न होती है, मांसाहारियों की क्षुद्रांत्र लंबी होती है क्योंकि उन्हें मांस का पाचन करना होता है, जबकि दूसरी ओर घास खाने वाले शाकाहारियों को छोटी क्षुद्रांत्र की आवश्यकता पड़ती है।

3. आमाशय से होकर आने वाला भोजन अम्लीय होता है तथा इस पर अग्नाशयी रसों का प्रभाव डालने के लिए इसे क्षारीय बनाया जाता है।

उपर्युक्त कथनों में से कौन सा/से कथन सही है/हैं?

(a) केवल 1 और 2
(b) केवल 2 और 3
(c) केवल 3
(d) 1, 2 और 3

78. निम्नलिखित में से कौन सा उदाहरण समष्टियों की पारस्परिक क्रिया, 'सहभोजिता' (कमन्सेलिज्म) को दिखाता है?

(a) एक कवक मृदा से अत्यावश्यक पोषक तत्वों के अवशोषण में पादप की सहायता करता है जबकि बदले में पादप, कवक को ऊर्जा-उत्पादी कार्बोहाइड्रेट देता है।

(b) आम की शाखा पर अधिपादप के रूप में ऑर्किड उगता है परंतु आम के पेड़ को इस पारस्परिक क्रिया से कोई लाभ या हानि नहीं होती।

(c) *पेनिसिलियम कवक* का अपने चयापचय के द्वारा पेनिसिलयम उत्पादन करना जिससे जीवाणुओं की मृत्यु हो जाती है परंतु *पेनिसिलियम* पर कोई प्रभाव नहीं पड़ता।

(d) मानव के शरीर में 'फीता कृमी' का पाया जाना और स्वास्थ्य को हानि पहुँचाना।

79. सजीव प्राणियों पर अल्कोहल के प्रभाव के विषय में निम्नलिखित कथनों पर विचार कीजिए :

1. यह उपापचयी प्रक्रिया को तीव्र कर देता है।
2. यह केंद्रीय तंत्रिका तंत्र को उत्तेजित करता है।
3. सामान्य अंतरबाध बढ़ जाता है।
4. कोशिकाओं के प्रोटोप्लाज्म का स्कंदन।

सजीवों पर अल्कोहल के पड़ने वाले प्रभावों में से कौन से प्रभाव सही हैं?

(a) केवल 1, 2 और 3
(b) केवल 2, 3 और 4
(c) 1, 2, 3 और 4
(d) उपर्युक्त में से कोई नहीं

80. एक बायोम की जलवायु की निम्नलिखित विशेषताओं पर विचार कीजिए :

1. दीर्घकालीन शीतकाल
2. लघु ग्रीष्मकाल
3. ठंडे तापमान और सूखे पत्तों के गिरने के कारण मिट्टी का अम्लीय होना
4. दावानल से प्रभावित होने की अत्यधिक संभावना

निम्नलिखित में से कौन सा बायोम उपर्युक्त विशेषताओं को दर्शाता है?

(a) टैगा (b) टुण्ड्रा

(c) शीतोषण कटिबंधीय (d) मरूस्थलीय

81. 'कार्टाजेना प्रोटोकॉल' के संबंध में निम्नलिखित कथनों पर विचार कीजिए :

1. यह आधुनिक जैव प्रौद्योगिकी के परिणामस्वरूप उत्पन्न हुए जैव परिवर्धित जीवों का एक देश से दूसरे देश में ले जाने की गतिविधि को नियंत्रित करता है।

2. यह कन्वेंशन ऑन बायोलोजिकल डाइवर्सिटी (सीबीडी) का एक अनुपूरक समझौता है।

उपर्युक्त कथनों में से कौन सा/से कथन सही है/हैं?

(a) केवल 1 (b) केवल 2

(c) 1 और 2 दोनों (d) न तो 1 और न ही 2

82. निम्नलिखित कथनों पर विचार कीजिए :

1. जल का क्रिस्टलीय रूप बर्फ होती है और निम्न तापमान पर बर्फ घन के रूप में क्रिस्टलीकृत हो जाती है।

2. अत्यंत कम तापमान पर जल षट्कोणीय रूप में संघनित होता है।

उपर्युक्त कथनों में से कौन सा/से कथन सही है/हैं?

(a) केवल 1 (b) केवल 2

(c) 1 और 2 दोनों (d) न तो 1 और न ही 2

83. डी-ऑक्सीराइबोन्यूक्लिक अम्ल (डीएनए) एवं राइबोन्यूक्लिक अम्ल (आरएनए) जीवधारियों में पाए जाने वाले दो प्रकार के न्यूक्लिक अम्ल हैं। इस संदर्भ में निम्नलिखित कथनों पर विचार कीजिए:

1. सभी जीवधारियों में केवल डीएनए ही अनुवांशिक पदार्थ के रूप में कार्य करता है।

2. आरएनए अधिकांशतः सूचना वाहक के रूप में ही कार्य करता है।

3. आरएनए कुछ अतिरिक्त कार्य भी करता है, यह संयोजी, संरचनात्मक एवं कुछ मामलों में उत्प्रेरक अणु के रूप में भी कार्य करता है।

उपर्युक्त कथनों में से कौन से कथन सही हैं?

(a) केवल 1 और 2 (b) केवल 2 और 3

(c) केवल 1 और 3 (d) 1, 2 और 3

84. शिशु के प्रारंभिक विकास के दौरान चिकित्सक उसे स्तन-पान कराने की सलाह देते हैं क्योंकि

1. नवजात शिशुओं का पाचन तंत्र सुविकसित होता है और इसलिए वे कोलस्ट्रम को आसानी से पचा लेते हैं।
2. ऐसा करने से, जन्म के समय रक्त की मात्रा में होने वाली कमी के कारण लाल रूधिर कणिकाओं की मृत्यु से निकलने वाले पदार्थ बाइलिरूबिन के उत्सर्जन में मदद मिलती है और शिशुओं को पीलिया नहीं होता।
3. स्तनपायियों के कोलस्ट्रम में IgA, IgM एवं IgG प्रकार के एंटीबॉडीज पाए जाते हैं।

निम्नलिखित कूटों के आधार पर सही उत्तर चुनिए :

(a) केवल 1 और 2 (b) केवल 1 और 3
(c) केवल 2 और 3 (d) 1, 2 और 3

85. निम्नलिखित कथनों पर विचार कीजिए :

1. जब मृदा अत्यधिक अम्लीय होती है तो इसे उदासीन बनाने के लिए इसमें कार्बनिक पदार्थ मिलाए जाते हैं।
2. हल्दी के दाग क्षार के सम्पर्क में आने पर लाल रंग के हो जाते हैं।

उपर्युक्त कथनों में से कौन सा/से कथन सही है/हैं?

(a) केवल 1 (b) केवल 2
(c) 1 और 2 दोनों (d) न तो 1 और न ही 2

86. 'बायो डीज़ल' के संदर्भ में निम्नलिखित कथनों पर विचार कीजिए :

1. यह केवल जन्तु-वसा से बनाया जा सकता है।
2. यह अपने शुद्ध रूप में प्रयोग नहीं किया जा सकता और ईंधन के रूप में प्रयोग करने के लिए इसे पेट्रोलियम डीज़ल के साथ मिलाना आवश्यक है।

उपर्युक्त कथनों में से कौन सा/से कथन गलत है/हैं?

(a) केवल 1 (b) केवल 2
(c) 1 और 2 दोनों (d) न तो 1 और न ही 2

87. रूधिर व इसके विभिन्न अवयवों के संदर्भ में निम्नलिखित कथनों पर विचार कीजिए :

1. रूधिर-प्लाज़्मा, रूधिर का निर्जीव व द्रव रूपी भाग होता है।
2. भ्रूणावस्था के दौरान लाल रूधिर कोशिकाएं मुख्यतः यकृत व प्लीहा में निर्मित होती हैं परंतु बाद में इनका निर्माण लाल-अस्थिमज्जा में होता है।

3. हीमोग्लोबिन के संश्लेषण में, आयरन एवं प्रोटीन कच्चे माल के रूप में कार्य करते हैं जबकि व्यस्क होने वाली लाल रूधिर कणिकाओं में विटामिन B12 व फॉलिक अम्ल प्रेरक के रूप में प्रयोग आते हैं।

4. हीमोग्लोबिन का रंगीन भाग उपापचय वाली प्रक्रियाओं में भाग लेता है और बाइलिरूबिन नामक एक लाल पदार्थ बनता है जिसके कारण रूधिर का रंग लाल होता है।

उपर्युक्त कथनों में से कौन से कथन सही हैं?

(a) केवल 1, 2 और 3 (b) केवल 2, 3 और 4

(c) केवल 1, 2 और 4 (d) 1, 2, 3 और 4

88. हाल में ही, यूरोप भर में पेड़ों को नष्ट करने वाला एक रोग 'ऐश-डाइबैक' चर्चा में था। इस संबंध में निम्नलिखित कथनों पर विचार कीजिए :

1. इस रोग का कारक एक फंफूदी है।
2. कुछ शोधों के परिणामों के अनुसार यह रोग जापान में उत्पन्न हुआ।
3. ऐश-डाईबैक रोग के प्रथम लक्षण 20 वर्ष पूर्व लिथुआनिया और पोलैण्ड में मिले थे।

उपर्युक्त कथनों में से कौन से कथन सही हैं?

(a) केवल 1 और 2 (b) केवल 2 और 3

(c) केवल 1 और 3 (d) 1, 2 और 3

89. क्यासनूर वन्य रोग के संदर्भ में निम्नलिखित कथनों पर विचार कीजिए:

1. यह दक्षिण एशिया क्षेत्र विशेष की टिक के माध्यम से फैलने वाला विषाणु जनित रक्तस्रावी बुखार है।
2. कर्नाटक वन विभाग ने हाल में ही क्यासनूर वन्य रोग की वजह से बोनेट मकाक व लंगूरों के मरने की पुष्टि की है।
3. क्यासनूर वन्य रोग को स्थानीय भाषा में 'मंकी फीवर' के रूप में भी जाना जाता है।

उपर्युक्त कथनों में कौन से कथन सही हैं?

(a) केवल 1 और 2

(b) केवल 2 और 3

(c) केवल 1 और 3

(d) 1, 2 और 3

90. निम्नलिखित कथनों पर विचार कीजिए:

1. धरती पर रहने वाले जीवधारियों को लवणीय जल की आवश्यकता पड़ती है क्योंकि उनका शरीर, उच्च मात्रा वाले विषैले पदार्थों को सहन नही कर पाता और उन्हें निकाल नही पाता।
2. जल की उपलब्धता, किसी विशेष क्षेत्र मे जीवित रहने मे सक्षम किसी जाति के सदस्यों की संख्या को ही निर्धारित नही करती है, अपितु यह वहाँ के जीवन मे विविधता को भी निर्धारित करती है।

उपर्युक्त कथनों में से कौन सा/से कथन सही है/हैं?

(a) केवल 1 (b) केवल 2

(c) 1 और 2 दोनों (d) न तो 1 और न ही 2

91. निम्नलिखित कथनों में से कौन से कथन भौतिक प्रक्रिया वाष्पोत्सर्जन से संबंधित हैं?

1. जब हम अपने हाथ पर एसीटोन (या नाखूनों की पॉलिश हटाने वाले द्रव) की कुछ मात्रा गिराते है तो हथेली पर शीतलता महसूस होती है।
2. तेज धूप वाले गर्म दिन के बाद लोग अपनी छत या खुले स्थान पर जल छिड़कते हैं क्योंकि इससे गर्म सतह को शीतल करने मे मदद मिलती है।
3. गर्मियों मे हमे ज्यादा पसीना आता है जिससे हमे शीतलता मिलती है।
4. सूप, चाय या कॉफी जैसे गर्म पेय पदार्थ स्वादिष्ट लगते हैं।

निम्नलिखित कूटों के आधार पर सही उत्तर चुनिए:

(a) केवल 1 और 2 (b) केवल 2 और 3

(c) केवल 1, 3 और 4 (d) केवल 1, 2 और 3

92. प्लाज़्मा के विषय में निम्नलिखित में से कौन से कथन सही हैं?

1. इस अवस्था मे कण अत्यधिक ऊर्जा वाले और अत्यधिक उत्तेजित होते हैं और ये आयनीकृत गैस के रुप मे होते हैं।
2. फ्लोरसेंट ट्यूब और नियॉन संकेत वाले बल्ब के अदंर चमकीला प्लाज्मा बनता है।
3. सूर्य और तारे प्लाज़्मा के कारण ही चमकते है।
4. तारों में प्लाज़्मा इसलिए बनता है क्योंकि उनका तापमान व गुरुत्व बहुत अधिक होता है।

निम्नलिखित कूटों के आधार पर सही उत्तर चुनिए:

(a) केवल 1 और 2 (b) केवल 2 और 3

(c) केवल 1, 2 और 3 (d) 1, 2, 3 और 4

93. निम्नलिखित में से कौन ''सामाजिक कीट'' की श्रेणी में आते हैं?

1. दीमक
2. मधुमक्खी
3. भंवरा
4. बर्र

सही कूट :

(a) केवल 1 और 2
(b) केवल 2, 3 और 4
(c) केवल 1, 3 और 4
(d) उपरोक्त सभी

94. जीवाणुओं को पादपों की श्रेणी में रखने और वनस्पति विज्ञान के अंतर्गत अध्ययन करने के क्या कारण हैं?

(a) जीवाणुओं को पादपों की श्रेणी में रखा जाता है और उनका अध्ययन वनस्पति विज्ञान के अंतर्गत किया जाता है कि क्योंकि, उनमें क्लोरोफिल पाया जाता है और वे स्वपोषी होते हैं।

(b) जीवाणुओं को पादपों की श्रेणी में रखा जाता है और उनका अध्ययन वनस्पति विज्ञान के अंतर्गत किया जाता है कि क्योंकि, वे मुख्यतः अलैंगिक जनन करते हैं।

(c) जीवाणुओं को पादपों की श्रेणी में रखा जाता है और उनका अध्ययन वनस्पति विज्ञान के अंतर्गत किया जाता है कि क्योंकि, वे प्राथमिक उत्पादक हैं।

(d) जीवाणुओं को पादपों की श्रेणी में रखा जाता है और उनका अध्ययन वनस्पति विज्ञान के अंतर्गत किया जाता है कि क्योंकि, उनमें कोशिका-भित्ति (सेल वॉल) पायी जाती है।

95. जनन नियंत्रण गोलियों में आवश्यक रूप से संश्लेषित एस्ट्रोजेन एवं प्रोजेस्ट्रॉन व्युत्पन्नों का मिश्रण होता है। इस संदर्भ में निम्नलिखित कथनों पर विचार कीजिए :

1. प्रोजेस्ट्रॉन अण्डोत्सर्ग की प्रक्रिया को बढ़ाता है।
2. नॉरएथिनड्रॉन संश्लिष्ट प्रोजेस्ट्रॉन व्युत्पन्न का एक उदाहरण है जो कि प्रोजेस्ट्रॉन से अधिक प्रभावशाली होता है तथा इसका उपयोग जनन नियंत्रण दवाओं में किया जाता है।
3. एथाइनिलएस्ट्राडाइऑल या नोवएस्ट्रॉल एक एस्ट्रोजन व्युत्पन्न है जिसे कि प्रोजेस्ट्रॉन के साथ जनन नियंत्रण दवाओं में प्रयोग में लाया जाता है।

उपर्युक्त कथनों में से कौन से कथन सही हैं?

(a) केवल 1 और 2
(b) केवल 2 और 3
(c) केवल 1 और 3
(d) 1, 2 और 3

96. छठा विलोपन (सिक्स्थ एक्सिटंशन) से क्या तात्पर्य है?

(a) पृथ्वी पर जीवन की उत्पत्ति तथा विवेधीकरण (डाइवर्सिफिकेशन) के काल से अब तक पृथ्वी पर पाँच बार जातियों के विलोपन की व्यापक घटना हो चुकी है और वर्तमान में यह जातियों के विलोपन की छठी प्रगतिशील प्रक्रिया है।

(b) यह मानव के शरीर में, उद्धविकास के पश्चात् छः अवशेषी अंगों के अचानक लुप्त हो जाने की प्रक्रिया है।

(c) जीवों के उद्धविकास के दौरान, उनके परिवर्तनशील लक्षणों तथा उत्तरजीविता की प्रवृति में उन्नति के कारण, ज्ञानेन्द्रियों के प्रयोग में लगातार ह्रास हुआ है और इसका तात्पर्य 'छठी-इंद्री' के न्यूनतम् प्रयोग से है।

(d) यह एक एसी परिकल्पना है जो कि यह व्याख्या करती है 'छठे-महाकाल' में, नाभिकीय युद्ध के पश्चात् किस प्रकार पृथ्वी से जीवों का विलोपन होगा।

97. *ई. कोलाई* और एस. *फीकैलिस* बैक्टीरिया का सामान्यतया मानव शरीर के निम्न में से किस भाग में विकास होता है?

(a) बड़ी आंत (b) छोटी आंत

(c) आमाशय (d) गुर्दा

98. निम्नलिखित कथनों पर विचार कीजिए :

1. मुखगुहा में स्रावित होने वाली लार (स्लाइवा) में विद्युत-अपघट्य एवं लाइसोजाइम नामक एंजाइम पाया जाता है, जो कि एक प्रति-जीवाणु होता है और यह संक्रमण को रोकता है।
2. पित्ताशय, पित्त का स्रावण करता है और यह ग्रहणी में प्रवेश करता है, पित्त में बिलिरूबिन एवं विलिवर्डिन जैसे पीत वर्णक, पित्त लवण, कोलेस्ट्रॉल, फॉस्फोलिपिड एवं ढेर सारे एंजाइम पाए जाते हैं।

उपर्युक्त कथनों में से कौन सा/से कथन सही है/हैं?

(a) केवल 1 (b) केवल 2

(c) 1 और 2 दोनों (d) न तो 1 और न ही 2

99. पर्पतीय केला के संबंध में निम्नलिखित कथनों पर विचार कीजिए:

1. पर्वतीय केला, सामान्यतः पश्चिमोत्तर भारत की पहाड़ियों पर 800 से 1500 मीटर की ऊँचाई पर पाया जाने वाला पौधा है।
2. थडियानकुडीसाई, केरल स्थित बागवानी अनुसंधान स्टेशन को पर्वतीय केलों के लिए प्रमुख शोध केंद्र घोषित किया गया है।
3. बनाना बंची टॉप विषाणु, केलों के लिए रोगजनक है और वैश्विक केला उद्योगों के लिए आर्थिक रूप से विनाशकारी है।

उपर्युक्त कथनों में से कौन से कथन सही हैं?

(a) केवल 1 और 2 (b) केवल 2 और 3

(c) केवल 1 और 3 (d) 1, 2 और 3

100. मक्खन और मार्गारिन के संदर्भ में निम्नलिखित कथनों में से कौन से कथन सही हैं?

1. मक्खन, जंतु वसा से प्राप्त होता है, जबकि मार्गारिन वनस्पति वसा व मलाई रहित दूध से प्राप्त किया जाता है और मक्खन में वसा अम्लों की मात्रा संतुलित होती है।
2. मार्गारिन में संश्लेषित ट्रांस फैट्स होते हैं, जो कि हृदय के लिए हानिकारक हैं।
3. मक्खन में कॉन्जुगेटेड लिनोलिक एसिड (सी एल ए), स्फिंगोलिपिड्स और ब्यूटिरिक एसिड पाए जाते हैं जो कि कैंसर से रक्षा करते हैं।
4. मार्गारिन में कोलेस्ट्रॉल की अत्यधिक मात्रा पाई जाती है, जो कि शरीर के लिए आवश्यक है, क्योंकि मनुष्य के शरीर में कोलस्ट्रॉल का संश्लेषण नहीं होता।

सही कूटः

(a) केवल 1, 2 और 3 (b) केवल 2, 3 और 4

(c) केवल 1, 3 और 4 (d) 1, 2, 3 और 4

101. 'कृतिम पत्ती' (आर्टिफिशियल लीफ) के संदर्भ में कौन सा कथन सही है?

(a) यह अर्द्धचालक युक्तियों से बनाया गया एक यंत्र है, जो कि पत्तियों मे मिलने वाले हरितलवक (क्लोरोफिल) की सहायता से बिना ऊष्मा या CO_2 उत्सर्जित किए विद्युत उत्पन्न कर सकता है।

(b) यह पहला मानव निर्मित यंत्र है, जो कि सूर्य के प्रकाश की उपस्थिति में संश्लेषित ग्लूकोज बनाएगा, इस प्रकार यह खाद्य-स्त्रोत के विकल्प के रूप में प्रयोग किया जा सकता है।

(c) यह अंतरिक्ष अभियानों के दौरान, कृतिम-उपग्रहों के भीतर ऑक्सीजन उत्पन्न करने के लिए नासा द्वारा विकसित की गयी हरे रंग की इंटिग्रेटेड सर्किट है।

(d) यह मैसाचुसेट्स इंस्टीट्यूट ऑफ टेक्नोलॉजी द्वारा विकसित किया गया एक उपकरण है, जो कि सूर्य के प्रकाश को प्रत्यक्ष रूप से विद्युत में परिवर्तित करेगा।

102. तमिलनाडु कृषि विश्वविद्यालय के परिसर में एक जीन बैंक स्थापित किया गया है, इसके संबंध में गलत कथन की पहचान कीजिए?

1. इसका नाम, पहले भारतीय धान विशेषज्ञ, एम. एस स्वामीनाथन के नाम पर रखा गया है।
2. यह देश के किसी राज्य कृषि विश्वविद्यालय में, इस प्रकार का प्रथम संस्थान है तथा इसका प्रायोजन तमिलनाडु राज्य सरकार द्वारा किया गया है।

सही कूट :

(a) केवल 1 (b) केवल 2

(c) 1 और 2 दोनों (d) न तो 1 और न ही 2

103. मानव के लिए अत्यंत लाभदायक कार्बनिक पदार्थो के औद्योगिक एवं व्यावसायिक उत्पादन के लिए सूक्ष्मजीवों का बड़े पैमाने पर प्रयोग किया जाता है। इस संदर्भ में निम्नलिखित कथनों पर विचार कीजिए:

1. स्ट्रैप्टोकाइनेज, जो *स्ट्रैप्टोकोकस* जीवाणु द्वारा उत्पन्न होता है तथा अनुवंशिक अभियांत्रिकी द्वारा रूपांतरित किया जाता है, का प्रयोग हृदयाघात की पूर्ववर्ती अवस्था मायोकार्डियल संक्रमण से ग्रसित रोगियों में रक्त-वाहिकाओं से थक्का हटाने यानि, 'थक्का-स्फोटन' के रूप में किया जाता है।
2. जैव सक्रिय अणु 'साइक्लोस्पोरिन-ए' का प्रयोग अंग प्रतिरोपण में प्रतिरक्षा निरोधक (इम्यूनोसप्रेसिव) कारक के रूप में किया जाता है और यह *ट्राइकोडर्मा पॉलीस्पोरम* नामक कवक से प्राप्त होता है।
3. *मोनोस्कस परप्यूरीअस* यीस्ट से उत्पन्न स्टैटिन का व्यापारिक स्तर पर प्रयोग रक्त में शर्करा की मात्रा को कम करने वाले कारक के रूप में किया जाता है जो कि इंसुलिन हार्मोन के कार्य को स्पर्धा संदमन की क्रिया द्वारा रोकता है।

उपर्युक्त कथनों में से कौन सा/से कथन सही है/हैं?

(a) केवल 1 और 2 (b) केवल 2 और 3

(c) केवल 1 और 3 (d) 1, 2 और 3

104. पादप उपचारण (फाइटोरिमेडिएशन) के संदर्भ में निम्नलिखित कथनों पर विचार कीजिए:

1. यह प्रदूषित मिट्टी, तलछट, सतह एवं भूमि जल को स्थायी बनाने, उपचारित करने और कम करने या पूर्वावस्था में लाने के लिए पादपों का प्रयोग है।
2. फाइटोरिमेडिएशन, जड़ों के विस्तार तथा उनकी गहराई तक सीमित रहता है।

3. पौधे की तीव्र वृद्धि एवं उच्च जैव भार (बायोमास) के लिए किसी दीर्घकालिक प्रतिबद्धता की आवश्यकता नहीं होती है।

उपर्युक्त कथनों में से कौन सा/से कथन सही नहीं है/हैं?

(a) केवल 1 (b) केवल 1 और 2

(c) केवल 3 (d) 1, 2 और 3

105. मच्छरों के काटने से एड्स क्यों नहीं फैलता?

(a) एड्स का विषाणु केवल नर मच्छर के शरीर में जीवित रह सकता है और नर मच्छर काटते नहीं क्योंकि उनके पास ऐसे मुखांग नहीं होते हैं।

(b) मच्छर एक शीत रुधिर प्राणी है, अतः इसके शरीर में प्रवेश करते ही एड्स का विषाणु स्वयं को एक असंक्रामक अवस्था में परिवर्तित कर लेता है।

(c) जैसे ही एड्स का विषाणु मच्छर के शरीर में प्रवेश करता है, एड्स के विषाणु द्वारा भयावह संक्रमण के कारण मच्छर तुरंत मर जाता है और इस प्रकार यह किसी नए व्यक्ति को नहीं काट पाता।

(d) एड्स विषाणु पोषक विशेष होता है और यह मच्छर के शरीर में जीवित नहीं रह पाता और शीघ्र ही विकृत हो जाता है।

106. निम्नलिखित कथनों पर विचार कीजिए:

1. हिलियोफाइट्स वे पौधे हैं, जो निम्न तीव्र प्रकाश में सबसे अधिक वृद्धि करते हैं।
2. सायोफाइट्स वे पौधे हैं, जो पूर्ण सूर्यताप में अधिक वृद्धि करते हैं।

उपर्युक्त कथनों में से कौन सा/से कथन गलत है/हैं?

(a) केवल 1 (b) केवल 2

(c) 1 और 2 दोनों (d) न तो 1 और न ही 2

107. हमारे शरीर में कोशिका वृद्धि और विभेदन अत्यधिक नियंत्रित व नियमित है, परंतु कैंसर कोशिकाओं में ये नियामक क्रियाविधियाँ समाप्त हो जाती है। इस संदर्भ में निम्नलिखित कथनों पर विचार कीजिए:

1. सामान्य कोशिकाएं, ऐसा गुण प्रदर्शित करती है जिसे संस्पर्श संदमन (कांटेक्ट इनहिबिसन) कहते हैं और इसी गुण के कारण दूसरी कोशिकाओं से उनका संस्पर्श उनकी अनियंत्रित वृद्धि को संदमित करता है।
2. कैंसर कोशिकाएं निरंतर विभाजित होती रहती हैं और कोशिकाओं का भंडार बना देती हैं जिसे अर्बुद (ट्यूमर) कहते हैं, बिनाइन अर्बुद (बिनाइन ट्यूमर) अपने मूल स्थानों तक सीमित रहते हैं, शरीर के दूसरे भागों में नहीं फैलते और ये कम क्षति पहुँचाते हैं।

3. मैलिग्नेंट अर्बुद (मैलिग्नेंट ट्यूमर), प्रचुरमात्रा में उत्पन्न होने वाली कोशिकाओं के समूह होते हैं जिन्हें नवद्रव्यीय (नियोप्लास्टिक) कोशिकाएं कहते हैं, ये बहुत तेजी से बढ़ती हैं और आस-पास के सामान्य ऊतकों पर हमला कर उन्हें क्षति पहुँचाती हैं।
4. बिनाइन अर्बुद से टूट-टूट कर निकलने वाली कोशिकाएं रक्त द्वारा शरीर के अन्य हिस्सों में भी पहुँच जाती हैं और ये जहां भी इकट्ठा होती हैं वहां पर नए अर्बुद (ट्यूमर) बनाना प्रारंभ कर देती हैं, मेटास्टैसिस कहलाने वाला यह गुण बिनाइन अर्बुदों (बिनाइन ट्यूमर्स) का सबसे भयावह गुण है।

उपर्युक्त कथनों में से कौन सा कथन गलत है?

(a) केवल 1 (b) केवल 2
(c) केवल 3 (d) केवल 4

108. निम्नलिखित कथनों पर विचार कीजिए:

1. वेक्टर जनित रोग, वह संक्रामक रोग हैं जो आम तौर पर हवा, कीड़े, पानी आदि द्वारा संचारित होते हैं।
2. पोलियो एक विषाणु जनित, संक्रामक रोग है जो एक व्यक्ति से दूसरे व्यक्ति तक मुख्यतः मुँह-पेट के माध्यम से फैलता है।
3. पोलियो का कोई इलाज नहीं है इसे केवल टीके के जरिए रोका जा सकता है।

उपर्युक्त कथनों में से कौन सा/से कथन सही हैं?

(a) केवल 1 और 3 (b) केवल 2 और 3
(c) केवल 2 (d) 1, 2 और 3

109. निम्नलिखित कथनों पर विचार कीजिए:

1. विश्राम की अवस्था में, धावकों के हृदय की धड़कन 40-60 प्रति मिनट होती है, जबकि गैर धावकों के हृदय की धड़कन 70-100 प्रति मिनट होती है।
2. विश्राम की अवस्था में एक धावक को गैर धावक की तुलना में कम रक्त की आवश्यकता होती है।
3. व्यायाम से हमारा हृदय मजबूत होता है और इसकी क्षमता में वृद्धि होती है।

उपर्युक्त कथनों में से कौन सा/से कथन सही है/हैं?

(a) केवल 1 और 2 (b) केवल 1 और 3
(c) केवल 3 (d) 1, 2 और 3

110. चींटियाँ अपने वजन से कई गुना भारी वस्तुओं को खींच या हिला सकती हैं, क्योंकिः

(a) चींटियों की मांसपेशियाँ बहुत मजबूत होती हैं।

(b) उनके शरीर का द्रव्यमान उनके आकार की तुलना में नगण्य है।

(c) उनके पैर बहुत मजबूत होते हैं।

(d) उपरोक्त में से कोई नहीं।

111. प्रकाश से पौधों के जीवन पर प्रत्यक्ष और अप्रत्यक्ष रूप में पड़ने वाले प्रभाव के संदर्भ में निम्नलिखित कथनों पर विचार कीजिएः

1. क्लोरोफिल निर्माण
2. वाष्पोत्सर्जन की दर
3. जल का अवशोषण
4. अक्षांशों के अनुसार पादपों का वितरण

उपर्युक्त में से कौन से प्रकाश की मात्रा बदलने पर बदल जाते हैं?

(a) केवल 1, 2 और 3
(b) केवल 1 और 3
(c) केवल 2, 3 और 4
(d) 1, 2, 3 और 4

112. निम्नलिखित कथनों पर विचार कीजिएः

1. ऐस्पिरिन तथा पैरासिटामॉल, स्वापक पीड़ाहारी (नारकोटिक एलेन्जेसिक) हैं, ऐस्पिरिन प्रोस्टाग्लैंडिन नामक रसायनों, जो कि ऊतक में प्रदाह (इंफ्लेमेशन) तथा पीड़ा उत्पन्न करते हैं, के संश्लेषण को संदमित करती है।
2. ऐस्पिरिन तथा पैरासिटामॉल हड्डियों के दर्द जैसे आथ्रराइटिस के कारण होने वाली पीड़ा में आराम देते हैं।
3. ऐस्पिरिन, प्लैटलेट्स के स्कंदन (थक्का बनने) की क्रिया को रोकती है और इसलिए इसका उपयोग दिल के दौरे को रोकने में होता है।
4. मॉर्फीन, जो कि एक अस्वापक (नॉन नार्कोटिक एलेन्जेसिक), पीड़ाहारी है, जब औषधीय मात्रा में दिए जाते हैं तो पीड़ा से मुक्ति देते हैं और नींद लाते हैं, विषैली मात्रा में यह भावशून्यता, सम्मूर्च्छा, मरोड़ और अंत में मृत्युकारक होते हैं।

उपर्युक्त कथनों में से कौन से कथन सही हैं?

(a) केवल 1 और 3
(b) केवल 2 और 3
(c) केवल 1, 3 और 4
(d) 1, 2, 3 और 4

113. प्रतिजीवाणुओं (एंटीबायोटिक्स) का सूक्ष्म-जीवों पर या तो नाशक (साइडल) या निरोधक (स्टैटिक) प्रभाव होता है। प्रतिजीवाणुओं तथा उनके सूक्ष्मजीवों पर प्रभाव के संदर्भ में निम्नलिखित कथनों पर विचार कीजिएः

1. पेनिसिलीन, एमीनोग्लाइकोसाइड्स तथा ऑफ्लोक्सैसिन जीवाणु निरोधी (बैक्टीरियोस्टैटिक) होते हैं।
2. एरिथ्रोमाइसिन, टेट्रासाइक्लीन तथा क्लोरैम्फेनिकॉल जीवाणुनाशी (बैक्टीरियो साइडल) हैं।
3. पेनिसिलीन-जी का स्पेक्ट्रम संकीर्ण होता है।
4. क्लोरैम्फेनिकॉल एक विस्तृत स्पेक्ट्रम वाला प्रतिजीवाणु है, यह जठरांत्र क्षेत्र में अतिशीघ्र अवशोषित हो जाता है, अतः इसे टाइफाइड, तीव्र-ज्वर, तनिका शोथ (मेनिनजाइट्स) तथा न्यूमोनिया जैसे रोगों में खिलाया जाता है।

उपर्युक्त कथनों में से कौन से कथन सही नहीं है?

(a) केवल 1 और 2 (b) केवल 2 और 4
(c) केवल 1, 3 और 4 (d) 1, 2, 3 और 4

114. हाल के एक अध्ययन के अनुसार, निम्न में से कौन शरीर के ठंडे पड़ने पर शरीर की सामान्य वसा को अवशोषित कर उसे एक ईंधन के रूप में उपयोग करता है?

(a) श्वेत वसा ऊतक (b) भूरी वसा ऊतक
(c) कोलेस्ट्रॉल (d) धारीदार मांसपेशी ऊतक

115. संश्लेषित अपमार्जकों के उपयोग में कुछ समस्याएं हैं और ये जलाशयों को प्रदूषित करते हैं। अपमाजकों के संबंध में निम्नलिखित कथनों पर विचार कीजिए:

1. अपमार्जकों की बहु शाखित हाइड्रोजन श्रृंखला जीवाणु द्वारा आसानी से निम्नीकृत हो जाती है, इसलिए तीव्र निम्नीकरण होने के कारण ये एकत्र नहीं होते और इस प्रकार होने वाला प्रदूषण रोका जा सकता है।
2. अपमार्जकों की शाखित श्रृंखला जैव-निम्नीकृत हो जाती है।

उपर्युक्त कथनों में से कौन सा/से कथन सही है/हैं?

(a) केवल 1 (b) केवल 2
(c) 1 और 2 दोनों (d) न तो 1 और न ही 2

116. निम्नलिखित कथनों पर विचार कीजिए:

1. सेब, नाशपाती आदि सहित कई फलों की सुगंध के लिए 'इस्टर्स' (Esters) जिम्मेदार हैं।
2. पेट बॉटल में पीईटी (PET) शब्द का तात्पर्य पॉली ईथीलीन टेरेफथैलेट है।
3. पॉली ईथीलीन टेरेफथैलेट, पॉलीएस्टर समूह के अंतर्गत आता है और इसमें पॉलीईथीलीन शामिल नहीं होता है।

उपर्युक्त कथनों में से कौन सा/से कथन सही है/हैं?

(a) केवल 1 और 2 (b) केवल 2

(c) केवल 1 (d) 1, 2 और 3

117. सर्दी में पाला के वजह से पौधे मर जाते हैं क्योंकिः

(a) ऊतकों के शुष्कीकरण और क्षय की वजह से।

(b) कम तापमान पर प्रकाश संश्लेषण नहीं हो पाता।

(c) कम तापमान पर श्वसन नहीं हो पाता।

(d) उनमें वाष्पोत्सर्जन नहीं हो पाता।

118. महासागरों का बढ़ता हुआ तापमान एक गंभीर चिंता का विषय है। निम्नलिखित कथनों में से कौन से कथन इसके संभावित परिणाम हो सकते हैं?

1. यह जल की परतों के सम्मिश्रण को रोक सकता है जिसके कारण सूक्ष्म-जीवों और प्लैंकटॉन की कार्बन संग्रह करने की क्षमता प्रभावित हो सकती है।
2. यह महासागरों की कुल उत्पादन क्षमता को कम कर सकता है।
3. इससे व्यापारिक पवनें व जल-धाराएं प्रभावित हो सकती हैं।

उपर्युक्त कथनों में से कौन से कथन सही हैं?

(a) केवल 1 और 2 (b) केवल 2 और 3

(c) केवल 1 और 3 (d) 1, 2 और 3

119. रिवर्स-परासरण के सन्दर्भ में निम्नलिखित कथनों पर विचार कीजिएः

1. रिवर्स-परासरण में, विलायक, विलेय की निम्न सांद्रता वाले क्षेत्र से, एक झिल्ली के माध्यम से विलेय की उच्च सांद्रता वाले क्षेत्र की ओर स्वतः जाता है।
2. इसमें प्राकृतिक प्रवाह को उल्टा करने के लिए एक वाह्य दाब की आवश्यकता होती है।
3. रिवर्स परासरण वाले जल की मदद से कार धोने वाले प्रचालकों को एअर-ब्लोअर जैसे वाहन सुखाने वाले उपकरण की मांग कम होती है।

उपर्युक्त कथनों में से कौन से कथन सही हैं?

(a) केवल 1 और 3 (b) केवल 2 और 3

(c) केवल 1 और 2 (d) 1, 2 और 3

120. खाद्य-परिरक्षक, खाद्य-पदार्थों को सूक्ष्मजीवों की वृद्धि के कारण होने वाली खराबी से बचाते हैं। निम्नलिखित में से कौन खाद्य-परिरक्षक के रूप में प्रयोग किए जाते हैं?

1. खाने का नमक और चीनी।
2. वनस्पति तेल तथा सोडियम बेन्ज़ोएट।
3. मोनोसोडियम ग्लूतामेट (एमएसजी)।
4. सार्बिक अम्ल तथा प्रोपेनॉइक अम्ल के लवण।

सही कूटः

(a) केवल 1, 2 और 3 (b) केवल 2, 3 और 4

(c) केवल 1, 2 और 4 (d) केवल 1, 3 और 4

121. निम्नलिखित कथनों पर विचार कीजिए:

1. कंवेंशन ऑन बायोलोजिकल डाइवर्सिटी (सीबीडी), ने आनुवंशिक संसाधनों और विशेषतः वाणिज्यिक उपयोग वाले संसाधन से उत्पन्न लाभों के उचित और न्यायसंगत साझा उपयोग के सिद्धांतों को तय करता है।
2. कंवेंशन आन बायोलोजिकल डाइवर्सिटी (सीबीडी), में जैव सुरक्षा पर कार्टज़ेना प्रोटोकॉल के माध्यम से जैव प्रौद्योगिकी को भी शामिल किया गया है।
3. पर्यावरण सुरक्षा का प्रावधान भारतीय संविधान के केवल अनुच्छेद 48 A में दिया गया है।

उपर्युक्त कथनों में से कौन सा/से कथन सही है/हैं?

(a) केवल 1 और 2 (b) केवल 2 और 3

(c) केवल 1 और 3 (d) 1, 2 और 3

122. बॉडी मास इंडेक्स (बीएमआई) कें संदर्भ में निम्नलिखित कथनों में से कौन सा सही है?

(a) यह किसी व्यक्ति के भार एवं उसकी आयु का अनुपात है।

(b) यह किसी व्यक्ति की लम्बाई एवं उसकी आयु का अनुपात है।

(c) यह किसी व्यक्ति के भार एवं उसकी लम्बाई को मापने वाला अनुपात है जो कि वास्तविक रूप से शरीर में वसा की प्रतिशतता को मापता है।

(d) यह किसी व्यक्ति के शरीर के भार एवं उसकी ऊँचाई के वर्ग का अनुपात है परंतु यह शरीर के वसा की प्रतिशतता का मापन नहीं करता है।

123. डाइक्लोरोडाफिनाइल डाइक्लोरो एथिलीन (डीडीई), कुछ विशेष पक्षियों के लिए विषैला होता है और बाल्ड ईगल तथा ब्राउन पेलिकन जैसे पक्षियों की संख्या में कमी के लिए मुख्य रूप से उत्तरदायी है। डीडीई की विषाक्तता के संदर्भ में, पक्षियों की घटती हुई संख्या का निम्नलिखित में से कौन सर्वाधिक सही कारण है?

(a) डीडीई, कुछ प्रजातियों में, कैल्सियम कार्बोनेट के स्राव को अवरूद्ध करके अंडों के कवच (शैल) को कमजोर करता है जिसके कारण जब पक्षी अंडों को सेने के लिए उन पर बैठते हैं तो अंडे टूट जाते हैं।

(b) शरीर की वसा में डीडीई के इकट्ठा होने के बाद वसा-उपापचय में गंभीर अनियमितता के फलस्वरूप लिवर सिरोसिस हो जाता है।

(c) डीडीई, पक्षियों के शुक्राणु की पूँछ में ऐंठन कर देता है, जिसके कारण शुक्राणु की गति कम हो जाती है, इससे पक्षियों में जनन तंत्र ठीक से कार्य नहीं करता, परिणामस्वरूप पक्षियों की संख्या कम हो रही है।

(d) डीडीई, पक्षियों के भ्रूण को नष्ट कर देता है इस प्रकार यह पक्षियों की जनन-अक्षमता के लिए उत्तरदायी है।

124. खेलों में क्षमता तथा प्रदर्शन में वृद्धि करने वाली औषधियों के प्रयोग के स्थान पर, किसी चिकित्सीय तकनीक के प्रयोग को ब्लड-डोपिंग कहते हैं। ब्लड-डोपिंग के संबंध में निम्नलिखित कथनों में से कौन से कथन सही हैं?

1. एरिथ्रोपोइटीन या ईपीओ, एक ग्लाइकोप्रोटीन हॉर्मोन है, जो कि लाल रुधिर कणिकाओं के उत्पादन को नियंत्रित करता है और इसका प्रयोग 'ब्लड-डोपिंग' एजेन्ट के रूप में किया जाता है।
2. 1988 के सियोल ओलिम्पक खेलों में, कनाडा के धावक बेन जॉनसन ने, टेस्टोस्टेरॉन से उत्पन्न होने वाले हार्मोन 'स्टैनोज़ोलॉल' का प्रयोग ब्लड-डोपिंग के लिए किया था।
3. 'ब्लड-डोपिंग', खतरों से मुक्त नहीं है, वस्तुतः एरिथ्रोपोइटिन या ईपीओ हॉर्मोन का अत्यधिक प्रयोग असामान्य विकृति कर सकता है जिसमें कि रक्त में लाल रुधिर कणिकाओं की संख्या में असामान्य वृद्धि हो जाती है और कुछ मामलों में यह निद्रा के दौरान घातक हृद-पात (हार्ट-फेल्यर) का कारण बन सकता है।

सही कूटः

(a) केवल 1 और 2 (b) केवल 2 और 3

(c) केवल 1 और 3 (d) 1, 2 और 3

125. सहज प्रतिरक्षा (इनेट इम्यूनिटी) एक प्रकार की अविशिष्ट प्रतिरक्षा है, जो कि जन्म के समय उपस्थित होती है और यह प्रतिरक्षा, हमारे शरीर में विभिन्न बाह्य कारकों के प्रवेश को अवरुद्ध करके प्राप्त होती है। निम्नलिखित कथनों में से कौन से सहज प्रतिरक्षा (इनेट इम्यूनिटी) के उदाहरण हैं?

1. त्वचा हमारे शरीर का मुख्य अवरोध है, जो सूक्ष्म जीवों के प्रवेश को रोकती है।

2. आमाशय में अम्ल, मुँह में लार और आँखों में आंसू, ये सभी रोगाणुओं की वृद्धि को रोकते हैं।
3. हमारे शरीर में, रोगाणुओं की प्रतिक्रिया में उनसे लड़ने के लिए, बी-लिम्फोसाइट्स द्वारा उत्पन्न किए जाने वाली प्रोटीनों को एंटीबॉडी कहते हैं।

सही कूटः

(a) केवल 1 और 2
(b) केवल 2 और 3
(c) केवल 1 और 3
(d) 1, 2 और 3

126. निम्नलिखित कथनों पर विचार कीजिए:

1. आमतौर पर 'स्मैक' के नाम से मशहूर हिरोइन, जोकि ओपिऑइड्स जैसे ड्रग हैं और जो हमारे केंद्रीय तंत्रिका तंत्र और जठरांत्र पथ में मौजूद विशिष्ट ओपिऑइड्स ग्राहियों (रिसेप्ट्रस) से बंध जाते हैं, रासायनिक रूप से डाइएसिटिल मॉर्फीन है और यह मॉर्फीन के एसीटिलीकरण से प्राप्त किया जाता है।
2. कैनेबिस सैटाइवा पौधे से प्राप्त कैनाबिनॉइड्स, रसायनों का समूह है जो मुख्यरूप से मस्तिष्क में मौजूद कैनोबिनॉइड ग्राहियों से पारस्परिक क्रिया करते हैं।
3. कोकिन जिसे आमतौर से कोक या क्रैक कहा जाता है, कोका पादप ऐरिथ्रोज़ाइलम कोका से प्राप्त किया जाता है जो कि मूलरूप से दक्षिण अमेरिका का पौधा है, यह तंत्रिकाप्रेषक (न्यूरोट्रांसमीटर) डोपेमीन के परिवहन में बाधा डालती है।
4. ऐरिथ्रोज़ाइलम कोका पौधे के फूलों के शीर्ष, पत्तियाँ और राल (रेसिन) के विभिन्न संयोजन मैरिजुआना, हशीश, चरस और गाँजा बनाने के काम आते हैं।

उपर्युक्त कथनों में से कौन से कथन सही हैं?

(a) केवल 1, 2 और 3
(b) केवल 2, 3 और 4
(c) केवल 1, 3 और 4
(d) 1, 2, 3 और 4

127. निम्नलिखित कथनों पर विचार कीजिए:

1. वे अमीनों अम्ल जिनका निर्माण मनुष्य के शरीर में अम्ल नहीं किया जा सकता आवश्यक अमीनो अम्ल कहलाते हैं और भोजन द्वारा उनकी आपूर्ति आवश्यक है।
2. प्रोटीन डाइज़ेस्टीबिलिटी करेक्टेड अमीनो एसिड स्कोर (पीडीसीएएएस), फूड एण्ड एग्रीकल्चरल ऑर्गनाइजेशन (एफएओ) द्वारा स्वीकार की गयी एक

रेटिंग है जोकि मानव के लिए आवश्यक अमीनो एसिड और उन्हें पचाने की क्षमता पर आधारित प्रोटीन की गुणवत्ता को मापने के लिए प्रयोग में लायी जाती है।

3. दुग्ध-प्रोटीन (केसीन) और सॉय प्रोटीन की पीडीसीएएएस वैल्यू कम होती है।

उपर्युक्त कथनों में से कौन सा/से कथन सही है/हैं?

(a) केवल 1 और 2 (b) केवल 2 और 3

(c) केवल 1 और 3 (d) 1, 2 और 3

128. प्रो-बायोटिक्स के संबंध में निम्नलिखित कथनों पर विचार कीजिएः

1. मानव के शरीर में मिलने वाले सभी सूक्ष्म-जीव मानव-स्वास्थ्य के लिए हानिकारक नहीं होते, बल्कि कुछ मानव स्वास्थ्य के लिए बहुत लाभदायक हो सकते हैं, ऐसे सूक्ष्म-जीवों को प्रो-बायोटिक्स कहा जाता है।
2. लैक्टिक एसिड बैक्टीरिया (लैब) और बाइफाइडोबैक्टीरिया प्रो-बायोटिक्स के रूप में सामान्यतः सर्वाधिक प्रयोग किए जाने वाले सूक्ष्म-जीव हैं।
3. प्रो-बायोटिक्स मुख्यतः ऐसे अपाच्य कार्बोहाइड्रेट्स हैं जो कि पाचन-तंत्र में जीवाणुओं के विकास में सहायता करते हैं।

उपर्युक्त कथनों में से कौन से कथन सही हैं?

(a) केवल 1 और 2 (b) केवल 2 और 3

(c) केवल 1 और 3 (d) 1, 2 और 3

129. डाइबिटीज के संबंध में निम्नलिखित कथनों पर विचार कीजिएः

1. टाइप 1- डाइबिटीज, इंसुलिन-प्रतिरोधक क्षमता के कारण उत्पन्न होती है, इस अवस्था में कोशिकाएं इंसुलिन का समुचित प्रयोग नहीं कर पाती और इसमें कभी-कभार इंसुलिन की पूर्णतया कमी पाई जाती है।
2. टाइप 2- डाइबिटीज, शरीर द्वारा इंसुलिन ना बना पाने के कारण होता है और इसमें व्यक्ति को इंसुलिन काइंजेक्शन लेना पड़ता है।
3. इंसुलिन और ग्लूकागॉन हार्मोन, रक्त में शर्करा की मात्रा विनयमित करने के लिए एक साथ कार्य करते हैं, ग्लूकागॉन रक्त-शर्करा की मात्रा को बढ़ाता है और इंसुलिन, रक्त से शर्करा को शरीर की कोशिकाओं में पहुँचाकर ग्लूकोज के स्तर को कम करता है।

उपर्युक्त कथनों में से कौन सा/से कथन सही है/हैं?

(a) केवल 1 और 2 (b) केवल 2 और 3

(c) केवल 1 और 3 (d) केवल 3

130. डीडीटी (DDT) का रासायनिक स्थायित्व एवं वसा में इसकी घुलनशीलता ने समस्या पैदा की है, क्योंकि यह जन्तुओं द्वारा शीघ्रता से उपचयित नहीं किया जा सकता है, बल्कि यह वसीय ऊतकों में निक्षेपित व संग्रहित हो जाता है। यदि डीडीटी का अन्तर्ग्रहण समान रूप से बना रहा तो यह समय के साथ जंतु के शरीर में इकट्ठा हो जाता है। यह प्रक्रिया जिसमें कि कुछ निश्चित कीटनाशी व अन्य भारी धातुएं, पोषण-स्तर के अनुसार खाद्य-श्रृंखला में सम्मिलित हो जाती है, कहलाती है:

(a) यूट्रोफिकेशन | (b) बायोमैग्नीफिकेशन

(c) हाइपरट्रॉफिकेशन | (d) स्यूडोएंप्लीफिकेशन

131. नेशनल मिशन फॉर प्रोटीन सप्लिमैंट के बारे में निम्नलिखित कथनों पर विचार कीजिए:

1. यह मिशन वर्ष 2010 में 300 करोड़ रूपये के आवंटन के साथ प्रारम्भ किया गया था।
2. यह चुने हुए क्षेत्रों में दुग्ध उत्पादन, सुअर पालन, बकरी पालन, मत्स्यन, मवेशी विकास के माध्यम से पशु आधारित प्रोटीन उत्पादन को प्रोत्साहित करेगा।

उपर्युक्त कथनों में से कौन सा/से कथन सही नहीं है/हैं?

(a) केवल 1 | (b) केवल 2

(c) 1 और 2 दोनों | (d) न तो 1 और न ही 2

132. हिस्टामीन के संबंध में निम्नलिखित कथनों पर विचार कीजिए:

1. यह आमाशय में पेप्सिन एवं हाइड्रोक्लोरिक अम्ल के स्राव को उद्दीपित करता है।
2. यह शरीर में प्रज्जवलन करता है, और यह एक शक्तिशाली वैसोडाइलेटर के साथ ही श्वसनिकाओं (ब्रौन्काइ) और आहार नाल की चिकनी मांसपेशियों को संकुचित करता है तथा दूसरी पेशियां जैसे रूधिर वाहिनियों की दीवारों को शिथिल करता है।
3. हिस्टामीन एक प्रमुख हार्मोन की तरह है और जुकाम के कारण होने वाले नासिका संकुलन और पराग के कारण होने वाली ऐलर्जी के लिए भी उत्तरदायी है।
4. सभी एंटीहिस्टामिन, हिस्टामिन को रोकते हैं परंतु एंटीहिस्टामिन आमाशय में अम्ल के स्राव को प्रभावित नहीं करते क्योंकि एंटी एलर्जिक और एंटासिड औषध अलग-अलग ग्राहियों पर कार्य करते हैं।

उपर्युक्त कथनों में से कौन से कथन सही हैं?

(a) केवल 1, 2 और 3 (b) केवल 2, 3 और 4
(c) केवल 1, 2 और 4 (d) 1, 2, 3 और 4

133. बायो-ब्लॉक्स, प्रसाधनों के लिए एक विशिष्ट एवं पर्यावरण के अनुकूल तरीके हैं। यह एक ऐसी प्रणाली है जो कि प्रसाधनों में जल के अपव्यय को कम करने के लिए सूक्ष्म-जीवों वाली तकनीक का प्रयोग करती है। बायो-ब्लॉक्स के संदर्भ में निम्नलिखित दिए गए कथनों में से कौन से कथन सही हैं?

1. बायो-ब्लॉक प्रणाली एक जल रहित प्रौद्योगिकी है जिसमें फ़्लश का प्रयोग नहीं किया जाता।
2. यह प्राकृतिक रूप से उपलब्ध सूक्ष्म जीवों का प्रयोग करता है जो कि प्रसाधनों को अत्यंत स्वास्थ्यप्रद एवं स्वच्छ एवं शुद्ध बनाता है।
3. बायो-ब्लॉक्स से संबंधित मुख्य समस्या यह है कि ये अजैव निम्नीकरणीय कारक (नॉन-बायोडिग्रेडेबल) होते हैं।
4. बायो-ब्लॉक्स कार्बनिक यूरिया के क्रिस्टलों को तेजी से पचा लेते हैं और इस प्रकार शौचालयों की पाइपों में जल के प्रवाह को सुगम एवं सुचारू बनाते हैं।

सही कूटः

(a) केवल 1, 2 और 3 (b) केवल 2, 3 और 4
(c) केवल 1, 2 और 4 (d) 1, 2, 3 और 4

134. निम्नलिखित कथनों पर विचार कीजिएः

1. बोटुलिनम टॉक्सिन को सामान्यतः बोटॉक्स के नाम से जाना जाता है।
2. बोटुलिनम टॉक्सिन एक प्रोटीन है जो कि क्लॉस्ट्रिडियम बोटुलिनम् जीवाणु से प्राप्त होती है और इसे अब तक खोजा गया सर्वाधिक प्रभावशाली न्यूरोटॉक्सिन माना जाता है।
3. बोटुलिनम टॉक्सिन टाइप ए (बीटीएक्स-ए), अल्ज़ाइमर रोग के उपचार में सामान्यतः प्रयोग किया जाता है।
4. बोटुलिनम टॉक्सिन टाइप ए (बीटीएक्स-ए) का प्रयोग झुर्रियों को खत्म करने एवं बढ़ती आयु के कारण भौंहों के बीच पड़ने वाली रेखाओं को खत्म करने में किया जाता है और इसीलिए प्लास्टिक शल्यक्रिया की तुलना में इसका प्रयोग कास्मेटिक्स के क्षेत्र में बढ़ रहा है।

उपर्युक्त कथनों में से कौन से कथन सही हैं?

(a) केवल 1, 2 और 3 (b) केवल 2, 3 और 4
(c) केवल 1, 2 और 4 (d) 1, 2, 3 और 4

135. निम्नलिखित कथनों पर विचार कीजिए:

1. किंग कोबरा के विष में मुख्यतः हीमोटॉक्सिं होते हैं, किंतु इसमें कार्डियोटॉक्सिं भी पाया जाता है जो कि केंद्रीय तंत्रिक तंत्र को पैरालाइज कर देता है।
2. वाइपर एवं पिट वाइपर के विष में मुख्यतः न्यूरोटाक्सिं पाए जाते हैं, जो कि लाल रुधिर कोशिकाओं को नष्ट करके रक्त में थक्का बनने की प्रक्रिया को रोक देते हैं।

उपर्युक्त कथनों में से कौन सा/से कथन सही है/हैं?

(a) केवल 1 (b) केवल 2
(c) 1 और 2 दोनों (d) न तो 1 और न ही 2

136. स्टेम सेल से संबंधित विवाद के संदर्भ में निम्नलिखित में से कौन सा कथन सही है?

(a) यह एक नीति संबंधी बहस है जो मुख्यतः भ्रूणीय एवं व्यस्क स्टेम सेल दोनों से संबंधित है।
(b) यह एक नीति संबंधी बहस है जो केवल भ्रूणीय स्टेम सेल से संबंधित है।
(c) यह एक नीति संबंधी बहस है जो केवल व्यस्क स्टेम सेल से संबंधित है।
(d) यह एक नीति संबंधी बहस है जो केवल कायिक स्टेम सेल से संबंधित है।

137. सामान्यतः हृद-पात (हार्ट-फेल्योर) एवं हृद-घात (हार्ट-अटैक) को समान समझा जाता है परंतु ये दोनों अलग-अलग होते हैं। निम्नलिखित दिए गए कथनों में से कौन सा कथन दोनों में अंतर को समुचित रूप से व्यक्त करता है?

(a) हृद-पात (हार्ट-फेल्योर) वह अवस्था है जिसमें हृदय शरीर के विभिन्न भागों को आवयश्कतानुसार रक्त की पर्याप्त आपूर्ति नहीं कर पाता, जबकि हृद-घात, हृदय पेशियों को रक्त-आपूर्ति अचानक अपर्याप्त हो जाने से एकाएक क्षति पहुँचने के कारण होता है।
(b) हृद-पात (हार्ट-फेल्योर) का तात्पर्य, हृदय पेशियों को रक्त-आपूर्ति अचानक अपर्याप्त हो जाने से एकाएक क्षति पहुँचने से है, जबकि हृद-घात, मस्तिष्क एवं अन्य महत्वपूर्ण अंगों को रक्त की आपूर्ति न कर पाने के कारण होता है।
(c) हृद-पात (हार्ट-फेल्योर) का तात्पर्य उस स्थिति से है जब हृदय की धड़कन पूर्णतया बंद हो जाती है और यह तीव्र कॉर्डियक-अरेस्ट के कारण होता जो घातक हृद-घात का परिणाम होता है।
(d) हृद-घात (हार्ट-अटैक), हृदय की वह स्थिति है जब यह शरीर के अंगों को पर्याप्त रक्त की आपूर्ति करना बंद कर देता है जबकि हृद-पात (हार्ट-फेल्योर) में हृदय की धड़कन पूर्णतया बंद हो जाती है।

138. निम्नलिखित कथनों पर विचार कीजिए:

1. प्लैंकटन सागर के प्रकाशित मण्डल में तैरते सूक्ष्मस्तरीय पौधे तथा जन्तु होते हैं।
2. नेक्टन समूह के अंतर्गत वे जलीय जीव आते हैं जो कि किसी जलाशय में सक्रिय रूप से तैरते रहते हैं।
3. बेन्थस समूह के अंतगर्त शैवाल व बड़े आकार वाले तथा शक्तिशाली तैरने वाले समुद्री जन्तु (मुख्यतः मछलियाँ) आते हैं।

उपर्युक्त कथनों में से कौन सा/से कथन गलत है/हैं?

(a) केवल 1 (b) केवल 1 और 2

(c) केवल 1 और 3 (d) केवल 2 और 3

139. डी.ए.एस.एच 7 (DASH7) क्या है?

(a) यह क्योटो विश्वविद्यालय द्वारा, भ्रूणीय स्टेम सेल से उत्पन्न शुक्राणु द्वारा जनित एक चूहे का नाम है, यह एक ऐसा विकास है जो कि मनुष्य की जनन-अक्षमता के उपचार में सहायता कर सकता है।

(b) यह वायरलेस सेंसर नेटवर्किंग के लिए एक ओपनसोर्स वायरलेस सेंसर नेटवर्किंग स्टैंडर्ड है जो कि 433 MHz बैंड पर कार्य करता है।

(c) यह एक जीन का नाम है जो कि हाल में ही एड्स के लिए उत्तरदायी पाया गया।

(d) यह अनुसंधान एवं विकास संगठन (डी आर डी ओ) द्वारा विकसित सुपरसोनिक क्रूज़ मिसाइल का नवीन संस्करण है।

140. निम्नलिखित कथनों पर विचार कीजिए:

1. मानव के एरिथ्रोसाइट या लाल रुधिर कणिकाएं (RBC), केन्द्रक युक्त होती हैं और हीमोग्लोबिन के कारण इनका रंग लाल होता है।
2. लाल रुधिर कणिकाओं की औसत आयु 1 वर्ष होती है।
3. ल्युकोसाइट या श्वेत रुधिर कणिकाएं (WBC) केन्द्रक रहित होती हैं परंतु ये हीमोग्लोबिन युक्त होती हैं।
4. श्वेत रुधिर कणिकाओं की औसत आयु 120 दिन होती है।

उपर्युक्त कथनों में से कौन से कथन सही हैं?

(a) केवल 1, 2 और 3 (b) केवल 1, 3 और 4

(c) केवल 2, 3 और 4 (d) उपर्युक्त में से कोई नहीं

141. निम्नलिखित कथनों पर विचार कीजिए:

1. रक्त में उपस्थित कार्बन डाइऑक्साइड, हृदय की गति को कम करने के लिए रक्त के pH को बढ़ा देती है।
2. थाइराक्सीन और एड्रेनलीन हृदय की गति को नियंत्रित करते हैं।

उपर्युक्त कथनों में से कौन सा/से कथन सही नहीं है/हैं?

(a) केवल 1
(b) केवल 2
(c) 1 और 2 दोनों
(d) न तो 1 और न ही 2

142. इन्हें रोड साइड बम भी कहा जाता है जो कि परंपरागत मिलिट्री कार्यवाही से अलग तरीकों से निर्मित एवं उपयोग किए जाते हैं। द्वितीय इराक युद्ध में और अफगानिस्तान के युद्ध में संयुक्त सेनाओं के विरुद्ध इनका व्यापक स्तर पर प्रयोग किया गया। ये हैं:

(a) रिसर्च एण्ड डेवलपमेंट एक्सप्लोसिव्स (आर.डी.एक्स)
(b) इंप्रोवाइज़्ड एक्सप्लोसिव डिवाइस (आई.ई.डी)
(c) इंटेंसिफाइड एक्सप्लोसिव्स (आई.ई)
(d) वीपंस ऑफ मास एक्सप्लोसिव्स (डब्ल्यु.एम.ई)

143. निम्नलिखित कथनों पर विचार कीजिए:

1. ग्लोबल नेवीगेशन सेटेलाइट सिस्टम (GLONASS) एक रेडियो आधारित उपग्रह नौवहन प्रणाली (satellite navigation system) है।
2. मोटोरोला, रूस के बाहर प्रथम सेलफोन निर्माता कंपनी है जिसने अपने आई-फोन 4 एस मॉडल में जीपीएस और सेलुलर लोकेशन फाइंडिंग को सहायता देने हेतु ग्लोनास क्षमता को जोड़ा है।

उपर्युक्त कथनों में से कौन सा/से सही है/हैं?

(a) केवल 1
(b) केवल 2
(c) 1 और 2 दोनों
(d) न तो 1 और न ही 2

144. अनुकम्पी तंत्रिका तन्त्र (सिम्पैथेटिक नर्वस सिस्टम) का निम्नलिखित में से कौन प्रयोजन नहीं है?

1. इसका व्यापक कार्य शरीर के तन्त्रिका तन्त्र के 'लड़ो या उड़ो' की अनुक्रिया को सक्रिय करना है।
2. यह होमियोस्टैसिस को एक नियत स्तर पर बनाये रखने के लिए हमेशा क्रियाशील रहता है।

3. यह मानव की त्वचा में उपस्थित रक्त वाहिनियों को संकुचित करता है और मानव रक्त में शर्करा के स्तर में वृद्धि करता है।

सही कूट है:

(a) केवल 1 और 2
(b) केवल 1 और 3
(c) केवल 2 और 3
(d) 1, 2 और 3

145. जापानी मस्तिष्क ज्वर (जे ई) के संदर्भ में निम्नलिखित कथनों पर विचार कीजिए:

1. यह रोग प्रायः 15 वर्ष की अवस्था से कम के बच्चों पर प्रभाव डालता है जिनमें से 25 प्रतिशत मर जाते हैं और बचने वालों में से लगभग 30–40 प्रतिशत शारीरिक एवं मानसिक अक्षमता से पीड़ित रहते हैं।
2. जापानी मस्तिष्क ज्वर के 70 से 75 प्रतिशत मामले उत्तर प्रदेश में पाए जाते हैं।

ऊपर दिये गये कथनों में से कौन सा/से सही है/हैं?

(a) केवल 1
(b) केवल 2
(c) 1 और 2 दोनों
(d) न तो 1 और न ही 2

146. 'पार्टिकल एक्सीलेरेटर' के संन्दर्भ में निम्नलिखित कथनों पर विचार कीजिए:

1. यह उपकरण आवेशित कणों को उच्च गति से आगे बढ़ाने एवं उन्हें पूर्णतः स्पष्ट किरण पुंज में बनाये रखने के लिए विद्युत चुम्बकीय क्षेत्र का प्रयोग करता है।
2. भारत में तीन पार्टिकल एक्सीलेरेटर हैं जो सेन्टर फॉर एडवान्सड टेक्नोलोजी, इंदौर, परिवर्ती ऊर्जा साइक्लोट्रॉन केन्द्र, कोलकाता एवं नाभिकीय विज्ञान केन्द्र, नई दिल्ली में अवस्थित है।
3. नाभिकीय विज्ञान केन्द्र 14 नई दिल्ली में मौजूद पेलेट्रान एक्सीलेरेटरों का उपयोग विश्लेषक उपकरणों के रूप में कई क्षेत्रों में किया जाता है जिसमें पदार्थ विश्लेषण, नाभिकीय भौतिकी, अर्द्ध चालक विकास इत्यादि सम्मिलित हैं।

उपर्युक्त कथनों में से कौन सा/से सही है/हैं?

(a) केवल 1 और 2
(b) केवल 2
(c) केवल 3
(d) 1, 2 और 3

147. अजादिराक्टिन, एक रासायनिक यौगिक है जोकि एक द्वितीयक श्रेणी का चयापचयी है, यह प्रारम्भ में मरूस्थलीय टिड्डी (सिस्टोसर्का ग्रेगारिया) के दलों को नष्ट करने में प्रयोग किया जाता था। वर्तमान में यह 200 से भी ज्यादा कीटों

के विनाश के लिए उपर्युक्त पाया गया है। यह मुख्यतः कीटों के भोजन प्रणाली एवं विकास में बाधा डालता है। यह प्राप्त किया जाता है:

(a) तुलसी से
(b) पाइरेथ्रम से
(c) नीम से
(d) सर्पगन्धा (रिवोलफिया सर्पेन्टाइना) से

148. 'ग्लाईसेमिक सूचकांक' क्या है?

(a) रक्त शर्करा स्तर पर कार्बोहाइड्रेड के प्रभाव का मापन।
(b) इन्सूलिन स्तर का मापन।
(c) मस्तिष्क पर ग्लूकोज स्तर के प्रभाव का मापन।
(d) भोजन ग्रहण करने के आधार पर गरीबी का मापन।

149. निम्नलिखित कथनों पर विचार कीजिए:

1. रोगाणुनाशन सूक्ष्म जीवों के पूर्णरुपेण उन्मूलन की प्रक्रिया है, रोगाणुनाशन में प्रयोग किए जाने वाले रसायन रोगाणुनाशी (एंटिसेप्टिक) और डिसइंफेंक्टैंट में वर्गीकृत हैं।
2. इत्र की गंध मनोहारी होती है क्योंकि उनके संश्लेषण में इस्टर का प्रयोग किया जाता है।

उपर्युक्त कथनों में से कौन सा/से कथन सत्य है/हैं?

(a) केवल 1
(b) केवल 2
(c) 1 और 2 दोनों
(d) न ही 1 और न ही 2

150. निम्नलिखित कथनों पर विचार कीजिए:

1. संक्रामक रोग वह रोग हैं, जो किसी खास समूह के लोगों में या किसी विशेष अवस्थिति में रह रहे लोगों में, कम या अधिक मात्रा में, लगातार बना रहता है।
2. महामारी, संक्रामक रोगों का एक प्रकार का प्रकोप है जो कि विस्तृत क्षेत्र की मानव-जनसंख्या में प्रसारित होती है, उदाहरणतः बहु-महाद्वीपों में या यहाँ तक कि सम्पूर्ण विश्व में।
3. सिंडेमिक एक जनसंख्या में दो या दो से अधिक रोगों का समुच्चयन है।

उपर्युक्त दिए गए कथनों में से कौन से कथन सही हैं?

(a) केवल 1 और 2
(b) केवल 2 और 3
(c) केवल 1 और 3
(d) उपरोक्त सभी

151. निम्नलिखित में सा/से कथन सही है/हैं?

1. डाइबिटीज़ इंसीपीडस (DI) को अक्सर सामान्यतः डाइबिटीज कहा जाता है, यह उन व्यक्तियों में, मेटाबोलिक रोगों का एक समूह है, जिसमें या तो शरीर द्वारा पर्याप्त इंसुलिन उत्पन्न न करने के कारण या शरीर की कोशिकाओं द्वारा उत्पन्न इंसुलिन के प्रति प्रतिक्रिया न करने के कारण रोगी का ब्लड-शुगर उच्च होता है।
2. डाइबिटीज मेलाइटस, जिसे एंटीडाइयूरेटिक हॉर्मोन भी कहते हैं, आर्जिनिन वैसीप्रेसिन (एवीपी), की कमी से होने वाली एक ऐसी स्थिति है, जिसका लक्षण, अतिशय प्यास और अधिक तनु मूत्र का अत्यधिक मात्रा में उत्सर्जन होता है।

सही कूटः

(a) केवल 1 (b) केवल 2

(c) 1 और 2 दोनों (d) न ही 1 और न ही 2

152. निम्नलिखित कथनों पर विचार कीजिएः

1. उल्लू अधिकतर रात्रि में सक्रिय होते हैं क्योंकि उनके पास प्रकाश संवेदी शंकु-कोशिकाएं (cone-cells) नहीं पाई जाती हैं।
2. मुर्गा अधिकतर दिन में सक्रिय होता है क्योंकि उनमें केवल प्रकाश-संवेदी शंकु-कोशिकाएं (cone-cells) पाई जाती हैं।

उपर्युक्त कथनों में से कौन सा/से कथन सत्य है/हैं?

(a) केवल 1 (b) केवल 2

(c) 1 और 2 दोनों (d) न ही 1 और न ही 2

153. तथ्य, अल्जीरियाई भेड़ एंथ्रक्स के लिए प्रतिरोधी हैं, एक उदाहरण है-

(a) व्यक्तिगत प्रतिरक्षण का (b) नस्ल प्रतिरक्षण का

(c) जातीय प्रतिरक्षण का (d) प्रजाति प्रतिरक्षण का

154. ऐस्बेस्टस का प्रयोग कई देशों में प्रतिबन्धित है, क्योंकि यह कारण बनता हैः

(a) फेफड़े में कैन्सर का (b) मोतियाबिन्द का

(c) हृदय संबंधी रोगों का (d) मूत्र संबंधी रोगों का

155. निम्नलिखित में से किस विटामिन की कमी से मूत्र नली में पथरी का निर्माण होता है?

(a) रेटिनॉल (b) टोकोफेरॉल

(c) कैल्शिफेरॉल (d) ऐस्कार्बिक एसिड

156. फाइलेरिया, जिसे ऐलिफेंटाइटिस के नाम से भी जाना जाता है, से पीड़ित एक व्यक्ति का उपचार, जिसका कारक तत्व वूचेरिया बैनक्राफ्टी है, प्रायः रात्रि के 10 बजे से प्रातः 2 बजे के बीच किया जाता है, क्योंकिः

(a) वूचेरिया बैनक्रोफ्टी का सूक्ष्म फाइलेरी स्वभावतः रात्रिचर होता है अतः उनको केवल रात्रि में पहचाना जा सकता है।

(b) वूचेरिया बैनक्रोफरी निम्न तापमान प्रवव्य होता है अतः इन्हें रक्त में तभी पाया जा सकता है जब वातावरण का तापमान तुलनात्मक रूप से कम हो।

(c) फाइलेरिया के कारक तत्व को केवल अंधेरे वातावरण में ही खोजा जा सकता है क्योंकि इनमें रंग संवेदी सेन्सर होते हैं जो अंधेरे के प्रति अति संवेदनशील होते हैं।

(d) CO_2 के रक्त में उच्च सान्द्रण के कारण सूक्ष्म फाइलेरी रक्त की उपरी सतह पर आ जाते हैं तथा यह वेक्टर से इनके स्थान्तरण को सुनिश्चित कर देता है।

157. ओजोन का क्षरण मुक्त विलक्षण उत्प्रेरकों से होता है, जिनमें प्रमुख हाइड्रॉक्सिल, नाइट्रिक ऑक्साइड, क्लोरिन आयन तथा ब्रोमीन आयन होते हैं। ओजोन क्षरण के कारणः

(a) त्वचा कैंसर होता है।

(b) जल का अभाव।

(c) जल से उत्पन्न रोगों का फैलना।

(d) वनाग्नि।

158. निम्नलिखित मे से कौन सी वैज्ञानिक घटना हमारे शरीर द्वारा दैनिक जीवन मे अनुभव नही की जाती है?

(a) स्थिरता जड़त्व (b) गतिशीलता जड़त्व

(c) उष्मा का संवहन (d) पृष्ठ तनाव

159. PLX–4032 क्या है?

(a) गेंहू की एक नयी प्रजाति जो कार्बोनिक उर्वरकों के साथ अधिक उत्पादन करती है।

(b) कीटनाशकों की एक नयी प्रजाति।

(c) ब्रिटिश वैज्ञानिकों द्वारा कैंसर के इलाज के लिए तैयार एक दवा।

(d) ब्रिटिश वैज्ञानिकों द्वारा त्वचा रोगों के इलाज के लिए तैयार एक दवा।

160. एक फसल, उष्णकटिबंधीय क्षेत्र से लेकर समशीतोष्ण कटिबंधीय क्षेत्र के विस्तृत प्रदेश में उपजायी जाती है। चीन और संयुक्त राज्य अमरीका इस फसल के शीर्ष उत्पादक है। इस फसल का नाम क्या है?

(a) कपास
(b) आलू
(c) गेंहूँ
(d) तम्बाकू

161. थाइराक्सिन, थाइराइड हार्मोन का एक प्रकार है तथा इसका स्राव थाइराइड ग्रंथि की कूपिक कोशिकाओं द्वारा होता है। थाइराक्सिन के एक परमाणु में आयोडीन के कितने अणु होते हैं?

(a) 2
(b) 3
(c) 4
(d) 5

162. पादपों में प्रकाश संश्लेषण के दौरान, बिना प्रकाश रसायनिक अभिक्रिया के सम्बन्ध में निम्नलिखित कथनों पर विचार कीजिएः

1. यह प्रक्रिया क्लोरोफिल के ग्रेनम भाग में होती है।
2. इस अभिक्रिया में CO_2 का ह्रास तथा शर्करा, स्टार्च की उत्पत्ति होती है।
3. इसे केल्विन बेनसन चक्र कहते हैं।

उपर्युक्त में से कौन सा/से कथन सही नहीं है/हैं?

(a) केवल 1
(b) केवल 2 और 3
(c) उपरोक्त सभी
(d) उपरोक्त में से कोई नही

163. पेप्सिन तथा रेनिन-आमाशय के जठर रस के किण्वक होते हैं। इनके संदर्भ में निम्नलिखित में से कौन सा/से कथन असत्य है/हैं?

1. पेप्सिन कैसिनोजिन को कैसीन में विभाजित करता है।
2. रेनिन प्रोटीन को पेप्टोनस में विभाजित करता है।

सही कूटः

(a) केवल 1
(b) केवल 2
(c) 1 और 2 दोनों
(d) न ही 1 और न ही 2

164. निम्नलिखित में से कौन से मेरेस्मस और क्वॉशियोरकर में अन्तर के संबंध में सही नहीं है?

1. क्वॉशियोरकर से ग्रसित बच्चा अति दुर्बल दिखता है। इसमें शरीर का भार कद को अनुरूप 80% तक घट जाता है, जबकि मरासमस का संकेत फूला हुआ उदर, बढ़ा हुआ लीवर होते हैं।

2. मेरेस्मस अधिकांशतः 1 वर्ष की आयु के पहले होती है जबकि क्वाशियोरकर अधिकांशतः 18 माह की आयु के बाद बढ़ती है।
3. मेरेस्मस और क्वॉशियोरकर में यह भी अंतर है कि क्वॉशियोरकर में शोफ के साथ प्रोटीन अपक्षय होता है।

सही कूटः

(a) केवल 1 और 2
(b) केवल 1
(c) केवल 2 और 3
(d) उपरोक्त सभी

165. इन्सुलिन के संदर्भ में निम्नलिखित कथनों पर विचार कीजिएः

1. इसका स्राव आइलैट्स ऑफ लैंगरहैन्स की बीटा कोशिकाओं द्वारा होता है।
2. इन्सुलिन के अधिक स्राव से हाइपोग्लाइसीमिया होता है जिसके कारण व्यक्ति में प्रजनन क्षमता की कमी हो जाती है तथा उसकी दृष्टि क्षमता का अपकर्ष होता है।

उपर्युक्त में से कौन सा/से कथन सही नहीं है/हैं?

(a) केवल 1
(b) केवल 2
(c) 1 और 2 दोनों
(d) न ही 1 और न ही 2

166. मीनोपॉस के संबंध में निम्नलिखित कथनों पर विचार कीजिएः

1. मीनोपॉस महिलाओं में अनिवार्य रूप से 55 वर्ष की आयु के उत्तोतर में ही होता है।
2. यह महिला के जीवन में जननक्षम चरण के अन्त का संकेत देता है।

उपर्युक्त कथनों में से कौन सा/से कथन सही है/हैं?

(a) केवल 1
(b) केवल 2
(c) 1 और 2 दोनों
(d) न ही 1 और न ही 2

167. विटामिन खाद्य पदार्थो में पाया जाने वाला आवश्यक पोषक तत्व है, जिसकी आवश्यकता कम ही होती है, लेकिन स्वास्थ्य को बनाये रखने में वे महत्वपूर्ण भूमिका निभाते हैं। निम्नलिखित में से कौन से विटामिन जल में घुलनशील होते हैं?

(a) केवल B_1, B_2 और C
(b) केवल B_2, A और K
(c) केवल A, B और C
(d) केवल B_2

168. विटामिन B_2 खाद्य पदार्थों से रिलीज ऊर्जा में मद्‌द करता है, अच्छी दृष्टि और स्वस्थ त्वचा को बढ़ावा देता है।

विटामिन B_2 का रसायनिक नाम क्या है?

(a) कैल्सीफेरॉल (b) बायोटिन

(c) थाइमिन (d) राइबोफलेविन

169. निम्नलिखित कथनों पर विचार कीजिएः

1. जैव आवर्धन, जो कि जैविक आवर्धन के नाम से भी जाना जाता है, एक पदार्थ, जैसे कि कीटनाशक डी.डी.टी., की सान्द्रता में वृद्धि कर देता है जो कि खाद्य श्रंखला में मिलती है।
2. नाभिकीय दुर्घटना से निकली विकिरण बच्चों में थायराइड कैंसर की दर को बढ़ा देती है।

उपर्युक्त कथनों में से कौन सा/से कथन सही नहीं है/हैं?

(a) केवल 1 (b) केवल 2

(c) 1 और 2 दोनों (d) न ही 1 और न ही 2

170. बॉयोलाजिकल ऑक्सीजन डिमांड वी.ओ.डी. (BOD) के संदर्भ में निम्नलिखित कथनों पर विचार कीजिएः

1. कॉर्बनिक तत्व की एक निश्चित मात्रा को तोड़ने के लिए आवश्यक ऑक्सीजन की मात्रा को ही बायोलाजिक ऑक्सीजन डिमांड कहते हैं।
2. जल में बी.ओ.डी. की मात्रा प्रदूषण स्तर का संकेतक होती है।
3. बी.ओ.डी. मापन के लिए मैनोमेट्रिक विधि एकमात्र निर्धारित विधि है।

उपर्युक्त दिए गए कथनों में से कौन से सही हैं?

(a) केवल 1 और 2 (b) केवल 2 और 3

(c) केवल 1 और 3 (d) 1, 2 और 3

171. ताजमहल में संगमरमर कैंसर, जो एक कवक वृद्धि है, ने इसकी सतह को संक्षारित कर इसका रंग पीला कर दिया है। निम्नलिखित में से कौन ताजमहल में संक्षारण के लिए ज़िम्मेदार है?

(a) सल्फर डाईऑक्साइड और निलंबित वात कण

(b) नाइट्रिक अम्ल और हाइड्रोक्लोरिक अम्ल

(c) डी.डी.टी.

(d) पॉलीक्लोरिनेटेड बाईफेनिल्स

172. ''चावकी पालन'' (चावकी रीमरिंग) किससे सम्बन्धित है?

(a) मछली पालन (b) मधुमक्खी पालन

(c) मशरुम उत्पादन (d) रेशम उत्पादन

173. निम्नलिखित कथनों पर विचार कीजिए:

1. तीव्र श्वसन संक्रमण, सामान्यतः निमोनिया, 7 से 14 वर्ष तक के बच्चों की मृत्यु का एक बड़ा कारण है।
2. खसरा वायरसजनित एक अंधौरी है जो बच्चों में बदन दर्द और बुखार के साथ प्रकट होता है।

उपरोक्त दिए गए कथनों में से कौन सा/से सही है/हैं?

(a) केवल 1 (b) केवल 2

(c) 1 और 2 दोनों (d) न ही 1 और न ही 2

174. निम्नलिखित कथनों पर विचार कीजिए:

1. कारपोसीय सर्कोमा, संयोजी उत्तकों का एक कैंसर टयूमर है, जो कि प्रायः डेंगू के साथ होता है।
2. यह टयूमर, अधिकांशतया त्वचा पर नीले-लाल या बैंगनी रंग की गांठ के रूप में प्रकट होता है।
3. अफ्रीकी कारपोसीय सर्कोमा, भूमध्य रेखा मे नजदीक रहने वाले पुरूष युवा किशोरों में होने वाला सामान्य रोग है।

उपर्युक्त कथनों में से कौन से सही है?

(a) केवल 1 और 2 (b) केवल 2 और 3

(c) केवल 1 और 3 (d) 1, 2 और 3

175. परिसंचरण तंत्र की निम्नलिखित विकृतियों पर विचार कीजिए:

1. अति तनाव रक्त दाब की वह अवस्था है, जिसमें रक्त चाप सामान्य (120/80) से अधिक होता है, इस मापदंड में 120 मिमी. एच जी को अनुशिथिलन या विराम काल दाब, 80 मिमी. एच जी को प्रकुंचन या पंपिग दाब कहते हैं।
2. हृद धमनी रोग, धमनियों के अंदर कैल्शियम, वसा तथा अन्य रेशीय उतकों के जमा होने से होता है जिससे धमनी की अवकशिका संकरी हो जाती है।
3. हृद-शूल (एंजाइना) को एंजाइना पेक्टोरिस (हृदशूल) पेक्टोरिस भी कहते हैं, हृद पेशी में जब पर्याप्त ऑक्सीजन नही पहुँचती है तब सीने में दर्द होता है जो एंजाइना (हृद शूल) की पहचान है।

4. हृद पात या हार्ट-फेल्योर वह अवस्था है जिसमें हृदय शरीर के विभिन्न भागों को अवश्यकतानुसार रक्त की आपूर्ति नहीं कर पाता।

उपर्युक्त कथनों मे से कौन से कथन सही हैं?

(a) केवल 1, 2 और 3 (b) केवल 2, 3 और 4

(c) केवल 1, 3 और 4 दोनो (d) 1, 2, 3 और 4

176. कथन (A): हार्मोन सूक्ष्म मात्रा में उत्पन्न होने वाले अपोषक रसायन है जो अंतरकोशीय संदेशवाहक के रूप में कार्य करते हैं।

कारण (R): हार्मोन केवल लक्ष्य ऊतकों पर उपस्थित हार्मोनग्राही विशिष्ट प्रोटीन से जुड़कर अपना प्रभाव डालते हैं।

नीचे दिये कूटों में से सही उत्तर को चुनें:

(a) (A) और (R) दोनों सही हैं और (R),(A) की सही व्याख्या करता है।

(b) (A) और (R) दोनों सही हैं किन्तु (R), (A) की सही व्याख्या नहीं करता है।

(c) (A) सही है किन्तु (R) गतल है।

(d) (A) गलत है किन्तु (R) सही है।

177. निम्नलिखित कथनों पर विचार कीजिए:

1. प्राणी जगत में सर्वाधिक प्रचुरता मे मिलने वाली प्रोटीन कोलैजन है व संपूर्ण जैव-मंडल में सर्वाधिक प्रचुरता में मिलने वाली प्रोटीन रिबुलोज बाइफॉस्फेट कार्बोक्सीलेज-ऑक्सीजिनेज (रूबिस्को) है।
2. एंजाइम एक प्रकार के कार्बोहाइड्रेट्स होते हैं जो कि कोशिकाओं में जैव रसायनिक क्रियाओं को उत्प्रेरित करते हैं और राइबोजाइम उत्प्रेरक प्रभाव वाले न्यूक्लिक अम्ल होते हैं।
3. पृथ्वी पर पाए जाने वाला सर्वाधिक व्यापक कार्बनिक यौगिक सेलूलोज होता है।
4. फ्रक्टोस या फ्रूट-सुगर, एक एकल सैकराइड्स है जो बहुत खाद्य-पदार्थो मे पाया जाता है और यह प्राकृतिक रूप से पाए जाने वाले सभी कार्बोहाइड्रेट्स में सर्वाधिक मीठा होता है।

उपर्युक्त कथनों मे से कौन से कथन सही हैं?

(a) 1, 2 और 3 (b) 2, 3 और 4

(c) 1, 3 और 4 (d) 1, 2, 3 और 4

178. निम्नलिखित युग्मों पर विचार कीजिए:

1. साइक्लोटेट्रा मिथाइलीन टेट्रानाइट्रामीन : (आरडीएक्स)
2. साइक्लोटेट्रामिथाइलीन ट्राइनाइट्रामीन : (एचएमएक्स)
3. पेंटाएरिथ्रीटॉल ट्रेटानाइट्रेट : (पीईटीएन)

उपरोक्त दिए गए युग्मों में से कौन सा/से सही सुमेलित है/हैं?

(a) केवल 1 और 2 (b) केवल 2 और 3

(c) केवल 3 (d) केवल 1 और 3

179. निम्नलिखित प्राणियों के साधारण नामों पर विचार कीजिए:

1. जेली फिश 2. सिल्वर फिश
3. कटल फिश 4. स्टार फिश
5. डेविल फिश

उपरोक्त दिए गए प्राणियों में से कौन से वास्तविक मत्स्य वर्ग से संबन्धित हैं?

(a) केवल 1, 3, 4 और 5 (b) केवल 2, 4 और 5

(c) केवल 1, 3 और 5 (d) उपरोक्त में से कोई नहीं

180. निम्नलिखित कथनों पर विचार कीजिए:

1. लिवोनोजेस्ट्रल एक द्वितीय पीढ़ी का संश्लेषित प्रोजेस्ट्रॉन है जिसका प्रयोग हार्मोन्स से संबन्धित कुछ गर्भ-निरोधकों के एक सक्रिय घटक के रूप में किया जाता है।
2. पौधों से प्राप्त उआबेन का प्रयोग वैज्ञानिकों द्वारा व्यापक स्तर पर विशेषतया सोडियम-पोटैशियम पंप को रोकने के लिए किया जाता है।

उपर्युक्त कथनों में से कौन सा/से कथन सही है/हैं?

(a) केवल 1 (b) केवल 2

(c) 1 और 2 दोनों (d) न ही 1 और न ही 2

181. सूची I को सूची II से मिलायें तथा सूचियों के नीचे दिये कूटों का प्रयोग करते हुए सही उत्तर चुनें:

(सूची I) (औषधि)	(सूची II) (विकृति/रोग)
A. ज़ाइडोब्युडिन या एजिडोथाइमिडीन (ए जेड टी)	1. डिस्मेनोरिया
B. ओसेलटामिवीर फॉस्फेट	2. एड्स

C. एसिटिल सैलिसिलिक एसिड (ए एस ए) — 3. इंफ्लूएंजा-फ्लू

D. इबुप्रोफेन — 4. हल्का दर्द एवं पीड़ा

सही कूटः

	A	B	C	D
(a)	4	3	1	2
(b)	2	4	3	1
(c)	4	3	2	1
(d)	2	3	4	1

182. कैंसर करने वाले जींस को कहा जाता हैः

(a) ओपेरांस (b) ऑंकोजींस

(c) रेकांस (d) म्यूटॉंस

183. मानव के उपापचय दर में, एक प्रबल बदलाव हो सकता हैः

(a) लार-ग्रंथि से अतिस्राव के होने से।

(b) ऑक्सिन का अति-उत्पादन होने से।

(c) कंकाल-तंत्र की अवनति होने से।

(d) अंतःस्रावी ग्रंथियों के ठीक से काम न करने से।

184. रेटिना में दो प्रकार की दृष्टि कोशिकाएं होती हैं- रॉडस तथा कोन। इनके संदर्भ में निम्नलिखित कथनों पर विचार कीजिएः

1. रॉड कोशिका, फोटोरिसेप्टर कोशिका है जो कोन कोशिका की तुलना में कम तीव्र प्रकाश में कार्य कर सकती है।
2. कोन कोशिका ऑंख की रेटिना की फोटोरिसेप्टर कोशिका है जो रंगों के अवलोकन हेतु उत्तरदायी होती हैं।

उपर्युक्त में से कौन सा/से कथन सही नहीं है/हैं?

(a) केवल 1 (b) केवल 2

(c) 1 और 2 दोनों (d) न ही 1 और न ही 2

185. भारत में मानव आनुवंशिकी तथा गुणसूत्र विश्लेषण कार्यक्रम के सन्दर्भ में निम्नलिखित कथनों पर विचार कीजिये-

1. मानव आनुवांशिकी और जीनोम विश्लेषण कार्यक्रम भारत में वर्ष 2001-01 से चल रहा है।

2. इस कार्यक्रम हेतु चिकित्सा विज्ञानिकों को प्रशिक्षण देने के लिए चार प्रशिक्षण केन्द्रों की स्थापना भारत में की गई है, ये हैं- सी. एम. सी. वेल्लोर, ऐम्स, नई दिल्ली, आई. आई. एच. मुम्बई तथा एस. जी. पी. जी. आई. एम. एस. लखनऊ।

उपर्युक्त में से कौन सा/से कथन सही है/हैं?

(a) केवल 1

(b) केवल 2

(c) 1 और 2 दोनों

(d) न ही 1 और न ही 2

186. केन्द्र सरकार की सेन्ट्रल एडॉप्सन रिसर्च इन्फार्मेशन एण्ड गाइडेन्स सिस्टम (CARINGS) के बारे में निम्नलिखित कथनों पर विचार कीजिएः

1. CARINGS के अन्तर्गत देश में गोद लिए जाने के लिए उपलब्ध सभी बच्चों तथा इन्हें पुत्र या पुत्री के रूप में अपनाने के लिए तैयार अभिभावको का पूरा डाटा ऑन लाइन तथा मुद्रित रूप में भी उपलब्ध रहेगा।

2. यह योजना महिला एवं बाल विकास मंत्रालय के कारा (सेन्ट्रल एडाप्शन रिसोर्स आर्थॉरिटी) योजना के तहत शुरू की गयी है।

उपर्युक्त कथनों में से कौन सा/से सही है/हैं?

(a) केवल 1 (b) केवल 2

(c) 1 और 2 दोनों (d) न तो 1 और न ही 2

187. मगरमच्छ बैंक ट्रस्ट, एशिया के प्रथम मगरमच्छ संरक्षण तथा जनन केन्द्र, की स्थापना 1976 में निम्न में से किस स्थान पर हुई थी ?

(a) कोलकाता (b) चेन्नई

(c) तिरूवनंतपुरम् (d) भुवनेश्वर

188. निम्नलिखित कथनों पर विचार कीजिएः

(1) आइसोस्टर, वे अणु अथवा आयन होते है जिनमें इलेक्ट्रान तथा परमाणुओं की संख्या समान होती है।

(2) आइसोडाइपर वे तत्व होते है जिनमें न्यूट्रान तथा प्रोटॉन के बीच अन्तर समान होता है।

उपर्युक्त में से कौन सा/से कथन सत्य है/हैं?

(a) केवल 1 (b) केवल 2

(c) 1 और 2 दोनो (d) न तो 1 और न ही 2

189. निम्नलिखित को समुलित करें:

(ड्रग)	(पादप स्रोत)
1. एट्रोपाइन	A. पीला सिनकोना
2. मार्फीन	B. बैलाडोन
3. कविनीन	C. कपास
4. गौसीपोल	D. अफीम

सही कूट:

	1	2	3	4
(a)	A	B	C	D
(b)	B	D	A	C
(c)	B	D	C	A
(d)	A	C	B	D

190. निम्नलिखित कथनों पर विचार कीजिये:

1. कार्बापेनम्स विस्तृत प्रतिजैविक क्रिया वाले बीटा-लैक्टम प्रतिजैविक का एक वर्ग है।
2. कार्बापेनम्स प्रतिजैविक का विकास मूल रुप से थीनामाइसिन से हुआ था।
3. इ. कोलाइ तथा क्लेबसिप्ला निमोनिया के अतिरिक्त कार्बोपेनम्स प्रतिजैविक, जीवाणु संक्रमणों हेतु अंतिम युक्ति है।

उपर्युक्त में से कौन सा/से कथन सत्य है/हैं?

(a) केवल 1 और 2 (b) केवल 1
(c) केवल 2 और 3 (d) केवल 3

191. निम्नलिखित कथनों पर विचार कीजिये:

1. ग्राम ऋणात्मक जीवाणु वे हैं जो ग्राम-अभिरंजन के दौरान गहरा काला अथवा बैंगनी रंग छोड़ते है।
2. ग्राम-सकारात्मक जीवाणु वे हैं जो ग्राम अभिरंजन के दौरान लाल अथवा गुलाबी रंग के दिखते है।

उपर्युक्त में से कौन सा/से कथन सही है/हैं।

(a) केवल 1 (b) केवल 2
(c) 1 और 2 दोनों (d) न ही 1 और न ही 2

192. निम्नलिखित को सुमेलित करें:

(वैज्ञानिक नाम)	(जन्तु)
1. बॉस इंडिकस	A. बिल्ली
2. कैनिस फैमिलैरिस	B. गाय
3. फेलिस डोमेंस्टिका	C. मेंढक
4. राना टिगरिना	D. कुत्ता

सही कूट है:

	1	2	3	4
(a)	D	B	A	C
(b)	B	A	D	C
(c)	B	D	A	C
(d)	A	C	D	B

193. निम्नलिखित में से कौन से कोडॉन नॉन सेन्स कोडॉन या अन्त कोडॉन कहलाते हैं?

(a) GGU, GGC, GGA (b) GCU, GCC, GCA
(c) UAA, UAG, UGA (d) GUU, GUC, GUA

194. निम्नलिखित में से किस मांसपेशी में संकुचन के दौरान, बिना मांसपेशी की लम्बाई में परिवर्तन हुए बल उत्पन्न होता है?

(a) आइसोटोनिक (b) आइसोकाइनेटिक
(c) काइनेटिक (d) आइसोमीट्रिक

195. वह जन्मगत विकार जो मेंलानिन उत्पन्न करने वाले एन्जाइम की कमी के कारण त्वचा, केश तथा नेत्रों में पिग्मेंन्ट के पूर्ण अथवा आंशिक अभाव को दर्शाता है, कहलाता है:

(a) ऐल्बेनिज़्म (b) कैरोटिनोडर्मिया
(c) क्राइसिएसिस (d) अर्गीरिया

196. शरीर में वसा प्रतिशत का मापन निम्नलिखित में से किस यंत्र द्वारा होता है?

(a) स्किन फोल्ड मीटर (b) टेन्सियोमीटर
(c) एन्थ्रोपोमीटर (d) फ्लेसोमीटर

197. निम्नलिखित में से कौन सी ग्रंथि उस हार्मोन का स्राव करती है जिससे शरीर में सही लवण संतुलन बना रहता है?

(a) पिट्यूटरी ग्रंथि (b) एड्रिनलीन ग्रंथि

(c) अग्नाश्य (d) थाइराइड

198. निम्नलिखित में से कौन सा कथन स्काई-वैल (Scival) के बारे में सही नहीं है?

(a) स्काईवैल एक अग्रणी अनुसंधान उपकरण है, जो कि अनुसंधान रणनीतियों के बेहतर मूल्यांकन, और क्रियान्वयन में सहायता करता है।

(b) स्काईवैल स्पॉट लाइट अनुसंधान के मूल्यांकन में सहायता करेगा और नीति निर्धारण में सहायक प्रयासों को शक्ति प्रदान करेगा।

(c) स्काई वैल को भारतीय प्रोद्योगिकी संस्थान कानपुर द्वारा प्रत्यायित किया जाता है।

(d) स्काईवैल स्पॉट लाइट जिसे इलस्रवियर (Elsevier) के विविलियोकेट्रिक उपकरण द्वारा प्रकाश में लाया गया है, नीतिनिर्धारकों और संस्थानों के प्रमुखों के लिए उपयोगी साबित हो सकता है।

199. निम्नलिखित कथनों पर विचार कीजिए:

1. डाइक्लोफेनैक एक नान-स्टारॉइड एंटी-इंफ्लैमेंटरी ड्रग (NSAID) है जिसका सेवन कुछ निश्चित परिस्थितियों में, सूजन एवं जलन को कम करने तथा पीड़ा-नाशक (दर्द-निवारक) के रूप में किया जाता है।
2. जब गिद्ध पशुओं के उन शवों को खाते हैं जिनको कि डाइक्लोफेनैक से उपचार किया गया होता है तो यह उन गिद्धों के गुर्दों की विफलता का गंभीर कारण बनता है।
3. डाइक्लोफेनैक का प्रयोग पेशीय-एवं-अस्थि बिमारियों विशेषतः गठिया रोग एवं रियुमेटॉइड गठिया, में किया जाता है।
4. डाइक्लोफेनैक, पेशियों के दर्द-निवारक औषधि 'मूव- का एक महत्वपूर्ण घटक है।

उपरोक्त कथनों में से कौन से सही हैं?

(a) केवल 1, 2 और 3 (b) केवल 2, 3 और 4

(c) केवल 1, 3 और 4 (d) 1, 2, 3 और 4

200. निम्नलिखित कथनों पर विचार कीजिए:

1. दिल्ली के कई जगहों से एकत्रित किए गए पेय जल के नमूनों में ग्राम-निगेटिव बैक्टीरिया की प्रजाति में NDM-1 (New Delhi Metallo-beta-lactamase-1) gene, जिसे सुपर बग भी कहते हैं, पाया गया है।

2. एनडीएम-1 नामक जीन ग्राम-निगेटिव बैक्टीरिया की प्रजाति को एक सक्षम एंटीबॉयोटिक 'कार्बापेनेम' के लिए प्रभावशून्य बना देती है।

उपर्युक्त कथनों में से कौन सा/से सही है/हैं?

(a) केवल 1 (b) केवल 2
(c) 1 और 2 दोनों (d) न ही 1 और न ही 2

201. निम्नलिखित में कौन सा/से न्यूक्लीयोटाइड के घटक है/हैं?

1. हैट्रोसाइक्लिक तत्व 2. मोनो सेक्राइडस
3. फॉस्फेटस

सही कूट है:

(a) केवल 1 और 2 (b) केवल 1 और 3
(c) केवल 2 (d) केवल 2 और 3

202. डी. एन. ए. तथा आर. एन. एन. ए. के मध्य अन्तर के सम्बन्ध में निम्नलिखित में से कौन सा/से कथन सत्य है/हैं?

1. आर. एन. ए. एकल संरचना है जबकि डी. एन. ए. द्विसंरचना है।
2. डी. एन. ए. का बेस यूरासिल है जबकि आर. एन. ए. में थाइमिन बेस उपस्थित होता है।

सही कूट है:

(a) केवल 1 (b) केवल 2
(c) 1 और 2 दोनों (d) न ही 1 और न ही 2

203. निम्नलिखित सुमेलित कीजिए:

(उपयोग)	(अम्ल)
1. चर्म शोधन में	A. नाइट्रिक अम्ल
2. रोगाणु शोधन में	B. बेरिक अम्ल
3. सीसा भण्डारण बैटरी में	C. हाइड्रोक्लोरिक अम्ल
4. रजक तथा दवाइयाँ बनाने में	D. सल्फयूरिक अम्ल

सही कूट है:

	1	2	3	4
(a)	C	B	D	A
(b)	A	B	C	D
(c)	D	B	C	A
(d)	A	B	D	C

204. निम्नलिखित कथनों पर विचार कीजिएः

1. कैल्सीनेशन वह प्रक्रिया है जिसमें अयस्क को हवा की उपस्थिति में इसके गलनांक से कम तापमान पर उष्मित किया जाता है।
2. रोसटिंग वह प्रक्रिया है जिसमें अयस्क को हवा की अनुपस्थिति में इसके गलनांक से कम तापमान पर उष्मित किया जाता है।

उपर्युक्त में से कौन सा/से कथन असत्य है/हैं?

(a) केवल 1 (b) केवल 2

(c) 1 और 2 दोनों (d) न ही 1 और न ही 2

205. अन्तर्राष्ट्रीय एड्स वैक्सीन इनीशिएटिव (आई ए वी आई) के बारे में निम्नलिखित कथनों पर विचार कीजिएः

1. 1996 में स्थापित, न्यूयार्क स्थित (आई ए वी आई) वैक्सीन का अनुसंधान एवं विकास करता है एवं नीतियों का विश्लेषण करता है तथा अफ्रीका, भारत एवं मैक्सिको में स्थित कार्यालयों के माध्यम से कार्यक्षेत्र में सेवा करता है।
2. एड्स की एक प्रभावी वैक्सीन की रूपरेखा एवं विकास जैसी सबसे बड़ी चुनौती को पूरा करने के लिए भारत सरकार का जैव-प्रौद्योगिकी विभाग, आई ए वी आई के साथ मिलकर एक प्रयोगशाला गुड़गांव में स्थापित करेगा।
3. विकासशील देशों में अपने समर्थन के अन्तर्गत आई ए वी आई संगठन ने वैक्सीन के विकास को गति प्रदान करने के लिए उन देशों में से दक्षेस देशों को चुना है जिनमें जैव-चिक्त्सा अनुसंधान एवं निमार्ण की क्षमता है।

उपर्युक्त कथनों में से कौन सा/से कथन सही है/हैं?

(a) केवल 1 और 2 (b) केवल 2 और 3

(c) केवल 1 (d) केवल 2

206. निम्नलिखित कथनों पर विचार कीजिएः

1. जब बर्ड-फ्लू की दो प्रजातियां एक ही पोषक को संक्रमित करती हैं तो वे आसानी से genes में बदलाव कर लेती हैं, इस प्रक्रिया को रिअसार्टमेंट कहते हैं।
2. नेशनल एकाडमी ऑफ सांइसेज की जर्नल प्रोसीडिंग्स में प्रकाशित एक रिपोर्ट के अनुसार 2009 में फैली महामारी H1N1 का विषाणु अपने आप में तिहरा पुनःपृथक्करित था जिसके genes पक्षी, मनुष्य एवं जानवरों से आए थे।

उपर्युक्त कथन/कथनों में से कौन सा/से सही है/हैं?

(a) केवल 1 (b) केवल 2

(c) 1 और 2 दोनों (d) न ही 1 और न ही 2

207. निम्नलिखित कथनों पर विचार कीजिए:

1. पेंटावैलेंट टीका, डिप्थीरिया, कालीखांसी, टेटनस (डी.पी.टी.), हेपेटाइटिस-बी और हीमोंफीलस इन्फलूएंजा-टाइप बी (एचआईबी) के विरूद्ध पाँच विभिन्न वैक्सीन को मिलाकर बनाया गया एक 'ओरल खुराक' या इन्जेक्शन वैक्सीन है।
2. रिओ वायरस (Reovirus) भारत में शिशुओं में होने वाले घातक दस्त का प्रमुख कारण है जो कि विश्व में रिओ वाइरस (Reovirus) से होने वाली मौतों का 23 प्रतिशत है।
3. चेन्नई की एम एस डी इण्डिया द्वारा निर्मित रोटा टेक, भारत की प्रथम पेंटावैलेंट वैक्सीन है।

उपर्युक्त कथनों में से कौन से कथन सही हैं?

(a) केवल 1 और 2 (b) केवल 2 और 3

(c) केवल 1 और 3 (d) 1, 2 और 3

208. निम्नलिखित कथनों पर विचार कीजिए:

1. कीरोप्रैक्टिक एक प्रकार की वैकल्पिक चिकित्सा पद्धति है, जो कि पेशियों एवं अस्थि तंत्र के यान्त्रिक विकार विशेष रूप से रीढ़-रज्जु के विकारों की पहचान, उपचार और रोकथाम से जुड़ी हुई है। यह इस अवधारणा पर आधारित है, कि विकार तंत्रिका तन्त्र के माध्यम से सामान्य स्वास्थ्य को प्रभावित करते हैं।
2. कीरोप्रैक्टिक को वर्ष 1895 में डेनियल डेविड पॉमर (Doniel David Palmer) ने डेवनपोर्ट, आयोवा (IOWA) में स्थापित किया था।
3. बॉयोपायरेसी और अनैतिक तरीके के पेटेंट की चुनौती से निपटने के लिए भारत सरकार ने वर्ष 2001 में, 1200 से ज्यादा भारतीय चिकित्सा पद्धति, ऐंलोपैथी, आयुर्वेद, यूनानी और सिद्ध व्यवस्थाओं के फॉमूलों के संग्राहक के रूप में परम्परागत ज्ञान डिजिटल पुस्तकालय की स्थापना की।

उपर्युक्त कथनों में से कौन से कथन सही हैं?

(a) केवल 1 और 3 (b) केवल 3

(c) केवल 1 और 2 (d) उपरोक्त सभी

209. निम्नलिखित कथनों पर विचार कीजिए:

1. 'AB' रक्तसमूह की लाल रूधिर कोशिकाओं में कोई प्रतिजन नहीं होता है जबकि रक्त प्लाज्मा में प्रति-A तथा प्रति-B प्रतिजैविक पाए जाते हैं यही कारण है कि 'AB' रक्त समूह के व्यक्ति किसी भी समूह से रक्त प्राप्त कर सकते हैं तथा उन्हें 'सार्वभौमिक ग्राही' के रूप में जाना जाता है।
2. 'O' रक्त समूह की लाल रूधिर कोशिकाओं में कोई प्रतिजन नहीं होता है तथा रक्त प्लाज्मा में प्रति-A तथा प्रति-B प्रतिजैविक पाया जाता है यही कारण है कि यह समूह किसी भी रक्त समूह को रक्त दान कर सकता है और इसलिए O रक्त समूह वाले व्यक्ति 'सार्वभौमिक रक्तदाता' कहे जाते हैं।

उपर्युक्त कथनों में से कौन सा/से सही है/हैः-

(a) केवल 1 (b) केवल 2
(c) 1 और 2 दोनों (d) न तो 1 और न ही 2

210. निम्नलिखित कथनों पर विचार कीजिए:

1. मेटाकैफे, विन्डो के किसी भी संस्करण के ऑपरेटिंग सिस्टम (ओ.एस.) को हानि पहुँचाने वाले वायरस से बचाने का एक एन्टीवायरस है जो स्पाइवेयर व एडवेयर के खिलाफ बहुत प्रभावी कार्य करता है।
2. मैकैफी प्लस एक वीडियो आदान-प्रदान करने की वेब साइट है, जो लघु कालीन मौलिक मनोरंजन में विशेषीकृत है और जहाँ प्रयोगकर्ता वीडियो को अपलोड, देख व आदान-प्रदान कर सकते है।

उपर्युक्त कथनों मे कौन से/सा सही कथन हैं/है?

(a) केवल 1 (b) केवल 2
(c) 1 और 2 दोनों (d) ना ही 1 न ही 2

211. निम्नलिखित युग्मों पर विचार कीजिए:

(शरीर के भाग)	(कार्य)
1. लार ग्रंथि	– लार का स्राव
2. पेट	– अम्ल का स्राव
3. यकृत	– पित्त रस का स्राव
4. मलाशय	– अपाच्य भोजन का भण्डारण
5. छोटी आँत	– पाचन क्रिया का समापन

उपर्युक्त युग्मों में से कौन से युग्म सही सुमेलित हैं?

(a) केवल 1, 2, 3 और 4 (b) केवल 2, 3, 4 और 5
(c) केवल 1, 2, 4 और 5 (d) केवल 1, 3, 4 और 5

212. निम्नलिखित कथनों पर विचार करें:

1. जैविक कृषि एक ऐसी कृषि पद्धति है जिसमें अधिकतम् या पर्याप्त रासायनिक खादों, रसायनों, कीटनाशकों का प्रयोग होता है तथा जैविक खाद, पुनर्चकित कृषि अपशिष्ट और जैव कारकों का अच्छी फसल प्रणाली के साथ अधिकतम प्रयोग किया जाता है।
2. मिश्रित कृषि एक ऐसी कृषि प्रणाली है जिसमें एक ही भू भाग में फसल उत्पादन के साथ पशुपालन भी शामिल होता है।
3. भूमि के एक भाग पर एक साथ दो या दो से अधिक फसलों को उगाने को मिश्रित फसल कहते हैं।
4. एक निश्चित पंक्ति में दो या दो से अधिक फसलों को उगाना फसल चक्र (crop rotation) कहलाता है।

उपर्युक्त कथनों में से कौन से कथन सही हैं?

(a) केवल 1, 2 और 3 (b) केवल 2, 3 और 4

(c) केवल 2 और 3 (d) केवल 1 और 4

213. निम्नलिखित कथनों पर विचार करें:

1. लाइकेन नामक जीव, सल्फरडाइ ऑक्साइड जैसे वायु प्रदूषकों के स्तर के प्रति बहुत संवेदनशील होते हैं।
2. लाइकेन, शैवाल और कवक के बीच सहभोजिता सम्बन्ध प्रदर्शित करते है।

उपर्युक्त कथनों में से कौन सा/से कथन सही है/हैं?

(a) केवल 1 (b) केवल 2

(c) 1 और 2 दोनों (d) ना ही 1 ना ही 2

214. कथन (A):मानव कोशिका में कोशिकाभित्ति नहीं होती इसलिए बैक्टीरिया की तुलना में एंटीबॉयोटिक पेनिसिलिन मानव कोशिका को नुकसान नहीं पहुँचाती।

कारण (R): एंटीबॉयोटिक पेनिसिलिन, बैक्टीरिया के कोशिकाभित्ति निर्माण की प्रक्रिया को रोक देती है जिसके परिणाम स्वरूप बैक्टीरिया कोशिकाभित्ति निर्माण नहीं कर पाता और आसानी से समाप्त हो जाता है।

दिये गये कूटों में से सही उत्तर को चुनिए:

(a) (A) और (R) दोनों सही हैं और (R), (A) की सही व्याख्या करता है।

(b) (A) और (R) दोनों सही हैं किन्तु (R), (A) की सही व्याख्या नहीं करता है।

(c) (A) सही है किन्तु (R) गलत है।

(d) (A) गलत है किन्तु (R) सही है।

215. निम्नलिखित में से कौन सा कथन सही है?

(a) प्रकाश संश्लेषक जीवाणु स्वपोषी होते हैं और रसायन संश्लेषक जीवाणु परपोषी होते हैं।

(b) प्रकाश संश्लेषक जीवाणु में क्लोरोफिल होता है और रसायन संश्लेषक जीवाणु में कैरोटीन होता है।

(c) प्रकाश संश्लेषक जीवाणु और रसायन संश्लेषक जीवाणु दोनों स्वपोषी हैं।

(d) प्रकाश संश्लेषक जीवाणु और रसायन संश्लेषक जीवाणु में कोई प्रकाश संश्लेषक रंजक नहीं पाया जाता है।

216. निम्नलिखित कथनों पर विचार करें :

1. लिटमस विलयन एक बैंगनी रंग है जो कवक से प्राप्त होता है।
2. जब लिटमस विलयन न अम्लीय और न ही क्षारीय होता है तो यह बैंगनी रंग का होता है और इसमें अम्ल मिलने पर इसका रंग लाल हो जाता है।

उपर्युक्त में से कौन सा/से कथन सही है/हैं?

(a) केवल 1

(b) केवल 2

(c) 1 और 2 दोनों

(d) न ही 1 और न ही 2

217. कौन सा जोड़ सबसे अधिक गतिशीलता प्रदान करता है?

(a) कशेरूकाओं का जोड़

(b) कंधों का जोड़

(c) घुटनों का जोड़

(d) कोहनी का जोड़

218. निम्नलिखित कथनों में से कौन सा/से सत्य है/हैं?

(a) जीवन के संचालन के लिए शरीर में पोषण, श्वसन और पदार्थों के परिवहन तथा अपशिष्ट पदार्थों के उत्सर्जन जैसी प्रक्रियाओं की आवश्यकता होती है।

(b) स्वपोषण में पर्यावरण से प्राप्त साधारण अजैविक पदार्थों का अंतर्ग्रहण, मिश्रण और उच्च्व ऊर्जा के जैविक सामग्री का संश्लेषण, सूर्य जैसे बाह्य ऊर्जा स्रोत के प्रयोग द्वारा होता है।

(c) परपोषण में अन्य जैविकों द्वारा निर्मित जटिल पदार्थों का अंतर्ग्रहण निहित होता है।

(d) सभी सही हैं।

219. जलीय जीवों की श्वसन दर जमीन के जीवों की तुलना में अधिक क्यों होती है?

(a) पानी में घुली हुई ऑक्सीजन की मात्रा हवा में मिश्रित ऑक्सीजन की तुलना में काफी कम होती है।

(b) जलीय जीवों को पीने के लिए अधिक पानी की आवश्यकता होती है इसलिए पानी लेने के लिए वे जल्दी-जल्दी सांस लेते हैं।

(c) जलीय जीव जमीन के अन्य जीवों की तुलना में बहुत फुर्तीले होते हैं इसलिए उन्हें अधिक पानी की आवश्यकता होती है।

(d) जलीय जीवों की प्रजनन दर अधिक होती है इसलिए उन्हें ऑक्सीजन की अधिक मात्रा की आवश्यकता होती है।

220. एंटीडाईयूरेटिक हार्मोन (ADH)—

(a) पीयूष ग्रंथि द्वारा स्रावित वृद्धि हार्मोन के स्राव को बाधित करता है।

(b) हृदय गति की दर को बाधित करता है।

(c) यह धमनियों की माँसपेशीय भित्तियों के संकुचन का कारण बनता है जो गुर्दे की नलिकाओं में जल के पुनः अवशोषण को प्रोत्साहित करता है।

(d) रक्तचाप में वृद्धि करता है।

221. निम्नलिखित कथनों पर विचार करें:

1. श्वसन प्रक्रिया में जटिल कार्बनिक यौगिक जैसे ग्लूकोज़, ATP के रूप में विखंडित होकर ऊर्जा उपलब्ध कराता है।
2. श्वसन वायवीय या अवायवीय हो सकता है, अवायवीय श्वसन से जीवों को अधिक ऊर्जा प्राप्त होती है।

उपर्युक्त में से कौन सा/से कथन सही है/हैं?

(a) केवल 1 (b) केवल 2

(c) 1 और 2 दोनों (d) न ही 1 और न ही 2

222. **कथन (A):** अनेक मरूस्थलीय पौधों की पत्तियों की सतह पर मोटी उप-त्वचा (क्यूटिकल) होती है और उनके रंध्र (स्टोमेटा) गहरे गर्त में व्यवस्थित होते हैं, ताकि वाष्पोत्सर्जन (ट्रांस्पिरेशन) द्वारा जल की न्यूनतम हानि हो।

कारण (R): अनुकूलन जीव का कोई एक ऐसा गुण (आकारिकीय, कार्यकीय, व्यावहारिक) है जो उसे अपने आवास में जीवित बने रहने और जनन के योग्य बनाता है।

नीचे दिए गए कूट में से सही उत्तर का चयन करें :

कूट :

(a) A और R दोनों सत्य हैं तथा R, A का सही स्पष्टीकरण है।

(b) A और R दोनों सत्य हैं परन्तु R, A का सही स्पष्टीकरण नहीं है।

(c) A सत्य है परन्तु R असत्य है।

(d) A असत्य है परन्तु R सत्य है।

223. निम्नलिखित युग्मों पर विचार करें :

फसल	प्रजाति
1. गेहूं	हिमगिरी
2. राई	पूसा शुभ्रा
3. फूलगोभी	पूसा स्नोबॉल k - 1

उपर्युक्त में से कौन सा/से युग्म सही सुमेलित है/हैं?

(a) केवल 1 (b) केवल 2

(c) केवल 1 और 2 (d) केवल 1 और 3

224. निम्नलिखित युग्मों पर विचार करें :

विटामिन		रायासनिक नाम
1. विटामिन बी1	:	थाइमीन
2. विटामिन बी2	:	राइबोफ्लैविन
3. विटामिन बी3	:	पेंटोथिनिक अम्ल
4. विटामिन बी5	:	नियासिन
5. विटामिन बी6	:	पायरिडॉक्सिन

उपर्युक्त में से कौन सा/से युग्म सही सुमेलित है/हैं?

(a) केवल 1, 2 और 3 (b) केवल 2, 3 और 4

(c) केवल 3, 4 और 5 (d) केवल 1, 2 और 5

225. सूची I और सूची II को सुमेलित करें व कूटों का प्रयोग करते हुए सही उत्तर का चयन करें :

सूची I (शारीरिक भाग)	सूची II (कशेरुकाओं की संख्या)
1. ग्रीवा क्षेत्र	A. 7
2. वक्ष क्षेत्र	B. 12
3. कटि क्षेत्र	C. 5
4. पुच्छ क्षेत्र	D. 4

सही कूट है–

(a) 1-A, 2-C, 3-D, 4-B (b) 1-A, 2-D, 3-B, 4-C

(c) 1-A, 2-B, 3-C, 4-D (d) 1-D, 2-A, 3-C, 4-B

226. निम्न में से कौन जैव अपघटन योग्य प्लास्टिक नहीं है?

(a) सेल्यूलोज बायोप्लास्टिक (b) पॉलीलैक्टिक अम्ल

(c) अलीफेटिक बायोपॉलीएस्टर (d) पॉलीयूरेथिन अयस्क

227. हाइपरएक्युमुलेटर्स हैं:

(a) वे बैटरियां जो लंबे समय के लिए उर्जा को संचित कर सकती हैं।

(b) वे पौधे जो मिट्टी, जल या वायु में हानिरहित प्रदूषकों को कम करते हैं या बदल देते हैं।

(c) वे कण जो उच्च क्षमता के आसंजक होते हैं और जो अपनी सतह पर पदार्थ की व्यापक मात्रा को संग्रहीत कर सकते हैं।

(d) अंतरिक्ष यात्रा में व्यापक क्षमता वाले भंडारण यान।

228. H_5N_8 जो अभी कुछ समय पहले चर्चा में रहा था, निम्नलिखित में से किस बीमारी से जुड़ा हुआ है?

(a) वाइल्ड फीवर से (b) स्वाइन फ्लू से

(c) बर्ड फ्लू से (d) मानवीय पेपिलोमा वायरस (HPV) से

229. निम्नलिखित कथनों पर विचार कीजिए:

1. जैविक कृषि में, रासायनिक तत्वों जैसे उर्वरक, शाकनासी, एवं कीटनाशक आदि का व्यापक स्तर पर प्रयोग किया जाता है।
2. मिश्रित कृषि में फसल उत्पादन के साथ-ही-साथ पशुपालन का भी कार्य किया जाता है।

उपर्युक्त वर्णित कथनों में से कौन-सा/से कथन सही है/हैं?

(a) केवल 1 (b) केवल 2

(c) 1 एवं 2 दोनों (d) न तो 1 न ही 2

230. निम्नलिखित फसलों पर विचार कीजिए:

1. सोयाबीन 2. सरसों
3. अरहर 4. अलसी

उपर्युक्त वर्णित फसलों में से खरीफ की फसल कौन-सी है/हैं?

(a) केवल 1 (b) केवल 1 एवं 3

(c) केवल 1 एवं 4 (d) 1, 2, 3 एवं 4

231. ऑक्जिन एक अति महत्वपूर्ण पौधों का वृद्धि हार्मोन है। ऑक्जिन के संदर्भ में निम्नलिखित कथनों में से कौन-सा/से सही है/हैं?

1. ऑक्जिन, अमिषेक फलन (पार्थेनोकार्पी) को प्रेरित करता है।
2. ऑक्जिन का प्रयोग शाकनाशी के रूप में भी किया जा सकता है।
3. ऑक्जिन, जाइलम विभेदन एवं कोशिका विभाजन के नियंत्रण में मदद करता है।

नीचे दिये गये कूट का प्रयोग कर सही उत्तर का चयन कीजिए।

(a) केवल 1 (b) केवल 2 एवं 3
(c) केवल 3 (d) 1, 2 एवं 3

232. ल्यूकोसाइट के संदर्भ में निम्नलिखित कथनों पर विचार कीजिएः

1. ये जीवाणुओं, वायरस, कैंसर कोशिकाओं या विषाक्त पदार्थों के रूप में उत्पन्न बाह्य आक्रमण के खिलाफ लड़ता है।
2. ये फैगोसाइटोसिस प्रक्रिया के द्वारा बाह्य कणों को नष्ट करता है।

उपर्युक्त कथनों में कौन सा/से कथन सही है/हैं?

(a) केवल 1 (b) केवल 2
(c) 1 एवं 2 दोनों (d) न तो 1 न ही 2

233. 'कोकोनट केकड़ा' जमीन पर रहने वाला सबसे बड़ा क्रस्टेशिया (Crustacean) है। यह निम्नलिखित महासागरों में से किसमें/किनमें पाया जाता है?

1. हिंद महासागर 2. प्रशांत महासागर
3. अटलांटिक महासागर

नीचे दिये गये कूट का प्रयोग कर सही उत्तर का चयन कीजिए।

(a) केवल 1 एवं 2 (b) केवल 3
(c) केवल 1 एवं 3 (d) केवल 2 एवं 3

234. निम्नलिखित क्षेत्रों पर विचार कीजिएः

1. कृषि 2. परिवहन
3. विद्युत उत्पादन

उपर्युक्त क्षेत्रों में से कौन-सा/से प्राथमिक ग्रीन हाउस गैस उत्सर्जन के स्रोत है/हैं?

(a) केवल 1 एवं 2 (b) केवल 2 एवं 3
(c) केवल 3 (d) 1, 2 एवं 3

235. निम्नलिखित पर विचार कीजिए:

1. नींबू रस
2. खाने (बेकिंग) का सोडा
3. सिरका
4. दही

दैनिक प्रयोग की उपर्युक्त वर्णित वस्तुओं में से कौन-सा/से स्वाद में कड़वा है/हैं?

(a) केवल 1, 2 और 4
(b) केवल 2
(c) केवल 2 और 4
(d) 1, 2, 3 और 4

236. यदि पिता एवं माता का रक्त-समूह क्रमशः AB और O है, तो उनके बच्चे का संभावित रक्त-समूह क्या होगा?

1. A
2. B
3. O
4. AB

नीचे दिये गये कूट की सहायता से सही उत्तर का चयन कीजिए।

(a) केवल 1 और 4
(b) केवल 1 और 2
(c) केवल 1 और 3
(d) 1, 2, 3 और 4

237. निम्नलिखित रोगों पर विचार कीजिए:

1. इबोला
2. डेंगू बुखार
3. टायफाइड
4. चिकनगुनिया
5. डिप्थीरिया

उपर्युक्त वर्णित रोगों में से कौन-से विषाणुओं के कारण होते हैं?

(a) केवल 1, 2 और 4
(b) केवल 1, 2, 4 और 5
(c) केवल 1, 2 और 5
(d) 1, 2, 3, 4 और 5

238. स्टेम सेलों (कोशिकाएँ) के संदर्भ में, निम्नलिखित कथनों में से कौन-सा/से कथन सही है/हैं?

1. ये अविशेषित कोशिकाएँ, कोशिका-विभाजन के माध्यम से स्वयं को नए सिरे से बनाने की क्षमता युक्त होती हैं।
2. ये कोशिकाएँ केवल मेरूरज्जा और स्टेमेटा कोशिकाओं में पायी जाती हैं।
3. जब एक स्टेम सेल (कोशिका) विभाजित होती है, प्रत्येक नई कोशिका के या तो स्टेम सेल बनने रहने या दूसरे प्रकार की कोशिका बनने की संभाव्यता होती है।

नीचे दिये गये कूट की सहायता से सही उत्तर का चयन कीजिए।

(a) केवल 1 और 3 (b) केवल 1 और 2

(c) केवल 3 (d) 1, 2 और 3

239. निम्नलिखित युग्मों पर विचार कीजिए:

विटामिन अल्पता	रोग
1. विटामिन B-1	बेरीबेरी
2. विटामिन B-12	पेलाग्रा
3. विटामिन B-3	रक्ताल्पता

उपर्युक्त वर्णित युग्मों में से कौन-सा/से युग्म सही सुमेलित है/हैं?

(a) केवल 1 और 3 (b) केवल 1

(c) केवल 3 (d) 1, 2 और 3

240. निम्नलिखित रोगों पर विचार कीजिए:

1. हैजा 2. अमोबाइसिस

3. फ्लोरोसिस 4. हेपेटाइटिस-ए

उपर्युक्त वर्णित रोगों में से कौन-सा/से 'जल जनित रोग' है/हैं?

(a) केवल 1 (b) केवल 1 और 2

(c) केवल 2, 3 और 4 (d) 1, 2, 3 और 4

241. भारत में आनुवांशिक रूपांतरित (GM) फसलों के पैदावार के लिए निम्नलिखित में से कौन-सी फसल/फसलें अनुमोदित और स्वीकृत है/हैं?

1. बी.टी. सरसों 2. बी.टी. कपास

3. बी.टी. चावल 4. बी.टी. बैंगन

नीचे दिये गये कूट की सहायता से सही उत्तर का चयन कीजिए।

(a) केवल 1, 2 और 4 (b) केवल 1 और 4

(c) केवल 2 (d) 1, 2, 3 और 4

242. निम्नलिखित रोगों पर विचार कीजिए:

1. मलेरिया 2. याज

3. मातृ एवं नवजात टिटनेस

उपर्युक्त वर्णित रोगों में से किस रोग/किन रोगों को विश्व स्वास्थ्य संगठन द्वारा सन् 2016 में आधिकारिक रूप से भारत में मुक्त घोषित किया गया है/किए गए हैं?

(a) केवल 2 और 3 (b) केवल 2

(c) केवल 3 (d) 1, 2 और 3

243. जब सूक्ष्मजीव अपने स्थानीय परिवेश से डीएनए को लेने और उनकी प्रतिकृति बनाने में सक्षम हो जाते हैं, तब यह प्रक्रिया कहलाती है:

(a) रूपांतरण (b) पारगमन

(c) अभिकर्मक (d) जेनेटिक इंजीनियरिंग

244. वैज्ञानिकों ने एक ऐसे पदार्थ का निर्माण किया है जो तापमान के अंतर को महसूस कर सकता है और जिन्हें कृत्रिम त्वचा के रूप में प्रयोग करके कृत्रिम अंग के रूप में इस्तेमाल किया जा सकता है। इस नये पदार्थ को कहा जाता है:

(a) प्रोस्टेटिक (b) पेक्टिन

(c) सेलेस्टिन (d) कार्बाइन

245. जीवाणुओं के संदर्भ में निम्नलिखित कथनों पर विचार कीजिए:

1. जीवाणु मोनेरा वंश का एकमात्र सदस्य है।
2. जीवाणु सबसे प्रचुर मात्रा में पाये जाने वाले सूक्ष्म जीव हैं।
3. जीवाणु चरमावस्था जैसे कि गरम झरनों, रेगिस्तान, बर्फ और गहरे सागर में निवास नहीं कर सकते हैं।

उपर्युक्त वर्णित कथनों में से कौन-सा/से कथन सही है/हैं?

(a) केवल 1 और 2 (b) केवल 1

(c) केवल 2 और 3 (d) 1, 2 और 3

246. जैव प्रौद्योगिकी के संदर्भ में निम्नलिखित कथनों में कौन-सा कथन सही नहीं है?

(a) 'हरित जैव प्रौद्योगिकी' कृषि कार्यों में अनुप्रयुक्त जैव प्रौद्योगिकी है।

(b) 'श्वेत जैव प्रौद्योगिकी' दुग्ध उत्पादन प्रक्रियाओं में अनुप्रयुक्त जैव प्रौद्योगिकी है।

(c) 'जेनेटिक लाइब्रेरी' एक जीव के संपूर्ण जीनोम का प्रतिनिधित्व करने वाले क्लोन का संग्रह है।

(d) जीनोमिक DNA, किसी जीव के सभी जेनिटिक आंकड़ों को धारण करने वाला DNA होता है।

247. निम्नलिखित में से कौन-सा/से कन्वेंशन खतरनाक सामग्री से संबंधित है/हैं?

1. रॉटरडम कन्वेंशन 2. बेसेल कन्वेंशन

3. वियना कन्वेंशन

नीचे दिये गये कूट का प्रयोग कर सही उत्तर का चयन कीजिए।

(a) केवल 1 (b) केवल 1 और 2

(c) केवल 1 और 3 (d) 1, 2 और 3

248. पारिस्थितिकी तंत्र में 'खाद्य श्रृंखला' के संदर्भ में निम्नलिखित जीवों में से कौन-सा/से जीव प्राथमिक उत्पादक है/हैं?

1. कवक
2. जीवाणु
3. फाइटोप्लैंकटन (पादप प्लवक)

नीचे दिये गये कूट का प्रयोग कर सही उत्तर का चयन कीजिए।

(a) केवल 1 और 2 (b) केवल 3

(c) केवल 1 और 3 (d) 1, 2 और 3

249. निम्नलिखित पर विचार कीजिए:

1. नीडल बुश
2. बकरी घास
3. मदार
4. धतूरा

उपर्युक्त वर्णित प्रजातियों में से कौन-सी भारत में आक्रामक विदेशी वनस्पति प्रजातियाँ हैं?

(a) केवल 1 और 2 (b) केवल 1, 2 और 3

(c) केवल 2, 3 और 4 (d) 1, 2, 3 और 4

250. 'एण्टीप्रोटान एवं आयन अनुसंधान सुविधा (FAIR)' एक अंतर्राष्ट्रीय एक्सलरेटर फैसिलिटीज है जो एण्टीप्रोटानों एवं आयानों का उपयोग - नाभिकीय, हैड्रॉन एवं कण भौतिकी, परमाणु एवं एंटीमैटर भौतिकी - के क्षेत्र में अनुसंधान करने में करेगा। FAIR के संदर्भ में निम्नलिखित कथनों में से कौन-सा/से कथन सही है/हैं?

1. FAIR, विशाल अनुसंधान परियोजनाओं में से एक है एवं विश्व भर में सबसे परिष्कृत एक्सलरेटर केन्द्र होगा।
2. इस उद्देश्य के लिये स्थापित कंपनी 'FAIR GmbH' का भारत संस्थापक सदस्य है।

नीचे दिये गये कूट का प्रयोग कर सही उत्तर का चयन कीजिए।

(a) केवल 1 (b) केवल 2

(c) 1 और 2 दोनों (d) न तो 1, न ही 2

251. निम्नलिखित कथनों पर विचार कीजिए:

1. आवश्यक फैटी एसिड, संतुलित आहार का एक हिस्सा होना चाहिए।
2. ओमेगा-3 फैटी ऐसिड, मस्तिष्क को स्वस्थ रखता है एवं कैंसर, हृदय रोग तथा अन्य बीमारियों को रोकता है।

उपर्युक्त वर्णित कथनों में से कौन-सा/से कथन सही है/हैं?

(a) केवल 1 (b) केवल 2

(c) 1 और 2 दोनों (d) न तो 1, न ही 2

252. हार्वर्ड विश्वविद्यालय में वैज्ञानिकों ने प्रयोगशाला में पहले 'धातु हाइड्रोजन (Metal Hydrogen)' को तैयार करने की घोषणा की है। धातु हाइड्रोजन का/के क्या संभावित अनुप्रयोग हो सकता है/सकते हैं?

1. कमरे के तापमान पर अतिचालक के निर्माण के लिए
2. सबसे शक्तिशाली रॉकेट प्रणोदक बनाने के लिए
3. हाई स्पीड ट्रेनों की चुंबकीय उत्तोलक (मैग्लेव) बनाने के लिए

नीचे दिये गये कूट का प्रयोग कर सही उत्तर का चयन कीजिए।

(a) केवल 1 (b) केवल 2

(c) केवल 1 और 3 (d) 1, 2 और 3

253. 'वाष्पोत्सर्जन' के संदर्भ में निम्नलिखित कथनों पर विचार कीजिए:

1. इसके द्वारा पौधों के सभी अंगों तक मृदा से प्राप्त खनिजों का स्थानांतरण होता है।
2. इसके कारण प्रकाश संश्लेषण हेतु जल उपलब्ध नहीं हो पाता है।

उपर्युक्त वर्णित कथनों में से कौन-सा/से कथन सही है/हैं?

(a) केवल 1 (b) केवल 2

(c) 1 और 2 दोनों (d) न तो 1, न ही 2

254. विश्व स्वास्थ्य संगठन (WHO) ने 12 सुपरबग' की सूची प्रकाशित की थी, जो मानव स्वास्थ्य के लिये सबसे बड़ा खतरा है। 'सुपरबग' के संदर्भ में निम्नलिखित कथनों पर विचार कीजिए:

1. ये एंटीबायोटिक दवाओं के प्रति प्रतिरोधक होते हैं।
2. एंटीबायोटिक दवाओं का अति उपयोग एवं दुरुपयोग 'सुपरबग' बनाने के लिये प्रमुख रूप से उत्तरदायी है।
3. WHO द्वारा चिन्हांकित कुछ प्रमुख सुपरबग - मार्स (MARS), निसेरिया, गोनोराहॉए, क्लेबिसेला एवं ई.कोलाई हैं।

उपर्युक्त वर्णित कथनों में से कौन-सा/से कथन सही है/हैं?

(a) केवल 1 (b) केवल 1 और 3

(c) केवल 2 और 3 (d) 1, 2 और 3

255. सब्जियाँ पकाने के दौरान, खासतौर पर जब वे पानी में पकायी जाती हैं, कुछ पोषक तत्त्वों को खो देती हैं, लेकिन फिर भी उनमें पर्याप्त विटामिन एवं खनिज तत्त्व पाये जाते हैं। इस प्रक्रिया में पोषक मूल्यों की कुल हानि निर्भर करती है:

1. पोषक तत्त्वों के प्रकार पर
2. पकाने के तापमान पर
3. पकाने के समय पर
4. पानी की मात्रा पर

उपर्युक्त वर्णित कारकों में से कौन-से कारक पकाने के दौरान पोषक मूल्यों की हानि के लिये उत्तरदायी हैं?

(a) केवल 1 और 2 (b) केवल 1, 2 और 4

(c) केवल 2, 3 और 4 (d) 1, 2, 3 और 4

256. 'जर्मलाइन संपादन प्रौद्योगिकी' के संदर्भ में निम्नलिखित कथनों में से कौन-सा/से कथन सही है/हैं?

1. इस तकनीक के द्वारा 'लक्षित आनुवंशिक प्रत्यावर्तन (टॉरगेटेड जेनेटिक अल्टरेशन)' संभव हो पाते हैं।
2. इसमें सुमैटिक कोशिकाओं के आनुवंशिक पदार्थ में परिवर्तन पर बल होता है तथा अण्डाणु एवं शुक्राण को छेड़ा नहीं जाता है।

नीचे दिए गये कूट का प्रयोग कर सही उत्तर का चयन कीजिए।

(a) केवल 1 (b) केवल 2

(c) 1 और 2 दोनों (d) न तो 1, न ही 2

257. वैश्विक तापन के मानवीय स्वास्थ्य पर प्रतिकूल प्रभाव के संदर्भ में निम्नलिखित कथनों पर विचार कीजिए:

1. जीवाणुओं की रोगजनक क्षमता में वृद्धि हुई है।
2. रोगजनक सूक्ष्म जीवों की संख्या में कमी आयी है।
3. आर्द्रता की मात्रा में कमी के परिणामस्वरूप मच्छरों के विस्तार का प्रारूप परिवर्तित हो गया है।

उपर्युक्त वर्णित प्रभावों में से कौन-सा/से प्रभाव सही है/हैं?

(a) केवल 1 (b) केवल 2 और 3

(c) केवल 1 और 3 (d) 1, 2 और 3

258. नवीकरणीय ऊर्जा में भारी बल के माध्यम से भारत सरकार स्वच्छ उर्जा के हिस्से में वृद्धि करना चाहती है।

निम्नलिखित में से कौन-सा/से भारत में विकास और नवीकरणीय ऊर्जा की तैनाती के लिए कोर प्रेरक स्रोत है?

1. ऊर्जा सुरक्षा
2. विद्युत की कमी
3. ऊर्जा की पहुँच
4. जलवायु परिवर्तन

नीचे दिए गए कूट का प्रयोग कर सही उत्तर का चयन कीजिए।

(a) केवल 1, 3 और 4
(b) केवल 1
(c) केवल 1 और 3
(d) 1, 2, 3 और 4

259. 'बायोक्ले' के संदर्भ में निम्नलिखित कथनों में कौन-सा/से कथन सही है/हैं?

1. बायोक्ले, रसायनों एवं कीटनाशकों का एक पर्यावरणीय रूप से सतत् विकल्प होगा।
2. बायोक्ले, नैनो आकार की डेग्रेडेबल मृदा है, जो डबल स्ट्राण्डेड आरएनए (RNA) को मुक्त करके पौधों को विशेष बीमारी पैदा करने वाले रोगजनकों (पैथोजन) से बचाता है।

नीचे दिए गये कूट का प्रयोग कर सही उत्तर का चयन कीजिए।

(a) केवल 1
(b) केवल 2
(c) 1 और 2 दोनों
(d) न तो 1, न ही 2

260. 'राष्ट्रीय फार्मास्यूटिकल प्राइसिंग ऑथारिटी (NPPA)' के संदर्भ में निम्नलिखित कथनों पर विचार कीजिएः

1. यह संस्था स्वास्थ्य एवं परिवार कल्याण मंत्रालय का एक हिस्सा है।
2. NPPA, औषधि (मूल्य नियंत्रण) आदेश के अंतर्गत आवश्यक औषधि का उच्चतम मूल्य निर्धारित करता है।
3. संगठन को, उपभोक्ता से, नियंत्रित मूल्य के दबावों पर उत्पादकों द्वारा अधिक लिए गये मूल्य को वापस दिलाने हेतु अधिकारिता रखता है।

उपर्युक्त वर्णित कथनों में से कौन-से कथन सही हैं?

(a) केवल 1 और 2
(b) केवल 2 और 3
(c) केवल 1 और 3
(d) 1, 2 और 3

261. 'सांबा मसूरी' को कौन सबसे बेहतर प्रकार से उल्लिखित करता है?

(a) यह एक बैक्टीरियल हानि प्रतिरोधी गेंहू की प्रजाति है।

(b) यह एक जीवाणु हानि प्रतिरोधी चावल की प्रजाति है।

(c) यह नीलगिरी पहाड़ियों की छोटी चारागाही जनजाति है।

(d) यह खासी पहाड़ियों की छोटी चारागाही जनजाति है।

262. विश्व स्वास्थ्य संगठन ने एंटीबायोटिक प्रतिरोधी, प्राथमिक रोग जनक बैक्टीरिया के 12 परिवारों के एक कैटलॉग जो मानव स्वास्थ्य के लिए सबसे बड़ा खतरा है, की अपनी पहली सूची प्रकाशित की है। निम्नलिखित में से कौन-सी इस सूची का हिस्सा है/हैं?

1. एंटेरोकोकस फायसियम
2. स्यूडोमोनस एरोगिनोसा
3. स्ट्रेप्टोकोकस न्यूमोनिया

नीचे दिए गये कूट की सहायता से सही उत्तर का चयन कीजिए।

(a) केवल 1 और 2 (b) केवल 3

(c) केवल 2 (d) 1, 2 और 3

263. निम्नलिखित में से कौन सबसे अच्छी प्रकार ब्रुसेला को परिभाषित करता है?

(a) ब्रुसेलोसिस एक पशु रोग है जो मनुष्यों में भी संक्रमित हो जाता है।

(b) ब्रुसेलोसिस खुले में शौच के कारण होने वाला रोग है।

(c) ब्रुसेलोसिस पौधों का एक रोग है जो गेंहू की पैदावार को प्रभावित करता है।

(d) ब्रुसेलोसिस पौधों का एक रोग है जो धान की पैदावार को प्रभावित करता है।

264. यह विभिन्न प्रजातियों के जीवों के बीच संबंध है, जिसमें एक जीव नष्ट हो जाता है जबकि अन्य जीव अप्रभावित रहते हैं। यह किस रूप में जाना जाता है?

(a) असहभोजिता

(b) परजीविता

(c) अन्योन्याश्रयतता

(d) सहभोजित्वता

265. निम्नलिखित में से कौन से मानव शरीर में तांबे की उपयोगिता हैं?

1. यह हीमोग्लोबिन और कॉलेजन गठन में शामिल एंजाइमों के लिए एक सहकारक के रूप में कार्य करता है।
2. हीमोग्लोबिन की संरचना में यह लौह को शामिल करने में यह शामिल होता है।

3. यह रक्त वाहिकाओं, हड्डियों और तंत्रिकाओं को मजबूती प्रदान करता है।

नीचे दिए गये कूट की सहायता से सही उत्तर का चयन कीजिए।

(a) केवल 1 और 2 (b) केवल 2 और 3

(c) केवल 1 और 3 (d) 1, 2 और 3

266. हाल के अध्ययन में पाया गया कि जलवायु परिवर्तन के कारण 'क्रोनिक किडनी' रोग की दरों में तेजी आ सकती है। मानव शरीर में किडनी के कार्यो के संदर्भ में निम्नलिखित कथनों पर विचार कीजिए:

1. किडनी का मुख्य कार्य रक्त में इलेक्ट्रोलाइट्स के संतुलन को विनियमित करने के साथ pH समस्थापन को बनाये रखता है।
2. हाइपोथैलमस एवं अधिवृक्क ग्रंथि, किडनी की कार्य प्रक्रिया से निकटता से जुड़ी हुई है।
3. उच्च रक्तचाप एवं मधुमेह 'क्रोनिक किडनी रोग के मुख्य कारणों में से है।

उपर्युक्त वर्णित कथनों में से कौन-सा/से कथन सही है/हैं?

(a) केवल 1

(b) केवल 1 और 2

(c) केवल 2 और 3

(d) 1, 2 और 3

267. 'भारतीय कृषि अनुसंधान परिषद के संस्थानों (ICAR)', और राज्य कृषि विश्वविद्यालयों ने विभिन्न फसलों और मिट्टी के प्रकारों में कार्बनिक उर्वरकों की जाँच किया और इसे किस/किन हेतु उपयुक्त पाया है?

(a) मिट्टी के स्वास्थ्य में सुधार के लिए

(b) फसलों की उत्पादकता में सुधार के लिए

(c) भारत में सभी BT फसलों के उपज के लिए

(d) (a) और (b) दोनों

268. वनस्पतियों द्वारा एक निश्चित समयावधि में प्रकाश संश्लेषण के दौरान प्रति इकाई क्षेत्र में उत्पादित जैवभार या कार्बनिक पदार्थ क्या कहलाता है?

(a) प्राथमिक उत्पादन

(b) शुद्ध जैवभार

(c) द्वितीयक उत्पादन

(d) खड़ी फसल

269. 'लिविंग प्लैनेट सूचकांक (LPI)' के संदर्भ में निम्नलिखित कथनों में से कौन-सा सही है?

(a) LPI प्राणियों एवं वनस्पतियों की लुप्तप्राय प्रजातियों से संबंधित एक सूचकांक है।

(b) LPI दुर्लभ वनस्पतियों से जुड़ा एक सूचकांक है।

(c) LPI वैश्विक जैव विविधता के स्थिति से जुड़ा एक सूचकांक है।

(d) उपर्युक्त में से कोई नहीं

270. निम्नलिखित कथनों पर विचार कीजिएः

1. जैव प्रौद्योगिकी उद्योग अनुसंधान सहायता परिषद (BIRAC), भारत सरकार के जैव प्रौद्योगिकी विभाग (DBT) के द्वारा स्थापित एक सार्वजनिक उपक्रम है, जो भारत में जैव प्रौद्योगिकी के क्षेत्र में बायोटेक उद्योगों को रणनीतिक अनुसंधान एवं नवाचार के क्षेत्र में सशक्त बनाने हेतु इंटरफेस एजेंसी है।
2. BIRAC का उद्देश्य भारतीय जैव अर्थव्यवस्था (Bioeconomy) को 100 अरब अमेरिकी डॉलर में परिवर्तित करने के लिए उत्प्रेरक के रूप में कार्य करना है।
3. जैव प्रौद्योगिकी इग्निशन ग्राण्ट (BIG), अनुसंधान संस्थाओं, शिक्षण संस्थाओं एवं स्टार्ट-अप से जुड़े वैज्ञानिक उद्यमियों के लिए उपलब्ध है। इस अनुदान योजना का उद्देश्य प्रारंभिक चरण में ही अनुसंधानों को अनुदान देकर खोज (Discovery) एवं अविष्कार (Invention) के बीच की खाँई को पाटने में मदद करना है ताकि अनुसंधान खोजों के व्यवसायीकरण को प्रोत्साहित किया जा सके।

उपयुर्क्त कथनों में सें कौन-से सही हैं?

(a) केवल 1 एवं 3

(b) केवल 1 एवं 2

(c) केवल 2 एवं 3

(d) 1, 2 एवं 3

271. जीवाणुओं (बैक्टीरिया) के संदर्भ में क्या सही है?

(a) जीवाणु कोशिकाओं में नाभिक पाया जाता है।

(b) जीवाणु, मृत एवं जीवित के मध्य स्थित होते हैं।

(c) जीवाणु, प्राणियों एवं वनस्पतियों के मध्य स्थित होते हैं।

(d) जीवाणु पृथ्वी पर सर्वप्रथम प्रकट होने वाले जीवन में से एक है।

272. निम्नलिखित कथनों में से कौन-सा/से सही है/हैं?

1. जैव आवर्धन (Bio-Magnification) एक अपशिष्ट प्रबंधन तकनीक है जो सूक्ष्म जीवों के इस्तेमाल से जुड़ी है।
2. जैव उपचार (Bioremediation), खाद्य श्रृंखला में क्रमिक उच्च स्तर पर जीवों के ऊतकों में जहरीले रसायन एवं इस तरह के अन्य पदार्थों की बढ़ती सांद्रता है।

नीचे दिये गये कूट का प्रयोग कर सही उत्तर का चयन कीजिए:

(a) केवल 1
(b) केवल 2
(c) 1 एवं 2 दोनों
(d) न तो 1 और न ही 2

273. निम्नलिखित को सुमेलित कीजिए:

(रोग)	**(रोग का कारण)**
A. प्लेग	1. वायरस (विषाणु)
B. कालाजार	2. प्रोटोजोआ
C. दाद (Ring Worm)	3. जीवाणु
D. फ्लू	4. कवक

कूट:

	A	B	C	D
(a)	1	2	3	4
(b)	3	2	4	1
(c)	3	1	2	4
(d)	2	3	4	1

274. मानव की तंत्रिका तंत्र के संदर्भ में निम्नलिखित कथनों पर विचार कीजिए:

1. केन्द्रीय तंत्रिका तंत्र (CNS) में मस्तिष्क एवं मेरूरज्जू सम्मिलित है, जहाँ पर सूचनाओं का संसाधन एवं नियंत्रण होता है।
2. 'मोटर न्यूरॉन' एक तंत्रिका कोशिका होती है जो प्रत्यक्ष एवं परोक्ष रूप से प्रेरक अंगों, मुख्यतः मांसपेशियों एवं ग्रंथियों को नियंत्रित करती है।
3. एमिओट्राफिक लैटरल सिरोलिसिस (ALS) एक विशिष्ट न्यूरॉन विकार है, जिसमें स्वैच्छिक मांसपेशियों पर नियंत्रण रखने वाले न्यूरॉनों की मृत्यु हो जाती है।

उपर्युक्त कथनों में से कौन-सा/से सही है/हैं?

(a) केवल 2
(b) केवल 1 एवं 3
(c) 1, 2 एवं 3
(d) केवल 2 एवं 3

275. निम्नलिखित में से कौन-से जैव उर्वरक के रूप में प्रयुक्त होते हैं?

1. एजोला
2. नील हरित शैवाल
3. अल्फाल्फा
4. ह्यूमीकोला
5. राइजोबियम

नीचे दिये गये कूट का प्रयोग कर सही उत्तर का चयन करें:

(a) केवल 2, 3 एवं 4 (b) केवल 1, 2, 3 एवं 4

(c) केवल 1, 2, 4 एवं 5 (d) केवल 1, 2 एवं 5

276. निम्नलिखित में से कौन सा कथन प्राणियों में स्तंभ कोशिकाओं के संदर्भ में असत्य है?

(a) स्तंभ कोशिकाएँ प्राणी में जीवन भर स्वयं गुणन करती है।

(b) स्तंभ कोशिकाएँ अंगों के क्षतिग्रस्त ऊत्तकों की मरम्मत करती है।

(c) स्तंभ कोशिकाएँ एक या अधिक प्रकार की विशिष्ट कोशिकाओं को बनाने की क्षमता रखता है।

(d) स्तंभ कोशिकाएँ केवल 'भ्रूण' में पायी जाती हैं।

277. निम्नलिखित किन रोगों को एंटीबायोटिक्स द्वारा ठीक नहीं किया जा सकता है?

1. पोलियो
2. टिटेनस
3. खसरा
4. हैजा
5. जापानी एनसेफेलाइटिस
6. चेचक

नीचे दिये गये कूट का प्रयोग कर सही उत्तर का चयन कीजिए:

(a) केवल 1, 2, 3 एवं 4 (b) केवल 1, 3, 4, 5 एवं 6

(c) केवल 3, 4, 5 एवं 6 (d) केवल 1, 3, 5 एवं 6

278. निम्नलिखित कथनों पर विचार कीजिए:

1. थाइरॉइड हार्मोन लाल रक्त कणिकाओं (RBC) के निर्माण की प्रक्रिया में सहायता करता है।
2. अग्नाशय केवल एक बहिःस्रावी ग्रंथि है।
3. 'क्रॉनिक पैंक्रियाटिक' एक बीमारी है जो मरीज के भोजन पचाने की क्षमता एवं अग्नाशय में हार्मोन बनाने की क्षमता को बाधित कर देता है।

उपर्युक्त कथनों में से कौन-सा/से सही है/हैं?

(a) केवल 2 (b) केवल 1 एवं 3

(c) 1, 2 एवं 3 (d) केवल 2 एवं 3

279. बीमारियों की कौन सी जोड़ी विषाणुओं के कारण नहीं होती है?

(a) चेचक एवं बड़ी माता (small pox)

(b) इन्फ्लुएंजा एवं यकृतशोध (हेपेटाइटिस)

(c) रेबिज एवं एड्स

(d) मलेरिया एवं हेल्मन्थीज

280. नवीन विकसित विज्ञान की कौन–सी शाखा जैव-विविधता के लिए एक खतरा भी है?

(a) नैनोप्रौद्योगिकी
(b) दूरसंचार प्रौद्योगिकी
(c) जैव प्रौद्योगिकी
(d) क्रायोजेनिक प्रौद्योगिकी

281. वर्ष 2016 में पोलियो के टीके के संदर्भ में उठाये गये कदमों के संदर्भ में निम्नलिखित कथनों में से कौन सही है?

(a) भारत में 'ओरल पोलियो वैक्सीन' (OPV) का उपयोग बंद करके पोलियो वैक्सीन के इंजेक्शन का उपयोग शुरु होगा।

(b) भारत में तीन उपभेदों वाले ओरल पोलियो वैक्सीन (OPV) को बंद कर के केवल दो उपभेदों वाले ओरल पोलियो वैक्सीन का उपयोग जारी रहेगा।

(c) भारत में ओरल पोलियो वैक्सीन का उपयोग बंद करके निष्क्रिय पोलियो वायरस वैक्सीन का उपयोग शुरु कर दिया गया है।

(d) पोलियो का भारत में उन्मूलन हो जाने के कारण सभी प्रकार के पोलियो वैक्सीन का प्रयोग बंद कर दिया गया है।

282. निम्नलिखित कथनों पर विचार कीजिए :

1. स्वपोषी अनुक्रमण (सक्शेसन) वह होता है, जिसमें हरे पौधे अधिक मात्रा में होते हैं।
2. ऑटोजेनिक अनुक्रमण वह होता है, जिसमें बाह्य कारकों द्वारा परिवर्तन लाया जाता है।

उपर्युक्त कथनों में से कौन सा/से कथन सही है/हैं?

(a) केवल 1
(b) केवल 2
(c) 1 और 2 दोनों
(d) उपर्युक्त में से कोई नही

283. निम्नलिखित कथनों पर विचार कीजिए :

1. एरिथ्रोसाइट (RBC), ल्यूकोसाइट एवं प्लेटलेट्स को संयुक्त रूप से 'संगठित पदार्थ' कहते हैं और ये रक्त का लगभग 45 प्रतिशत भाग होते हैं।

2. मस्तिष्क, शरीर की ऐच्छिक क्रियाओं और मानव व्यवहार को नियंत्रित करता है लेकिन, फेफड़े, दिल और वृक्क के अनैच्छिक गतिविधियों पर नियंत्रण नहीं करता है।

उपर्युक्त वर्णित कथनों में से कौन सा/से कथन सही है/हैं?

(a) केवल 1 (b) केवल 2

(c) 1 और 2 दोनों (d) कोई नहीं

284. निम्नलिखित कथनों पर विचार कीजिए :

1. हेपेटाइटिस-बी (यकृतशोध-बी) यौन संक्रमित रोग है।
2. हेपेटाइटिस-बी (यकृतशोध-बी) एवं एचआईवी संक्रमण का उपचार संभव नहीं है।
3. यद्यपि सभी लोग यौन संक्रमित रोगों के प्रति अतिसंवेदनशील हैं, लेकिन 15 से 24 वर्ष आयु वर्ग के लोगों में यह अधिक दिखाई दे रहा है।

उपर्युक्त कथनों में से कौन से कथन सही नहीं हैं?

(a) केवल 1 और 2 (b) केवल 1 और 3

(c) 1, 2 और 3 (d) इनमें से कोई नहीं

285. 'प्लवक' (Plankton) के संदर्भ में निम्नलिखित में से कौन से सही हैं?

1. वे बहुत से बड़े जलीय जंतुओं के भोजन के महत्वपूर्ण स्रोत हैं।
2. पादप प्लवक (फाइटोप्लैंक्टन) मुख्यतः सतह के पास उगते हैं।
3. वे डाइमिथाइल सल्फाइड को उत्सर्जित करते हैं, जिससे मेघ वीजन (cloud seeding) में मदद मिलती है।

निम्नलिखित कूटों की सहायता से सही उत्तर चुनिए :

(a) केवल 1 और 2 (b) केवल 2 और 3

(c) 1, 2 और 3 (d) केवल 1 और 3

286. उर्वरक पौधों के विकास को बढ़ाते हैं। फॉस्फोरिक उर्वरकों द्वारा किसके विकास में मदद पहुँचाई जाती है :

1. जड़ 2. फूल

3. बीज 4. फल

5. पत्ती

निम्नलिखित कूटों की सहायता से सही उत्तर चुनिए :

(a) केवल 1, 2, 3 और 4 (b) केवल 2, 3, 4 और 5

(c) केवल 3, 4 और 5 (d) केवल 1, 3, 4 और 5

287. कभी-कभी समाचारों में रहने वाले जीका विषाणु (Zika Virus), निम्नलिखित में से किस बीमारी से जुड़ा हुआ है?

(a) माइक्रोसिफेली (b) हांथीपांव

(c) चिकनगुनिया (d) इनमें से कोई नहीं

288. 'जर्मलाइन संपादन प्रौद्योगिकी' के संदर्भ में निम्नलिखित कथनों में से कौन सा/से सही है/हैं?

1. इस तकनीक के द्वारा 'लक्षित आनुवंशिक प्रत्यावर्तन' (टॉरगेटेड जेनेटिक अल्टरेशन) संभव हो पाता है।
2. इसमें सुमैटिक कोशिकाओं के आनुवंशिक पदार्थ में परिवर्तन पर बल होता है तथा अण्डाणु एवं शुक्राणु को छेड़ा नहीं जाता है।

निम्नलिखित कूटों की सहायता से सही उत्तर चुनिए :

(a) केवल 1 (b) केवल 2

(c) 1 और 2 दोनों (d) न तो 1 और न ही 2

289. सबसे आदिम प्रोकैरियोट में शामिल है :

1. मिथैनोजिंस 2. हैलोफाइल
3. साइनो बैक्टिरिया4. थर्मोएसिडोफाइल

निम्नलिखित कूटों की सहायता से सही उत्तर चुनिए :

(a) केवल 1 और 2 (b) केवल 2 और 3

(c) केवल 1, 2 और 4 (d) केवल 1, 3 और 4

290. एग्रीबोट (कृषि से जुड़ा रोबोट) कार्यों के संदर्भ में निम्नलिखित कथनों पर विचार कीजिए :

1. खेतों की जुताई
2. खेती की सिंचाई
3. मौसम की भविष्यवाणी
4. किसी भी प्रकार की मिट्टी पर चलने में सक्षम

उपर्युक्त कौन से कार्य सही हैं?

(a) केवल 1, 2 और 4

(b) केवल 2, 3 और 4

(c) केवल 1, 3 और 4

(d) 1, 2, 3 और 4

291. रिसीन (Ricin) प्राकृतिक रूप से ज्ञात सबसे अधिक विषैले पदार्थों में से एक है। रिसीन प्राप्त किया जाता है :

(a) अरंडी के बीज से (b) धतूरा के फूल से

(c) ब्लैक माम्बा सांप से (d) पिरान्हा मछली से

292. निम्नलिखित में से कौन सा/से कारक ऑटोजेनिक अनुक्रमण (Autogenic Succession) में मददगार होता है?

1. पत्तियों द्वारा एकत्रित प्रकाश
2. मलबे (detritus) का उत्पादन
3. जल एवं पोषक तत्वों का उद्ग्रहण (uptake)

निम्नलिखित कूटों की सहायता से सही उत्तर चुनिए :

(a) केवल 1 (b) केवल 2 और 3

(c) केवल 3 (d) 1, 2 और 3

293. बैरोमीटर में दबाव के घटने से श्वसन के लिए ऑक्सीजन की उपलब्धता घट जाती है। तटीय क्षेत्रों में रहने वालों की अपेक्षा ऊँचे स्थानों पर रहने वाले लोगों में प्रदर्शित होता है–

1. लाल रूधिर कोशिकाओं की अधिक संख्या
2. अधिक क्षमतावान फेफड़ा युक्त बड़ा सीना
3. त्वचा का सांवला रंग

निम्नलिखित कूटों की सहायता से सही उत्तर चुनिए :

(a) केवल 1 और 2 (b) केवल 2 और 3

(c) केवल 3 (d) 1, 2 और 3

294. जैसे–जैसे दिन ठंडे होते जाते हैं, हवा में तुषार (पाला) बढ़ता जाता है, वैसे–वैसे पतझड़ पौधे एवं झाड़ियां पतझड़ का प्रदर्शन करने लगती है। पतझड़ रंगों की उपस्थिति किस कारण होती है?

1. जैन्थोफिल 2. क्लोरोफिल
3. एन्थ्रोसाइनिन 4. कैरोटिनायड्स

निम्नलिखित कूटों की सहायता से सही उत्तर चुनिए :

(a) केवल 1 और 2 (b) केवल 2 और 3

(c) केवल 1, 3 और 4 (d) केवल 1, 2 और 4

295. मृदा-कवक एवं पौधों के संबंध के संदर्भ में निम्नलिखित पर विचार कीजिए :

1. कुछ कवक पौधों की जड़ों की कोशिकाओं में उगकर (grow) जड़ों के पृष्ठ क्षेत्रफल को बढ़ाकर पानी एवं पोषक तत्वों के अवशोषण में वृद्धि लाते हैं।
2. कुछ कवक पौधों के पदार्थों (भाग) को विखण्डित कर, कार्बन डाईऑक्साइड के मुक्ति में मदद करते हैं।
3. पौधे कवकों के जीवित रहने के लिए जरूरी शर्करा उपलब्ध कराते हैं।

उपर्युक्त कथनों में से कौन सा/से सही है/हैं?

(a) केवल 1 (b) केवल 2 और 3

(c) केवल 3 (d) 1, 2 और 3

296. नीम लेपित यूरिया के सम्बन्ध में निम्नतिलखित कथनों पर विचार कीजिए:

1. इससे यूरिया के उपभोग में वृद्धि होती है।
2. इससे निक्षालन के कारण होने वाली हानि में कमी होती है।
3. यह पर्यावरण-मित्र होती है।

उपर्युक्त कथनों में से कौन सा/से कथन सही है/हैं?

(a) केवल 1 (b) केवल 1 और 3

(c) केवल 2 और 3 (d) 1, 2 और 3

297. जीन चिकित्सा के संबंध में निम्नलिखित क्या सत्य नहीं है?

(a) इसमें रोग के उपचार या निवारण के लिए डीएनए के भागों का उपयोग किया जाता है।

(b) कायिक जीन चिकित्सा में जीन के एक भाग का शरीर की किसी भी ऐसी कोशिका में, जो शुक्राणु या अण्डे उत्पन्न नहीं करती है, स्थानांतरण किया जाता है।

(c) मूल तात्विक (germeline) जीन चिकित्सा में जीन के एक भाग को ऐसी कोशिकाओं में स्थानांतरित किया जाता है जो अण्डे या शुक्राणु उत्पन्न करती हैं।

(d) जीन अवरोधन जीन चिकित्सा का एक प्रकार नहीं है।

298. निम्नलिखित रोगों पर विचार कीजिए :

1. रोटावायरस 2. जापानी मस्तिष्क ज्वर

3. मलेरिया 4. रूबेला

उपर्युक्त में से कौन भारत के सार्वभौमिक प्रतिरक्षण कार्यक्रम का भाग हैं?

(a) केवल 2 और 3 (b) केवल 1, 2 और 4

(c) केवल 1, 3 और 4 (d) 1, 2, 3 और 4

299. आर्द्रता के संबंध में निम्नलिखित कथनों पर विचार कीजिएः

1. लाइकेन और शैवाल (Mosses) वायुमण्डलीय नमी का प्रत्यक्ष उपयोग करते हैं।
2. आर्द्रता पवन से प्रभावित होती है।
3. निम्न तापमान के परिणामस्वरूप उच्च सापेक्ष आर्द्रता हो सकती है।

उपर्युक्त कथनों में से कौन सा/से कथन सही है/हैं?

(a) केवल 1 और 2 (b) केवल 2

(c) केवल 2 और 3 (d) 1, 2 और 3

300. गंभीर डेंगू संभवतः घातक है तथा अति उच्च स्तर के विषाणु भार से सहसंबद्ध है, जो कारण होता है :

(a) प्लेटलेट्स में कमी और रक्तस्राव का।

(b) अधिक मात्रा में पसीना बहने का।

(c) मस्तिष्क की रक्त-वाहिकाओं में सूजन का।

(d) लाल रक्त कोशिकाओं के ह्रास होने के कारण रक्ताल्पता का।

301. रैबीज एक विषाणुजनित संक्रामक रोग है। रैबीज के बारे में निम्नलिखित कथनों पर विचार कीजिए :

1. रैबीज के विषाणु लार के माध्यम से संक्रमण करते हैं।
2. यह विषाणु मानव मस्तिष्क पर आघात करता है।
3. कुत्तों के टीकाकरण से मानव जीवन को रैबीज से बचाया जा सकता है।
4. रैबीज 100% निवार्य है।

उपर्युक्त कथनों में से कौन से कथन गलत हैं?

(a) केवल 2 और 3 (b) केवल 3 और 4

(c) केवल 1 और 4 (d) उपर्युक्त कोई नहीं

302. जैव ईंधन बनाने के लिए निम्नलिखित किनका उपयोग किया जा सकता है?

1. रतनजोत (Jatropa) 2. सफेद सरसों (Rapeseed)

3. शीरा (Molasses) 4. पॉम ऑयल

5. पटसन

निम्नलिखित कूटों की सहायता से सही उत्तर चुनिए :

(a) केवल 1, 2 और 3 (b) केवल 1, 2, 3 और 4

(c) 1, 2, 3, 4 और 5 (d) केवल 2, 3 और 4

303. कैंसर कोशिकाएं सामान्य कोशिकाओं से भिन्न होती हैं :

(a) ऐसे कई प्रकार के संकेतों में जो कोशिकीय वृद्धि और मृत्यु को नियंत्रित करते हैं।

(b) वृद्धिमान गति से ऐसे नियंत्रणों के प्रति प्रतिरोधी होने में जो सामान्य ऊतक का अनुरक्षण करते हैं।

(c) अपनी मूल कोशिकाओं की अपेक्षा अधिक त्वरित गति से विभाजित होने और अन्य कोशिकाओं के संकेतों पर कम निर्भर होने में।

(d) उपर्युक्त सभी में।

304. जैविक अंतक्रियाओं के संदर्भ में निम्नलिखित कथनों पर विचार कीजिए :

1. परभक्षण ऐसी अंतर्क्रिया है जिसमें एक प्रजाति लाभांवित होती है और दूसरी प्रजाति को हानि होती है।
2. असहभोजिता ऐसी अंतर्क्रिया है जिसमें एक प्रजाति लाभांवित होती है और दूसरी अप्रभावित रहती है।

उपर्युक्त कथनों में से कौन सा/से कथन सही है/हैं?

(a) केवल 1 (b) केवल 2

(c) 1 और 2 दोनों (d) न तो 1 और न ही 2

305. मरूस्थलीय पादपों द्वारा निम्नलिखित में से कौन सा/से अनुकूलन किया जाता है/किये जाते हैं?

1. जड़ तंत्र बड़े क्षेत्र व गहराई तक विस्तृत होता है।
2. पत्तियां और तने सरस व जल धारण करने वाले होते हैं।
3. तना में प्रकाश संश्लेषण के लिए पर्णहरित (Chlorophyll) होता है।

निम्नलिखित कूटों की सहायता से सही उत्तर चुनिए :

(a) केवल 1 और 2 (b) केवल 2

(c) केवल 2 और 3 (d) 1, 2 और 3

306. हिस्टोन्स (histones) के संबंध में निम्नलिखित कथनों पर विचार कीजिए :

1. ये प्रोटीन असीमकेन्द्रकी (prokaryotic) कोशिकाओं के नाभिक में पाये जाते हैं।

2. ये प्रोटीन ससीमकेन्द्रकी (eukaryetes) में सर्वाधिक उच्च संरक्षित प्रोटीन में से होते हैं।
3. ये प्रोटीन स्थानांतर-परवर्ती रूपांतरण (post-translational modification) से होकर गुजरते हैं जो कि उनकी अंतर्क्रिया डीएनए और नाभिकीय प्रोटीनों से कराता है।

उपर्युक्त कथनों में से कौन सा/से कथन सही नहीं है/हैं?

(a) केवल 1 और 2
(b) केवल 1
(c) केवल 2 और 3
(d) केवल 3

307. निम्नलिखित में से कौन जैव-उर्वरक हैं?

1. एजोस्पिरिलम
2. क्लोरोबियम
3. एनाबीना

निम्नलिखित कूटों की सहायता से सही उत्तर चुनिए :

(a) केवल 1 और 2
(b) केवल 2 और 3
(c) केवल 1 और 3
(d) 1, 2 और 3

308. स्टेरॉयड के व्युत्पादों के संबंध में निम्नलिखित कथनों पर विचार कीजिए :

(स्टेरॉयड)	(कार्य)
1. एल्डोस्टेरोन	: जल एवं लवण संतुलन
2. कोलेस्ट्रॉल	: कार्बोहाइड्रेड उपापचय
3. कॉर्टिसोन	: कोशिका मेम्ब्रेन की नम्यता

उपर्युक्त कथनों में से कौन सा/से कथन सही है/हैं?

(a) केवल 1
(b) केवल 2 और 3
(c) केवल 3
(d) केवल 1 और 3

309. 'आनुवंशिक (genetic) ब्लूप्रिंट' जो कभी-कभी समाचारों में रहता है, संबंधित है:

(a) सजीव प्राणियों के जीन के मानचित्रीकरण से।
(b) क्रोमोसोम की जाँच के लिए प्रसव पूर्व निदान से।
(c) आनुवंशिक सूचनाओं के संवाहक एक नाभिक से।
(d) क्लीनिकल सूक्ष्म जीव-विज्ञान के एक आधारभूत साधन से।

310. प्राचीन भारत में आयुर्विज्ञान के क्षेत्र के संदर्भ में निम्नलिखित में से कौन से कथन सही हैं?

1. शरीर-रचना विज्ञान का अध्ययन प्रचलित था।
2. रोगों के निदान की विधियां प्रयोग की जाती थीं।
3. शल्य-क्रिया के बारे में अज्ञानता थी।
4. विभिन्न प्रकार के पादपों का औषधियों के रूप में प्रयोग किया जाता था।

निम्नलिखित कूटों की सहायता से सही उत्तर चुनिए :

(a) केवल 1, 2 और 3
(b) केवल 2, 3 और 4
(c) केवल 1, 2 और 4
(d) केवल 1, 3 और 4

311. जलीय बायोम जैव मंडल का सबसे बड़ा भाग धारण करते हैं और जलीय परितंत्र के ऊपरी भाग को धारण किया जाता है :

(a) प्लैंकटन द्वारा
(b) नेक्टन द्वारा
(c) बेन्थोस द्वारा
(d) उपरोक्त सभी के द्वारा

312. निम्नलिखित में से कौन ऐसे स्थानों पर वनस्पति प्रवर्धन में अग्रणी माना जाता है/माने जाते हैं, जहाँ अन्य वनस्पतियों का प्रवर्धन असंभव प्रतीत होता है?

1. लिवरवर्ट्स (Liverworts)
2. काई (Mosses)
3. लाइकेन (Lichens)
4. फर्न (Fern)

निम्नलिखित कूटों की सहायता से सही उत्तर चुनिए :

(a) केवल 1 और 2
(b) केवल 2
(c) केवल 1, 2 और 3
(d) केवल 2, 3 और 4

313. मिडिल ईस्ट रेस्पिरेटरी सिन्ड्रोम (एमईआरएस), एक नये तरह के कोरोना विषाणु के कारण होने वाला एक विषाणुजनित श्वसन रोग है और इस विषाणु को सर्वप्रथम पहचाना गया था :

(a) तुर्की में
(b) सऊदी अरब में
(c) मिस्र में
(d) यमन में

314. 'व्हाइटफ्लाई' के संदर्भ में निम्नलिखित कथनों पर विचार कीजिए :

1. यह पौधा चूसने वाला कीट है।
2. इसने पंजाब और हरियाणा में बड़े क्षेत्र में कपास की अधिकांश फसल को क्षति पहुँचायी है।

उपर्युक्त कथनों में से कौन सा/से कथन सही है/हैं?

(a) केवल 1 (b) केवल 2

(c) 1 और 2 दोनों (d) न तो 1 और न ही 2

315. निम्नलिखित कथनों में से कौन-सा कथन कोशिकाओं के बारे में सही है?

(a) कोशिकाएं केवल वृहत् क्षेत्र में गोलाकार संरचना में होती हैं।

(b) पुरकिन्जे ने कोशिका के तरल पदार्थ को 'जीवद्रव्य (protoplosm)' नाम दिया।

(c) जीवन की मूलभूत ईकाई, कोशिका, की अवधारणा रॉबर्ट ब्राऊन द्वारा प्रस्तुत की गई।

(d) लीवेनहुक, जो सूक्ष्म जीव-विज्ञान के जनक माने गये हैं, ने कोशिका सिद्धांत प्रस्तुत किया।

316. राष्ट्रीय कृषि कीट संसाधन ब्यूरो (NBAIR) के संदर्भ में निम्नलिखित कथनों पर विचार कीजिए:

1. यह कृषि मंत्रालय के अंतर्गत एक स्वायत्तशासी संगठन है।
2. पूर्व में यह कृषक महत्व के कीटों के राष्ट्रीय ब्यूरो के रूप में जाना जाता था।
3. यह कृषिक रूप से महत्वपूर्ण कीट संसाधनों की उपयोगिता, विनिमय, परिरक्षण, प्रलेखन, विशेषीकरण के लिए एक केंद्रीय एजेंसी है।

उपर्युक्त कथनों में से कौन सा/से कथन सही है/हैं?

(a) केवल 1 और 3 (b) केवल 2

(c) केवल 2 और 3 (d) 1, 2 और 3

317. वर्ष 2016 में, निम्नलिखित में से किस/किन भारतीय सब्जी/सब्जियों के आयात पर यूरोपीय संघ ने प्रतिबंध-विस्तार किया?

1. करेला 2. बैंगन

3. आलू

निम्नलिखित कूटों की सहायता से सही उत्तर चुनिए :

(a) केवल 3 (b) केवल 1 और 2

(c) केवल 1 (d) 1, 2 और 3

318. 'पृथुतातापी जीवों' के संदर्भ में निम्नलिखित कथनों पर विचार कीजिए :

1. ऐसे जीव जो तापमानों के व्यापक परास को सहन कर सकते हैं और उसमें खूब बढ़ते हैं।

2. ऐसे समुद्र या पृथ्वीवासी जीव जो एक निश्चित तापमान पर जीवित रहते हैं और प्रत्येक प्रजाति का ताप अनुकूलन भिन्न होता है।

उपर्युक्त कथनों में से कौन सा/से कथन सही है/हैं?

(a) केवल 1 (b) केवल 2

(c) 1 और 2 दोनों (d) उपर्युक्त कोई नहीं

319. भारत सरकार ने राष्ट्रीय जैव प्रौद्योगिकी विकास रणनीति 2015-2020 को उद्घाटित किया है। निम्नलिखित में से कौन इस रणनीति के प्रमुख तत्व हैं?

1. एक कुशल कार्यबल और नेतृत्व को तैयार करना।
2. प्रयोग प्रेरित अनुसंधानों की खोज को प्रोत्साहित करना।
3. जैव प्रौद्योगिकी के क्षेत्र में विश्व में सर्वाधिक निवेश करना।

निम्नलिखित कूटों की सहायता से सही उत्तर चुनिए :

(a) केवल 1 और 2 (b) केवल 2 और 3

(c) केवल 1 और 3 (d) 1, 2 और 3

320. तुंगता बीमारी एक तनावपूर्ण अवस्था है जिसमें शरीर कम मात्रा में ऑक्सीजन प्राप्त करता है। लेकिन बहुत सी जनजातियां हिमालय के ऊँचे क्षेत्रों में रहती हैं। ट्रेकर का शरीर कम ऑक्सीजन की क्षतिपूर्ति करता है :

1. लाल रूधिर कोशिकाओं के उत्पादन में वृद्धि करके।
2. हीमोग्लोबीन की बंधनकारी क्षमता में वृद्धि करके।
3. श्वसन दर में वृद्धि करके।

निम्नलिखित कूटों की सहायता से सही उत्तर चुनिए :

(a) केवल 1 (b) केवल 1 और 2

(c) केवल 1 और 3 (d) 1, 2 और 3

321. निम्नलिखित युग्मों पर विचार कीजिए :

1. क्लोन : अकारिकीय रूप से असमान किंतु आनुवांशिक रूप से समान जीव
2. अलैंगिक चल बीजाणु : अलैंगिक प्रजनन संरचना
3. बल्व : कायिक प्रवर्ध

निम्नलिखित कूटों से सही युग्म चुनिए :

(a) केवल 1 और 2 (b) केवल 2 और 3

(c) केवल 2 (d) केवल 3

उत्तरमाला

1. (a)	**2.** (a)	**3.** (b)	**4.** (c)	**5.** (d)	**6.** (a)	**7.** (d)
8. (a)	**9.** (b)	**10.** (d)	**11.** (c)	**12.** (d)	**13.** (c)	**14.** (c)
15. (a)	**16.** (a)	**17.** (a)	**18.** (c)	**19.** (a)	**20.** (a)	**21.** (a)
22. (c)	**23.** (d)	**24.** (c)	**25.** (d)	**26.** (a)	**27.** (a)	**28.** (c)
29. (c)	**30.** (d)	**31.** (d)	**32.** (a)	**33.** (b)	**34.** (a)	**35.** (a)
36. (c)	**37.** (c)	**38.** (a)	**39.** (b)	**40.** (b)	**41.** (d)	**42.** (d)
43. (a)	**44.** (d)	**45.** (a)	**46.** (d)	**47.** (a)	**48.** (a)	**49.** (b)
50. (c)	**51.** (a)	**52.** (a)	**53.** (d)	**54.** (b)	**55.** (c)	**56.** (d)
57. (b)	**58.** (d)	**59.** (c)	**60.** (c)	**61.** (a)	**62.** (a)	**63.** (d)
64. (c)	**65.** (a)	**66.** (a)	**67.** (d)	**68.** (a)	**69.** (a)	**70.** (d)
71. (a)	**72.** (c)	**73.** (c)	**74.** (c)	**75.** (b)	**76.** (a)	**77.** (c)
78. (b)	**79.** (d)	**80.** (a)	**81.** (c)	**82.** (d)	**83.** (b)	**84.** (c)
85. (b)	**86.** (c)	**87.** (a)	**88.** (d)	**89.** (d)	**90.** (b)	**91.** (d)
92. (c)	**93.** (d)	**94.** (d)	**95.** (b)	**96.** (a)	**97.** (a)	**98.** (a
99. (c)	**100.** (a)	**101.** (d)	**102.** (a)	**103.** (a)	**104.** (c)	**105.** (d)
106. (c)	**107.** (d)	**108.** (b)	**109.** (b)	**110.** (b)	**111.** (d)	**112.** (b)
113. (a)	**114.** (b)	**115.** (d)	**116.** (d)	**117.** (a)	**118.** (a)	**119.** (b)
120. (c)	**121.** (a)	**122.** (d)	**123.** (a)	**124.** (c)	**125.** (a)	**126.** (a)
127. (a)	**128.** (a)	**129.** (d)	**130.** (b)	**131.** (a)	**132.** (c)	**133.** (c)
134. (c)	**135.** (d)	**136.** (b)	**137.** (a)	**138.** (d)	**139.** (b)	**140.** (d)
141. (c)	**142.** (b)	**143.** (a)	**144.** (a)	**145.** (c)	**146.** (d)	**147.** (c)
148. (a)	**149.** (c)	**150.** (d)	**151.** (d)	**152.** (c)	**153.** (b)	**154.** (a)
155. (a)	**156.** (d)	**157.** (a)	**158.** (c)	**159.** (d)	**160.** (d)	**161.** (c)
162. (a)	**163.** (d)	**164.** (b)	**165.** (d)	**166.** (b)	**167.** (a)	**168.** (d)
169. (d)	**170.** (a)	**171.** (a)	**172.** (d)	**173.** (b)	**174.** (b)	**175.** (b)
176. (b)	**177.** (c)	**178.** (c)	**179.** (d)	**180.** (c)	**181.** (d)	**182.** (b)
183. (d)	**184.** (d)	**185.** (b)	**186.** (b)	**187.** (d)	**188.** (c)	**189.** (b)
190. (a)	**191.** (d)	**192.** (c)	**193.** (c)	**194.** (d)	**195.** (a)	**196.** (a)
197. (b)	**198.** (c)	**199.** (a)	**200.** (c)	**201.** (d)	**202.** (a)	**203.** (a)
204. (c)	**205.** (d)	**206.** (c)	**207.** (c)	**208.** (c)	**209.** (b)	**210.** (d)
211. (a)	**212.** (c)	**213.** (a)	**214.** (a)	**215.** (c)	**216.** (b)	**217.** (b)
218. (d)	**219.** (a)	**220.** (c)	**221.** (a)	**222.** (a)	**223.** (d)	**224.** (d)
225. (c)	**226.** (d)	**227.** (b)	**228.** (c)	**229.** (b)	**230.** (b)	**231.** (d)
232. (c)	**233.** (a)	**234.** (d)	**235.** (b)	**236.** (b)	**237.** (a)	**238.** (a)
239. (b)	**240.** (d)	**241.** (c)	**242.** (a)	**243.** (a)	**244.** (b)	**245.** (a)
246. (b)	**247.** (b)	**248.** (b)	**249.** (d)	**250.** (c)	**251.** (c)	**252.** (d)

253. (a)	**254.** (d)	**255.** (d)	**256.** (a)	**257.** (a)	**258.** (d)	**259.** (c)
260. (b)	**261.** (b)	**262.** (d)	**263.** (a)	**264.** (a)	**265.** (d)	**266.** (d)
267. (d)	**268.** (a)	**269.** (c)	**270.** (d)	**271.** (d)	**272.** (d)	**273.** (b)
274. (c)	**275.** (c)	**276.** (d)	**277.** (d)	**278.** (b)	**279.** (d)	**280.** (c)
281. (b)	**282.** (a)	**283.** (a)	**284.** (d)	**285.** (c)	**286.** (a)	**287.** (a)
288. (a)	**289.** (c)	**290.** (d)	**291.** (a)	**292.** (d)	**293.** (a)	**294.** (c)
295. (d)	**296.** (c)	**297.** (d)	**298.** (b)	**299.** (d)	**300.** (a)	**301.** (d)
302. (c)	**303.** (d)	**304.** (a)	**305.** (d)	**306.** (b)	**307.** (d)	**308.** (a)
309. (a)	**310.** (c)	**311.** (a)	**312.** (c)	**313.** (b)	**314.** (c)	**315.** (b)
316. (c)	**317.** (b)	**318.** (a)	**319.** (a)	**320.** (c)	**321.** (b)	

व्याख्या

1. a ट्राइग्लिस्टायड और कोलेस्ट्रॉल दो विभिन्न प्रकार के लिपिड होते हैं जो रक्त में घुले रहते हैं।

2. a शीतल पेय प्रायः कार्बोनेटेड पेय होते हैं। साइट्रिक अम्ल, साइट्रिक फलों में पाया जाता है।

3. b खाद्य जाल, खाद्य श्रृंखला से अधिक स्थायी होता है।

5. d प्रतिजैविक दवाओं का एक समूह है जिसका प्रयोग जीवाणुओं तथा कुछ निश्चित परजीवियों द्वारा उत्पन्न संक्रमण का उपचार करने के लिए किया जाता है।

7. d पारस्परिकता में दोनों प्रजातियां लाभान्वित होती हैं। उदाहरण के लिए प्रवाल जीवों एवं सहजीवों शैवालों के बीच अंतर्क्रिया।

8. a कोई जीनोम किसी जीव के आनुवंशिक तत्वों का संचय होता है। यह किसी जीव के निर्माण, उसके कार्यकलाप तथा उसके बने रहने तथा अगली पीढ़ी के लिए जीवन हस्तांतरण के लिए वंशानुगत निर्देशों का संपूर्ण सेट होता है। डीएनए "न्यूक्लियोटाइड्स" नामक एकलकों से निर्मित वृहत् जैव बहुलक होते हैं।

9. b कुछ सूक्ष्मजीव जैसे लैक्टोबैसिलस लाभदायक भी होते हैं।

11. c इस प्रकार के उपापचय में, पत्तियों के रन्ध्र खुले रहते हैं किंतु ऑक्सीजन एकत्र करने के लिए नहीं बल्कि दिन में प्रकाशसंश्लेषण की क्रिया के लिए कार्बन डाइऑक्साइड का प्रयोग किया जाता है।

13. c ऊर्जा का पिरामिड उलटा नहीं हो सकता है क्योंकि एक पोषण स्तर (ट्रॉपिक) से दूसरे पोषण स्तर में जाने पर प्रायः कुछ ऊर्जा का क्षय होता है। संख्या में उलटे पिरामिड का उदाहरण वृक्षों पर कीटों का जीवित रहना है। मछलियों का फाइटोप्लैंक्टन पर जीवित रहना बायोमास के उलटे पिरामिड का उदाहरण है।

15. a कंप्यूटर इमरजेंसी रिस्पांश टीम-इंडिया ने डेक्सटर नामक वायरस की खोज की है। यह बैंकिंग लेन-देन से संबंधित जानकारियां चुराता है।

16. a जलकृषि, बिना मृदा के, जल में खनिज पोषकों को घोलकर पादपों को उगाने की पद्धति है।

17. a प्लूरीपोटेंसी और मल्टीपोटेंसी के तुलना में टोटीपोटेंसी जीव में सभी विभेदकारी कोशिकाओं की, एकल कोशिका के विभाजन होने और उसके निर्माण की क्षमता होती है।

18. c इन्फ्लुएंजा A(H1N1) विषाणु, इन्फ्लुएंजा A विषाणु का एक उपप्रकार है जो 2009 में मानव में इन्फ्लुएंजा (फ्लू) का सबसे आम कारण था।

20. a ताज़े जल की मछली का शरीर और मांस, ताजे पानी में ही विकसित हो पाता है, यदि आप उसे खारे जल में रख देंगे तो नमक उसके शरीर की सारी नमी को बाहर निकाल देगा और उसके शरीर में नमक की मात्रा बढ़ जाएगी और वह मर जाएगी।

22. c शंकर-6, सबसे अच्छे प्रकार का कपास है जो केवल भारत के सौराष्ट्र क्षेत्र में ही उपलब्ध होता है।

23. d कायिक विधि से उगाना ऐसी प्रक्रिया है जिसके द्वारा नये पौधों का विकास बिना बीज या बीजाणु के किया जाता है। केला को 'Sucker removal' द्वारा उत्पन्न किया जा सकता है गुलाब को कलम द्वारा उगाया जा सकता है अंगूर को कलम काटकर और ग्राफिटंग द्वारा विकसित किया जाता है।

24. c मशरूम एक मांसल कवक होता है जो कि प्राकृतिक रूप से भूमि की सतह पर या मशरुम के खाद्य-स्रोत पर उगाया जाता है। मशरूम निम्न कैलोरी वाला खाद्य होता है जिसे पकाकर, कच्चा या फिर भोज्य पदार्थों पर सजाकर खाया जाता है। खाद्य मशरूम राइबोफ्लेविन, नियासीन जैसे विटामिनों, पैटोथीनिक अम्ल तथा आवश्यक खनिजों जैसे सेलेनियम, तांबा तथा पोटैशियम के अच्छे स्रोत होते हैं। इनमें वसा, कार्बोहाइट्रेट तथा कैलोरी निम्न मात्रा में पायी जाती है और विटामिन सी तथा सोडियम नहीं पाया जाता है।

25. d यह महत्वपूर्ण है कि एचआईवी/एड्स केवल छूने या शरीर के संपर्क में आने से नहीं फैलता है। यह केवल शरीर में स्रावित द्रवों से फैलता है। यह इसलिए भी महत्वपूर्ण है कि शारीरिक एवं मनोवैज्ञानिक स्वास्थ्य के लिए यह आवश्यक है कि एचआईवी/एड्स प्रभावित व्यक्ति को परिवार से या समाज से अलग-थलग न किया जाए। संक्रमण होने और एड्स के लक्षण प्रकट होने के बीच हमेशा अंतराल होता है यह अवधि कुछ महीनों से लेकर कई वर्षों (प्रायः 5–10 वर्ष) की हो सकती है।

26. a मिडिल-ईस्ट रेस्पिरेटरी सिंड्रोम (मर्स) कोरोनावायरस से होने वाली एक खतरनाक बीमारी है। यह सार्स से भिन्न है।

28. c ऊतक का महत्वपूर्ण अनुप्रयोग रोग ग्रस्त पौधों से स्वस्थ पौधों के रूप में पुनः प्राप्ति है, हालांकि पौधा विषाणु से संक्रमित हो सकता है, किन्तु मेरीस्टेम (शीर्ष एवं पार्श्व) विषाणु से मुक्त होते हैं। इस कारण कोई भी मेरीस्टेम को अलग कर सकता है और विषाणु मुक्त पौधा प्राप्त करने के लिए इसे इन विट्रो (vitro) में विकसित कर सकता है। वैज्ञानिकों ने केला, गन्ना, आलू इत्यादि की मेरीस्टेम सर्वधन करने में सफलता प्राप्त की है।

29. c जैव उर्वरकों के मुख्य स्रोत बैक्टीरिया (एजोस्पीरिलम और एजोटो बैक्टर), कवक पौधों के साथ सहजीवी रूप से जुड़े उदाहरण के लिए माइकोराइज़ा (Mycorrhiza) ग्लोमस के बहुत से सदस्य माइकोराइज़ा (Mycorrhiza) और सायनों बैक्टीरिया हैं। सायनो बैक्टीरिया विस्तृत रूप से जलीय और स्थलीय वातावरण में वितरित स्वपोषी सूक्ष्मजीव हैं जिसमें से कई वायुमंडलीय नाइट्रोजन का स्थिरीकरण कर सकते हैं। उदाहरण के लिए एनाबेना (Anabaena), नोस्टोक (Nostoc), आसीलैटोरिया (Oscillatoria) इत्यादि धान के खेतों में सायनो बैक्टीरिया महत्वपूर्ण जैव उर्वरक का कार्य करता है। नील हरित शैवाल भी मृदा में जैव पदार्थों की वृद्धि करके उर्वरता बढ़ाता है।

30. d ऑक्जैमोफाइट वे पादप होते हैं जो शिलाओं पर उग सकते हैं, हैलोफाइट वे पादप होते हैं जो खारे जल में उग सकते हैं और सियोफाइट वे पादप होते हैं जो छाया में उगाये जाते हैं।

32. a पीड़कों और रोगों का जैव नियंत्रण एक प्रणाली है जहाँ पीड़कों का पूर्ण रूप से उन्मूलन नहीं किया जाता है। इसके बजाय उनका नियंत्रणीय स्तर पर संतुलन तथा जाँच के जटिल तंत्र के अंदर प्रबंधन किया जाता है। परंपरागत 'फार्मिंग प्रैक्टिस' के विपरीत जिसमें बहुधा लाभप्रद कीटों को रसायनों द्वारा मार दिया जाता है, इसके विपरीत यह एक समागतात्मक दृष्टिकोण है। जिसमें करोड़ों जीवों के मध्य पारस्परिक क्रियाओं के जाल की व्याख्या का विकास होता है।

33. b DNA में डी-ऑक्सी-राइबोज शर्करा होती है। आनुवांशिक पदार्थों को स्थिर होना चाहिए न कि जीव के शारीरिक परिवर्तन, आयु या जीवन चक्र के विभिन्न स्तरों के साथ परिवर्तित होना चाहिए। आरएनए में प्रत्येक न्युकिलयोटाइड पर प्रदर्शित होने वाले 2-OH समूह, प्रतिक्रियाशील समूह है और यह आरएनए को अस्थिर और आसानी से नष्ट कर देता है। आरएनए भी उत्प्रेरक होता है। इस प्रकार प्रतिक्रियाशील भी होता है। इसलिए आरएनए की तुलना में डीएनए रसायनिक रूप से कम प्रतिक्रियाशील होता

है इसलिए इन दोनों न्यूक्लिक एसिडों में डीएनए अच्छा आनुवांशिक पदार्थ होता है इसके अलावा यूरैशिल की जगह पर थाइमिन की उपस्थिति भी डीएनए को अंतिरिक्त स्थिरता प्रदान करता है। डीएनए और आरएनए दोनों रूपांतरित होते हैं। वास्तव में आरएनए अस्थिर और तीव्र दर से रूपांतरित होता है। इस प्रकार आरएनए और डीएनए दोनों आनुवंशिक पदार्थों की तरह कार्य कर सकते हैं किंतु डीएनए के अधिक स्थिर होने के कारण इसे आनुवंशिक सूचना के लिए संरक्षित करने की प्राथमिकता दी जाती है। अनुवंशिक सूचनाओं के स्थानांतरण के लिए आरएनए अधिक महत्वूपर्ण है।

34. a गहरी मृदा में अतयधिक जैविक कार्बन संचित हो सकते हैं, जो अपरदन, कृषि कार्य, निर्वनीकरण खनन और अन्य मानवी गतिविधियों द्वारा वैश्विक जलवायु परिवर्तन में योगदान दे सकते हैं किंतु सतह वाली दावानल इसके लिए उत्तरदायी महत्वपूर्ण कारकों में से नहीं है।

35. a औद्योगीकरण के बाद वाली अवधि में श्वेत शलभ के विरूद्ध गहरे वर्णों के शलभों का अस्तित्व में बने रहना प्राकृतिक चयन का उदाहरण है।

36. c व्यापक टीकाकरण कार्यक्रम के तहत भारत सरकार 7 वैक्सिन निवार्य रोगों जैसे- डिप्थीरिया, कुकुरखांसी, टेटनेस, पोलियो, खसरा एवं बालपन क्षयरोग एवं हेपेटाइटिस-बी के तीव्र रूप से बचाव के लिए टीकाकरण प्रदान कर रही है।

38. a ट्रांस-फैट आंशिक रूप से हाइड्रोजनीकृत वनस्पति तेल होते हैं जिनका उपयोग उत्पादों का जीवन-काल बढ़ाने के लिए किया जाता है और यह तैलिय खाद्य पदार्थों को अर्द्ध-ठोस खाद्य पदार्थों में परिवर्तित करते हैं। यह रक्त में 'हानिकारक' कोलेस्ट्रॉल के स्तर को बढ़ा सकते हैं और उपभोग में थोड़ी सी कमी करने से हृदय रोग के जोखिम को कम किया जा सकता है। संतृप्त वसा की तरह इनके कोई भी पौषणिक लाभ नहीं हैं, यह रक्त में कोलेस्ट्रॉल के स्तर को बढ़ाते हैं जिसके कारण कोरेनरी हृदय रोग का जोखिम बढ़ जाता है।

39. b क्राई 1ए सी जीन द्वारा कूटकृत प्रोटीन कपास के पौधे पर कीटों के आक्रमण को रोकता है।

40. b लवण का विलयन सूक्ष्मजीवों की केवल ताप प्रतिरोधकता को कम करता है।

42. d मानव-शरीर में कार्बोहाइड्रेट का कार्य कार्यशील मांसपेशियों को ऊर्जा प्रदान करना, केंद्रीय तंत्रिका तंत्र को ऊर्जा प्रदान करना, वसा का उपापचय करना तथा प्रोटीन के ऊर्जा के रूप में उपभोग को रोकना है। कार्बोहाइड्रेट मांसपेशियों को गति प्रदान करने तथा जैविक कार्यों के लिए प्राथमिक ऊर्जा स्रोत है।

43. a मानव शरीर का मैट्रिक्स प्रोटीन से बना होता है।

45. a चिकित्सीय परीक्षण के दौरान पराश्रव्य तरंगों की गति ऊतकों की प्रत्यास्थता और घनत्व पर निर्भर करती है क्योंकि अल्ट्रासाउण्ड मशीन एक जाँच उपकरण का प्रयोग करते हुए मनुष्य की शरीर में उच्च आवृत्ति (1 से 5 मेगाहार्ट्ज़) वाली ध्वनि तरंगें भेजता है जहाँ अग्रगामी ध्वनि तरंगें विभिन्न प्रकार के ऊतकों (जैसे तरल और कोमल ऊतकों और अस्थि) में अंतर को चिह्नित करती हैं।

47. a विटामिन B-6 स्वप्न को पर्याप्त समय तक याद रखने में मददगार होता है।

48. a कुछ जीव उष्मा आघात को सहन करने वाली प्रोटीन जैसे कैप्रोनीन और प्रोलीन का संचय करते हैं। कुछ वृक्षों, जैसे एकेशिया और पाम, में जल के अवशोषण के लिए गहरी मूसला जड़ों का विकास होता है। कुछ घास प्रकाश-श्वसन से बचने के लिए C_4 पाथवे अपनाती हैं। मैंग्रोव वनों के वृक्षों जैसे राइजोफोरा की जड़ें रन्ध्रयुक्त (न्यूमैटोफोरस) होती हैं जो कि लवणीय जलवायु से अनुकूलन की विशेषता है। इसके अतिरिक्त कुछ प्रजातियाँ लवणीय प्रभाव से बचने के लिए अपनी कोशिकाओं में ग्लिसरॉल का संचय करती हैं।

49. b पारस्परिकता अथवा सहजीविता दो भिन्न प्रजातियों के बीच अंतः पारस्परिक क्रिया है जिसके अंतर्गत दोनों सहभागी लाभान्वित होते हैं तथा वे पृथक् होकर जीवित नहीं रह सकते हैं। *ई० कोली* का उदाहरण सहभोजिता का उदाहरण है जिसके अंतर्गत छोटा प्राणी लाभान्वित होता है जबकि बड़ा प्राणी अप्रभावित रहता है। श्रृंगालों सियार का उदाहरण भी सहभोजिता का उदाहरण है। पशुओं के शरीर पर रहने वाले किलनीं और चीलरों (ticks and lice) को पक्षियों द्वारा खाया जाना प्रोटो-कोऑपरेशन का उदाहरण है। इस पारस्परिक क्रिया के अंतर्गत दो भिन्न प्रजातियों के जीव परस्पर लाभान्वित होते हैं और वे एक दूसरे से स्वतंत्र रहकर भी जीवित रह सकते हैं।

50. c जब हाइड्रोजन और डाइसल्फाइड बांड द्वारा एक साथ या सामान्तर रूप से पॉलीपेप्टाइड श्रृंखला बनती है तो फाइबर जैसी संरचना बनती है। इस तरह के प्रोटीन, जल में आमतौर पर अघुलनशील होते है उदाहरण के लिए मायोसिन (मांसपेशियों में उपस्थित), किरैटिन (बाल, ऊन, रेशम में उपस्थित) इत्यादि। दूसरे तरह की ग्लोब्यूयर प्रोटीन होती हैं। यह संरचना तब बनती है जब पॉलीपेप्टाइड तंतु की श्रृंखला, एक गोलाकार आकार प्राप्त कर लेती है इस प्रकार की प्रोटीन जल में घुलनशील होती हैं। इंसुलिन और एल्ब्यूमीन प्रोटीन, जल में घुलनशील होते हैं।

51. a एडिनीन तथा थायमीन के बीच दो हाइड्रोजन बन्ध होते हैं और गुआनीन तथा साइटोसीन के बीच तीन हाइड्रोजन बन्ध होते हैं।

52. a *स्ट्रेप्टोकाइनेज़ स्ट्रैपटोकोकस* (जीवाणु) हृदय वाहिकाओं में रक्त के जमे हुए थक्कों को हटाने के लिए प्रयोग किए जाते हैं।

53. d दिए गए सभी यौगिक जैव बहुलक हैं।

54. b लाइकोपीन वसा में घुलनशील है।

55. c परजीवी प्रारंभ में यकृत में गुणन करते हैं और फिर लाल रूधिर कणिकाओं पर आक्रमण करते हैं जिससे कि लाल रूधिर कणिकाएं फट जाती हैं तथा उनसे एक विषैला पदार्थ हीमोज़ोइन निकलता है जो कि ठिठुरन और प्रत्येक तीन से चार दिन के अंतराल से आने वाले उच्च आवर्ती ज्वर के लिए उत्तरदायी है।

56. d डीएनए एक ऋणावेशित अणु होता है तथा यह इलेक्ट्रोड में एनोड की ओर गति करता है।

57. b पक्षियों की कई प्रजातियों में लिंग निर्धारण के लिए मादा गुणसूत्र उत्तरदायी होता है।

58. d माँ के दूध में बहुत बड़ी मात्रा में कोलस्ट्रम होता है जो शिशुओं में तरल प्रतिरक्षा अनुक्रिया (ह्युमोरल इम्युन रेसपांस) उत्पन्न करता है।

59. c साइक्लोस्पोरिन - एक जैविक अणु है जो मानव अंग प्रत्यारोपण में प्रतिरोधक दमनकारी एजेंट के रूप में प्रयोग किया जाता है।

60. c धनवंतरि पुरस्कार, चिकित्सा विज्ञान क्षेत्र में 1972 से प्रतिवर्ष प्रदान किया जाता है।

61. a किशोरावस्था में अस्थियाँ अधिक मोटी तथा बड़ी हो जाती हैं तथा आपस में जुड़ जाती हैं इस प्रक्रिया को अस्थिकरण कहते हैं। यह अस्थिकरण शरीर में 800 बिन्दुओं पर होता है तथा आयु निर्धारण हेतु यह सर्वोत्तम निर्धारक होता है।

62. a कथन 3 गलत है। साइनोबैक्टीरिया प्रायः प्रत्येक स्थान एवं जलीय पर्यावासों–समुद्र, मीठे–जल, नम मृदा, रेगिस्तानों में अस्थायी रूप से नम चट्टानों, अनावृत चट्टान एवं मृदा और यहाँ तक कि अण्टार्कटिक चट्टानों में भी पाए जा सकते हैं।

63. d एंजाइम लिंक्ड इम्यूनोसॉर्बेण्ट (एलीसा) जाँच का उपयोग विभिन्न मामलों, जैसे एचआईवी संक्रमण का पता लगाने, हेपेटाइटिस बी एवं सी का पता लगाने, कुछ निश्चित हर्मोनों का स्तर मापने जैसे गर्भावस्था में जाँच के लिए एचसीजी, थायरॉइड हार्मोन, धूल एवं खाद्य एलर्जी का पता लगाने, मादक दवाओं जैसे कोकीन और मेथाफेटामाइन के सेवन का पता लगाने के लिए,

एंटीबॉडीज, जो कि ऑटो-इम्यून दशाओं में उत्पन्न होती है, जैसे लुपुस तथा रूमैटॉयड आर्थराइटिस को मापने में किया जाता है। एलीसा जाँच का उपयोग ट्यूबरकोलोसिस में माइक्रोबैक्टीरियम एंटीबॉडीज का पता लगाने, रोटावाइरस संक्रमण का पता लगाने तथा आंतों में विषैले संक्रमण का पता लगाने में भी किया जाता है।

64. c विश्व में दो मिलियन से अधिक बच्चे HIV type 1 से संक्रमित हैं। इसके नियंत्रण के लिए डिडानोसीन, लैमिवुडीन और एफाविरेंज का मिश्रण दवा के रूप में दिया जाता है।

65. a जो भी इंजन एथेनॉल के प्रयोग हेतु अनुपयुक्त होते हैं वे निश्चित रूप से क्षतिग्रस्त हो जाते हैं। शुद्ध पेट्रोल के हाइड्रोकार्बन से भिन्न, एथेनॉल वायुमंडल में उपस्थित जल के प्रति अधिक ग्राही होता है और इस प्रकार से एथनोल द्वारा ग्रहण की गयी आर्द्रता पेट्रोल टैंक, ईंधन पाइप व इंजेक्टर को क्षतिग्रस्त कर सकती है।

66. a ड्रग-प्रतिरोधी तपेदिक केवल उन दवाओं के लिए प्रतिरोधी है जिनका अधूरा प्रयोग इसके उपचार के दौरान किया गया। इसके उपचार के लिए कई दवाओं के मिश्रण प्रचलन में हैं जिनमें पाइराजिनामाइड, इथाम्ब्युटॉल और रिफाब्युटिन का मिश्रण भी एक है। ड्रग-प्रतिरोधी तपेदिक, सामान्य तपेदिक का ही बिगड़ा हुआ रूप है जो माइक्रोबैक्टिेरियम ट्यूबरकुलोसिस नामक जीवाणु के संक्रमण से पैदा होती है।

68. a ऑक्सीजन लाल रूधिर कोशिका के कोशिका द्रव्य (साइटोप्लाज्म) में विलीन नहीं होती है बल्कि यह लाल रूधिर कोशिका में उपस्थित हिमाग्लोबीन से बंधी होती है।

69. a रक्त दाब शिराओं की अपेक्षा धमनियों में बहुत अधिक होता है। उच्च रक्तदाब का कारण धमनिकाओं का सिकुड़ना है, इससे रक्त प्रवाह में प्रतिरोध बढ़ जाता है इससे धमनी फट सकती है और आंतरिक रक्तस्रवण हो सकता है।

71. a जैवपीड़कनाशियों का प्रयोग पर्यावरण के लिए सर्वकालिक रूप से लाभदायक नहीं होता है क्योंकि, यद्यपि एक विशेष प्रकार के हानिकारक कीटों का तो विनाश हो जाता है परंतु वहीं दूसरी ओर इससे किसी अन्य प्रकार के जीव की प्राकृतिक संख्या में वृद्धि हो सकती है, जिससे पर्यावरण पर प्रतिकूल प्रभाव पड़ सकता है।

75. b सनसेट येलो रंग एरोमेटिक हाइड्रोकार्बन से प्राप्त बनाया जाता है।

76. a यह रोग मौसमी पैटर्न का अनुसरण करता है और इसका प्रकोप मानसून के पश्चात अपने चरम पर होता है।

77. c विभिन्न प्राणियों में क्षुद्रांत्र की लंबाई भिन्न होती है और यह प्राणी द्वारा खाने वाले भोजन की प्रकृति पर निर्भर करती है। शाकाहारी घास खाते हैं इसलिए उन्हें सेल्यूलोस के पाचन के लिए लंबी क्षुद्रांत्र की आवश्यकता पड़ती है। मांस का पाचन सरलता से हो सकता है इसलिए मांसाहारी जंतुओं की क्षुद्रांत्र कम लंबी होती है। कार्बोहाइड्रेट्, प्रोटीन एवं वसा का पूर्ण पाचन क्षुद्रांत्र में होता है।

78. b सहभोजिता में एक जाति को लाभ होता है और दूसरी को न हानि और न ही लाभ होता है।

79. d जब अधिक मात्रा में एल्कोहल का सेवन किया जाता है तो इससे उपापचयी प्रक्रिया धीमी हो जाती है तथा केंद्रीय तंत्रिका तंत्र मंद पड़ जाता है। इसके फलस्वरूप समन्यवय की कमी मानसिक दुविधा, उनींदापन, सामान्य अंतरबोध में कमी तथा भावशून्यता आती है। यद्यपि व्यक्ति राहत महसूस करता है, परंतु उसे पता नहीं चल पाता कि उसकी सोचने, समझने की क्षमता तथा मांसपेशी बुरी तरह से प्रभावित हो गयी है। एथनोल के विपरीत मेथनोल की थोड़ी सी भी मात्रा लेने से मृत्यु हो सकती है। यकृत में मेथनोल ऑक्सिकृ त होकर मेथानल बन जाता है और यह जीवद्रव्य की कोशिकाओं का स्कंदन कर देता है।

82. d जल का क्रिस्टलीय प्रारूप बर्फ है। वायुमंडलीय दाब पर बर्फ का क्रिस्टलीकरण षट्कोणीय आकृति के रूप में होता है। परंतु न्यून ताप पर इसका संघनन घनीय आकृति के रूप में होता है। बर्फ का घनत्व जल से कम होता है। फलतः बर्फ का टुकड़ा जल में तैरता रहता है। शीतकाल में झीलों में पानी की सतह पर जमी बर्फ की सतह ऊष्मारोधन (Thermal insulation) प्रदान करती है, जिससे जलीय जीवन सुरक्षित रहता है। यह तथ्य पारिस्थितिकी (Eological) दृष्टि से अति महत्त्वपूर्ण है।

83. b कुछ विषाणुओं में आरएनए भी आनुवांशिक पदार्थ के रूप में कार्य करता है।

84. c नवजात शिशुओं में पाचन प्रणाली विकसित नहीं होती और उन्हें कोलस्ट्रम के माध्यम से पोषण मिलता है।

85. b कार्बनिक पदार्थ अम्ल मुक्त करते हैं। यदि मृदा अत्यंत अम्लीय है तो इसमें किसी क्षार जैसे चूना (कैल्सियम ऑक्साइड) को मिला कर इसे उदासीन बनाया जा सकता है। हल्दी एक प्राकृतिक व उत्तम रंग संवेदक है जो कि क्षार के सम्पर्क में आने पर लाल रंग में परिवर्तित हो जाती है।

86. c बायो डीज़ल वनस्पति वसा से भी बनाया जा सकता है। इसे इसके शुद्ध रूप में ईंधन की तरह प्रयोग किया जा सकता है।

87. a हीमोग्लोबिन का रंगीन भाग उपापचयी प्रक्रियाओं में भाग लेता है जिसके कारण एक पीले रंग का पदार्थ बाइलिरुबिन बनता है जिसके फलस्वरूप रुधिर के प्लाज़्मा का रंग पीला होता है।

90. b धरती पर रहने वाले जीवधारियों को मीठे जल की आवश्यकता पड़ती है क्योंकि उनका शरीर लवणीय जल में उपस्थित लवणों की उच्च सांद्रता को सहन नहीं कर पाता और उच्च मात्रा वाले विषैले पदार्थों को निकाल नहीं पाता।

91. d तापमान बढ़ने पर जल का पृष्ठ तनाव कम हो जाता है। गर्म पेय पदार्थ स्वादिष्ट लगते हैं क्योंकि वे स्वाद तंतुओं पर समान रूप से वितरित हो जाते हैं।

92. c तारा, प्लाज़्मा से बना हुआ एक विशाल पिंड होता है जिसमें कि प्लाज़्मा गुरूत्वबल के कारण संहित होता है तथा तारे के चमकने का प्रमुख कारण प्लाज़्मा है जो कि तारे के अत्यंत उच्च तापमान के कारण उत्पन्न होता है।

94. d जीवाणुओं को पादपों की श्रेणी में रखा जाता है और उनका अध्ययन वनस्पति विज्ञान के अंतर्गत किया जाता है कि क्योंकि, जीवाणुओं की कोशिकाओं में कोशिका-भित्ति (सेल वॉल) पायी जाती है। जन्तुओं की कोशिका की बाह्य भित्ति के रूप में प्लाज्मा झिल्ली (प्लाज्मा मेंमब्रेन) पायी जाती है।

95. b प्रोजेस्ट्रॉन, अण्डोत्सर्ग की प्रक्रिया को रोकता है।

97. a ये बैक्टीरिया, सामान्यतया मानव शरीर की बड़ी आंत में विकसित होते हैं, जहाँ ये भोजन के पाचन तथा विटामिन K बनाने में मदद करते हैं।

98. a पित्त का स्रावण यकृत (लिवर) में होता है तथा यह पित्ताशय में संग्रहित किया जाता है। पित्त में बिलिरूबिन एवं बिलिवर्डिन जैसे पित वर्णक, पित्त लवण कोलेस्ट्रॉल, फॉस्फोलिपिड पाए जाते हैं, परंतु एंजाइम नहीं पाए जाते हैं।

99. c थडियानकुडीसाई, तमिलनाडु स्थित बागवानी अनुसंधान केंद्र को 'पर्वतीय केला' के लिए प्रमुख अनुसंधान केंद्र घोषित किया गया है।

100. a कोलेस्ट्रॉल की अधिक मात्रा स्वास्थ्य के लिए हानिकारक है, क्योंकि वसा अम्ल का क्रमशः जमाव धमनियों को अवरुद्ध कर देता है। अधिकतर मार्गारिन वनस्पतियों से प्राप्त होते हैं, इसलिए उनमें कोलेस्ट्रॉल नहीं पाया जाता। सभी जन्तुओं की कोशिकाएं कोलेस्ट्रॉल उत्पन्न करती है।

101. d कृत्रिम पत्ती, एक सिलिकॉन सौर्य इकाई है, जिसमें विभिन्न उत्प्रेरक पदार्थ होते हैं और यह जल तथा सूर्य के प्रकाश की मदद से विद्युत उत्पादन कर सकती है।

102. a जीन बैंक का नामकरण, के. रामैय्या, जो कि देश के पहले धान विशेषज्ञ थे, के नाम पर किया गया है तथा इस संस्थान का प्रायोजन आईसीएआर द्वारा किया जाता है।

103. a स्टैटिन का प्रयोग रक्त में कोलेस्ट्रॉल की मात्रा को कम करने वाले कारक के रूप में किया जाता है। यह कोलेस्ट्रॉल का संश्लेषण करने वाले एंजाइमों को प्रतिबंधित करता है।

104. c पौधे की धीमी वृद्धि एवं कम बायोमास की वजह से दीर्घकालिक प्रतिबद्धता की आवश्यकता होती है।

106. c हेलियोफाइट्स वे पौधे हैं जो पूर्ण सूर्यताप में अधिक वृद्धि करते हैं, जबकि सायोफाइट्स वे पौधे हैं जो निम्न प्रकाश तीव्रता में अधिक वृद्धि करते हैं।

107. d मैलिग्नेंट अर्बुद (मैलिग्नेंट ट्यूमर) से टूट-टूट कर निकलने वाली कोशिकाएं रक्त द्वारा शरीर के अन्य हिस्सों में भी पहुँच जाती हैं और ये जहां भी इकट्ठा होती हैं वहां पर नए अर्बुद (ट्यूमर) बनाना प्रारंभ कर देती हैं, मेटास्टैसिस कहलाने वाला यह गुण मैलिग्नेंट अर्बुद (मैलिग्नेंट ट्यूमर) का सबसे भयावह गुण है।

108. b जो रोग एक कीट या अन्य आर्थ्रोपोडा द्वारा मनुष्य और अन्य जानवरों तक फैलता है उसे वेक्टर जनित रोग कहते हैं।

109. b एक धावक का हृदय धड़कन के अनुसार अधिक रक्त पंप करने के लिए अनुकूलित होती है और इस कारण से कम धड़कनों में वह अपना लक्ष्य पूरा कर लेता है।

110. b बड़े प्राणियों को वस्तुओं के भार के अतिरिक्त अपने शरीर का भी भार उठाना पड़ता है इसलिए वे अपने भार की तुलना में सिर्फ थोड़ी सी भारी वस्तु उठाने में सक्षम होते हैं। चींटियों का शरीर छोटा होने के साथ-साथ उनका भार भी बहुत कम होता है, इस कारण से वे अपना वजन उठाने के लिए कम मांसपेशियों का प्रयोग करती हैं।

111. d कुछ पौधों को छोड़कर जैसे फर्न के नए पत्ते, कुछ काई और शैवाल, अधिकांश पौधों को क्लोरोफिल (Chlorophyll) निर्माण में रोशनी की जरूरत पड़ती है। प्रकाश, तापमान में वृद्धि के माध्यम से परोक्ष रूप से स्वेद को प्रभावित करता है और बदले में, पानी के अवशोषण को भी। अलग अक्षांश में अलग वनस्पति होने का मुख्य कारण भूमध्य रेखा से ध्रुवों के बीच का भिन्न विकिरण है।

112. b एस्पिरिन एवं पैरासिटामॉल अस्वापक (नॉन-नार्कोटिक) औषधियां हैं तथा मॉर्फीन एक स्वापक (नारकोटिक) श्रेणी की औषधि है।

113. a पेनिसिलीन, एमीनोग्लाइकोसाइड्स व ऑफ्लोक्सासिन जीवाणुनाशी होते हैं व एरिथ्रोमाइसिन, टेट्रासाइक्लिन और क्लोरैम्फेनिकॉल जीवाणु निरोधी होते हैं।

114. b भूरी वसा ऊतकों या ब्राउन फैट जानवरों व नवजात शिशुओं के शरीर में गर्मी पैदा करने में मदद करता है ताकि उन्हें कंपकंपी हो।

115. d अतिशाखित हाइड्रोकार्बन का जीवाणुओं द्वारा आसानी से विघटन नहीं हो पाता और ये अजैव निम्नीकरक होते हैं।

118. a महासागरों के बढ़ते तापमान का व्यापारिक पवनों व जल-धाराओं कोई बहुत महत्वपूर्ण प्रभाव नहीं पड़ता।

119. b सामान्य परासरण प्रक्रिया में, विलायक एक झिल्ली के माध्यम से, विलेय की निम्न सांद्रता वाले क्षेत्र से उच्च सांद्रता वाले क्षेत्र की ओर स्वतः प्रवाहित होता है। झिल्ली के प्रत्येक पक्ष पर घुले हुए पदार्थ की सांद्रता बराबर करने के लिए शुद्ध विलायक का संचार ऑसमोटिक (परासरणी) दबाव उत्पन्न करता है। और इस प्रकार; शुद्ध विलायक के प्राकृतिक प्रवाह को उल्टा करने के लिए बाह्य दाब को लगाने को रिवर्स परासरण कहते हैं।

120. c मोनो सोडियम ग्लूटामेट (एमएसजी), जिसे सामान्यता अजीनोमोटो के नाम से जाना जाता एक खाद्य-योज्यी (फूड-एडेटिव) है।

121. a भारतीय संविधान में पर्यावरण की सुरक्षा अनुच्छेद 48(A) एवं 51A(G) में निहित है।

122. d बीएमआई शरीर के वसा का आवश्यक रुप से मापन नही होता। बीएमआई का सूत्र किग्रा/मी^{2} है।

123. a अंडों के कवचों को पतले हो जाने को पूर्ण जैवकीय पद्धति अभी पूरी तरह से ज्ञात नही की जा सकी है परंतु ऐसा माना जाता है कि P-P डीडीई, कवच-ग्रंथि को कमजोर कर देता है जिससे यह विकसित हो रहे अंडों में ठीक से कैल्सियम कार्बोनेट का स्त्रावण नही कर पाती।

124. c बेन जॉनसन ने संश्लेषित स्टेरॉइड स्टैनोजोलॉल का प्रयोग किया था। स्टैनोजोलॉल ब्लड डोपिंग का उदाहरण नही है।

125. a B-लिंफोसाइट्स का निर्माण, उपार्जित प्रतिरक्षा (एक्वायर्ड इम्युनिटी) का उदाहरण है।

126. a केनाबिस सैटाइवा पौधे के फूलों के शीर्ष, पत्तियां, राल (रेजिन) के विभिन्न संयोजन मैरिजुआना, हशीश, चरस और गांजा बनाने के काम आते हैं।

127. a पीडीसीएएएस को अमेरिका के खाद्य एवं औषध प्रशासन (एफडीए), संयुक्त-राष्ट्र के खाद्य एवं कृषि संगठन (एफएओ) तथा विश्व स्वास्थ्य संगठन (डब्लयू एच ओ) द्वारा प्रोटीन वैल्यु के मूल्यांकन करने के लिए एक विधि के रूप में स्वीकार किया गया है। पीडीसीएएएस वैल्यु अधिकतम् 1 होती है और न्यूनतम 0 होती है। निम्नलिखित तालिका कुछ खाद्य पदार्थों की रेटिंग बताती है:

1.00 – केसीन (दुग्ध-प्रोटीन),

1.00 – अंडे की सफेदी,

1.00 – सॉय प्रोटीन,

1.0 – ह्वे (दुग्ध-प्रोटीन)

128. a प्री-बायोटिक्स (Prebiotics), मुख्यतः अपाच्य कार्बोहाइड्रेट्स हैं जो कि पाचन तंत्र में जीवाणुओं की वृद्धि में सहायता करते हैं।

129. d टाइप 1- डाइबिटीज, शरीर द्वारा इंसुलिन न बना पाने के कारण होता है और इसमें व्यक्ति को इंसुलिन लेना पड़ता है।

टाइप 2- डाइबिटीज, इंसुलिन-प्रतिरोधक क्षमता के कारण उत्पन्न होती है, इस अवस्था में कोशिकाएं इंसुलिन का समुचित प्रयोग नहीं कर पाती और इसमें कभी-कभार इंसुलिन की पूर्णतया कमी पाई जाती है।

130. b जैव-आवर्धन (बायोमैग्नीफिकेशन) का तात्पर्य है क्रमिक पोषण स्तर (ट्रॉफिक लेबल) पर आविषाक्त की सांद्रता में वृद्धि का होना। इसका कारण है कि जीव द्वारा संग्रहित अविषालु पदार्थ उपापचयित या उत्सर्जित नहीं हो सकता और इस प्रकार यह अगले उच्चतर पोषण स्तर पर पहुँच जाता है। यह परिघटन पारा एवं डी डी टी के लिए सुविदित है। पक्षियों में डी डी टी की उच्च सांद्रता कैल्सियम उपापचय को नुकसान पहुँचाती है जिसके कारण अंड-कवच (एग शेल) पतला हो जाता है और यह समय से पहले फट जाता है जिसके कारण पक्षि-समष्टि (बर्ड-पॉपुलेशन) में कमी हो जाती है।

131. a नेशनल मिशन फॉर प्रोटीन सप्लीमेंट को शुरुआत करने का वर्ष 2011-2012 है।

132. c हिस्टामिन एक प्रमुख हार्मोन के रूप में कार्य नहीं करता तथा यह हिस्टीडीन नामक अमीनों एसिड से प्राप्त किया जाता है।

133. c बायो ब्लॉक्स, जैव निम्नीकरणीय कारक (बायो-डिग्रैडिबल) होते हैं।

134. c BTX–A का प्रयोग सामान्यतः पेशियों की बीमारी, अपर मोटर न्यूरॉन सिंड्रोम के इलाज में किया जाता है।

135. d किंग कोबरा (नाग) का विष मुख्यतः न्यूरोटॉक्सिक होता है जबकि पिट वाइपर तथा वाइपर का विष मुख्यतः हीमोटॉक्सिक होता है।

136. b स्टेम सेल से संबंधित विवाद एक नैतिक बहस है जो कि मुख्यतः शोध-प्रक्रिया में मानव-भ्रूण से प्राप्त होने वाली स्टेम सेल के निर्माण, उपचार व भ्रूण को नष्ट करने वाली प्रक्रिया से संबंधित है। सभी स्टेम सेल शोध में मानव भ्रूण के निर्माण, प्रयोग या भ्रूण को नष्ट करने वाली प्रक्रियाओं का प्रयोग नहीं किया जाता। उदाहरणतः, व्यस्क स्टेम सेल, एमनिओटिक स्टेम सेल एवं अनुप्रेरित बहु विभेदी स्टेम सेल (इंड्यूज्ड प्लूरीपोटेंट स्टेम सेल) में मानव-भ्रूण का अनुप्रयोग बिल्कुल भी नहीं किया जाता।

137. a हृदपात (हार्ट फेल्योर), वह अवस्था है जिसमें हृदय शरीर के विभिन्न भागों को आवयश्कतानुसार रक्त की पर्याप्त आपूर्ति नहीं कर पाता है। इसको कभी-कभी संकुलित हृदपात भी कहते हैं, क्योंकि फेफड़ो का संकुलन हो जाना भी इस बीमारी का प्रमुख लक्षण है। हृद-पात ठीक कार्डियक अरेस्ट की भांति नहीं होता (जहाँ कार्डियक अरेस्ट में हृदय की धरकन बंद हो जाती है जबकि, हृद-घात में हृदय पेशी को रक्त-आपूर्ति अचानक अपर्याप्त हो जाने से एकाएक क्षति पहुँचती है)

138. d प्लैंक्टन सागर के प्रकाशित मण्डल में तैरते सूक्ष्मस्तरीय पौधे तथा जन्तु होते हैं। नेक्टन समूह के अंतर्गत शैवाल व बड़े आकार वाले तथा सक्रिय रूप से तैरने वाले शक्तिशाली समुद्री जन्तु (मुख्यतः मछलियाँ) आते हैं। बेन्थस समूह के अंतर्गत वे पौधे और जन्तु आते हैं जोकि सागरों और महासागरों की तली में रहते हैं।

139. b डी. ए. एस. एच. 7, गैर लाभकारी समूह 'डी. ए. एस. एच. 7 एलाएंस' द्वारा प्रायोजित तकनीक का नाम है।

140. d एरिथ्रोसाइट या लाल रुधिर कणिकाएं, शरीर मे ऑक्सीजन (O_2) की आपूर्ति करने वाली रक्त-कोशिकाऐं होती हैं। इनमें लौह अणु वाले हीमोग्लोबिन की प्रचुरता होती है जो कि ऑक्सीजन के साथ बंध बनाता है और जिसके कारण रक्त का रंग लाल होता है। मानव की लाल रुधिर कणिकाएं आकार मे उभयावतल होती है और उनमें केंद्रक नहीं पाया जाता। इन कोशिकाओं का विकास अस्थिमज्जा में होता है और इनकी औसत आयु 100 से 120 दिन होती है। ल्यूकोसाइट्स या श्वेत-रुधिर कणिकाएं, शरीर की संक्रमण से रक्षा करने वाले प्रतिरक्षी तंत्र की कोशिकाएं होती हैं। ल्यूकोसाइट्स, अस्थिमज्जा की बहुक्षमता वाली कोशिका जिसे हीमैटोपोईटिक स्टेम कोशिका कहते हैं, से उत्पन्न होती हैं। मानव शरीर मे ये औसतन 3 से 4 दिन तक जीवित रहती हैं।

141. c कार्बन डाइऑक्साइड (CO_2), जल (H_2O) से अभीक्रिया करने के पश्चात् कार्बोनिक अम्ल (H_2CO_3) बनाती है और इस कारण रक्त का pH कम हो जाता है, परन्तु रक्त का pH, कार्बोनिक अम्ल-बाइकार्बोनेट बफर तंत्र के कारण, 7.35 – 7.45 के हल्के क्षारीय स्तर पर बना रहता है। रक्त के pH का 7 से कम होना तीव्र हृदयगति टैकीकार्डिया, कोमा और यहाँ तक कि मृत्यु का भी कारण बन सकता है जो कि अत्यधिक अम्लता के कारण होता है। थाइरोक्सिन या थायोरॉइड हार्मोंस, थायोरॉइड ग्रंथि द्वारा उत्पन्न होने वाले हार्मोन होते हैं और मुख्यतः उपापचय को नियमित करने के लिए उत्तरदायी हैं। एड्रीनलीन या एपिनेफ्रीन एक हार्मोन एवं न्यूरोट्रांसमीटर है। यह हृदय की गति को बढ़ाता है, रक्त-वाहिनियों को संकुचित करता है और अनुकंपी तंत्रिका तंत्र के लड़ो-या-उड़ो प्रतिक्रिया के लिए उत्तरदायी है।

142. b आई. ई. डी के पांच भाग होते है: स्विच (एक्टीवेटर), इनीशिएटर (फ्यूज), कंटेनर (बॉडी), चार्ज (विस्फोटक) और एक ऊर्जा स्त्रोत जैसे कि बैटरी आई. ई. डी. का निर्माण बख्तरबंद लक्ष्यों जैसे टैंक व व्यक्तिगत वाहनों के विरुद्ध किया जाता है। आई. डी. की डिजाइन मे बहुत विभिन्नता पायी जाती है।

143. a ग्लोबल नेवीगेशन सेटेलाइट सिस्टम (ग्लोनॉस), एक रेडियो आधारित सेटेलाइट नेवीगेशन सिस्टम है, जिसे रुसी एयरोस्पेस डिफेंस फोर्स के द्वारा रुसी सरकार के लिए संचालित किया जाता है। विभिन्न स्मार्टफोनों ने वर्ष 2011 से ग्लोनॉस क्षमताओं को अपने अंदर एकीकृत किया है जिनमें सोनी इरिक्सन, सैमसंग, एप्पल, मोटोरोला और नोकिया आदि के उपकरण सम्मिलित हैं। आई फोन 4 एस एक टचस्क्रीन स्लेट स्मार्टफोन है जिसे एप्पल कंपनी द्वारा विकसित किया गया है।

144. a अनुकम्पी तन्त्रिका तन्त्र स्वायत्त तन्त्रिका तन्त्र के तीन भागों में से एक है। इसका सामान्य कार्य शरीर के "लड़ो या उड़ो" प्रतिक्रिया में वृद्धि करना है, यद्यपि यह होमियोस्टेसिस को कायम रखने के लिए बेसल लेवल पर हमेशा सक्रिय रहता है। यह मानव त्वचा में उपस्थित रक्त नलिकाओं को संकुचित करता है, मानव आँख के पुतलियों को फैलाता है और रक्त में शर्करा की मात्रा में वृद्धि करता है।

145. c जापानी इन्सेफेलाइटिस (जे. ई.) फ्लेवी(Flavi) वायरस के कारण उत्पन्न होने वाली बीमारी है, जो मस्तिष्क के आसपास की झिल्ली (Membranes) को प्रभावित करती है। अधिकांश जे. ई वायरस संक्रमण हल्के बुखार व सिर दर्द वाले या अस्पष्ट लक्षण वाले होते हैं। पर तकरीबन 200 संक्रमित मरीजो में से एक में गंभीर बीमारी के लक्षण पाये जाते हैं जैसे- तेज बुखार, सिरदर्द, गर्दन में कठोरता, स्थितिभ्रान्ति (Disorientation), कोमा, दौरे आना, पक्षाघात, एवं मृत्यु।

146. d पार्टिकल एक्सीलरेटर एक यंत्र है जो विद्युत चुम्बकीय क्षेत्र का उपयोग कणों को उच्च गति के लिए आवेशित करता है और उन्हें एक बीम में बनाये रखता है साधारण सी आर टी टेलीविजन सेट एक, एक्सीलरेटर का सामान्य रूप है। विद्युतस्थैतिक और ऑक्सीलेटिंग दो प्राथमिक एक्सीलरेटर है।

147. c नीम (अजादिरक्टा इंडिका) वर्ग मिलिएसी का एक वृक्ष है। दिल्ली विश्वविद्यालय स्थित, बैज्ञानिक एवं औद्योगिक अनुसंधान परिषद की प्रयोगशाला ने नीम के तेल से निमबिन, निम्बिनिन एवं निम्बिडिन नामक तीन यौगिकों का संश्लेषण किया है। नीम के बीजों में एक जटिल द्वितीयक चयापचयी रसायन अजादिराक्टिन पाया जाता है।

228. c H_5N_8 एक बर्ड फ्लू वायरस है, जिसका हमला हाल ही में कर्नाटक राज्य में देखा गया है।

229. b जैविक खेती में रासायनिक उर्वरकों, रासायनिक जीवनाशकों एवं रासायनिक खड़पतवार नाशियों का न्यूनतम या बिल्कुल प्रयोग नहीं होता है। मिश्रित खेती के तहत कृषि कार्य एवं पशुपालन साथ-साथ किया जाता है।

230. b खरीफ फसलः धान, सोयाबीन, अरहर, मक्का, कपास, मूँग एवं उड़द आदि है। रवि फसलः गेहूं, चना, मटर, सरसों एवं अलसी आदि।

231. d यहाँ वर्णित सभी कथन सही है। ऑक्सिन पौधों में तने के बढ़ने में, कलियों के विकास में एवं अग्र भाग के विकास में मदद करता है।

232. c ल्यूकोसाइट के संबंध में दोनों कथन सही है।

233. a 'कोकोनट केकड़ा' जमीन पर रहने वाला सबसे बड़ा क्रस्टेशिया है। यह हिन्द महासगार एवं प्रशांत महासागर में द्वीपों में पाया जाता है।

234. d इन सभी क्षेत्रों से ग्रीन हाउस गैसे उत्सर्जित होती है। वायुमण्डल में प्राथमिक ग्रीन हाउस गैसे हैं - जल वाष्प, कार्बन डाइऑक्साइड, मीथेन, नाइट्रस ऑक्साइड एवं ओजोन है।

235. b बेकिंग सोडा में कोई एसिड नहीं होता है। यह स्वाद में कड़वा और छूने पर साबुन जैसा आभास होता है। यह एक आधार है, जबकि दही, नींबू का रस, संतरे का रस और सिरका स्वाद में खट्टा होता है। इन सभी का स्वाद खट्टा होता है क्योंकि इनमें एसिड होता है।

236. b यदि पिता और माता का रक्त समूह क्रमशः AB और O है तो संभावित रक्त समूह केवल A और B होंगे।

237. a एक प्रकार का जीवाणु जिसे साइनो बैक्टीरियम डिप्थीरिया कहते हैं, डिप्थीरिया का कारक है। टायफाइड बुखार एक तीव्र बीमारी है जिससे बुखार सालमोनेला टाइफी बैक्टीरिया द्वारा होता है।

238. a स्टेम कोशिकाएं अस्थि मज्जा और भ्रूण कोशिकाओं में पाये जाती हैं।

239. b विटामिन B-12 की कमी एनीमिया को जन्म देती है, जबकि विटामिन B-3 की कमी से पेलाग्रा होता है।

240. d सभी रोग 'जल जनित रोग' हैं।

241. c भारत में केवल एक अनुवांशिक रूप से संशोधित (जीएम) फसल की खेती 'बीटी कपास को मंजूरी प्रदान की गयी है। इसके भारत में उपयोग को मंजूरी वर्ष 2002 में मिल गयी थी और तब से इसने देश को विश्व में कपास उत्पादक देशों में दूसरा स्थान प्राप्त करने में सहायता प्रदान की है। आज भारत में कुल बोये जाने वाले कपास में 90% से अधिक जीएम बीज है।

242. a विश्व स्वास्थ्य संगठन ने याज और माताओं और नवजातों को टिटनेस मुक्त घोषित करने का प्रमाणपत्र केन्द्रीय स्वास्थ्य और परिवार कल्याण मंत्री जे. पी.नड्डा को प्रदान किया। श्रीलंका एशिया की तीसरी सबसे बड़ी आबादी वाला देश है जिसे विश्व स्वास्थ्य संगठन द्वारा मलेरिया मुक्त राष्ट्र घोषित किया गया है।

243. a जब सूक्ष्मजीव अपने स्थानीय परिवेश से डीएनए को लेने और उनकी प्रतिकृति बनाने में सक्षम हो जाते हैं तो इस प्रक्रिया को रूपांतरण कहा जाता है, और वे कोशिकायें जो क्रियात्मक स्थिति में होते हैं कि वे डीएनए को ले जा सके, उन्हें सक्षम कोशिका कहा जाता है।

244. b वैज्ञानिकों ने एक नये पदार्थ का निर्माण किया है जो तापमान के अंतर को महसूस कर सकता है और जिन्हें कृत्रिम त्वचा के रूप में प्रयोग करने के लिए कृत्रिम अंग के रूप में इस्तेमाल किया जा सकता है। इस नये पदार्थ को 'पेक्टिन' के रूप में जाना जाता है।

245. a जीवाणु चरम वातावरण जैसे कि गरम झरनों, रेगिस्तान, बर्फ और गहरे सागर में निवास कर सकते हैं, जहाँ अन्य बहुत कम प्रकार के जीव जीवित रह सकते हैं।

246. b श्वेत जैव प्रौद्योगिकी जिसे औद्योगिक जैव प्रौद्योगिकी भी कहा जाता है, औद्योगिक प्रक्रियाओं में जैव प्रौद्योगिकी का अनुप्रयोग है।

247. b 'वियना कन्वेंशन' ओजोन परत के संरक्षण से संबंधित है। जिसे 1985 में अपनाया गया एवं यह 22 सितंबर 1988 में प्रभाव में आया।

248. b खाद्य श्रृंखला में कवक एवं जीवाणु अपघटक के रूप में कार्य करते हैं जबकि पादक प्लवक जलीय खाद्य श्रृंखला में एक प्राथमिक उत्पादक के रूप में कार्य करते हैं।

249. d दी गई सभी प्रजातियाँ भारत की आक्रामक विदेशी वनस्पति प्रजातियाँ हैं। नीडल बुश दक्षिण अमेरिका के उष्णकटिबंधीय क्षेत्र की मूल प्रजाति हैं; वहीं बकरी घास एवं धतूरा अमेरिका के उष्णकटिबंधीय क्षेत्र की मूल प्रजाति हैं एवं मदार अफ्रीका के उष्णकटिबंधीय क्षेत्र की मूल प्रजाति हैं।

250. c FAIR के संदर्भ में दिये गये दोनों कथन सही हैं।

251. c दिये गये दोनों कथन सही हैं।

252. d 'धातु हाइड्रोजन (Metal Hydrogen)' का प्रयोग कमरे के तापमान पर अति चालक बनाने में किया जा सकता है जिसके प्रयोग द्वारा चुंबकीय उत्तोलन ट्रेनों (मैग्लेव) का विकास किया जा सकता है साथ ही ऐसा अनुमान है कि यह अब तक ज्ञात सबसे शक्तिशाली रॉकेट प्रणोदक भी होगा।

253. a वाष्पोत्सर्जन, प्रकाश संश्लेषण हेतु जल की आपूर्ति सुनिश्चित करता है।

254. d 'सुपरबग' के संदर्भ में दिए गये सभी कथन सही हैं।

256. a 'जर्मलाइन जेनेटिक अभियांत्रिकी', शुक्राणुओं एवं अण्डाणुओं के जीनों में परिवर्तन करने से जुड़ा है ताकि भविष्य के भ्रूण की प्रत्येक कोशिका के DNA में परिवर्तन हो सके।

257. a तापमान में वृद्धि ने ऐसे सूक्ष्मजीवों की संख्या में वृद्धि की है जो रोग उत्पन्न करते हैं। वैश्विक तापमान के कारण बढ़े हुए तापमान के परिणामस्वरूप आर्द्रता की मात्रा में वृद्धि होने से मच्छरों के विस्तार का प्रारूप परिवर्तित हो गया है।

258. d दुनिया में सबसे बड़ा अक्षय क्षमता विस्तार कार्यक्रम भारत द्वारा किया जा रहा है। नवीकरणीय ऊर्जा में भारी बल के माध्यम से सरकार स्वच्छ ऊर्जा के हिस्से में वृद्धि करना है। भारत में नई और नवीकरणीय ऊर्जा के विकास और तैनाती के कोर ड्राइवरों में ऊर्जा सुरक्षा, बिजली की कमी, ऊर्जा पहुँच, जलवायु परिवर्तन आदि शामिल है।

259. c दिये गये दोनों कथन 'बायोक्ले' के संदर्भ में सही हैं।

260. b एनपीपीए, फार्मास्युटिकल्स विभाग, रसायन और उर्वरक मंत्रालय का हिस्सा है।

261. b सेल्यूलर एंव आणविक जीव विज्ञान (सीसीएमबी) और चावल अनुसंधान निदेशालय (डीआरआर) के वैज्ञानिकों ने संयुक्त रूप से मार्कर असिस्टेंड चयन और बैक क्रास ब्रीडिंग के जरिए बैक्टीरियल ब्लॉट प्रतिरोधी चावल की प्रजाति 'सांबा मसूरी' विकसित की थी। यह प्रजाति तमिलनाडु कर्नाटक तेलंगाना और आंध्रप्रदेश के 90,000 हेक्टेयर क्षेत्र में उपजायी जाती है।

263. a ब्रसेलोसिस एक बेहद संक्रामक पशु रोग है जो मनुष्यों में भी संक्रमित होता है तथा अप्रभावी दूध या संक्रमित पशुओं के अपर्याप्त पके हुए मांस या उनके स्राव के घनिष्ठ संपर्क के परिणामस्वरूप होता है।

264. a असहभोजिता (Amensalism) विभिन्न प्रजातियों के जीवों के बीच संबंध है जिसमें एक जीव नष्ट हो जाता है जबकि अन्य जीव अप्रभावित रहते हैं।

268. a वनस्पतियों द्वारा एक निश्चित समयावधि में प्रकाश संश्लेषण के दौरान प्रति इकाई क्षेत्र उत्पादित जैवभार या कार्बनिक पदार्थ 'प्राथमिक उत्पादन' कहलाता है।

271. d जीवाणु कोशिकाओं में नाभिक नहीं होता है। जीवाणु प्रोकैर्योटिक सूक्ष्म जीवों की एक बड़ी डोमेन है जो एक कोशिकीय जीव है जिसमें झिल्ली युक्त नाभिक, माइटोकॉन्ड्रिया या किसी अन्य झिल्ली युक्त कोशिकाअंग अनुपस्थित होता है। अतः कथन (a), (b) एवं (c) सही नहीं है।

272. d जैव आर्वधन (Bio-Magnification) खाद्य श्रृंखला में क्रमिक उच्च स्तर पर जीवों के उत्तकों में जहरीले रसायन एवं इस तरह के अन्य पदार्थों की बढ़ती सांद्रता है। वहीं जैव उपचार (Bioremediation) एक अपशिष्ट प्रबंधन तकनीक है जो सूक्ष्म जीवों के इस्तेमाल से जुड़ी है।

275. c अल्फल्फा, जैव-ऊर्वरक नहीं है।

276. d स्तंभ कोशिकाओं (Stem Cells) दो स्रोतों – भ्रूणीय स्तंभ कोशिका (भ्रूण से) एवं वयस्क स्तंभ कोशिका (पूरे शरीर में) से प्राप्त किया जाता है।

277. d हैजा एक गंभीर जीवाणुओं से होने वाला रोग है जो आमतौर पर गंभीर दस्त एवं निर्जलीकरण का कारण बनता है। टिटनस, क्लोस्ट्रीडियम टिटैनी नामक जीवाणु से होने वाला रोग है जो आमतौर पर मृदा, धूल एवं गोबर की खाद में पाया जाता है।

278. b अग्नाशय एक मिश्रित ग्रंथि है जो बहिस्त्रावी एवं अंतःस्त्रावी ग्रंथि के रूप में कार्य करती है।

282. a ऑटोजेनिक अनुक्रमण वह होता है जिसमें परिवर्तन समुदाय के जीवित प्राणियों द्वारा स्वयं होता है। वहीं एलोजेनिक अनुक्रमण, बाह्य कारकों के द्वारा होता है।

283. a मस्तिष्क द्वारा स्वैच्छिक क्रियाओं, शरीर के संतुलन, महत्वपूर्ण अंगों की अनैच्छिक क्रियाओं (फेफड़ा, हृदय, गुर्दा आदि), ताप का नियमन, भूख, प्यास एवं मानव व्यवहार को नियंत्रित किया जाता है।

286. a फास्फोरस उर्वरक पौधों के जड़, फूल, बीज एवं फलों के विकास में सहायक होते हैं।

288. a जर्मलाइन जेनिटिक अभियांत्रिकी शुक्राणुओं एवं अण्डाओं के जीनों में परिवर्तन करने से जुड़ा है। ताकि भविष्य में भ्रूण की प्रत्येक कोशिका के DNA में परिवर्तन हो सके।

289. c मिथैनोजीन, हैलोफाइल और थर्मोएसिडोफाइल सबसे आद्य प्रोकैर्योट माने जाते हैं। जिनका विकास, जीवन की उत्पत्ति के तुरंत बाद माना जाता है।

290. d दिए गए सभी कथन 'एग्रीबोट' के संबंध में सही हैं।

292. d दिये गये सभी कारक, ऑटोजेनिक सक्सेशन में संभव योगदान करते हैं।

293. a गोरी चमड़ी वाले लोगों की त्वचा, अपने काले चमड़ी वाले भाईयों की त्वचा की अपेक्षा शीतदंश को सहने में अधिक सक्षम होती है। इसलिए ऊँचाई पर रहने वाले लोगों की त्वचा का रंग गोरा होता है।

294. c शरद ऋतु के दौरान फ्लोरोफिल सामान्य तौर पर जैन्थोफिल एवं कार्टेनोसाइड (नारंगी पिगमेंट) वर्णक धारण कर लेता है।

295. d मृदा कवक एवं पौधों के बीच एक परस्पर लाभप्रद व्यवस्था विकसित हो जाती है। दिये गये सभी कथन इस व्यवस्था के संदर्भ में सही है।

296. c नीम लेपित यूरिया से यूरिया के उपभोग में 10-15% की कमी होती है। जहाँ तक पर्यावरण का सम्बन्ध है तो सामान्य यूरिया का 30% (धान की फसल में) से 50% (गेहूँ की फसल में) उपभोग होता है जबकि 50–70% यूरिया का निक्षालन हो जाता है जो कि भू-गर्भ जल में नाइट्रेट का प्रदूषण उत्पन्न करती है। नीम लेपित यूरिया का उपयोग करने पर यह हानि 10-15% कम होती है जिससे भू-गर्भ जल का प्रदूषण उसी अनुपात में कम होता है। अतः यह पर्यावरण-मित्र है।

297. d जीन अवरोधन संक्रामक रोगों, कैंसर एवं जीन की अवांछनीय गतिविधि से होने वाले अनुवांशिक रोगों के उपचार के लिए उपयुक्त जीन चिकित्सा है।

298. b वर्ष 2014 में 4 टीके सार्वभौमिक प्रतिरक्षण कार्यक्रम में जोड़े गये-रोटावायरस, रूबेला और जापानी मस्तिष्क ज्वर तथा इंजेक्शन से दिया जाने वाला पोलियो का टीका। मलेरिया कार्यक्रम का भाग नहीं है।

300. a डेंगू से संक्रमित होने वाली अनुमानित वैश्विक जनसंख्या का 50 प्रतिशत भारत में है।

301. d प्रश्न में दिए गए सभी कथन सही हैं।

302. c प्रश्न में दिये गये सभी विकल्पों से जैव ईंधन बनाया जाता है।

303. d सामान्य कोशिकाओं में कोशिका विभाजन की प्रक्रिया को सैकड़ों जीन व्यापक रूप से नियंत्रित करते हैं। सामान्य वृद्धि में कोशिका प्रसार को प्रोत्साहित

करने वाले जीनों तथा उसे नियंत्रित करने वाले जीनों की क्रियाओं में संतुलन की आवश्यकता होती है। यह ऐसे जीनों की क्रियाओं पर भी निर्भर करता है जो यह संकेत देते हैं कि कब क्षतिग्रस्त कोशिका को क्रमादेशित कोशिका मृत्यु प्रक्रिया से गुजरना चाहिए।

304. a असहभोजिता एक अंतर्क्रिया है जहाँ एक प्रजाति को नुकसान होता है व दूसरी अप्रभावित है।

306. b क्रोमेटीन के प्राथमिक प्रोटीन घटक हिस्टोन्स होते हैं जो डीएनए से बंधे हुए होते हैं। क्रोमेटीन केवल ससीमकेंद्री कोशिकाओं में पाये जाते हैं। हिस्टोन्स उच्च क्षारीय प्रोटीन होते हैं जो कि ससीमकेंद्री कोशिकाओं के नाभिक में पाये जाते हैं। ये डीएनए को संरचनात्मक ईकाईयों में बांधते एवं व्यवस्थित करते हैं जिन्हें न्यूक्लियोसोम कहते हैं।

308. a एल्डोस्टेटोन : किडनी द्वारा जल और लवण का संतुलन बनाये रखता है और रक्त-चाप नियंत्रित करता है।

कोलेस्ट्रॉल : कोशिका मेम्ब्रेन को स्थायित्व और नम्यता प्रदान करता है।

कॉर्टिसोन : कार्बोहाइट्रेड उपापचय

309. a आनुवंशिक ब्लूप्रिंट सजीव प्राणियों के जीन या जीनोम का मानचित्रण है। एक जीन जिसके साथ एक प्राणी जन्म लेता है, उसकी संपूर्ण जीवन की निश्चित विशेषताओं को परिभाषित करता है, – से एक प्रकार का आनुवंशिक ब्लूप्रिंट तैयार किया जाता है।

310. c आयुर्विज्ञान के प्रसिद्ध विद्वान सुश्रुत ने विभिन्न प्रकार की शल्य-क्रिया का दूसरी शताब्दी ईसा पूर्व में वर्णन किया है।

311. a प्लैंकटन निष्क्रियता के साथ जल की ऊपरी सतह पर तैरते या बहते हैं, नेक्टन सक्रियता के साथ तैरते हैं, जबकि बेन्थोस समुद्री तल पर अवसादित अवस्था में रहते हैं। प्लैंकटन उत्पादक हैं और बड़ी मात्रा में उपस्थित हैं।

312. c लिवरवर्ट्स, काई और लाइकेन ऐसे स्थानों पर वनस्पति प्रवर्धन में अग्रणी माने जाते हैं, जहाँ अन्य वनस्पति प्रवर्धन व्यवहार में असंभव प्रतीत होता है।

313. b मिडल ईस्ट रेस्पिरेटोरी सिन्ड्रोम (एमईआरएस), एक नये तरह के कोरोना विषाणु के कारण होने वाला एक विषाणुजनित श्वसन रोग है और इस विषाणु को सर्वप्रथम सन् 2012 में पहचाना गया था। कोरोना विषाणु, विषाणु के व्यापक परिवार के होते हैं, जो सामान्य ठंड से भयंकर तीव्रता के रेस्पिरेटोरी सिन्ड्रोम रोग उत्पन्न कर सकते हैं।

315. b कोशिकाएं विभिन्न आकृतियों और आकारों की होती हैं। रॉबर्ट ब्राऊन ने वर्ष 1831 ई० में कोशिका में केंद्रक की खोज की तथा कोशिका की खोज की। जीवन की मूलभूत ईकाई के रूप में कोशिका की अवधारणा दो जीव-विज्ञानियों स्लेडेन और श्वान द्वारा दी गई थी। कथन 2 सही है, क्योंकि पुरकिन्जे ने तरल पदार्थ के लिए 'जीवद्रव्य (प्रोटोप्लाज्म)' शब्द गढ़ा।

316. c कृषिक महत्व के कीटों (इनसेक्ट) का राष्ट्रीय ब्यूरो (NBAII), भारतीय कृषि अनुसंधान परिषद् (ICAR) के अंतर्गत एक केंद्रीय एजेंसी है। भारतीय कृषि अनुसंधान परिषद् एक स्वायत्तशासी निकाय है, जो भारत में कृषि-शिक्षा और अनुसंधान में समन्वय करने हेतु उत्तरदायी है। यह कृषि मंत्रालय के कृषि अनुसंधान और शिक्षा विभाग को रिपोर्ट करती है।

317. b भारत द्वारा सख्त गुणवत्ता नियंत्रण और संवेष्टन (पैकेजिंग) मानदंड रखने के प्रयास के बावजूद यूरोपीय संघ ने चार सब्जियों - करेला, बैंगन, अरबी और चिचिण्डा - के भारत से आयात पर एक और वर्ष के लिए प्रतिबंध-विस्तारित कर दिया है।

318. a पृथुतातापी जीव तापमानों के व्यापक परास को सहन कर सकते हैं। ऐसे जीव जो तापमानों की कम परास में ही रहते हैं, उन्हें तनुतापी कहते हैं।

319. a जैव प्रौद्योगिकी के क्षेत्र में विश्व में सर्वाधिक निवेश करना राष्ट्रीय जैव प्रौद्योगिकी विकास रणनीति 2015-20 का हिस्सा नहीं है।

320. c कम ऊँचाई पर रहने वाले लोग जब अधिक ऊँचाई पर जाते हैं, तो थोड़ी अवधि के लिए ऑक्सीजन की कमी के कारण तुंगता बीमारी का सामना करते हैं। अधिक ऊँचाई पर रहने वाली जनजातियां इस स्थिति के लिए आनुवंशिक रूप से अनुकूल होती हैं। शरीर ऑक्सीजन की कमी की पूर्ति लाल रूधिर कोशिकाओं का उत्पादन बढ़ा कर, हीमोग्लोबीन की बंधनकारी क्षमता में कमी करके और श्वसन दर में वृद्धि करके करता है।

321. b क्लोन शब्द की रचना ऐसे जीवों के लिए की गई है जो अकारिकीय तथा आनुवंशिक रूप से एक समान होते हैं। पादपों में कायिक प्रवर्धन की इकाई जैसे उपरिभूस्तारी, प्रकंद, सकरकंद, बल्व, भूस्तरी आदि सभी नयी संतति को पैदा करने की सामर्थ्य रखते हैं। ये संरचनाएं कायिक प्रवर्ध कहलाती हैं।

अध्याय-3

भौतिक विज्ञान

(Physics)

1. कृत्रिम सूर्य-प्रकाश के संबंध में निम्नलिखित कथनों पर विचार कीजिए :

1. यह प्रकाश का एक स्रोत होता है जिसका प्रयोग सूर्य के प्रकाश जैसा कृत्रिम प्रकाश उत्पन्न करने के लिए किया जाता है।
2. यह सूर्य के प्रकाश के स्पेक्ट्रम के निकटतम संभावित स्पेक्ट्रम जैसा प्रकाश देता है।
3. इसकी ऊर्जा का स्रोत नाभिकीय संलयन की क्रिया होती है जैसी कि सूर्य के नाभिक में होती है।

उपर्युक्त कथनों में से कौन सा/से कथन सही है/हैं?

(a) केवल 1 और 2 (b) केवल 2

(c) केवल 2 और 3 (d) 1, 2 और 3

2. शुष्क बर्फ, जिसे कभी-कभी "कार्डाइस" भी कहा जाता है, ठोस कार्बन डाइऑक्साइड है। इस संदर्भ में निम्नलिखित में से कौन सा/से कथन सही है/हैं?

1. कार्बनडाइआक्साइड, ऑक्सीज़न की तुलना में भारी होने के कारण सर्वोत्तम अग्नि शामक है और यह अग्नि को कंबल की भांति ढक लेता है।
2. अग्नि शामक सिलेंडरों की कमी की स्थिति में कार्बन डाइऑक्साइड के स्रोत के रूप में सोडियम बाई कार्बोनेट का बड़ी मात्रा में प्रयोग किया जा सकता है।

निम्नलिखित कूटों की सहायता से सही उत्तर चुनिए :

(a) केवल 1 (b) केवल 2

(c) 1 और 2 दोनों (d) न तो 1 और न ही 2

3. प्राथमिक और द्वितीयक अनुक्रमण के संदर्भ में निम्नलिखित कथनों पर विचार कीजिए :

1. प्राथमिक अनुक्रमण, द्वितीयक अनुक्रमण की तुलना में अधिक तीव्र गति से होता है।
2. द्वितीयक अनुक्रमण उन क्षेत्रों में प्रारंभ होता है जहाँ प्राकृतिक जैव समुदाय नष्ट हो चुका होता है जैसे कि परित्यक्त कृषि भूमि में।

उपर्युक्त कथनों में से कौन सा/से कथन सही है/हैं?

(a) केवल 1

(b) केवल 2

(c) 1 और 2 दोनों

(d) न तो 1 और न ही 2

4. शोधन भारी जल रिएक्टर (परमाणु ऊर्जा रिएक्टर) के संबंध में निम्नलिखित कथनों पर विचार कीजिए :

1. यह अपरिष्कृत प्राकृतिक यूरेनियम को अपने ईंधन के रूप में इस्तेमाल कर सकता है।
2. फ्रांस विश्व में भारी जल का सबसे बड़ा उत्पादक देश है।
3. भारी जल, जल का ही एक रूप है जिसमें समान्य से अधिक मात्रा में हाइड्रोजन आइसोटोप-ड्यूटेरियम होता है।

उपर्युक्त कथनों में से कौन से कथन सही हैं?

(a) केवल 1 और 2

(b) केवल 2 और 3

(c) केवल 1 और 3

(d) 1, 2 और 3

5. सबसे आदर्श ब्लैक बॉडी है :

(a) उच्च तापमान पर गरम की गई लकड़ी के कोयले का दीपक।

(b) काले रंग के डाई से लेपित धातु।

(c) तारकोल से लेपित काँच की सतह अंदर सतह को।

(d) खोखले अनुलग्नक के काले रंग से रंग देना और उसमें एक छोटा सा छिद्र होना।

6. डीवीडी देखने की परंपरागत पद्धति की तुलना में वीडियो स्ट्रीमिंग अधिक पर्यावरण हितैषी क्यों है?

1. डीवीडी देखने की परम्परागत पद्धति की तुलना में वीडियो स्ट्रीमिंग के लिए कम ऊर्जा की आवश्यकता होती है और कम कार्बन डाइऑक्साइड (CO_2) का उत्सर्जन होता है।
2. डीवीडी खरीदने, किराये पर लाने इत्यादि के लिए वाहन का प्रयोग करने से, यह तरीका ऊर्जा का उपभोग और कार्बन के उत्सर्जन को बढ़ा देता है।

निम्नलिखित कूटों की सहायता से सही उत्तर चुनिएः

(a) केवल 1 (b) केवल 2

(c) 1 और 2 दोनों (d) न तो 1 और न ही 2

7. किसी अणु के लिए एक आनुवांशिक पदार्थ की तरह कार्य करने के आवश्यक मानदंड क्या होते हैं?

1. इसे स्वयं 'मेंडल के लक्षण' के अनुरूप अभिव्यक्त होना चाहिए।
2. इसे स्वयं अपनी प्रतिकृत बनाने में सक्षम होना चाहिए।
3. इसमें तीव्र परिवर्तनों की संभावना होनी चाहिए।
4. इसे उत्परिवर्तन के लिए सक्षम होना चाहिए।
5. इसे रसायनिक तथा संरचनात्मक रूप से अस्थिर होना चाहिए ताकि कूटवद्ध पदार्थों के निर्बाध हस्तांतरण को सुनिश्चिति कर सके।

निम्नलिखित कूटों की सहायता से सही उत्तर चुनिएः

(a) केवल 1, 2 और 4 (b) केवल 1, 2, 3 और 4

(c) केवल 2, 3, 4 और 5 (d) 1, 2, 3, 4 और 5

8. सामान्यतः यह पाया जाता है कि यदि बर्फ के दो टुकड़ों को एकसाथ दबाकर रखा जाए तो वे कुछ देर बाद आपस में जुड़ जाते हैं। निम्नलिखित में से कौन सा कथन इस तथ्य के उचित कारणों का वर्णन करता है?

(a) बर्फ के टुकड़ों को दबाने में किया जाने वाला कार्य निकाय के तापमान में वृद्धि करता है जिसके कारण बर्फ पिघलती है और टुकड़े जुड़ जाते हैं।

(b) दाब में वृद्धि के साथ बर्फ के गलनांक में वृद्धि होती है।

(c) दाब में वृद्धि के साथ बर्फ के गलनांक में कमी होती है।

(d) दाब के कारण बर्फ के टुकड़ों के बीच अंतर-अवकाश समाप्त हो जाता है और वे आपस में जुड़ जाते हैं।

9. किसी तरण-ताल में गोता लगाते हुए कोई तैराक यह प्रयास करता है कि वह जल तक पहुँचने के पूर्व अपनी भुजाओं को अपने शरीर से न्यूनतम संभावित दूरी तक समेट ले, जिससे कि गोता लगाते हुए वह अधिक से अधिक बार चक्रीय गति कर सके। इसका क्या कारण है?

(a) जब भार, घूर्णन गति की धुरी के निकट होता है तो जड़त्व में कमी हो जाती है जिसके परिणामस्वरूप कोणीय गति में वृद्धि हो जाती है जिससे चक्रों की संख्या बढ़ जाती है।

(b) जब भार, घूर्णन गति की धुरी के निकट होता है तो जड़त्व में वृद्धि हो जाती है जिसके परिणामस्वरूप कोणीय गति में वृद्धि हो जाती है जिससे चक्रों की संख्या बढ़ जाती है।

(c) जब भार, घूर्णन गति की धुरी के निकट होता है तो जड़त्व में कमी हो जाती है जिसके परिणामस्वरूप कोणीय गति में कमी हो जाती है जिससे चक्रों की संख्या बढ़ जाती है।

(d) जब भार, घूर्णन गति की धुरी के निकट होता है तो जड़त्व में वृद्धि हो जाती है जिसके परिणामस्वरूप कोणीय गति में कमी हो जाती है जिससे चक्रों की संख्या बढ़ जाती है।

10. 'सौर तालाब' के संदर्भ में निम्नलिखित कथनों पर विचार कीजिए :

1. सौर तालाब एक वृहद् लवणीय जल निकाय होता है जिसमें लवण द्वारा सौर ऊर्जा का संचय किया जाता है।
2. लवण का घोल गहराई बढ़ने के साथ अधिक सांद्र होता जाता है जिसके कारण तालाब की निचली सतह पर एक गर्म व सांद्र लवणीय परत बनी रहती है।
3. भुज स्थित सौर तालाब का निर्माण, वर्ष 1993 में, राष्ट्रीय सौर तालाब कार्यक्रम के अंतर्गत किया गया था।

उपर्युक्त कथनों में से कौन सा/से कथन सही है/हैं?

(a) केवल 1

(b) केवल 2

(c) केवल 1 और 2

(d) 1, 2 और 3

11. सामान्यतः यह देखा गया है कि रात्रि के समय रेडियो प्रसारण की गुणवत्ता दिन की तुलना में बेहतर हो जाती है। इस संदर्भ में निम्नलिखित कथनों पर विचार कीजिए :

1. केनेली-हीविसाइड पर्त या ई पर्त, मध्यम रेडियो तरंगों को परावर्तित करती है और कम दूरी के संचार में सहायता करती है।
2. एप्लेटॉन पर्त या एफ पर्त, लघु रेडियो तरंगों को परावर्तित करती है और लंबी दूरी के संचार में सहायता करती है।
3. दिन में सौर विकिरण के कारण ई और एफ पर्तें विस्तारित हो जाती हैं जिसके कारण पृथ्वी से उनकी दूरी बढ़ जाती है और इसका प्रभाव प्रसारण की गुणवत्ता पर पड़ता है।

उपर्युक्त कथनों में से कौन से कथन सही हैं?

(a) केवल 1 और 2 (b) केवल 2 और 3

(c) केवल 1 और 3 (d) 1, 2 और 3

12. वर्षा की बूंदें पृथ्वी की सतह से औसतन 3000 मीटर की ऊँचाई से स्वतंत्र रूप से गति करते हुए गिरती हैं। ऐसी स्थिति में पृथ्वी की सतह पर पहुँचने तक उनकी औसत गति 900 किमी/घंटा होनी चाहिए, जो कि सत्य नहीं हैं। इसका समुचित कारण बताइये।

(a) वर्षा की बूंदें पृथ्वी तक पहुँचते-पहुँचते छोटी से छोटी होती जाती हैं।

(b) वर्षा की बूंदें घटती हुई गति से गिरती हैं।

(c) वायु बूँदों की गति का प्रतिरोध करती है और एक निश्चित वेग प्राप्त करने के बाद बूँदों पर लगने वाला वास्तविक बल शून्य हो जाता है।

(d) कुछ दूरी तय करने के बाद बूँदों पर लगने वाला गुरुत्वाकर्षण बल समाप्त हो जाता है।

13. निम्नलिखित कथनों पर विचार करें :

1. संधारित्र टचस्क्रीन के पैनल में अनेक परतें होती हैं जिनमें सूक्ष्म स्थान वाली दो पतली पारदर्शी विद्युत आवेशित परते होती हैं।
2. प्रयोगकर्ता द्वारा संधारित्र टचस्क्रीन को स्पर्श करने पर प्रयोगकर्ता को कुछ आवेश स्थानांतरित हो जाता है।

उपर्युक्त कथनों में से कौन सा/से कथन सही है/हैं?

(a) केवल 1 (b) केवल 2

(c) 1 और 2 दोनों (d) न तो 1 और न ही 2

14. निम्नलिखित कथनों पर विचार कीजिए :

1. डॉल्बी ध्वनि की तीव्रता कम करने वाली प्रणाली है।
2. डॉल्बी सी प्रणाली निम्न आवृत्ति पर ध्वनि की तीव्रता को 10 डेसीबल तक कम कर सकती है।

उपर्युक्त कथनों में से कौन सा/से कथन सही है/हैं?

(a) केवल 1 (b) केवल 2

(c) 1 और 2 दोनों (d) न तो 1 और न ही 2

15. ओज़ोन क्षय पर्यावरण तंत्र तथा जीवों को किस प्रकार प्रभावित करता है?

1. इससे फाइटोप्लैंक्टोन द्वारा किए जाने वाले प्रकाश संश्लेषण में बाधा पहुँचती है जिससे खाद्य श्रृंखला प्रभावित होती है।
2. यह जीवित प्राणियों के न्यूक्लिक अम्ल को क्षति पहुँचाता है।
3. यह मोतियाबिंद तथा त्वचा कैंसर में वृद्धि करता है और रोग-प्रतिरोधक क्षमता का ह्रास करता है।

निम्नलिखित कूटों की सहायता से सही उत्तर चुनिए :

(a) केवल 1 और 2 (b) केवल 2 और 3

(c) केवल 1 और 3 (d) 1, 2 और 3

16. निम्नलिखित गुणों पर विचार कीजिए :

1. परावर्तन 2. अपवर्तन
3. व्यतिकरण

उपर्युक्त गुणों में से कौन प्रकाश तरंगों, ध्वनि तरंगों और उष्मा तरंगों में पाये जाते हैं?

(a) केवल 1 (b) केवल 2

(c) केवल 1 और 3 (d) 1, 2 और 3

17. निम्नलिखित प्रदूषकों पर विचार कीजिए :

1. पार्टिकुलेट मैटर
2. एयरोसोल
3. फॉस्ज़ीन
4. फोटोकेमिकल स्मॉग
5. परऑक्सी-एसीटील नाइट्रेट (पीएएन)
6. फिनॉल

उपर्युक्त प्रदूषकों में से कौन द्वितीयक प्रदूषक हैं?

(a) केवल 1, 2, 3, 4 और 5 (b) केवल 1, 3, 5 और 6

(c) केवल 4, 5 और 6 (d) केवल 1, 2 और 3

18. अतिचालकों में विद्युत प्रतिरोध नहीं होता है फिर भी विद्युत-पारेषण में उनका उपयोग नहीं किया जाता है क्योंकि

(a) अतिचालक अत्यधिक सस्ते होते हैं किंतु ये पर्यावरण-मित्र नहीं होते।

(b) सामान्य ताप पर कार्य करने वाले अति चालक दुर्लभ हैं।

(c) अतिचालकों के निर्माण की प्रौद्योगिकी अत्यधिक महँगी है।

(d) विद्युत प्रवाहित होने पर अतिचालक रेडियो धर्मिता प्रदर्शित करते हैं।

19. निम्नलिखित कथनों पर विचार कीजिए:

1. समताप मंडल में ओज़ोन के अणु पराबैगनी किरणों को अवशोषित करते हैं।
2. प्रकाश-पृथक्करण दृश्य प्रकाश तक ही सीमित नहीं है।

उपर्युक्त कथनों में से कौन सा/से कथन सही है/हैं?

(a) केवल 1 (b) केवल 2

(c) 1 और 2 दोनों (d) न तो 1 और न ही 2

20. प्रकाश विज्ञान में, प्रकाश की चाल का निर्वात में तथा सापेक्ष माध्यम में अनुपात निरपेक्ष अपवर्तनांक (Refractive Index) कहलाता है। प्रकाश का वेग निम्नलिखित में से किस माध्यम में अधिकतम होगा?

(a) जल (b) मेथेनॉल

(c) एथेनॉल (d) बेन्जीन

21. निम्नलिखित कथनों पर विचार कीजिए :

1. सूर्य के प्रकाश में क्लोरीन और हाइड्रोजन के बीच की अभिक्रिया विस्फोटक हो जाती है।
2. क्लोरीन और हाइड्रोजन के बीच अभिक्रिया अंधेरे में एक्टिवेटेड कार्बन की उपस्थिति में होती है।
3. जब सिल्वर क्लोराइड को सूर्य के प्रकाश में रखते हैं, यह सिल्वर और क्लोरीन में विखंडित हो जाता है।

उपर्युक्त कथनों में से कौन से कथन सही हैं?

(a) केवल 1 और 3 (b) केवल 2 और 3

(c) 1, 2 और 3 (d) उपरोक्त में से कोई नहीं

22. हमारे ऊर्जा-फुट प्रिंट को कम करने वाले लाइट एमिटिंग डायोड (LED) वाले बल्बों को पारंपरिक प्रदीप्त बल्बों या सीएफएल के स्थान पर क्यों प्रयोग किया जाता है?

1. प्रदीप्त बल्बों के विपरीत, लाइट एमिटिंग डायोड में गर्म होकर प्रकाश उत्पन्न करने वाले तंतु का प्रयोग नहीं किया जाता है।
2. लाइट एमिटिंग डायोड, एक अर्ध-चालक में इलेक्ट्रॉन की गति के फलस्वरूप प्रकाशवान होते हैं और चूँकि विद्युत प्रत्यक्ष रूप से प्रकाश में परिवर्तित नहीं होती, लाइट एमिटिंग डायोड द्वारा ऊष्मा के रूप में कम ऊर्जा व्यर्थ होती है।
3. प्रकाश उत्पन्न करने के लिए पारा-वाष्प का प्रयोग करने वाले सीएफएल की तुलना में लाइट एमिटिंग डायोड द्वारा कम ऊर्जा का उपभोग किया जाता है।
4. लाइट एमिटिंग डायोड का जीवनकाल पारंपरिक प्रदीप्त बल्बों तथा सीएफएल से अधिक होता है।

निम्नलिखित कूटों के आधार पर सही उत्तर चुनिए :

(a) केवल 1, 2 और 3 (b) केवल 2, 3 और 4

(c) केवल 1, 3 और 4 (d) 1, 2, 3 और 4

23. जब पारे को काँच की परखनली में डाला जाता है तो इसकी सतह उत्तल होती है परन्तु जब इसे तांबे की नली में डालते हैं तो इसकी सतह अवतल होती है। ऐसा निम्नलिखित में से किसके कारण होता है?

1. संसंजक और असंजक बलों के कारण
2. पात्र और पारे के सतह के बीच घर्षण के कारण
3. वायुमंडलीय दाब के कारण

निम्नलिखित कूटों के आधार पर सही उत्तर को चुनिए :

(a) केवल 1 (b) केवल 1 और 2

(c) केवल 3 (d) 1, 2 और 3

24. दाब प्रवणता बल के सन्दर्भ में निम्नलिखित कथनों पर विचार कीजिए :

1. दाब प्रवणता जितनी अधिक होगी, पवनों का वेग उतना ही कम होगा।
2. दाब प्रवणता जितनी अधिक होगी, पवनों की दिशा उतनी ही अधिक विक्षेपित होगी।

उपर्युक्त कथनों में से कौन सा/से कथन सही है/हैं?

(a) केवल 1 (b) केवल 2

(c) 1 और 2 दोनों (d) न तो 1 और न ही 2

25. आजकल शहरी क्षेत्रों में जल को गर्म करने वाले सौर ऊर्जा प्रणाली और हरित भवनों के निर्माण को प्राथमिकता दी जाती है। इस संदर्भ में निम्नलिखित कथनों पर विचार कीजिए :

1. हरित आवासीय भवनों में गीज़रों को विस्थापित करके बिजली की मांग में कमी लाने के लिए सौर जल तापन एक अत्यंत महत्वपूर्ण तरीका है।
2. विशेषकर विकासशील देशों में तीव्र शहरीकरण के कारण भवनों में ऊर्जा का उपयोग बढ़ता जा रहा है।
3. हरित भवन, ऊर्जा आपूर्ति और संरक्षण से संबंधित मुद्दों के अलावा जल एवं कचरा प्रबंधन, पर्यावरण पर प्रभाव और प्राकृतिक संसाधनों की न्यूनतम क्षति से संबंधित मुद्दों का भी समाधान करते हैं।

उपर्युक्त कथनों में से कौन से कथन सही हैं?

(a) केवल 1 और 2 (b) केवल 2 और 3

(c) केवल 1 और 3 (d) 1, 2 और 3

26. जब तेज गति से चलती हुई मोटरकार तेजी से मुड़ती है तो हम एक तरफ गिरने लगते हैं। यह किस सिद्धांत से समझाया जा सकता है?

(a) गति के प्रथम नियम के आधार पर।

(b) गति के द्वितीय नियम के आधार पर।

(c) गति के तृतीय नियम के आधार पर।

(d) आर्किमिडीज के सिद्धान्त के आधार पर।

27. विद्युत धारा सदैव चुंबकीय क्षेत्र उत्पन्न करती है और चुंबकत्व का यह गुण औषध में प्रयोग किया जाता है। इस सन्दर्भ में निम्नलिखित कथनों पर विचार कीजिएः

1. हमारे शरीर की तंत्रिका कोशिकाओं के अनुदिश गमन करने वाली दुर्बल अयन धाराएं भी अत्यंत प्रभावशाली चुंबकीय क्षेत्र उत्पन्न करती हैं।
2. मानव शरीर के दो मुख्य भाग - हृदय और मस्तिष्क में महत्वपूर्ण रुप से चुंबकीय क्षेत्र उत्पन्न होते हैं।
3. शरीर के भीतर का चुंबकीय क्षेत्र, शरीर के विभिन्न भागों के प्रतिबिंब प्राप्त करने का आधार बनता है और इसे एक विशेष तकनीक जिसे चुंबकीय अनुनाद प्रतिबिंबन (Magnetic Resonance Imaging - MRI) कहते है, के द्वारा प्राप्त किया जाता है।

उपर्युक्त कथनों में से कौन से कथन सही हैं?

(a) केवल 1 और 2 (b) केवल 2 और 3

(c) केवल 1 और 3 (d) 1, 2 और 3

28. घरेलू विद्युत परिपथ के संदर्भ में निम्नलिखित कथनों पर विचार कीजिए :

1. हमारे घरों में विद्युत की आपूर्ति प्रायः एक काले विद्युत रोधी आवरण वाले तार से की जाती जिसे विद्युन्मय तार या धनात्मक तार कहते हैं।
2. लाल विद्युत-रोधी आवरण वाले एक अन्य तार को उदासीन तार या ऋणात्मक तार कहते हैं।
3. भारत में विद्युन्मय तार तथा उदासीन तारों के मध्य 220V का विभवांतर होता है।
4. हरे विद्युत रोधी आवरण वाले भूसंपर्क तार को भूमि के भीतर बहुत गहराई पर स्थित धातु की प्लेट से संयोजित किया जाता है।

उपर्युक्त कथनों में से कौन से कथन सही हैं?

(a) केवल 1 और 2 (b) केवल 2 और 3

(c) केवल 3 और 4 (d) उपर्युक्त में से कोई नहीं

29. फिल्टर पंप या चूषित्र, बुंसन बर्नर, इत्र या कीटनाशकों के छिड़काव के लिए प्रयोग किये जाने वाले कड़ित्र या स्प्रेयर निम्नलिखित में से किस युक्ति या प्रभाव पर कार्य करते हैं?

(a) वेंटुरीमापी (b) मेगनस प्रभाव

(c) श्यानता नियम (d) पृष्ट ऊर्जा

30. शोधकर्ताओं ने, जिनमें कि एक भारतीय भी शामिल है, ने अत्यधिक जटिल तकनीक वाले 2-D ऑप्टिकल फेज्ड ऐरे, जो कि उच्च रिजोल्यूशन वाली किरण उत्पन्न कर सकता है, का प्रदर्शन किया। 2-D ऑप्टिकल फेज्ड ऐरे की क्या विवेक्षा/विवेक्षाएं हैं?

1. 2-D ऑप्टिकल फेज्ड ऐरे, उत्पन्न लाइट डिटेक्शन एण्ड रेंजिंग (लडार) तथा अन्य प्रतिरक्षी उपकरणों के विकास में सहायक होगा।
2. यह रैपिड-3-D मैपिंग जैसे अनुप्रयोगों के संबंध में अधिक विस्तृत सूचनाएं उपलब्ध कराएगा।
3. आगे चल कर विकसित होने वाला लडार दूरी व अन्य सूचनाओं की दृश्यता के लिए रेडियो फ्रीक्वेंसी (आरएफ) का प्रयोग करेगा।

निम्नलिखित कूटों के आधार पर सही उत्तर का चयन कीजिए:

(a) केवल 1 (b) केवल 2 और 3

(c) केवल 1 और 2 (d) 1, 2 और 3

31. निम्न में से कौन सा 'फोटो पॉल्यूशन' का एक प्रकार नहीं है?

(a) कृष्ण पिंड विकिरण
(b) आवश्यकता से अधिक प्रकाश का प्रयोग
(c) ग्लेयर
(d) स्काईग्लो

32. निम्नलिखित कथनों पर विचार कीजिए :

1. चंद्रमा, पृथ्वी के गुरुत्वाकर्षण के कारण पृथ्वी पर इसलिए नहीं गिरता क्योंकि सूर्य द्वारा चंद्रमा पर एक बराबर किंतु विपरीत दिशा में बल लगाया जाता है।
2. स्वतंत्रत रूप से गिरता हुआ सेब पृथ्वी की ओर आकर्षित होता है और सेब भी पृथ्वी को अपनी ओर आकर्षित करता है।
3. चंद्रमा अपनी कक्षा में प्रत्येक बिंदु पर सीधी रेखा में यात्रा करने के बजाए पृथ्वी की ओर गिरता है।

उपर्युक्त कथनों में से कौन से कथन सही हैं?

(a) केवल 1 और 2
(b) केवल 2 और 3
(c) केवल 1 और 3
(d) 1, 2 और 3

33. ऑर्गेनिक लाइट इमिटिंग डायोड (ओलेड) एवं ऑर्गेनिक लाइट इमिटिंग ट्रांजिस्टर (ओलेट) उभरती हुई डिस्प्ले प्रौद्योगिकी हैं। इस संबंध में निम्नलिखित कथनों पर विचार कीजिए :

1. ओलेड एवं ओलेट में प्रकाश उत्सर्जन करने वाली परत, हाइड्रोकार्बन से बनी अर्द्धचालक से निर्मित होती है जो कि वैद्युत-धारा प्रवाहित करने पर प्रकाश का उत्सर्जन करती है।
2. बहुलक ओलेड अत्यंत प्रभावशाली होते हैं और प्रकाश के उत्सर्जन के लिए बहुत कम वैद्युत का प्रयोग करते हैं।
3. ओलेड एवं ओलेट डिस्प्ले की एक प्रमुख कमी यह है कि ये लिक्विड क्रिस्टल डिस्प्ले (एलसीडी) की तुलना में मोटे एवं भारी होते हैं।

निम्नलिखित कूटों के आधार पर सही उत्तर चुनिए :

(a) केवल 1 और 2
(b) केवल 2 और 3
(c) केवल 1 और 3
(d) 1, 2 और 3

34. वैद्युत-बल्ब में टंगस्टन धातु का तंतु प्रयोग किया जाता है और उसके अंदर निर्वात रखा जाता है। इस संबंध में निम्नलिखित कथनों पर विचार कीजिए :

1. बल्ब में वैद्युत-धारा प्रवाहित करने पर, तंतु को जलने व ऑक्सीकरण से बचाने के लिए उसके अंदर निर्वात रखा जाता है।
2. कभी-कभार, तंतु को जलने व उसको वाष्पित होने से बचाने के लिए बल्ब के अंदर कुछ अक्रिय गैसों जैसे कि आर्गन या क्रिप्टॉन को भर दिया जाता है।
3. आर्गन या क्रिप्टॉन से भरे हुए बल्ब में, शत-प्रतिशत वैद्युत ऊर्जा प्रकाश ऊर्जा में परिवर्तित हो जाती है।

उपर्युक्त कथनों में से कौन से कथन सही हैं?

(a) केवल 1 और 2 (b) केवल 2 और 3

(c) केवल 1 और 3 (d) 1, 2 और 3

35. कभी-कभार हम पाते हैं कि किसी तेज घूमते हुए पंखे की पंखुड़ियां उल्टी दिशा में घूमती हुई प्रतीत होती है। इस संबंध में निम्नलिखित कथनों पर विचार कीजिए:

1. यह भ्रम 'टनल विज़न' वाली एक परिघटना के कारण होता है जो कि निरंतर गतिशील छोटे-छोटे त्वरित दृश्यों के कारण उत्पन्न होता है।
2. यह एक प्रकार का प्रकाशीय भ्रम है जो कि मुख्यतः स्ट्रोबोस्कोपिक प्रभाव के कारण उत्पन्न होता है।
3. इसके लिए 'वेगन-व्हील-प्रभाव' उत्तरदायी है, जो कि किसी वीडियो या फिल्म में किसी पहिए की तीलियों के उल्टी दिशा में घूमते हुए प्रतीत होना है।

उपर्युक्त कथनों में से कौन से कथन सही हैं?

(a) केवल 1 और 2 (b) केवल 2 और 3

(c) केवल 1 और 3 (d) 1, 2 और 3

36. पीजोइलेक्ट्रीसिटी विभिन्न अनुप्रयोगों में किस प्रकार सहायक है?

1. यह ध्वनि को उत्पन्न करने और उसकी पहचान करने, उच्च विभव उत्पन्न करने, इलेक्ट्रॉनिक आवृत्तियों के उत्पादन, सूक्ष्म तुला के निर्माण, और उत्कृष्ट स्तर के प्रकाशीय उपकरणों मे प्रयोग किया जाता है।
2. पीज़ोइलेक्ट्रीसिटी, आणविक रिजोल्युशन के गुण के कारण बहुत से वैज्ञानिक उपकरणों मे प्रौद्योगिकी के रुप मे प्रयोग की जाती है।
3. पीजोइलेक्ट्रीसिटी सिगरेट लाइट्‌रों में प्रज्वल्वन के स्त्रोत के रुप मे प्रयोग की जाती है।

निम्नलिखित कूटों के आधार पर सही उत्तर चुनिएः

(a) केवल 1

(b) केवल 2 और 3

(c) केवल 1 और 3

(d) 1, 2 और 3

37. प्रत्यावर्ती धारा के मुख्य परिपथ में प्रयोग में आने वाली ट्यूबलाइट में साधारण प्रतिरोधक के स्थान पर चोक कुंडली की आवश्यकता क्यों पड़ती है?

(a) चोक कुंडली एक ट्रांसफॉर्मर की तरह कार्य करती है, अतः यह घटते बढ़ते वोल्टेज को नियंत्रित करती है।

(b) चोक कुंडली ट्यूबलाइट में, बिना शक्ति का क्षय किए वोल्टेज कम कर देती है जबकि प्रतिरोधक, ऊष्मा के रूप में शक्ति-क्षय करता है।

(c) चोक कुंडली ट्यूबलाइट में उपस्थित गैसों के आयनीकरण के लिए उचित माध्यम प्रदान करता है।

(d) चोक कुंडली ट्यूबलाइट में, शक्ति को कम कर देती है अतः यह कम शक्ति के उपभोग में सहायता करती है।

38. पृथ्वी की सतह के समीप विद्युत-क्षेत्र लगभग 100 वोल्ट/मीटर है। तब भी जब हम घर से बाहर जाते हैं तो हमें वैद्युत आघात क्यों नहीं लगता?

(a) हमारा शरीर एक सार्वत्रिक वैद्युत-चालक है और वैद्युत आवेश ग्रहण करने की पृथ्वी की क्षमता असीमित है, इसलिए वैद्युत आवेश हमारे शरीर से होते हुए पृथ्वी में प्रवाहित हो जाते हैं।

(b) हमारे शरीर में वैद्युत अपघट्य होते हैं और किसी उच्च वैद्युत क्षेत्र के प्रभाव में आने पर वैद्युत अपघट्य, अपघटित हो जाते हैं जिससे कि वायुमण्डलीय वैद्युत आवेशों का खतरनाक प्रभाव शून्य हो जाता है।

(c) हमारा शरीर व धरातल एक समान विभव वाली सतह बनाते हैं और जब हम घर के बाहर निकलते हैं तो खुली वायु की वास्तविक समान विभव वाली परत बदल जाती है जिसके कि पुनः हमारा सिर व धरातल एक ही विभव प्राप्त कर लेते हैं।

(d) हमारा सिर उच्च विभव पर होता है जबकि पैर निम्न विभव पर, इस प्रकार वायुमण्डल का एकत्रित आवेश हमें बिना कोई आघात पहुँचाए सिर से धरातल में प्रवाहित हो जाता है।

39. निम्नलिखित कथनों पर विचार कीजिए :

1. निर्वात में प्रकाश की चाल एक सार्वत्रिक नियतांक है जो कि किसी कारक पर निर्भर नहीं करती, यहाँ तक कि यह स्रोत तथा प्रेक्षक की सापेक्ष गति पर भी निर्भर नहीं करती।
2. किसी मोमबत्ती द्वारा उत्पन्न प्रकाश तथा सूर्य का प्रकाश दोनों की चाल एक ही होती है क्योंकि यह स्रोत की प्रकृति पर निर्भर नहीं करती क्योंकि किसी भी तरंग की चाल माध्यम के संचरण गुणों से निर्धारित होती है।
3. प्रकाश की चाल तरंग दैर्ध्य तथा तीव्रता पर निर्भर नहीं करती।

उपर्युक्त कथनों में से कौन सा/से कथन सही नहीं है/हैं?

(a) केवल 1 और 2

(b) केवल 2 और 3

(c) केवल 2

(d) केवल 3

40. मोबाइल फोनों को सेलफोन या सेलुलर फोन क्यों कहते हैं?

(a) जिस प्रकार जीवों में कोशिकाएं पाई जाती हैं, उसी प्रकार मोबाइल फोन में पाए जाने वाली सूक्ष्म कोशिकाएं (सेल), उनकी संरचनात्मक एवं प्रकार्यात्मक इकाई होती हैं।

(b) मोबाइल फोनों द्वारा प्राप्त की जाने वाली विद्युत चुम्बकीय तरंगें, 'सेल के पैकेट' के रूप में प्रसारित होती हैं अतः इन्हें सेल फोन कहा जाता है।

(c) ध्वनि एवं दृश्य रूपी मीडिया, जो कि मोबाइल फोन द्वारा प्रेषित किए जाते हैं 'सेल के बैंड' के रूप में होते हैं और इसी कारण से इन्हें सेल फोन कहा जाता है।

(d) उपरोक्त में से कोई नहीं।

41. लंबी दूरी वाले रेडियो प्रसारण में लघु तरंग बैंड का उपयोग करते हैं, क्यों?

(a) इस बैंड की तरंगों को, आयन मंडल परावर्तित करता है।

(b) लघु-तरंगो का आयाम अधिक होता है, इसलिए वे लंबी दूरी तक प्रसारित हो सकती है।

(c) लघु-तरंगों की आवृत्ति अत्यन्त कम होती है, अतः वे मीलों तक आसानी से प्रसारित की जा सकती है।

(d) वे धरातल की वक्रता से प्रभावित नहीं होती।

42. कैसेट के चुंबकीय फीतों पर पर्त चढ़ाने के लिए या आधुनिक कंप्यूटर में स्मृति-संग्रहण के लिए, किस तरह के लौह चुंबकीय पदार्थों का इस्तेमाल होता है?

(a) सिलिकॉन एवं जर्मेनियम जैसे अर्ध चालक।

(b) विशेष रूप से उपचारित बेरियम आक्साइड सिरैमिक, जिन्हें फेराइट्स भी कहा जाता है।

(c) लोहा, एल्युमिनियम, निकिल, कोबाल्ट एवं तांबा की एक मिश्र धातु 'एलनिको'।

(d) दुर्लभ मृदा चुंबक-सैमारियम कोबाल्ट।

43. जल असामान्य व्यवहार प्रदर्शित करता है, क्योंकि यह :

(a) एक सार्वत्रिक विलायक है।

(b) पृथ्वी पर अत्यधिक मात्रा में मिलता है।

(c) त्रिक-बिंदु प्रकृति का है।

(d) हाइड्रोजन बंध बनाता है।

44. कुछ वैज्ञानिकों ने ऐसी संभावना व्यक्त की है कि वैश्विक 'नाभिकीय युद्ध' के पश्चात पृथ्वी पर एक भयंकर 'नाभिकीय-शीत' का प्रकोप होगा जो कि जीवन को तहस-नहस कर देगा। इस संभावना के क्या कारण हो सकते हैं?

(a) नाभिकीय युद्ध के कारण नाभिकीय विध्वंस (न्यूक्लियर होलोकास्ट) होगा जिससे कि सारा पदार्थ प्लाज़्मा में परिवर्तित हो जाएगा और फलस्वरूप पृथ्वी पर तापमान विशेष रूप से कम हो जाएगा।

(b) नाभिकीय युद्ध के कारण अत्यधिक ऊष्मा उत्पन्न होगी, जिससे कि पृथ्वी पर उपस्थित संपूर्ण बर्फ तुरंत पिघल जाएगी और इसके कारण तापमान कई गुना कम हो जाएगा।

(c) वायुमण्डल छिन्न-भिन्न हो जाएगा और वर्षों तक पृथ्वी पर ऊष्मा रूक नहीं पाएगी जिसके परिणामस्वरूप तापमान कम हो जाएगा।

(d) वैश्विक नाभिकीय युद्ध के कारण उत्पन्न होने वाला बादल आकाश के अधिकांश भाग को ढक लेगा जिसके कारण पृथ्वी पर पहुँचने वाला सौर्य प्रकाश रूक जाएगा।

45. यदि किसी पेंडुलम घड़ी को कृत्रिम उपग्रह के अंदर ले जाया जाए तो क्या होगा?

(a) यह तेज चलने लगेगी, क्योंकि इसका आवर्त-काल कम हो जाएगा।

(b) यह धीमी चलने लगेगी, क्योंकि इसका आवर्त-काल अधिक हो जाएगा।

(c) यह रूक जाएगी, क्योंकि इसका आवर्त-काल अनंत हो जाएगा।

(d) कोई भी प्रभाव नहीं पड़ेगा।

46. बर्फ का टुकड़ा जल में तैरता रहता है परंतु मदिरा में डूब जाता है, क्यों?

(a) बर्फ जल में तैरती रहती है किंतु मदिरा में डूब जाती है क्योंकि, मदिरा का घनत्व बर्फ व जल दोनों से अधिक होता है।

(b) बर्फ जल में तैरती रहती है किंतु मदिरा में डूब जाती है क्योंकि, बर्फ का घनत्व मदिरा और जल दोनों से अधिक होता है।

(c) बर्फ जल में तैरती रहती है किंतु मदिरा में डूब जाती है क्योंकि, बर्फ का घनत्व जल से कम होता है परंतु मदिरा से अधिक होता है।

(d) बर्फ जल में तैरती रहती है किंतु मदिरा में डूब जाती है क्योंकि, बर्फ का घनत्व जल से अधिक होता है परंतु मदिरा से कम होता है।

47. यदि किसी उत्तल लेंस को सूर्य के प्रकाश में किसी कागज़ पर केंद्रित किया जाए और कागज और लेंस को कुछ देर तक इसी स्थिति में रखा जाए तो कागज़ जलने लगता है। ऐसा होता है क्योंकि :

(a) उत्तल लेंस सूर्य के प्रकाश को एक विशेष बिंदु पर पूर्ण-रूपेण परावर्तित कर देता है और इस प्रकार उस बिंदु की ऊर्जा कई गुना बढ़ जाती है, परिणामस्वरूप कागज़ जलने लगता है।

(b) उत्तल लेंस सूर्य की किरणों को समानांतर किरणों के रूप में अपसरित कर देता है और इस प्रकार कागज़ पर सूर्य का वास्तविक प्रतिबिंब प्राप्त होता है जिससे कागज़ जलने लगता है।

(c) उत्तल लेंस ऊष्मा अवशोषक के रूप में कार्य करता है और अत्यधिक ऊष्मा अवशोषित कर लेता है और उसे कागज़ पर मुक्त कर देता है जिससे कि कागज़ जलने लगता है।

(d) सूर्य की किरणें, उत्तल लेंस द्वारा कागज़ पर बने हुए तीव्र चमकदार बिंदु पर अभिसरित कर दी जाती है, इसप्रकार कागज़ के बिंदु पर सूर्य की किरणों के संकेंद्रण के कारण अत्यधिक ऊष्मा उत्पन्न होती है, जिसके परिणामस्वरूप कागज़ जलने लगता है।

48. इंद्रधनुष, संयुक्त परिघटना का उदाहरण है :

(a) परावर्तन, अपवर्तन एवं व्यतिकरण का

(b) प्रकीर्णन, परिक्षेपण और अपवर्तन का

(c) परिक्षेपण, प्रकीर्णन और व्यतिकरण का

(d) परिक्षेपण, अपवर्तन और परावर्तन का

49. निम्नलिखित कथनों पर विचार कीजिए :

1. वह उपकरण जो कुछ परिवर्तनशील वैद्युत सिग्नलों को भौतिक चरों जैसे कि दाब, विस्थापन, बल ताप इत्यादि में परिवर्तित करता है, वैद्युत-ट्रांस्ड्यूसर कहलाता है।
2. वोल्टेज या वैद्युत धारा, की निरंतर परिवर्तनशीलता को एनालॉग सिग्नल कहते हैं।
3. टेलीविज़न की ध्वनि एवं चित्रों के सिग्नल एनालॉग प्रकृति के होते हैं।
4. संचार के दौरान संदेश सिग्नलों के प्रसारण प्रक्रिया में बाधा पहुँचाने वाले अनचाहे सिग्नलों को 'शोर' कहते हैं।

उपर्युक्त कथनों में से कौन से कथन सही हैं?

(a) केवल 1, 2 और 3　　(b) केवल 2, 3 और 4
(c) केवल 1, 3 और 4　　(d) 1, 2, 3 और 4

50. निम्नलिखित कथनों पर विचार कीजिए:

1. साधारण बल्ब/लैंप की तुलना में सीएफएल (CFL) इमारतों की शीतलन प्रणाली पर कम बोझ डालते हैं।
2. एक बार चालू होने के बाद, ट्यूबलाईट अधिक ऊर्जा का प्रयोग किए बिना जलती रहती है।
3. टिमटिमा कर जलने वाली ट्यूबलाईट उतनी ही ऊर्जा प्रयोग करती है, जितनी कि साधारण प्रदीप्त होने वाली ट्यूबलाईट।

उपर्युक्त कथनों में से कौन सा/से कथन सही है/हैं?

(a) केवल 1 और 2　　(b) केवल 2 और 3
(c) केवल 1　　(d) केवल 2

51. हवाई जहाजों के 'ब्लैक-बॉक्स' के संदर्भ में निम्नलिखित कथनों पर विचार कीजिए:

1. यह उड़ान के विभिन्न मानकों जैसे समय, दाब, ऊँचाई इत्यादि को रिकॉर्ड करता है किंतु ध्वनि रिकॉर्ड नहीं करता।
2. यह चमकीले नांरगी रंग का होता है जिससे इसे मलबे में आसानी से देखा जा सके।
3. यदि हवाईजहाज जल में दुर्घटनाग्रस्त हो जाए तो यह उसकी स्थिति का पता लगाने में मदद करता है।

उपर्युक्त कथनों में से कौन सा/से कथन सही है/हैं?

(a) केवल 1　　(b) केवल 1 और 2
(c) केवल 2 और 3　　(d) केवल 1 और 3

52. सीलिंग पंखे के संदर्भ में निम्नलिखित कथनों पर विचार कीजिए:

1. गर्मियों में, पंखा कमरे के तापमान में परिवर्तन कर, हवा को ठंडा करता है।
2. सर्दियों में बेहतर प्रभाव के लिए, पंखे को विपरीत दिशा में घूमना चाहिए ताकि पंखे की पत्तियां इस तरह घूँमें कि नीचे की तरफ मुड़ा पक्ष आगे हो।

उपर्युक्त कथनों में से कौन सा/से कथन सही है/हैं?

(a) केवल 1 (b) केवल 2
(c) 1 और 2 दोनों (d) न तो 1 और न ही 2

53. फोनोग्राफ के संदर्भ में निम्नलिखित कथनों पर विचार कीजिए:

1. फोनोग्राफ की सुई प्रत्यक्ष पीज़ोइलेक्ट्रिक प्रभाव के अंतर्गत कार्य करती है।
2. प्रत्यक्ष पीज़ोइलेक्ट्रिक प्रभाव ऐसे उपकरण में प्रयोग किया जाता है, जो कि विद्युत-संकेतों को यांत्रिक-दोलनों में परिवर्तित कर देता है।

उपर्युक्त कथनों में से कौन सा/से कथन सही है/हैं?

(a) केवल 1 (b) केवल 2
(c) 1 और 2 दोनों (d) न तो 1 और न ही 2

54. हम अपने दैनिक जीवन में प्रकाश से संबंधित बहुत सारी रूचिकर घटनाएं देखते हैं। निम्नलिखित घटनाओं पर विचार कीजिए और उस/उन घटना/घटनाओं को चुनिए जो प्रकाश के अपवर्तन के कारण होती है/हैं?

1. सूर्य, वास्तविक सूर्योदय के कुछ समय पहले और सूर्यास्त के कुछ समय बाद भी दिखायी पड़ता है।
2. जल की सतह पर फैला हुआ केरोसिन का तेल मनोहारी रंगों में दिखता है।
3. धूप में साबुन के बुलबुले सुंदर रंग के दिखायी पड़ते हैं।

सही कूट:

(a) केवल 1 और 2 (b) केवल 2 और 3
(c) केवल 1 (d) 1, 2 और 3

55. बायोमेट्रिक पहचान प्रणाली में, आजकल आइरिस बायोमेट्रिक स्कैनिंग अधिक प्रचलित है। आइरिस और आइरिस बायोमेट्रिक प्रणाली के संदर्भ में निम्नलिखित कथनों में से कौन से कथन सही हैं?

1. चश्में, कांटैक्ट लेंस और यहां तक कि आंख की शल्य चिकित्सा भी आइरिस के गुणों को प्रभावित नहीं करती।
2. आइरिस स्कैनिंग, फिंगरप्रिंट्स से भिन्न हैं क्योंकि वर्षों के शारीरिक श्रम के पश्चात फिंगरप्रिंट्स की पहचान कर पाना आसान नहीं होता।

3. आइरिस की पहचान प्रणाली में अधिकतर कम क्षमता वाले प्रकाश से उत्सर्जित 750nm तरंगदैर्ध्य वाले नीयर इंफ्रारेड (एनआईआर) कैमरों का प्रयोग किया जाता है।

4. आइरिस स्कैनिंग, बायोमेट्रिक तकनीक में प्रयोग किए जाने वाले रेटिना स्कैनिंग के ही समान है।

सही कूटः

(a) केवल 1, 2 और 3 (b) केवल 2, 3 और 4

(c) केवल 1, 3 और 4 (d) 1, 2, 3 और 4

56. किसी एंबुलेंस का साइरेन और रेल की सीटी, एक गर्म एवं आर्द्र मौसम में, शुष्क एवं ठंडे मौसम की तुलना में अधिक दूर तक एवं अधिक स्पष्ट सुनाई पड़ते हैं। निम्नलिखित कारण/कारणों में से कौन सा/से इस घटना के लिए उत्तरदायी हैं?

1. माध्यम का तापमान बढ़ने पर, ध्वनि के तरंगों की गति बढ़ जाती है।

2. माध्यम का घनत्व बढ़ने पर ध्वनि के तरंगों की गति बढ़ जाती है।

सही कूटः

(a) केवल 1 (b) केवल 2

(c) 1 और 2 दोनों (d) न तो 1 और न ही 2

57. एक महीन प्लास्टिक तंतुओं से बना सजावटी लैंप बाजार में सामान्यतः उपलब्ध होता है, जिसके प्लास्टिक के तंतुओं के स्वतंत्र सिरे एक फव्वारे जैसी संरचना बनाते हैं। इन तंतुओं का दूसरा सिरा एक विद्युत लैंप से जुड़ा होता है। जब लैंप को स्विच-आन किया जाता है तो प्रकाश प्रत्येक तंतु के नीचे से चलता हुआ इसके स्वतंत्र सिरे के नोक पर एक प्रकाश बिंदु के रूप में दिखायी पड़ता है। निम्नलिखित में से कौन सी घटना इस लैंप का सिद्धांत है?

(a) प्रकाश तंरगों का व्यतिकरण। (b) प्रकाश तंरगों का परावर्तन।

(c) प्रकाश तंरगों का प्रकीर्णन। (d) पूर्ण आंतरिक परावर्तन।

58. निम्नलिखित कथनों पर विचार कीजिएः

1. भारत में विद्युत आपूर्ति 120 वोल्ट और 60 हट्र्ज की होती है।

2. अमेरिका में विद्युत आपूर्ति 240 वोल्ट और 50 हट्र्ज की होती है।

उपर्युक्त कथनों में से कौन सा/से कथन सही है/हैं?

(a) केवल 1 (b) केवल 2

(c) 1 और 2 दोनों (d) न तो 1 और न ही 2

59. निम्नलिखित कथनों पर विचार कीजिएः

1. प्रत्यावर्ती वोल्टेज को अधिक से कम या कम से अधिक वोल्टेज में परिवर्तित करने की आवश्यकता पड़ती है और इसके लिए वैद्युत चुंबकीय प्रेरण पर आधारित टांसफॉर्मर नामक उपकरण का प्रयोग किया जाता है।
2. अन्योन्य प्रेरण (म्यूचुअल इंडक्शन) के सिद्धांत पर आधारित, आधुनिक प्रत्यावर्ती धारा जनित्र का प्रयोग प्रत्यावर्ती धारा (एसी) के उत्पादन में किया जाता है।

उपर्युक्त कथनों में से कौन सा/से कथन सही है/हैं?

(a) केवल 1 (b) केवल 2
(c) 1 और 2 दोनों (d) न तो 1 और न ही 2

60. Ku बैंड के सम्बन्ध में निम्नलिखित कथनों पर विचार कीजिएः

1. Ku बैंड का प्रयोग विशेषकर स्थिर एवं ब्रॉडकास्ट सेवाओं के लिए उपग्रह संचार में किया जाता है।
2. C-बैंड की माइक्रोवेव आवृत्ति, खराब मौसम में Ku बैंड की तुलना में बेहतर कार्य करती है।
3. Ku बैंड, इलेक्ट्रोमैग्नेटिक स्पेक्ट्रम के अवरक्त तरंगों की परास वाली आवृत्तियों का भाग है और रडार अनुप्रयोगों में यह 12-18 GHz के बीच होता है।

उपर्युक्त कथनों में से कौन से कथन सही हैं?

(a) केवल 1 और 2 (b) केवल 2 और 3
(c) केवल 1 और 3 (d) 1, 2 और 3

61. कोरियालिस बल के संदर्भ में, निम्नलिखित कथनों पर विचार कीजिएः

1. यह बल अपने आप में कोई बल नहीं है अपितु यह पृथ्वी की घूर्णन गति का प्रभाव है।
2. इस बल के परिमाण का निर्धारण पवन वेग द्वारा किया जाता है।
3. यह बल वायु की दिशा और वायु वेग को प्रभावित करता है क्योंकि यह वायु की दिशा को वास्तविक मार्ग से विक्षेपित कर देता है।

उपर्युक्त कथनों में से कौन सा/से कथन सही है/हैं?

(a) केवल 1 (b) केवल 1 और 2
(c) केवल 2 और 3 (d) 1, 2 और 3

62. यदि एक व्यक्ति जो कि एक गतिमान झूले पर बैठा है, अचानक खड़ा हो जाता है तो झूले की गति पर क्या प्रभाव पड़ेगा?

(a) झूले की गति अपरिवर्तित रहेगी।

(b) झूले की गति बढ़ जाएगी।

(c) झूले की गति कम हो जाएगी।

(d) झूले की गति पहले कम होगी फिर धीरे-धीरे बढ़ जाएगी।

63. निम्नलिखित कथनों पर विचार कीजिए और परंपरागत कम शक्ति वाले प्रदीप्त बल्बों की तुलना में लाइट एमिटिंग डायोड (एलईडी) से प्राप्त होने वाले लाभों को चुनिएः

1. कम कार्यशील वोल्टेज और कम शक्ति।
2. तीव्र क्रियाशील एवं गर्म होने के लिए समय की आवश्यकता नहीं।
3. पूर्णतया एक वर्णी (मोनोक्रोमैटिक) प्रकाश।
4. दीर्घ-अवधि व टिकाऊ।

सही कूटः

(a) केवल 1, 2 और 3 (b) केवल 2, 3 और 4

(c) केवल 1, 2 और 4 (d) 1, 2, 3 और 4

64. टीएफटी मॉनीटर और प्लाज़्मा डिस्प्ले-पैनेल (पीडीपी) से संबंधित कौन सा कथन सत्य है?

(a) प्लाज़्मा डिस्प्ले-पैनेल (पीडीपी) में, विद्युत-आवेशित आयनों वाली गैस से बनी हुई सूक्ष्म कोशिकाओं वाली तकनीक का प्रयोग किया जाता है जबकि टीएफटी मॉनीटर, लिक्विड क्रिस्टल डिस्प्ले (एलसीडी) का एक प्रकार है जो कि थिन-फिल्म ट्रांजिस्टर के प्रयोग द्वारा एक्टिव मैट्रिक्स एड्रेसिंग पर आधारित है।

(b) प्लाज़्मा डिस्प्ले पैनेल (पीडीपी) में, लिक्विड क्रिस्टल डिस्प्ले (एलसीडी) प्रौद्योगिकी का प्रयोग किया जाता है जो कि एक्टिव मैट्रिक्स एड्रेसिंग (Active Matrix Addressing) पर आधारित होती है और जिसमें थिन-फिल्म ट्रांजिस्टर (टीएफटी) का प्रयोग किया जाता है जबकि टीएफटी मॉनीटर में विद्युत आवेशित आयनों वाली गैस से बनी हुई सूक्ष्म कोशिकाओं का प्रयोग किया जाता है।

(c) टीएफटी और प्लाज़्मा डिस्प्ले पैनेल (पीडीपी) की डिस्प्ले प्रौद्योगिकी समान है और इनमें लाइट इमिटिंग डायोड (LED) से बने हुए इंटिग्रेटेड फ्लोरोसेंट सेल्स (आईएससीएस) का प्रयोग किया जाता है।

(d) टीएफटी मॉनीटर एवं प्लाज़्मा डिस्प्ले पैनेल (पीडीपी) में चित्रों की गुणवक्ता बढ़ाने और 3-D दृश्य प्रभाव उत्पन्न करने के लिए विद्युत आवेशित आयनों वाली गैस से बनी हुई सूक्ष्म कोशिकाओं वाली तकनीक का प्रयोग किया जाता है।

65. विश्व भर में मोबाइल फोन के प्रयोग में अधिक वृद्धि के कारण, मोबाइल फोन के विकिरण का मानव-स्वास्थ्य पर पड़ने वाला प्रभाव चिन्ता एवं अध्ययन की विषय-वस्तु बन गया है। मोबाइल फोन, माइक्रोवेव श्रेणी के वैद्युत-चुम्बकीय तरंगों का प्रयोग करता है। इस संदर्भ में निम्नलिखित कथनों पर विचार कीजिएः

1. स्पेसिफिक एब्जॉर्शन रेट (एसएआर) विकिरण की वह दर है जिस पर शरीर के ऊतक, वैद्युत-चुंबक विकिरणों के संपर्क में आने पर ऊर्जा अवशोषित करते हैं और यह प्रतिकिग्रा ऊतकों द्वारा अवशोषित ऊर्जा की मात्रा द्वारा परिभाषित किया जाता है।
2. स्पेसिफिक एब्जॉर्शन रेट (एसएआर) 100MHz और 100GHz के बीच वाले ऊर्जा क्षेत्रों के उद्भासन (exposure) को मापता है।
3. विश्व स्वास्थ्य संगठन (डब्ल्युएचओ) ने मोबाइल फोन के विकिरणों को 2B समूह में वर्गीकृत किया है जो कि इंटरनेशनल एजेंसी फॉर रिसर्च ऑन कैंसर (आईएआरसी) के पैमानों के अनुसार संभवतः कैंसरकारी हैं।

उपर्युक्त कथनों में से कौन से कथन सही हैं?

(a) केवल 1 और 2

(b) केवल 2 और 3

(c) केवल 1 और 3

(d) 1, 2 और 3

66. कभी-कभी भूकंप के समय ऊँची इमारतें प्रभावित नहीं होती जबकि मध्यम ऊँचाई की इमारतें धराशायी हो जाती हैं। ऐसा होता है क्योंकिः

(a) ऊँची इमारतों की नींव मजबूत होती है और इसीलिए वे भूकंपीय तरंगों का प्रवाह सह लेती हैं।

(b) मध्यम ऊँचाई वाली इमारतों की प्राकृतिक आवृत्ति भूकंपी तरंगों की आवृत्ति से कम होती हैं जबकि ऊँची इमारतों की प्राकृतिक आवृत्ति भूकंपी तरंगों की आवृत्ति से अपेक्षाकृत अधिक होती है।

(c) ऊँची इमारतों की दीवारों में तरंगों को अवशोषित करने वाले अवशोषक लगे होते हैं जो कि प्रल्यंकारी तरंगों को रोक देते हैं परंतु मध्यम ऊँचाई वाली इमारतों की कम ऊँचाई होने के कारण ऐसी व्यवस्था करना संभव नहीं होता।

(d) मध्यम ऊँचाई वाली इमारतों की प्राकृतिक आवृत्ति भूकंपी तरंगों की आवृत्ति से अधिक होती हैं जबकि ऊँची इमारतों की प्राकृतिक आवृत्ति भूकंपी तरंगों की आवृत्ति से अपेक्षाकृत कम होती है।

67. शुक्र ग्रह, बुध ग्रह की अपेक्षा अधिक गर्म होता है जबकि बुध ग्रह सूर्य का निकटतम् ग्रह है। निम्नलिखित दिए गए विकल्पों में इस तथ्य के कारण/कारणों की पहचान कीजिएः

1. शुक्र ग्रह के वायुमण्डल में कार्बन डाइऑक्साइड की प्रबल उपस्थिति होती है।
2. शुक्र ग्रह के वायुमण्डल में मीथेन गैस का उच्च प्रतिशत होता है।
3. शुक्र ग्रह के वायुमण्डल में सल्फरडॉइ ऑक्साइड अम्ल से बने बादलों की उपस्थिति होती है।

सही कूटः

(a) केवल 1 (b) केवल 2

(c) केवल 1 और 3 (d) 1, 2 और 3

68. "यह बर्फ का सर्वाधिक शुद्ध एवं विषाणु-रहित रुप होता है। यह बर्फ भू-गर्भीय रूप से अति प्राचीन काल की है एवं 2000 से 3000 वर्ष पुरानी है। इस प्रकार की बर्फ सामान्य रूप से ग्रीन लैण्ड में पाई जाती है।"

उपरोक्त कथन में उल्लिखित बर्फ को किस नाम से जाना जाता है?

(a) व्हाइट-आइस (b) ग्रीन-आइस

(c) ड्राई-आइस (d) ब्लू-आइस

69. लैम्प-ब्लैक या सूट के विषय में निम्नलिखित कथनों पर विचार कीजिएः

1. यह कार्बन पदार्थों को गरम कर एवं इसके धुएं को कई परत वाले कपड़े पर एकत्रित करके प्राप्त किया जाता है।
2. यह कार्बन के अपरूपों में सर्वाधिक शुद्ध होता है जिसमें लगभग 95% कार्बन होता है।
3. इसका प्रयोग छपाई वाली स्याही, जूते की पॉलिश एवं आँखों के काजल के रूप में किया जाता है।

उपर्युक्त कथनों में से कौन सा/से सही है/हैं?

(a) केवल 1

(b) केवल 1 और 2

(c) केवल 2 और 3

(d) 1, 2 और 3

70. निम्नलिखित कथनों पर विचार कीजिए–

1. माइक्रोवेव की आवृत्ति और ऊर्जा दृश्य प्रकाश से कम होती है तथा तरंगदैर्य इससे अधिक होती है।
2. माइक्रोवेव ऑवन अत्यधिक क्षमता से जल पर कार्य करता है और वसा व शर्करा पर कम क्षमता से क्योंकि वसा और शर्करा के अणु जल के अणुओं की तुलना में अधिक ध्रुवीय होते हैं और इस प्रकार जल के अणुओं को ऊर्जा मिलती है जो कि पूरे खाद्य-पदार्थ में वितरित हो जाती है।
3. माइक्रोवेव ऑवन में धातु के बर्तनों के बजाय पोर्सलिन के बने हुए बर्तनों का प्रयोग करना चाहिए क्योंकि धातु के बर्तनों से, संग्रह हुए आवेशों के कारण विद्युत झटका लगने का डर रहता है।

उपर्युक्त कथनों में से कौन से कथन सही हैं?

(a) केवल 1 और 2 (b) केवल 2 और 3

(c) केवल 1 और 3 (d) 1, 2 और 3

71. निम्नलिखित कथनों पर विचार कीजिए:

1. फ्रीक्वेंसी माड्युलेशन (एफ.एम) में वाहक तरंगों की आवृत्ति स्थिर होती है और आयाम घटता-बढ़ता है।
2. एंप्लीट्यूड माड्युलेशन (ए.एम) में वाहक तरंगों का आयाम स्थिर होता है जबकि इनकी आवृत्ति घटती-बढ़ती है।

उपर्युक्त कथनों में से कौन सा/से सही है/हैं?

(a) केवल 1 (b) केवल 2

(c) 1 और 2 दोनों (d) न तो 1 और न ही 2

72. अतिचालक चुंबक (सुपरकंडक्टिंग मैग्नेट) अत्यंत शक्तिशाली बैद्युत-चुंबक होते हैं और इनका प्रयोग एम.आर.आई व एन.एम.आर मशीनों, मास-स्पेक्ट्रोमीटर और पार्टिकल एक्सीलिरेटर में प्रयोग किए जाने वाले बीम-नियंत्रक चुबंकों में किया जाता है। अतिचालक चुंबकों के संदर्भ में निम्नलिखित कथनों में से कौन सा/से सही है/हैं?

1. अतिचालकों का प्रयोग जोसेफ्सन जंक्शन के निर्माण में किया जाता है जो कि स्क्विड्स (सुपरकंडक्टिंग क्वांटम इंटरफेरेंस डिवाइसेस) का मूलभूत संरचनात्मक आधार है।
2. स्क्विड्स (सुपरकंडक्टिंग क्वांटम इंटरफेरेंस डिवाइसेस), ज्ञात सर्वश्रेष्ठ संवेदी मैग्नेटोमीटर्स हैं जिनका प्रयोग स्क्विड्स माइक्रोस्कोप की स्कैनिंग में और मैग्नेटोइनसिफैलोग्राफी में किया जाता है।

सही कूटः

(a) केवल 1 (b) केवल 2

(c) 1 और 2 दोनों (d) न तो 1 और न ही 2

73. दाबित जल रिएक्टर एवं उबलते जल वाले रिएक्टर जल संयत्र के सन्दर्भ में निम्न कथनों पर विचार कीजिएः

1. दाबित जल संयत्र निम्न ताप पर कार्य करता है और टरबाईन को चलाने के लिए वाष्प जनित्र का चक्कर लगाता है। इसके विपरीत उष्मीय जल संयत्र उच्च दाब पर कार्य करता है एवं टरबाईन को चलाने के लिए अति तप्त जल का प्रयोग करता है।
2. BWR में दाब संयत्र, PWR की अपेक्षा कम विकिरण में रहता है, फलस्वरुप समय के साथ PWR की अपेक्षा कम भंगुर होता है।

उपर्युक्त कथनों में से कौन सा/से कथन सही है/हैं?

(a) केवल 1 (b) केवल 2

(c) 1 और 2 दोनों (d) न तो 1 और न ही 2

74. उष्मा-इंजन एवं प्रशीतक के विषय में निम्न कथनों पर विचार कीजिएः

1. उष्मा इंजन एक ऐसा उपकरण है, जिसमें निकाय द्वारा चक्रीय प्रक्रम पूरा कराया जाता है जिसके फलस्वरूप उष्मा, कार्य में रूपांतरित होती है।
2. प्रशीतक, उष्मा इंजन के ठीक विपरीत होता है, इसमें कार्यकारी पदार्थ किसी निम्न-ताप के ऊष्मा भंडार से उष्मा ग्रहण करता है और उस पर कुछ बाहृय कार्य किया जाता है तथा ऊष्मा उच्च ताप के ऊष्मा भंडार को मुक्त कर दी जाती है।

उपर्युक्त कथनों में से कौन सा/से कथन सही है/हैं?

(a) केवल 1 (b) केवल 2

(c) 1 और 2 दोनों (d) न तो 1 और न ही 2

75. हाल में, देश में विकसित क्रायोजेनिक इंजन वाले, भारत के दो जी एस एल वी (GSLV) प्रक्षेपण असफल रहे हैं। क्रायोजेनिक इंजन के संदर्भ में निम्न कथनों पर विचार कीजिएः

1. क्रायोजेनिक इंजन अति निम्न ताप पर कार्य करता है, जो कि ऑक्सीकारक व ईंधन दोनों को पर्याप्त बल उत्पन्न करने हेतु उच्च द्रव्यमान प्रवाह दर प्रदान करता है, जो सामान्य ताप एवं दाब पर उत्पादित नहीं किया जा सकता है।
2. क्रायोजेनिक इंजन रॉकेट की टन भार क्षमता को घटा कर, थ्रस्ट प्रदान करता है।

3. क्रायोजेनिक इंजन के कार्यप्रणाली के आंकलन के लिए तमिलनाडु के महेन्द्रगिरी में परीक्षण सुविधायें स्थापित की गयी हैं।
4. यह मिसाइल प्रौद्योगिकी नियंत्रण व्यवस्था (एम.टी.सी.आर) के अन्तर्गत आता है।

उपर्युक्त कथनों में से कौन सा/से असत्य है/हैं?

(a) केवल 1
(b) केवल 2
(c) केवल 1 और 3
(d) केवल 1 और 4

76. फाइबर ऑप्टिक संचार प्रणाली ने दूर संचार क्षेत्र में क्रान्ति ला दी है। फाइबर ऑप्टिक संचार के संदर्भ में, निम्नलिखित कथनों में से कौन सा/से कथन सही है/हैं?

1. इसमें एक ऑप्टिकल ट्रान्समीटर होता है, जो विद्युत संकेतों को ऑप्टिकल संकेतों में बदल देता है।
2. अर्द्ध चालक उपकरण जैसे प्रकाश-उत्सर्जन डायोड (LEDs) एवं लेजर डायोड सामान्य रूप से प्रयोग होने वाले ऑप्टिकल ट्रांसमीटर हैं।
3. सामान्य रूप से ऑप्टिकल फाइबर को उन प्रणालियों के लिये चुना जाता है, जिसमें उच्चतर बैंडविड्थ की जरूरत होती है या जो लम्बी दूरी तक फैली होती हैं और जिसे विद्युत केबल समायोजित कर सकता है।
4. ऑप्टिकल फाइबर को उच्च विद्युत-चुम्बकीय व्यवधान वाले क्षेत्रों में नहीं लगाया जा सकता है।

सही कूट है:

(a) केवल 2
(b) केवल 1, 2 और 3
(c) केवल 4
(d) 1, 2, 3 और 4

77. निम्नलिखित कथनों पर विचार कीजिए:

1. इ-स्याही या इलेक्ट्रोफोरेटिक स्याही, इ-इंक कॉर्पोरेशन द्वारा बनाया जाने वाला एक विशेष प्रकार का इलेक्ट्रॉनिक पेपर है।
2. वर्तमान में इ-स्याही वाणिज्यिक दृष्टि से ग्रे-स्केल एवं अन्य रंगों में उपलब्ध है।
3. सामान्यतया इ-स्याही का प्रयोग मोबाइल उपकरणों जैसे कि इ-रीडर्स्, मोबाइल फोन एवं घड़ियों में किया जाता है।

उपर्युक्त में से कौन सा/से सही है/हैं?

(a) केवल 1 और 2
(b) केवल 2 और 3
(c) केवल 1 और 3
(d) 1, 2 और 3

78. इलेक्ट्रोकार्डियोग्राम (ECG) के संदर्भ में निम्नलिखित कथनों पर विचार कीजिए:

1. ECG निश्चित समय में फेफड़ों की विद्युत क्रिया की एक व्याख्या है।
2. यह एक विशिष्ट परीक्षण है जो कि मृत शरीर पर भी किया जा सकता है तथा यह उस पर भी समान परिणाम देता है।

उपर्युक्त कथनों में से कौन सा/से कथन सही है/हैं?

(a) केवल 1 (b) केवल 2

(c) 1 और 2 दोनों (d) न ही 1 और न ही 2

79. ठोस का तापमान बढ़ाने पर ठोस में निम्न में से क्या परिवर्तन होते हैं?

1. ठोस के अणुओं की गतिज ऊर्जा बढ़ती है।
2. ऊष्मा द्वारा प्रदान की गई ऊर्जा अणुओं के बीच लगने वाले आकर्षण बल को कम कर देती है।
3. ऐसी अवस्था आती है जबकि ठोस पिघल जाता है और द्रव में परिवर्तित हो जाता है।
4. जब ठोस पिघलता है, तब इसका तापमान बढ़ता ही जाता है।

सही कूट:

(a) केवल 1, 2 और 3

(b) केवल 2, 3 और 4

(c) केवल 1, 3 और 4

(d) केवल 2 और 3

80. बर्फ, ठोस होने पर भी गर्म करने पर सिकुड़ती है और जल द्रव होने पर भी ठंडा करने पर फैलता है इसे ही जल का अनियमित व्यवहार कहते हैं। जल इस प्रकार का अनियमित व्यवहार क्यों प्रदर्शित करता है?

(a) जल एक सार्वत्रिक विलायक है और यह पृथ्वी पर बहुतायत रूप में पाया जाता है, इसीलिए यह अनियमित व्यवहार प्रदर्शित करता है।

(b) जल में आयन-बंध होते हैं और ऑक्सीजन तथा हाइड्रोजन परमाणु शिथिल रूप में व्यवस्थित होते हैं इसलिए जल अनियमित व्यवहार प्रदर्शित करता है।

(c) जल ही केवल ऐसा द्रव है, जो पृथ्वी पर ठोस द्रव तथा गैस तीनों अवस्थाओं में पाया जाता है, इसीलिए यह अनियमित व्यवहार प्रदर्शित करता है।

(d) जल में हाइड्रोजन बंध (H-बंध) होते हैं इसलिए यह अनियमित व्यवहार प्रदर्शित करता है।

81. **कथन (A):**प्रकाश ऊर्जा का वह प्रकार है जो विद्युत चुम्बकीय तरंग के रूप में प्रसारित होता है।

कारण (R):विद्युत चुम्बकीय तरंगें अनुप्रस्थ होती है, अतः प्रकाश तरंगे भी अनुप्रस्थ होती है।

नीचे दिये कूटों में से सही उत्तर को चुनें:

(a) (A) और (R) दोनों सही हैं और (R),(A) की सही व्याख्या करता है।

(b) (A) और (R) दोनों सही हैं किन्तु (R), (A) की सही व्याख्या नहीं करता है।

(c) (A) सही है किन्तु (R) गतल है।

(d) (A) गलत है किन्तु (R) सही है।

82. बस में यात्रा करते समय अचानक ब्रेक लगाने पर शरीर आगे की तरफ झुक जाता है। निम्नलिखित में से कौन इसका कारण हो सकता है।

(a) शरीर गतिशील रहता है, जबकि पैर फर्श के साथ धीमे हो जाते हैं।

(b) पैर गतिशील रहते हैं, जबकि शरीर फर्श के साथ धीमा हो जाता है।

(c) पैरो की गति तीव्र हो जाती है, जबकि शरीर स्थिर रहता है।

(d) शरीर की गति तीव्र हो जाती है, जबकि पैर स्थिर रहते हैं।

83. वायुयान के पंखो को डिज़ाइन करने के लिए निम्नलिखित में से किस सिद्धांत का प्रयोग किया जाता है?

(a) विद्युतचुम्बकीय प्रेरण

(b) बरनौली का प्रमेय

(c) हुंड का नियम

(d) द्रव्यमान का संरक्षण

84. निम्नलिखित में से कौन सी तरंगें विद्युतचुम्बकीय तरंगें होती हैं?

1. कैथोड तरंगें
2. अल्ट्रासोनिक तरंगें
3. कैनाल तरंगें

सही कूट:

(a) केवल 1 और 2

(b) केवल 2 और 3

(c) 1, 2 और 3

(d) उपरोक्त में से कोई नही

85. धातु तथा अधातुओं के मध्य अन्तर के सम्बन्ध में निम्नलिखित में से कौन सा/से असत्य है/हैं?

1. धातु अच्छे ह्रस कारक होते हैं, जबकि अधातु अच्छे ऑक्सीकारक होते हैं।
2. धातु जो ऑक्साइड बनाते हैं, वे अम्लीय होते हैं, जबकि अधातु जो ऑक्साइड बनाते हैं, वे बेसिक होते हैं।

सही कूटः

(a) केवल 1
(b) केवल 2
(c) 1 और 2 दोनों
(d) न ही 1 और न ही 2

86. निम्नलिखित कथनों पर विचार कीजिएः

1. मानव पैपीलोमा विषाणु पेट के कैंसर के खतरे को बढ़ाता है।
2. एस्बेस्टस, फेफड़े के कैंसर को उत्पन्न करने के लिए जाना जाता है।
3. आहार संशोधन, कैंसर नियंत्रण के लिए महत्वपूर्ण तरीका है।

उपर्युक्त कथनों में से कौन सा/ से कथन सही नही है?

(a) केवल 1
(b) केवल 2 और 3
(c) केवल 1 और 3
(d) 1, 2 और 3

87. निम्नलिखित कथनों पर विचार कीजिएः

1. केवलर, ड्यूपोंट द्वारा विकसित किया गया पैरा- एरैमिड संश्लेषित तंत्र का एक पंजीकृत ट्रेडमार्क है जो कि अन्य एरैमिड से संबंधित है।
2. केवलर, व्यक्तिगत कवच जैसे कि युद्ध के हेलमेट, बैलिस्टिक मुखौटो एवं बैलिस्टिक अंतःवस्त्रों का एक सुपरिचित अवयव है।

उपर्युक्त कथनों मे से कौन सा/से कथन सही है/हैं?

(a) केवल 1
(b) केवल 2
(c) 1 और 2 दोनो
(d) न तो 1 और न ही 2

88. निम्नलिखित कथनों पर विचार कीजिएः

1. 2, 4– डाई क्लोरोफिनाक्सी एसीटिक एसिड (2, 4–D) एक प्रचलित कीटनाशक या खरपतवार नाशक है जिसका प्रयोग चौड़ी पत्तियों वाले खरपतवार के नियंत्रण में किया जाता है तथा यह विश्व में सर्वाधिक प्रयोग होने वाला खरपतवार नाशी है।
2. 2, 4 D, ऑक्सिन नामक एक संश्लेषित पादप हार्मोन है जो प्रायः प्रयोगशाला में पादप-शोध के लिए प्रयोग किया जाता है।
3. द्वितीय विश्व युद्ध मे व्यापक रूप से प्रयोग किए पर्णपाती एवं खरपतवार नाशी 'एजेंट-ऑरेंज' मे 2, 4 D निहित था।

उपर्युक्त कथनों में से कौन से कथन सही हैं?

(a) केवल 1 और 2
(b) केवल 2 और 3
(c) केवल 1 और 3
(d) 1, 2 और 3

89. किस मूलभूत भौतिक गुण की उत्पत्ति के लिए हिग्स-बोसॉन को जिम्मेदार माना जाता है?

(a) द्रव्यमान (b) समय

(c) भार (d) लंबाई

90. बैंगनी और नीले प्रकाश की सूक्ष्म तरंगे होती हैं जो लाल प्रकाश की तुलना में ज्यादा बिखरी हुई होती हैं, जबकि लाल प्रकाश वातावरण में से प्रायः सीधे जाता है, नीले व बैगनीं प्रकाश वातावरण में मौजूद कणों के द्वारा बिखर जाता है, इस प्रकार हम आकाश को देखते हैं?

(a) नीला (b) लाल

(c) हरा (d) बैगनीं

91. प्रकाश-संश्लेषण की प्रक्रिया में क्या उत्पन्न होता है?

(a) स्टार्च, जिसका कि निर्जलीकरण-संश्लेषण के द्वारा कम जटिल अणुओं में उपापचय हो जाता है।

(b) प्रोटीन, जिसका कि निर्जलीकरण-संश्लेषण के द्वारा कम जटिल अणुओं में उपापचय हो जाता है।

(c) ग्लिसरॉल, जिसका निर्जलीकरण संश्लेषण द्वारा कार्बोहाइड्रेट्स से अधिक जटिल अणुओं में उपापचय हो जाता है।

(d) ग्लूकोज़, जिसका निर्जलीकरण संश्लेषण द्वारा कार्बोहाइड्रेट्स से अधिक जटिल अणुओं में संश्लेषण हो जाता है।

92. निम्नलिखित कथनों पर विचार कीजियेः

1. प्रकाश तंतु तकनीक पूर्ण आंतरिक परावर्तन के सिद्धांत पर कार्य करती है।

2. प्लास्टिक तंतु की कांच तंतु की तुलना में प्रकाश के कम क्षीणन के कारण विस्तृत प्रतीत होती है।

उपर्युक्त में से कौन सा/से कथन सही है/है?

(a) केवल 1

(a) केवल 2

(a) 1 और 2 दोनों

(a) न तो 1 न ही 2

93. एक शुद्ध अर्द्धचालक में रसायनिक अशुद्धियों का मिश्रण डोपिंग कहलाता है, अशुद्धियों के संदर्भ में निम्नलिखित कथनों पर विचार कीजिएः

1. त्रिसंयोजकता वाली अशुद्धियों को ग्राही अशुद्धियां कहते हैं।
2. पंचसंयोजकता वाली अशुद्धियों को दाता अशुद्धियां कहते हैं।

उपर्युक्त में से कौन सा/से कथन सही नहीं है/हैं?

(a) केवल 1
(b) केवल 2
(c) 1 और 2 दोनों
(d) न ही 1 और न ही 2

94. निम्नलिखित कथनों पर विचार कीजियेः

1. विद्युतचुम्बकीय तरंगो के स्पेक्ट्रम में प्रकाश तरंगें पराबैगनी व अवरक्त तरंगो के मध्य आती हैं तथा इनकी तरंगदैर्ध्य 3900 A^o से 7800 A^o के मध्य होती है।
2. कम अपवर्तनांक वाले माध्यम में प्रकाश का वेग अधिक होता है।

उपर्युक्त में से कौन सा/से कथन सही है/हैं।

(a) केवल 1 (b) केवल 2
(c) 1 और 2 दोनों (d) न ही 1 और न ही 2

95. निम्नलिखित को सुमेलित कीजिए और नीचे दिए गए कूट से सही उत्तर कर चुनाव कीजिएः

(यंत्र)	(उपकरण)
1. क्वाड्रेंट	A. उष्म विकिरण का मापन
2. रेडियो माइक्रोमीटर	B. नौवहन व खगोल विद्या में उँचाई व कोण का मापन
3. स्टीरियोस्कोप	C. तीव्र गतिमान पिण्ड का अवलोकन
4. स्ट्रोबोस्कोप	D. द्विआयामी चित्र का अवलोकन

कूटः

	1	2	3	4
(a)	A	B	C	D
(b)	B	A	D	C
(c)	D	C	B	A
(d)	C	D	A	B

96. निलय से प्रति मिनट प्रवाहित होने वाले रक्त की मात्रा को कहते हैं:

(a) कार्डियक चक्र
(b) कार्डियक आउटपुट
(c) कार्डियक आयतन
(d) निलय आयतन

97. निम्नलिखित कथनों पर विचार कीजिए:

1. 2G सेलुलर दूरसंचार तंत्र का जी.एस.एम मानकों पर व्यावसायिक प्रारम्भ फिनलैण्ड में वर्ष 1991 में हुआ था।
2. 3G सेलुलर दूरसंचार तंत्र का पहला व्यावसायिक प्रारम्भ दक्षिण कोरिया के एस.के.टेलीकॉम द्वारा 2001 में किया गया था।

उपर्युक्त में से कौन सा/से कथन सत्य है/हैं?

(a) केवल 1
(b) केवल 2
(c) 1 और 2 दोनों
(d) न ही 1 और न ही 2

98. निम्नलिखित कथनों पर विचार कीजिए:

1. यदि हाइड्रेशन ऊर्जा लैटिस ऊर्जा से अधिक होती है तब तत्व जल में विलेय होता है।
2. यदि हाइड्रेशन ऊर्जा लैटिस ऊर्जा से कम होती है तब तत्व जल में विलेय होता है।

उपर्युक्त में से कौन सा/से कथन सत्य है/हैं?

(a) केवल 1
(b) केवल 2
(c) 1 और 2 दोनों
(d) न ही 1 और न ही 2

99. निम्नलिखित में से कौन, सभी प्राकृतिक रेडियोधर्मी तत्वो में से रेडियोधर्मी तरंगो के उत्सर्जन के पश्चात अन्तिम उत्पाद के रुप में बचता है?

(a) रेडियम
(b) जस्ता
(c) लेड
(d) फॉस्फेट

100. कैनाल तरंगों के सम्बन्ध में निम्नलिखित कथनों पर विचार कीजिए:

1. कैनाल तरंगें धनात्मक आवेशित कणों से बनी होती हैं।
2. ये तरंगें सीधी रेखा में चलती हैं।
3. ये तरंगें विद्युत चुम्बकीय पथ पर विक्षेपित नहीं होती।
4. ये गैसों का आयनीयकरण नहीं कर सकती।

उपर्युक्त में से कौन सा/से कथन सत्य है/हैं?

(a) केवल 1 और 2
(b) केवल 2 और 4
(c) केवल 2
(d) केवल 1, 2 और 3

101. निम्नलिखित कथनों पर विचार कीजिएः

1. पलायन वेग, भार, आकार तथा परिमाण से स्वतंत्र होता है किंतु पिंड के प्रक्षेपण की दिशा पर निर्भर करता है।
2. जब उपग्रह की कक्षीय गति 41% बढ़ा दी जाती है तब उपग्रह कक्षा से पलायन कर जाता है।

उपर्युक्त में से कौर सा/से कथन सत्य है/हैं?

(a) केवल 1 (b) केवल 2

(c) 1 और 2 दोनों (d) न ही 1 और न ही 2

102. किसी पिण्ड के स्थिर संतुलन हेतु निम्नलिखित में से कौन सा/से परिस्थितियाँ पूरी होनी चाहिए?

1. पिण्ड का गुरुत्व केन्द्र न्यूनतम बिन्दु पर होना चाहिए।
2. गुरुत्व केन्द्र से निकलती लम्बवत रेखा, पिण्ड के आधार से होकर जानी चाहिए।

सही कूट हैः

(a) केवल 1 (b) केवल 2

(c) 1 और 2 दोनों (d) न ही 1 और न ही 2

103. इलेक्ट्रोकार्डियोग्राफ (ECG) के सम्बन्ध में निम्नलिखित कथनो पर विचार कीजिएः

1. इलेक्ट्रोकार्डियोग्राफ, ह्दय की समय विशेष में त्वचा इलेक्ट्रोड के बाह्न अंकन द्वारा वैद्युत सक्रियता की ट्राँसथोरेसिक विवेचना है।
2. ई.सी.जी., त्वचा के सूक्ष्म वैद्युत परिवर्तन जो प्रत्येक धड़कन के समय ह्दय पेशियों के संकुचन के कारण होते हैं, के संसूचन तथा प्रवर्धन के द्वारा कार्य करता है।

उपर्युक्त कथनों में से कौन सा/से सही है/हैं:-

(a) केवल 1 (b) केवल 2

(c) 1 और 2 दोनों (d) न ही 1 और न ही 2

104. निम्नलिखित कथनो पर विचार कीजिएः

1. उपग्रह की कक्षीय गति अपने द्रव्यमान से स्वतंत्र होती है।
2. उपग्रह की कक्षीय गति, उपग्रह की धरातल से ऊँचाई पर निर्भर करती है।

उपरोक्त दिये गये कथनों में से कौन सा/से सही है/हैं:-

(a) केवल 1 (b) केवल 2

(c) 1 और 2 दोनों (d) न ही 1 और न ही 2

105. निम्नलिखित कथनों पर विचार कीजिएः

1. प्रेसबायोपिया, एक दृष्टिदोष है जिसमें विकृत बिम्ब का निर्माण होता है तथा यह निम्न सतह पर लेंस की भिन्न वक्रता के कारण होता है।
2. एस्टिगमैटिज़्म एक दृष्टिदोष, जिसमें आयु में वृद्धि के साथ पास की वस्तुओं पर ध्यान केंद्रित कर पाने की क्षमता में ह्रास होता है।

उपर्युक्त में से कौन सा/से कथन सही नहीं है/हैं?

(a) केवल 1 (b) केवल 2

(c) 1 और 2 दोनों (d) न ही 1 और न ही 2

106. समस्थानिक से तात्पर्य है-

(a) समान परमाणु क्रमांक लेकिन भिन्न परमाणु भार

(b) भिन्न परमाणु क्रमांक लेकिन समान परमाणु भार

(c) समान परमाणु क्रमांक और समान परमाणु भार

(d) भिन्न परमाणु क्रमांक और भिन्न परमाणु भार

107. निम्नलिखित कथनों पर विचार कीजिएः

1. 1G मोबाइल प्रौद्योगिकी प्रणाली लागरिद्म मॉडुलेशन (logarithm mudulation) का प्रयोग करती है और यह केवल ध्वनि स्थानान्तरण तक ही सीमित है।
2. 2G मोबाइल प्रणाली डिज़िटल मॉडुलेशन (digital modulation) का प्रयोग करती है, तथा ध्वनि एवं सीमित डाटा स्थानान्तरण की सुविधा उपलब्ध कराती है।
3. GSM 3G वाइड बैंड कोड डिवीजन मल्टीपल एक्सेस (WCDMA) पर आध ारित है, जबकि CDMA 3G, इ वी डी ओ (इवोल्युशन डाटा ओनली) पर आधारित है।

उपर्युक्त कथनों में से कौन से सही कथन हैं?

(a) केवल 1 और 2 (b) केवल 2 और 3

(c) केवल 1 और 3 (d) 1, 2 और 3

108. ग्रहों के क्षेत्रीय वेग समरूपता से सम्बन्धित केपलर का द्वितीय नियम निम्नलिखित में से किसके संरक्षण से परिणित होता है?

(a) कोणीय संवेग (b) ऊर्जा

(c) रेखीय संवेग (d) उपरोक्त में से कोई नहीं

109. निम्नलिखित कथनों पर विचार कीजिएः

1. इंद्रधनुष एक प्राकृतिक वर्णक्रम है, जो कि वायुमण्डल में विद्यमान छोटी-छोटी जल की बूँदो द्वारा सूर्य के प्रकाश के प्रकीर्णन के कारण घटित होता है।
2. तारों का टिमटिमाना तारों के प्रकाश के वायुमंडल में अपवर्तन के कारण होता है।
3. शीघ्र सूर्योदय तथा देर से सूर्यास्त वायुमण्डलीय अपवर्तन के कारण होता है।

उपर्युक्त कथनों में से कौन से कथन सही हैं?

(a) केवल 1 और 2
(b) केवल 1 और 3
(c) केवल 2 और 3
(d) 1, 2 और 3

110. स्क्विड (SQUID) तकनीक क्या है?

(a) ये अति संवेदनशील उपकरण है जो रेडियोएक्टिव पदार्थ से उत्सर्जित होने वाले परमाणु विकिरण का पता लगा लेते हैं।
(b) ये अति संवेदनशील उपकरण हैं, जो तेल के रिसाव या फैलने का पता लगा लेते हैं।
(c) ये संवेदनशील उपकरण हैं जो 'अवाक्स' की उपस्थिति का पता लगा लेते हैं।
(d) ये अति संवेदनशील उपकरण हैं, जो चुम्बकीय-प्रवाह संकेतों का पता लगा लेते हैं।

111. यदि धरती अपने अक्ष पर घूर्णन बन्द कर दे तब शरीर का भारः

(a) बढ़ जाएगा (b) घट जाएगा
(c) स्थिर रहेगा (d) शून्य हो जाएगा

112. निम्नलिखित कथनों में से कौन सा असत्य है?

(a) विद्युत फ्यूज को समानान्तर क्रम में लगाया जाता है, जिससे परिपथ में प्रवाहित होने वाली सम्पूर्ण विद्युत धारा उससे हो कर बह सके।
(b) फ्यूज, जस्ता, तांबा, चांदी, एल्यूमिनियम या मिश्र धातुओं के बने होते हैं।
(c) फ्यूज एक सुरक्षा उपाय है, जिसका प्रयोग परिपथ को सुरक्षित रखने के लिए किया जाता है।
(d) फ्यूज इस प्रकार बनाये जाते हैं कि वे उष्मीय प्रभाव को बढ़ा सके।

113. निम्नलिखित कथनों पर विचार कीजिए:

1. सतह के क्षेत्रफल के बढ़ने पर वाष्पीकरण की दर बढ़ती है, क्योंकि वाष्पीकरण एक सतह घटना है।
2. आर्द्रता के बढ़ने पर वाष्पीकरण की दर बढ़ती है।

उपर्युक्त कथनों में से कौन सा/से कथन सही है/हैं?

(a) केवल 1　　(b) केवल 2

(c) 1 और 2 दोनों　　(d) ना ही 1 और ना ही 2

114. निम्नलिखित कथनों पर विचार कीजिए:

1. टिण्डल प्रभाव का अवलोकन तब किया जा सकता है जब कमरें में एक छोटे से छिद्र से प्रकाश की किरण प्रवेश करती है, टिण्डल प्रभाव हवा में मौजूद धूल और धुएं के कणों द्वारा प्रकाश के परावर्तन के कारण होता है।
2. घने जंगल में अवलोकित टिण्डल प्रभाव कोहरे के छोटे-छोटे जल कणों के कारण होता है जो कि हवा में बिखरे कोलॉइड कणों की तरह व्यवहार करते हैं।

उपर्युक्त कथनों में से कौन सा/से कथन सही है/हैं?

(a) केवल 1　　(b) केवल 2

(c) 1 और 2 दोनों　　(d) ना ही 1 और ना ही 2

115. हीरा ग्रेफाइट से कठोर होता है, क्योंकि-

(a) हीरे और ग्रेफाइट के परमाणु की परतों में विभिन्नता होती है।

(b) हीरे की संरचना चतुष्फलकीय होती है।

(c) हीरे और ग्रेफाइट की क्रिस्टलीय संरचना में अंतर होता है।

(d) उपरोक्त में से कोई नहीं।

116. निम्न रंगों को तरंगदैर्ध्य के बढ़ते हुए क्रम में व्यवस्थित करें-

1. नारंगी　　2. नील

3. पीला　　4. बैंगनी

कूट :

(a) 1, 2, 3, 4　　(b) 3, 4, 1, 2

(c) 4, 3, 2, 1　　(d) 4, 2, 3, 1

117. नासा के हब्बल दूरदर्शी से 'यूरोपा' के दक्षिण ध्रुवीय क्षेत्र से गेसर से जल वाष्प निकलने की घटना को देखा गया है। यह 'युरोपा' निम्नलिखित किस ग्रह का एक चन्द्रमा (उपग्रह) है?

(a) मंगल ग्रह (b) शुक्र ग्रह

(c) बृहस्पति ग्रह (d) शनि ग्रह

118. हिग्स-बॉसन के संदर्भ में निम्नलिखित कथनों पर विचार कीजिएः

1. यह 'कण भौतिकी' के गुरुत्वकषीय मॉडल का एक मूल कण है।
2. इसका निर्वात में गैर शून्य निरपेक्ष मूल्य होता है।

उपर्युक्त वर्णित कथनों में से कौन-सा/से कथन सही है/हैं?

(a) केवल 1 (b) केवल 2

(c) 1 और 2 दोनों (d) न तो 1, न ही 2

119. कुएँ से पानी निकालने के क्रम में यदि रस्सी टूट जाती है, तो पानी निकालने वाला व्यक्ति पीछे गिर जाता है। निम्नलिखित नियमों में से कौन-सा नियम कथन का सर्वोत्तम व्याख्या करता है?

1. न्यूटन का प्रथम नियम
2. न्यूटन का द्वितीय नियम
3. न्यूटन का तृतीय नियम

नीचे दिये गये कूट की सहायता से सही उत्तर का चयन कीजिए।

(a) केवल 1 और 3 (b) केवल 2

(c) केवल 3 (d) 1, 2 और 3

120. 'लेजर' एवं 'मेसर' के संदर्भ में निम्नलिखित कथनों पर विचार कीजिएः

1. लेजर प्रकाश तरंग का एक तीव्र किरण है, जबकि मेसर सूक्ष्मतरंगों (माइक्रोवेब) का एक तीव्र किरण है।
2. 'लेजर' एवं 'मेसर' दोनों आइंस्टीन द्वारा प्रस्तुत प्रेरित उत्सर्जन की अवधारणा पर आधारित हैं।

उपर्युक्त वर्णित कथनों में से कौन-सा/से कथन सही है/हैं?

(a) केवल 1 (b) केवल 2

(c) 1 और 2 दोनों (d) न तो 1, न ही 2

121. निम्नलिखित में से कौन-सा/से एंटी-माइक्रोबियम प्रतिरोध के संबंध में सही है/हैं?

1. एंटीबायोटिक प्रतिरोध, मानव एवं जानवरों में एंटीबायोटिक दवाओं के दुरुपयोग के कारण ही केवल होता है।
2. 'चेन्नई घोषणा' एंटीबायोटिक प्रतिरोध के संदर्भ में भारत की चिकित्सा समुदाय की पहली संयुक्त बैठक थी।

नीचे दिये गये कूट का प्रयोग कर सही उत्तर का चयन कीजिए।

(a) केवल 1 (b) केवल 2

(c) 1 और 2 दोनों (d) न तो 1, न ही 2

122. न्यूट्रिनों अनुसंधान के संदर्भ में निम्नलिखित कथनों पर विचार कीजिएः

1. न्यूट्रिनों पृथ्वी को पार कर सकते हैं। वे वर्तमान के डेटा प्रेषण तरीकों - टावरों, केबल एवं उपग्रहों के माध्यम से पृथ्वी का चक्कर लगाकर - से इतर तीव्र संचार तकनीक उपलब्ध करा सकते हैं।
2. न्यूट्रिनों आधारित संचार प्रणाली, पारेषण के दौरान आंकड़ों की हानि से मुक्त होंगे, क्योंकि न्यूट्रिनो बहुत ही कम मात्रा में अपने रास्ते में आने वाले परमाणुओं से प्रतिक्रिया करते हैं। यह दूरसंचार एवं इंटरनेट संवाओं के लिये नये रास्ते खोल सकता है।

उपर्युक्त वर्णित कथनों में से कौन-सा/से कथन सही है/हैं?

(a) केवल 1 (b) केवल 2

(c) 1 और 2 दोनों (d) न तो 1, न ही 2

123. 'परासरणीय विद्युत (ऑस्मोटिक पॉवर)' के संदर्भ में निम्नलिखित कथनों में से कौन-से कथन सही हैं?

1. यह ऊर्जा सागरीय जल एवं नदी जल की लवण सांद्रता में भिन्नता के कारण उपलब्ध होती है।

2. इसमें रिवर्स इलेक्ट्रोडायलिसिस (RED) एवं प्रेशर रिटार्डेड ऑस्मोसिस (PRO) तकनीक का प्रयोग किया जाता है।

3. 'ब्रैकिश-जल' इसका उप-उत्पाद होता है।

नीचे दिए गये कूट का प्रयोग कर सही उत्तर का चयन कीजिए।

(a) केवल 1 और 2 (b) केवल 2 और 3

(c) केवल 1 और 3 (d) 1, 2 और 3

124. पृथ्वी से प्रेषित रेडियो तरंगें पुनः वायुमण्डल के किस परत से टकराकर पृथ्वी पर वापस लौट आती है?

(a) बर्हिमण्डल (b) तापमण्डल

(c) मध्यमण्डल (d) समतापमण्डल

125. निम्नलिखित में से कौन सबसे अच्छे प्रकार से 'एक्सोप्लैनेट' का वर्णन करता है?

(a) एक्सोप्लैनेट एक ऐसा ग्रह है एक सूर्य के इतर एक तारे की परिक्रमा करता है

(b) एक्सोप्लैनेट बौने ग्रहों से इतर हमारे सौर मंडल के ग्रह हैं।

(c) एक्सोप्लैनेट हमारे सौरमंडल के इतर एक बौना ग्रह है।

(d) एक्सोप्लैनेट सूर्य की परिक्रमा कर रहे हमारे सौरमंडल में एक ग्रह है।

126. हमारे सौरमण्डल का निर्माण, लगभग 4.5 अरब वर्ष पूर्व, अन्तवर्ती धूल एवं गैसे के घने बादलों से हुआ था। इन बादलों में विध्वंस शायद, पास के किसी विस्फोटित तारे से निकले प्रघातीय तरंगों के कारण हुआ। इन विस्फोटित तारो को क्या कहा जाता है?

(a) प्रॉक्सीमा सेंटुरी (b) सुपरनोवा

(c) सौर नेबुला (d) बर्नार्ड तारा

127. 'सिनटाइट (Synlight)' के संदर्भ में निम्नलिखित कथनों पर विचार कीजिए:

1. सिनलाइट' नवीन माड्यूलर, अलग-अलग समायोज्य रेडॉन शॉर्ट-आर्क लैंप का उपयोग करता है।

2. सिनलाइट फ्रांस द्वारा विकसित किया गया है।

उपर्युक्त वर्णित कथनों में से कौन-सा/से कथन सही है/हैं?

(a) केवल 1 (b) केवल 2

(c) 1 और 2 दोनों (d) न तो 1, न ही 2

128. निम्नलिखित कथनों पर विचार कीजिए:

1. ध्वनि की गति गैस में, द्रव एवं ठोस की तुलना में अधिक होती है।

2. हृदय, अपश्रव्य आवृति पर कंपन करता है।

3. कम लंबाई के बांसुरी से उच्च्व आवृत्ति की तंरगे उत्पन्न होती है।

उपर्युक्त वर्णित कथनों में से कौन-सा/से कथन सही है/हैं?

(a) केवल 2 (b) केवल 3

(c) केवल 2 और 3 (d) 1, 2 और 3

129. 'मिशन – 41K' का निम्नलिखित में से कौन-सा सबसे अच्छा वर्णन है।

(a) यह अगले 10 वर्षों में रेलवे में ग्रीन शौचालयों को लागू करने का मिशन है।

(b) यह अगले 10 वर्षों में रेलवे में ऊर्जा खपत पर खर्च को बचाने के लिए एक मिशन है।

(c) यह 10 वर्षों में इथेनॉल मिश्रण को 10 प्रतिशत तक बढ़ाने के लिए एक मिशन है।

(d) यह अगले 10 वर्षों में नवीकरणीय ऊर्जा का हिस्सा बढ़ाने के लिए एक मिशन है।

130. 'कोरिओलिस बल' के संदर्भ में निम्नलिखित कथनों में से कौन-सा/से कथन सही है/हैं?

1. यह विषुवत रेखा पर उपस्थित नहीं होता है।
2. यह बल, मौसमी घटनाओं – मध्य अक्षांशीय चक्रवात, हरिकेन एवं प्रतिचक्रवात आदि के दिशा निर्धारण के लिए उत्तरदायी होता है।

नीचे दिए गये कूट का प्रयोग कर सही उत्तर का चयन कीजिए।

(a) केवल 1 (b) केवल 2

(c) 1 और 2 दोनों (d) न तो 1, न ही 2

131. निम्नलिखित को सुमेलित कीजिए:

(उपग्रह)	(विशेषताएँ)
A. एस्ट्रोसैट	1. महासागरीय अध्ययन
B. एसआरई - 1(SRE - 1)	2. प्रायोगिक अंतरिक्षयान
C. आर्यभटट्	3. पहला समर्पित भारतीय खगोल विज्ञान मिशन
D. सरल (SARAL)	4. पहला स्वदेश निर्मित भारतीय उपग्रह

कूट:

	A	B	C	D
(a)	1	2	3	4
(b)	3	2	4	1
(c)	3	2	1	4
(d)	2	3	4	1

132. कथन (A) : लाईट इमीटिंग डायोड (LED) लैंप की जीवन अवधि, कॉम्पैक्ट फ्लोरोसेंट लैंप (CFL) की जीवन अवधि से अधिक होती है।

कारण (R) : लाईट इमीटिंग डायोड (LED) लैंप, कॉम्पैक्ट फ्लोरोसेंट लैंप (CFL की तुलना में अधिक ऊर्जा की खपत करते हैं।

कूटः

(a) A एवं R दोनों सही हैं तथा R, A की सही व्याख्या करता है।

(b) A एवं R दोनों सही हैं तथा R, A की सही व्याख्या नहीं करता है।

(c) A सही है लेकिन R गलत है।

(d) A गलत है लेकिन R सही है।

133. हमारे सौर मंडल के संदर्भ में निम्नलिखित कथनों पर विचार कीजिएः

1. बाह्य ग्रहों का कोणीय वेग आंतरिक ग्रहों के कोणीय वेग की तुलना में अधिक होता है।
2. बाह्य ग्रह, आंतरिक ग्रहों की तुलना में सघन होते हैं।
3. कूपर बेल्ट (Kuiper Belt) मंगल एवं वृहस्पति ग्रहों के बीच स्थित क्षुद्रग्रहों से मिलकर बना होता है।

उपर्युक्त कथनों में से कौन-सा/से सही है/हैं?

(a) 1, 2 एवं 3 (b) केवल 1 एवं 2

(c) केवल 1 (d) केवल 2 एवं 3

134. निम्नलिखित कथनों में से कौन-सा 'गुरुत्वीय तरंग' (Gravitational Wave) के संदर्भ में गलत है?

(a) गुरुत्वीय तरंगों के अस्तित्व का पूर्वानुमान अल्बेट आइंस्टीन ने 1916 में अपने सापेक्षता के सामान्य सिद्धांत में किया था।

(b) शक्तिशाली गुरुत्वीय तरंगों की उत्पत्ति, विनाशकारी घटनाओं जैसे - ब्लैक होलों का टकराव, सुपरनोवा का टकराव, न्यूट्रान तारों या सफेद बामन तारों के विनाश तथा ब्राहमण की उत्पत्ति के उत्पन्न गुरुत्वीय विकरण अवशेष आदि से होती है।

(c) गुरुत्वीय तरंगें, विद्युत चुम्बकीय विकरण होती है।

(d) कोई भी वस्तु जिसमें द्रव्यमान एवं त्वरण हो वह गुरुत्वीय तरंगों को उत्पन्न कर सकता है। जैसे मनुष्य, कार एवं हवाई जहाज आदि।

135. निम्नलिखित कथनों पर विचार कीजिए:

1. फुलरीन या कार्बन-60 कार्बन का एक अपररूप होता है जिसमें कार्बन के 60 परमाणुओं का गुच्छ होता है।
2. हीरा कार्बन का क्रिस्टलीय अपररूप होता है।
3. ग्राफीन अब तक खोजे गये पदार्थों में सबसे पतला किन्तु सबसे अधिक मजबूत पदार्थ है।
4. ग्रेफाइट जो विद्युत का सुचालक है, वह कभी-कभी अर्द्धचालक के रूप में भी व्यवहार करता है।

उपर्युक्त कथनों में से कौन से सही हैं?

(a) केवल 1, 2 एवं 3 (b) केवल 1 एवं 2
(c) केवल 2 एवं 3 (d) 1, 2, 3 एवं 4

136. कोरिआलिस बल के संदर्भ में निम्नलिखित कथनों पर विचार कीजिए:

1. कोरिआलिस बल एक जड़त्वीय या आभासी बल होता है।
2. कोरिआलिस बल ध्रुवों पर अधिकतम एवं भू-मध्य रेखा पर शून्य होता है।
3. वायु की गति में वृद्धि के साथ कोरिआलिस बल भी बढ़ जाता है।

उपर्युक्त कथनों में से कौन-सा/से सही है/हैं?

(a) 1, 2 एवं 3 (b) केवल 1 एवं 2
(c) केवल 1 एवं 3 (d) केवल 2 एवं 3

137. किसी ऊँचे स्थान पर प्रशेर कुकर में भोजन पकाया जा रहा है तो भोजन पकने में लगने वाला समय समुद्री सतह पर लगने वाले समय से:

(a) कम समय लेगा (b) ज्यादा समय लेगा
(c) उतना ही समय लेगा (d) कुछ कह नहीं सकते

138. 'लॉई-फॉई' (Li-Fi) के संदर्भ में निम्नलिखित कथनों पर विचार कीजिए:

1. लाई-फाई, विद्युत चुम्बकीय विकरण के दृश्य भाग का उपयोग, आंकड़ों को तीव्रता से भेजने हेतु करता है।
2. यह स्थापित बेतार संचार प्रौद्योगिकी जैसे - वॉई-फॉई (wi-fi) से अलग है, क्योंकि वाई-फाई आदि में आंकड़ों का प्रेषण परंपरागत रेडियो आवृत्ति (RF) संकेतों में होता है।

उपर्युक्त कथनों में से कौन-सा/से गलत है/हैं?

(a) केवल 1 (b) केवल 2
(c) 1 एवं 2 दोनों (d) न तो 1 और न ही 2

139. निम्नलिखित कथनों पर विचार कीजिए:

1. पूर्ण आंतरिक परावर्तन की घटना तब होती है जब कोई तरंग किसी माध्यम के सीमा (सतह) के लिये क्रांतिक कोण से, अधिक कोण पर आपतीत होती है।
2. प्रकाश तंतु (ऑप्टिकल फाइबर) पूर्ण आंतरिक परावर्तन से जुड़ा एक उदाहरण है।

उपर्युक्त कथनों में से कौन सा/से सही है/हैं?

(a) केवल 1
(b) केवल 2
(c) 1 एवं 2 दोनों
(d) न तो 1 और न ही 2

140. रेडियो-धर्मी प्रदूषण के संदर्भ में निम्नलिखित कथनों में से कौन-सा/से सही है/हैं?

1. यह मनुष्यों में आनुवांशिक परिवर्तन ला सकता है।
2. यह रक्त संचार में व्यवधान पैदा कर सकता है।
3. यह कैंसर पैदा कर सकता है।

नीचे दिये गये कूट का प्रयोग कर सही उत्तर का चयन करें।

(a) केवल 1 एवं 2
(b) केवल 1 एवं 3
(c) केवल 2 एवं 3
(d) 1, 2 एवं 3

141. न्यूट्रिनो अनुसंधान के उद्देश्यों के संदर्भ में निम्नलिखित कथनों पर विचार कीजिए:

1. न्यूट्रिनो पृथ्वी को पार कर सकते हैं। वे वर्तमान के डेटा प्रेषण तरीकों 'टावरों, केबल एवं उपग्रहों के माध्यम से पृथ्वी का चक्कर लगाकर', से इतर तीव्र संचार तकनीक उपलब्ध करा सकता है।
2. न्यूट्रिनो आधारित संचार प्रणाली, पारेषण के दौरान आंकड़ों की हानि से मुक्त होंगे, क्योंकि न्यूट्रिनो, बहुत ही कम मात्रा में, अपने रास्ते में आनेवाले परमाणुओं से, प्रतिक्रिया करते हैं। यह दूरसंचार एवं इंटरनेट सेवाओं के लिये नए रास्ते खोल सकता है।
3. न्यूट्रिनों, ब्रह्माण्ड की जानकारी को समेटे हुये है।

उपर्युक्त कथनों में से कौन सा/से सही है/हैं?

(a) केवल 1
(b) केवल 1 एवं 2
(c) केवल 1 एवं 3
(d) 1, 2 एवं 3

142. 'लेजर' एवं 'मेसर' के बारे में निम्नलिखित कथनों पर विचार कीजिए:

1. 'लेजर' प्रकाश का एक तीव्र किरण है, जबकि मेसर माइक्रोवेब का एक तीव्र किरण है।
2. लेजर एवं मेसर, आइंस्टीन द्वारा वर्णित प्रेरित उत्सर्जन (stimulated emission) की अवधारणा पर आधारित हैं।

उपर्युक्त कथनों में से कौन सा/से सही है/हैं?

(a) केवल 1 (b) केवल 2

(c) 1 एवं 2 दोनों (d) न तो 1 और न ही 2

143. 'एण्टी माइक्रोबियल प्रतिरोधकता' के संदर्भ में निम्नलिखित में से कौन सा/से सही है/हैं?

1. एण्टीबायोटिक प्रतिरोधकता केवल मनुष्यों एवं पशुओं में एण्टीबायोटिक दवाओं के दुरुपयोग के कारण होती है।
2. 'चेन्नई घोषणापत्र' भारत में एण्टीबायोटिक प्रतिरोधकता की समस्या का मुकाबला करने हेतु भारतीय चिकित्सक समुदाय का प्रथम पहल है।

नीचे दिये गये कूटों की सहायता से सही उत्तर का चयन करें:

(a) केवल 1 (b) केवल 2

(c) 1 एवं 2 दोनों (d) न तो 1 और न ही 2

144. ARIES (आर्यभट्ट रिसर्च इंस्टिट्यूट ऑफ ऑबजर्वेशनल साइंस) के संदर्भ में निम्नलिखित कथनों में से कौन-सा सही है/हैं?

1. इस संस्थान के मुख्य अनुसंधान क्षेत्र में शामिल है – सौर, ग्रहों, तारकीय, आकाशगंगा एवं आकाशगंगा के बाहर का खगोल विज्ञान जिसमें तारा समूह (star clusters), नजदीकी आकाश गंगा एवं क्वेसर आदि शामिल है।
2. यह तिरूवनंतपुरम में स्थित है।
3. यह एयरोसोल्स का भी अध्ययन करता है।

नीचे दिये गये कूटों की सहायता से सही उत्तर का चयन करें:

(a) केवल 1

(b) केवल 1 एवं 2

(c) केवल 1 एवं 3

(d) केवल 2 एवं 3

145. कुछ समय पहले प्लूटो को ग्रह की श्रेणी से हटाकर 'बौना ग्रह' (Dwarf planet) की श्रेणी में रख दिया गया है। अंतर्राष्ट्रीय खगोलीय संघ (IAU) द्वारा दिये गये ग्रहों की परिभाषा के संदर्भ में निम्नलिखित कथनों पर विचार कीजिए:

1. 2006 के पहले ग्रहों से संबंधित किसी भी वैज्ञानिक परिभाषा का अभाव था।
2. प्लेटो को इसलिये पदावनत किया गया क्योंकि यह ग्रहों के लिये दिये गये परिभाषा में वर्णित तीन मानकों में से एक-पिण्ड को किसी पड़ोसी ग्रह की कक्षा में नहीं आना चाहिए, को पूरा नहीं करता था।
3. ग्रह की परिभाषा के अनुसार दो अन्य मानक हैं। प्रथम - इसे सूर्य की परिक्रमा करना चाहिए। दूसरा - यह इतना बड़ा होना चाहिए कि अपने गुरुत्वाकर्षण के कारण गोल आकार ले सके।

नीचे दिये गये कूटों की सहायता से सही उत्तर का चयन करें:

(a) केवल 1 एवं 2 (b) केवल 2
(c) केवल 2 एवं 3 (d) उपर्युक्त सभी

146. निम्नलिखित कथनों में से कौन सा गुरुत्वाकर्षण बल के बारे में सही नहीं है?

(a) सूर्य के चारों ओर ग्रहों की गति गुरुत्वाकर्षण बल के कारण है।
(b) यह चारों मौलिक बलों में सबसे कमजोर है।
(c) जब पृथ्वी का गुरुत्वाकर्षण बल अपने मूल का 1/6 हो जायेगा तो, यहाँ पर वायुमण्डल की अनुपस्थिति के कारण जीवन संभव नहीं हो पायेगा।
(d) गुरुत्वानुवर्तन की घटना (जड़ों का मिट्टी में बढ़ना एवं तने का सूर्य के प्रकाश की तरफ बढ़ना) का गुरुत्वाकर्षण बल से कोई संबंध नहीं है।

147. निम्नलिखित कथनों में से कौन सा सही नहीं है?

(a) P-तरंगें ध्वनि तरंगों के समान होती है।
(b) S-तरंगें प्रकाश तरंगों के समान है।
(c) धरातलीय तरंगें, अनुदैर्ध्य तरंग एवं अनुप्रस्थ तरंग दोनों के समान होती है
(d) P-तरंगें प्रकाश तरंगों के समान होती है।

148. न्यूट्रॉन बम के संदर्भ में निम्नलिखित कथनों पर विचार कीजिए :

1. यह एक ऐसा परमाणु हथियार है जो इमारतों एवं भौतिक संपदा को अधिकतम क्षति पहुँचाता है जबकि लोगों को कम क्षति पहुँचाता है।
2. यह एक विशेष रणनीतिक नाभिकीय हथियार (TNW) है जो विस्फोट के प्रभाव को कम कर, विकिरण को बढ़ाने वाला होता है।
3. वास्तव में यह एक छोटा थर्मोन्यूक्लियर बम है जिसमें विखण्डन की अभिक्रिया पाई जाती है।

उपर्युक्त कथनों में से कौन सा/से कथन सही है/हैं?

(a) केवल 1 और 2 (b) केवल 2 और 3

(c) केवल 2 (d) 1, 2 और 3

149. ज्वार (Tide) के बारे में निम्नलिखित कथनों में से क्या सही नहीं है?

(a) न्यूटन का 'गुरुत्वाकर्षण सिद्धांत' एवं न्यूटन का 'संतुलन सिद्धांत', दोनों के द्वारा पृथ्वी पर ज्वार की व्याख्या की जाती है।

(b) अप्रत्यक्ष ज्वार की उत्पत्ति, अभिकेन्द्रीय बल की अपेक्षा अपकेन्द्रीय बल के कारण अधिक होती है।

(c) प्रत्यक्ष ज्वार की उत्पत्ति अपकेन्द्रीय बल की अपेक्षा अभिकेन्द्रीय बल के कारण अधिक होती है।

(d) उपर्युक्त में से कोई नहीं।

150. निम्नलिखित कथनों पर विचार कीजिए :

1. इन्द्रधनुष का निर्माण प्रकाश के प्रकीर्णन की परिघटना से होता है।
2. कम्पैक्ट डिस्क पर इन्द्रधनुष की आकृति का निर्माण प्रकाश के विवर्तन की परिघटना से होता है।
3. साबुन के बुलबुले में रंगदीप्ति व्यतिकरण के कारण होता है।

उपर्युक्त कथनों में से कौन सा/से कथन सही है/हैं?

(a) केवल 1 और 2 (b) केवल 2

(c) केवल 2 और 3 (d) 1, 2 और 3

151. निम्नलिखित कथनों पर विचार कीजिए :

1. एलईडी प्रकाश का अर्धचालक स्रोत है।
2. सीएफएल प्रकाश उत्पन्न करने के लिए प्रतिदीप्ति का उपयोग करता है।
3. एलईडी की अपेक्षा सीएफएल प्रकाश का अधिक दक्ष स्रोत है।

उपर्युक्त कथनों में से कौन सा/से कथन सही है/हैं?

(a) केवल 1 और 2

(b) केवल 2 और 3

(c) 1, 2 और 3

(d) केवल 3

152. उच्च वोल्टेज वाली दिष्ट धारा के संबंध में निम्नलिखित कथनों पर विचार कीजिए:

1. प्रत्यावर्ती धारा की अपेक्षा विद्युत ह्रास अधिक होता है।
2. इससे दूर तक विद्युत प्रेषण किया जाता है।
3. यह विद्युत आवेश का एकल दिशात्मक प्रवाह है।

उपर्युक्त कथनों में से कौन सा/से कथन सही है/हैं?

(a) केवल 1, 2 और 3 (b) केवल 1 और 2

(c) केवल 3 (d) केवल 2 और 3

153. निम्नलिखित कथनों पर विचार कीजिए :

1. विखंडन और संलयन दोनों नाभकीय अभिक्रियाएँ हैं, जो ऊर्जा उत्पन्न करती हैं।
2. विद्युत उत्पन्न करने हेतु आणविक शक्ति संस्थान में संलयन व्यवहृत होता है।
3. विखंडन अभिक्रियाएँ बहुत अधिक शक्तिशाली होती हैं और एक बार प्रारंभ हो जाती हैं, तो ऊर्जा नियंत्रित नहीं की जा सकती है।

उपर्युक्त कथनों में से कौन सा/से कथन सही है/हैं?

(a) केवल 1 (b) केवल 1 और 2

(c) केवल 2 और 3 (d) केवल 3

154. घर और कार्यालय में विद्युत आपूर्ति प्रायः प्रत्यावर्ती धारा द्वारा की जाती है। ऐसा इसलिए क्योंकि:

(a) प्रत्यावर्ती धारा को ट्रांसफार्मर का उपयोग करके आसानी से उच्च से निम्न तथा निम्न से उच्च वोल्टेज में परिवर्तित किया जा सकता है।

(b) प्रत्यावर्ती धारा का उत्पादन तथा लम्बी दूरी तक परिवहन आपेक्षिक रूप से आसान होता है।

(c) दिष्ट धारा की अपेक्षा प्रत्यावर्ती धारा के परिवहन में विद्युत लाइनों में ऊर्जा ह्रास कम होता है।

(d) उपर्युक्त सभी

155. निम्नलिखित में से कौन भारत में नवीकरणीय ऊर्जा में सर्वाधिक योगदान करता है?

(a) सौर ऊर्जा (b) पवन ऊर्जा

(c) लघु जलविद्युत परियोजना (d) बायोमास

156. ऑप्टिकल फाइबर के संदर्भ में, निम्नलिखित कथनों में से कौन सा/से कथन सही है/हैं?

1. प्रकाश लगातार आंतरिक परावर्तनों के माध्यम से संचरित हो सकता है।
2. वाई-फाई हॉटस्पॉट्स उत्पन्न किये जा सकते हैं तथा इंटरनेट-आच्छादन में सुधार किया जा सकता है।
3. संचार के अन्य केबलों के विपरीत, ये प्रकाश के स्पंदन के रूप में आँकड़ा संचार करते हैं।

निम्नलिखित कूटों की सहायता से सही उत्तर चुनिए :

(a) केवल 1 (b) केवल 1 और 2
(c) केवल 3 (d) 1, 2 और 3

157. विद्युत-परिपथ में फ्यूज सर्वाधिक कमजोर बिन्दु है, जो तब पिघल जाता है और परिपथ को भंग कर देता है, जब :

1. परिपथ पर अधिक मात्रा में विद्युत-धारा के प्रवाह के कारण अतिभार होता है।
2. विद्युत क्षेत्र में शॉर्ट सर्किट होता है।
3. विद्युत आपूर्ति प्रणाली में विद्युत-धारा का उतार-चढ़ाव होता है।

उपर्युक्त कथनों में से कौन सा/से कथन सही है/हैं?

(a) केवल 1 और 2 (b) केवल 2 और 3
(c) केवल 1 (d) 1, 2 और 3

158. गर्म हवा-गुब्बारे भी मौलिक वैज्ञानिक सिद्धांतों का शुद्ध अनुप्रयोग हैं। गर्म हवा-गुब्बारों के सम्बन्ध में निम्नलिखित कथनों में से कौन सा/से कथन सही है/हैं?

1. गर्म हवा-गुब्बारों के भीतर की हवा वायुमंडल में मौजूद ठंडी हवा की अपेक्षा भारी होती है।
2. गर्म हवा-गुब्बारा बर्नर का उपयोग गुब्बारे के भीतर की हवा गर्म करने में करता है तथा बर्नर आम तौर पर तरल मीथेन और नाइट्रोजन से प्रज्वलित होता है।

निम्नलिखित कूटों की सहायता से सही उत्तर चुनिए :

(a) केवल 1 (b) केवल 2
(c) 1 और 2 दोनों (d) न तो 1 और न ही 2

159. 'चुंबकत्व' के सम्बंध में निम्नलिखित कथनों पर विचार कीजिए :

1. चुंबक के नित्य जीवन में विभिन्न अनुप्रयोग हैं और इसका नाम उस नगर के नाम पर पड़ा जहाँ इसका खनिज खोजा गया।
2. स्थायी चुंबक एक मिश्रधातु एल्निको (ALNICO) से बने होते हैं।

उपर्युक्त कथनों में से कौन-सा/से कथन सही है/हैं?

(a) केवल 1 (b) केवल 2
(c) 1 और 2 दोनों (d) न तो 1 और न ही 2

160. निम्नलिखित कथनों पर विचार कीजिए :

1. यदि मृदा में नाइट्रोजन अल्प मात्रा में होती है, तो कई पारिस्थितिकी तंत्रों में प्राथमिक उत्पादकता सीमित हो जाती है।
2. मानवीय गतिविधियां नाइट्रोजन की वृद्धि में योगदान देती हैं, जो बदले में हाइपोजिआ और एनोजिआ का कारण बनती है तथा जैवविविधता में महत्त्वपूर्ण परिवर्तन करती है।
3. जैव नाइट्रोजन में बढ़ोतरी से विषाक्त शैवाल पुष्पन (toxic algal blooms) होता है, जो मछली और घोंघा की मृत्यु का कारण बनता है।

उपर्युक्त कथनों में से कौन सा/से कथन सही है/हैं?

(a) केवल 1 और 2 (b) केवल 2
(c) केवल 2 और 3 (d) 1, 2 और 3

161. निम्नलिखित कथनों पर विचार कीजिए :

1. द्वितीयक सेल पुनः उपयोग योग्य होती हैं, क्योंकि उनमें मौजूद रासायनों का पुनर्भरण संभव है।
2. बटन सेल, प्राथमिक सेल होती हैं।
3. एक शुष्क सेल केवल अल्पावधि के लिए प्रयुक्त की जा सकती है।

उपर्युक्त कथनों में से कौन-सा/से कथन सही है/हैं?

(a) केवल 1 और 2
(b) केवल 2
(c) केवल 3
(d) 1, 2 और 3

162. "जड़त्व" के संबंध में निम्नलिखित कथनों पर विचार कीजिए :

1. जब कैरम की गोटी (या स्ट्राइकर) त्वरित गति से गोटियों के ढेर पर आघात करती है तो ढेर से केवल सबसे नीचे की गोटी विस्थापित होती है।
2. किसी मर्तबान पर रखा कार्ड जब त्वरित गति से खींचा जाता है तो उस पर रखा सिक्का मर्तबान में गिर जाता है।

उपर्युक्त कथनों में से कौन सा/से कथन सही है/हैं?

(a) केवल 1
(b) केवल 2
(c) 1 और 2 दोनों
(d) न तो 1 और न ही 2

163. विद्युतीय परिपथों में अत्यधिक विद्युतधारा, यदि प्रवाहित होती है, का कारण है :

1. तारों का प्रत्यक्षतः स्पर्श।
2. एक एकल सॉकेट से कई उपकरणों का संयोजन।

निम्नलिखित में से कौन सा/से सही उत्तर है/हैं?

(a) केवल 1
(b) केवल 2
(c) 1 और 2 दोनों
(d) उपर्युक्त कोई नहीं

164. 'न्यूट्रिनो' के संदर्भ में निम्नलिखित कथनों पर विचार कीजिए :

1. ये सूक्ष्म कण होते हैं।
2. सूर्य और तारों के अलावा ये कण आणविक अभिक्रिओं से भी उत्पन्न होते हैं।
3. न्यूट्रिनों किसी पदार्थ से शक्तिशाली बल के साथ अंतर्क्रिया करते हैं।
4. पृथ्वी के वातावरण में ब्रह्माण्ड किरणों की अंतर्क्रियाएं भी न्यूट्रिनों का स्रोत होती हैं।

उपर्युक्त कथनों में से कौन सा/से कथन सही है/हैं?

(a) केवल 1
(b) केवल 1 और 2
(c) केवल 1, 2 और 4
(d) केवल 1, 3 और 4

उत्तरमाला

1. (d)	**2.** (c)	**3.** (b)	**4.** (c)	**5.** (d)	**6.** (c)	**7.** (a)
8. (c)	**9.** (b)	**10.** (d)	**11.** (a)	**12.** (c)	**13.** (b)	**14.** (a)
15. (d)	**16.** (a)	**17.** (c)	**18.** (b)	**19.** (c)	**20.** (a)	**21.** (c)
22. (c)	**23.** (a)	**24.** (b)	**25.** (d)	**26.** (a)	**27.** (b)	**28.** (c)
29. (a)	**30.** (c)	**31.** (a)	**32.** (b)	**33.** (a)	**34.** (a)	**35.** (b)
36. (d)	**37.** (b)	**38.** (c)	**39.** (d)	**40.** (d)	**41.** (a)	**42.** (b)
43. (d)	**44.** (d)	**45.** (c)	**46.** (c)	**47.** (d)	**48.** (d)	**49.** (b)
50. (a)	**51.** (c)	**52.** (b)	**53.** (a)	**54.** (c)	**55.** (a)	**56.** (c)
57. (d)	**58.** (d)	**59.** (d)	**60.** (a)	**61.** (b)	**62.** (b)	**63.** (c)
64. (a)	**65.** (c)	**66.** (d)	**67.** (c)	**68.** (d)	**69.** (d)	**70.** (c)
71. (d)	**72.** (c)	**73.** (b)	**74.** (c)	**75.** (b)	**76.** (b)	**77.** (d)
78. (d)	**79.** (a)	**80.** (d)	**81.** (b)	**82.** (c)	**83.** (b)	**84.** (c)
85. (a)	**86.** (a)	**87.** (c)	**88.** (a)	**89.** (a)	**90.** (a)	**91.** (d)
92. (a)	**93.** (c)	**94.** (c)	**95.** (b)	**96.** (b)	**97.** (a)	**98.** (a)
99. (c)	**100.** (a)	**101.** (b)	**102.** (b)	**103.** (a)	**104.** (c)	**105.** (c)
106. (a)	**107.** (b)	**108.** (a)	**109.** (d)	**110.** (d)	**111.** (a)	**112.** (a)
113. (a)	**114.** (c)	**115.** (c)	**116.** (d)	**117.** (c)	**118.** (b)	**119.** (c)
120. (c)	**121.** (b)	**122.** (c)	**123.** (d)	**124.** (b)	**125.** (a)	**126.** (b)
127. (d)	**128.** (c)	**129.** (b)	**130.** (c)	**131.** (b)	**132.** (c)	**133.** (c)
134. (c)	**135.** (d)	**136.** (a)	**137.** (b)	**138.** (d)	**139.** (c)	**140.** (d)
141. (d)	**142.** (c)	**143.** (b)	**144.** (c)	**145.** (d)	**146.** (d)	**147.** (d)
148. (c)	**149.** (d)	**150.** (d)	**151.** (a)	**152.** (d)	**153.** (a)	**154.** (d)
155. (b)	**156.** (d)	**157.** (d)	**158.** (d)	**159.** (c)	**160.** (d)	**161.** (a)
162. (c)	**163.** (c)	**164.** (c)				

व्याख्या

1. d कृत्रिम सूर्य-प्रकाश पृथ्वी पर ऊर्जा उत्पन्न करने के लिए सूर्य के नाभिक में होने वाली प्रक्रियाकी भाँति नाभिकीय संलयन की प्रक्रिया को संदर्भित करता है। अंतर्राष्ट्रीय ताप-नाभिकीय प्रायोगिक परियोजना इसी अवधारणा पर आधारित है। वृहद् मात्रा में नाभिकीय ऊर्जा का उत्पादन करने के लिए प्लाज्मा को ऊष्मा प्रदान की जाती है।

3. b द्वितीयक अनुक्रमण, प्राथमिक अनुक्रमण की तुलना में तीव्र होता है क्योंकि कुछ मृदा और अवसाद द्वितीयक अनुक्रमण को प्रारंभ करने के लिए पहले से ही उपस्थित रहते हैं।

4. c दाबित गुरू जल रिएक्टर (पीएचडब्लूआर) एक परमाणु ऊर्जा रिएक्टर है, जो सामान्यतः अपने ईंधन के रूप में अपरिष्कृत प्राकृतिक यूरेनियम का इस्तेमाल करता है, जो भारी जल का अपने शीतलक और माडरेटर के रूप में इस्तेमाल करता है। भारत विश्व में भारी जल का सबसे बड़ा उत्पादक है।

5. d खोखले अनुलग्नक को अंदर से काले रंग से रंग देने और उसमें एक छोटा छिद्र कर देने पर यह एक आदर्श ब्लैक बॉडी बन जायेगी। इस अनुलग्नक के छिद्र से प्रवेश करने वाली विकिरण बार-बार परावर्तित होगी और अंदर अवशोषित हो जायेगी।

7. a एक अणु जो आनुवांशिक पदार्थों की तरह कार्य कर सकता है उसके निम्नलिखित मानदंड होने चाहिए–

i. इसमें अपना प्रतिकृति (रेप्लिका) विकसित करने की क्षमता होनी चाहिए।

ii. इसे रसायनिक और संरचनात्मक रूप से स्थिर होना चाहिए।

iii. इसे उद्विकास के लिए आवश्यक मंद परिवर्तन (उत्परिवर्तन) की संभावना प्रदर्शित करनी चाहिए।

iv. इसमें 'मेंडल के गुणों' के रूप में स्वतः को अभिव्यक्त करने की क्षमता होनी चाहिए।

8. c दाब में वृद्धि होने पर बर्फ के गलनांक में कमी होती है अतः, दाब आरोपित करने पर बर्फ की सतह पिघलती है और एक दूसरे से जुड़ जाती हैं।

9. a कोणीय संवेग के संरक्षण के नियम के अनुसार जड़त्व में कमी होने पर कोणीय गति में वृद्धि हो जाती है जिससे चक्रों की संख्या बढ़ जाती है।

11. a दिन के समय सौर पवन ई तथा एफ पर्तों पर दबाव डालकर उन्हें पृथ्वी के अधिक निकट कर देती है जिससे उनकी रेडियो तरंगों को परावर्तित करने की क्षमता सीमित हो जाती है। इसके विपरीत रात्रि के समय पार्थिव विकिरण इन पर्तों को दूर तक विस्तारित कर देता है जिससे रेडियो तरंगों को दूर तक परावर्तित करने की इनकी क्षमता में वृद्धि हो जाती है।

12. c चूँकि बूँदों पर लगने वाला वास्तविक बल शून्य हो जाता है अतः वे पृथ्वी की ओर समान गति से बढ़ती है।

13. b प्रतिरोधी टच स्क्रीन पैनल में जिसमें दो बारीक, पारदर्शी विद्युत-प्रतिरोधी परतें शामिल होती हैं, जिनके बीच बहुत कम दूरी होती है।

14. a डॉल्बी एस प्रणाली कम आवृत्ति पर ध्वनि की तीव्रता को 10 डेसीबल तक कम कर सकती है।

16. a परावर्तन, ध्वनि, प्रकाश और उष्मा तरंगों में पाया जाने वाला एक सामान्य गुण है। अपवर्तन प्रकाश तरंगों में पाया जाने वाला एक सामान्य गुण है। जबकि व्यतिकरण, प्रकाश और ध्वनि तरंगों में पाया जाने वाला सामान्य एक गुण है।

17. c प्रदूषण की प्रकृति के आधार पर प्रदूषक हैं-

I. प्राथमिक वायु प्रदूषक : ये गैसीय रूप में निलंबित पार्टिकुलेट मैटर के रूप में उपस्थित होते हैं। उदाहरण के लिए कार्बनडाइऑक्साइड, कार्बनफ्लोरोकार्बन/ फेरॉन/ एयरोसोल इत्यादि।

II. द्वितीयक वायु प्रदूषक : ये निम्न रूपों में मौजूद होते हैं-

a. फोटोकेमिकल स्मॉग

b. परऑक्सी-एसीटील नाइट्रेट (पीएएन) : जब प्राथमिक वायु प्रदूषक अभिक्रिया करते हैं, तब इसका निर्माण होता है।

c. फिनॉल इत्यादि।

18. b सामान्य तापमान पर कार्य करने वाले अतिचालक, अभी भी उपलब्ध नहीं हैं। अतः बिजली के पारेषण में अतिचालकों का उपयोग नहीं किया जाता है।

19. c समताप मंडल में ओज़ोन के अणु 200-310 nm के आकार की पराबैगनी किरणों को अवशोषित कर लेते हैं जिसके परिणामस्वरूप ओज़ोन के अणु O_2 तथा ऑक्सीजन के परमाणुओं के रूप में विभाजित हो जाते हैं। पराबैगनी A की तरंगदैर्ध्य 400-315 nm होती है अतः यह ओज़ोन के प्रकाश पृथक्करण में भाग नहीं लेती है। प्रकाश पृथक्करण केवल दृश्य प्रकाश तक ही सीमित नहीं है। पर्याप्त ऊर्जा वाला फोटान किसी भी रासायनिक यौगिक के रासायनिक बंधों को प्रभावित कर सकता है।

20. a प्रकाश विज्ञान में निरपेक्ष अपवर्ततांक किसी पदार्थ या माध्यम में प्रकाश के गति की माप है। यह निर्वात में प्रकाश के चाल एवं उस माध्यम में प्रकाश की निरपेक्ष चाल के अनुपात के रूप में व्यक्त किया जाता है।

यह गणितीय रूप में इस प्रकार से लिखा जायेगा,

n = निर्वात में प्रकाश की चाल/माध्यम में प्रकाश की चाल

उदाहरण के लिए, जल का अपवर्तन सूचकांक 1.33 का तात्पर्य है - निर्वात में प्रकाश की चाल, जल में प्रकाश की चाल की 1.33 गुणा होती है।

22. c लाइट एमिटिंग डायोड, एक अर्ध-चालक में इलेक्ट्रान की गति के फलस्वरूप प्रकाशवान होते हैं और चूँकि विद्युत प्रत्यक्ष रूप से प्रकाश में परिवर्तित होती है इसलिए लाइट एमिटिंग डायोड द्वारा ऊष्मा के रूप में कम ऊर्जा व्यर्थ होती है।

23. a पारे के अपने अणुओं के बीच का ससंजक बल, काँच और पारे के अणुओं के बीच के असंजक बल से अधिक होता है अतः वे आपस में चिपके और काँच की सतह से दूर होते हैं। ऐसे में वे उत्तल नवचंद्रक का निर्माण करते हैं जबकि तांबे और पारे के बणुओं के बीच आसंजन बल, पारे के अपने अणुओं के बीच के ससंजन बल से अधिक होता है अतः पारे के अणु तांबे के नजदीक जाने के लिए एक दूसरे से दूर खिंच जाते हैं और अवतल नवचंद्रक का निर्माण करते हैं।

24. b जितनी दाब प्रवणता अधिक होगी पवनों का वेग उतना ही अधिक होगा और पवनों की दिशा उतनी ही अधिक विक्षेपित होगी।

27. b हमारे शरीर में दुर्बल आयन धाराएं दुर्बल चुंबकीय क्षेत्र उत्पन्न करती हैं परंतु ये दुर्बल चुंबकीय क्षेत्र भी शरीर में चुंबकीय प्रभाव उत्पन्न कर एम आर आई के लिए सहायक सिद्ध होते है।

28. c हम अपने घरों में विद्युत शक्ति की आपूर्ति मुख्य तारों (जिसे मेंस भी कहते हैं) से प्राप्त करते हैं। ये मुख्य तार या तो धरती पर लगे विद्युत खंभों के सहारे अथवा भूमिगत केबलों से हमारे घरों तक आते हैं। इस आपूर्ति के तारों में से एक तार को जिस पर प्रायः लाल विद्युतरोधी आवरण होता है, विद्युन्मय तार (अथवा धनात्मक तार) कहते हैं। अन्य तार को जिस पर काला आवरण होता है, उदासीन तार (अथवा ऋणात्मक तार) कहते हैं। हमारे देश में इन दोनों तारों के बीच 220 V का विभवांतर होता है।

30. c लडार (LADAR), रडार की तरह ही दृश्यता एवं सूचना को स्कैन करता है परंतु आरएफ तरंगों के स्थान पर यह ऑप्टिकल तरंगें प्रयोग करता है।

31. a कृष्ण पिण्ड एक भौतिक पिण्ड है जो तीव्रता के बावजूद विद्युत चुंबकीय विकरण को अवशोषित कर लेता है।

32. b पृथ्वी के चारों ओर चंद्रमा की गति अभिकेंद्रीय बल के कारण होती है। अभिकेंद्रीय बल पृथ्वी के आकर्षण बल के कारण उत्पन्न होता है। अगर यह बल नहीं होता तो चंद्रमा सीधी रेखा में गतिशील होता।

33. a ओलेड और ओलेट डिस्प्ले, लिक्विड क्रिस्टल डिस्प्ले (एल सी डी) की तुलना में पतला एवं हल्का होता है।

35. b सेंट्रल विज़न के प्रभाव के कारण, 'टनल विज़न' की प्रक्रिया में अगल-बगल व परिधीय दृष्टि में बाधा उत्पन्न हो जाती है। यह किसी तीव्र वाहन या अन्य कारणों से भी उत्पन्न हो सकती है।

39. d प्रकाश की गति तरंग दैर्ध्य पर निर्भर करती है।

40. d मोबाइल टेलीफोनी की केंद्रीय अभिधारणा के अनुसार समस्त सेवा क्षेत्र को उचित संख्या के कक्षों में बाँट लेते हैं। ये कक्ष किसी ऑफिस जिसे मोबाइल टेलीफोन स्विचिंग ऑफिस (MTSO) कहते हैं पर केंद्रित होते हैं। प्रत्येक्ष कक्ष के पास एक निम्न शक्ति प्रेषित होती है जिसे बेस स्टेशन कहते हैं, तथा यह बढ़ी संख्या में मोबाइल रिसीवरों (जिसे बोलचाल में सेल फोन कहते हैं) को सेवा प्रदान करता है। प्रत्येक कक्ष के पास कुछ वर्ग किलोमीटर अथवा इससे भी कम क्षेत्र होता है जो उपभोक्ताओं की संख्या पर निर्भर करता है।

41. a लघु तरंगें 1800-3500 kHz की मध्यम आवृत्ति (एमएफ) व सम्पूर्ण उच्च आवृत्ति (एचएफ) वाले रेडियो स्पेक्ट्रम का भाग होती हैं। इन्हें लघु तरंगें इसलिए कहते हैं क्योंकि इस बैंड में तरंगें 200m (1500 kHz) से छोटी होती हैं। लघु तरंगें पृथ्वी पर स्थित किसी भी बिंदु पर पहुँचने में सक्षम होती हैं क्योंकि ये आयनमंडल से परावर्तित होकर वापस धरातल पर पहुँचती हैं।

42. b बेरियम फेराइट, चुंबकीय रिर्कार्डिंग के माध्यम के रूप में प्रयोग किया जाता है, जैसे कि चुंबकीय पट्टी रिकॉर्ड।

45. c पेंडुलम घड़ी का आवर्तकाल (T), गुरुत्व (g) के वर्गमूल के व्युत्क्रमानुपाती होता है, चूँकि किसी कृत्रिम उपग्रह के भीतर गुरुत्व (g) शून्य होता है अतः आवर्तकाल अनंत हो जाता है फलस्वरूप घड़ी रूक जाती है।

46. c उत्पलावन, किसी ठोस व लिए गए द्रव के घनत्व पर निर्भर करता है। यदि किसी ठोस का घनत्व, द्रव से कम होगा तो वह उस विशेष द्रव में तैरेगा।

48. d इंद्रधनुष वायुमंडल में उपस्थित जल की बूंदों के द्वारा प्रकाश के परिक्षेपण का एक उदाहरण है। यह सूर्य के प्रकाश का जल की गोलीय सूक्ष्म बूंदों द्वारा परिक्षेपण, अपवर्तन तथा परावर्तन की संयुक्त परिघटना है।

49. b परिवर्तनशील भौतिक चरों जैसे कि दाब, विस्थापन, बल ताप इत्यादि को उनके संगत वैद्युत सिग्नलों में परिवर्तित करने वाले उपकरण को वैद्युत-ट्रांस्ड्यूसर कहते हैं।

50. a सीएफएल (CFL) पीली रोशनी वाले बल्ब की तुलना में कम गर्मी पैदा करती है। टिमटिमा कर शुरू हाने वाले ट्यूबलाईट एक बार में जलने वाले ट्यूबलाईट की तुलना में ज्यादा बिजली की खपत करती है।

51. c ब्लैक-बॉक्स में दो रिकॉर्डर होते हैं, एक सभी मानकों को रिकॉर्ड करता है और दूसरा कॉकपिट व अन्य ध्वनियों को रिकॉर्ड करता है।

52. b सीलिंग पंखा कमरे के तापमान में परिवर्तन नहीं करता बल्कि त्वचा से पसीने के वाष्पीकरण में सहायता करता है। इसलिए जब कमरे में कोई नहीं है तब पंखा चालू रखना बिजली की बर्बादी है।

53. a कुछ ठोस पदार्थों में, यांत्रिक-तनाव से उत्पन्न होने वाले संग्रहित वैद्युत-आवेशों को पीजोइलेक्ट्रिसिटी कहते हैं। प्रत्यक्ष पीजोइलेक्ट्रिक प्रभाव यांत्रिक बलों द्वारा उत्पन्न होने वाले आंतरिक वैद्युत-आवेशों को कहते हैं।

54. c जल की सतह पर फैले हुए केरोसिन तेल का मनोहारी रंग और साबुन के बुलबुलों का प्रकाश में सुंदर रंग, प्रकाश के व्यतिकरण द्वारा उत्पन्न होने वाली घटनाए है।

55. a आइरिस स्कैनिंग व रेटिना स्कैनिंग, दोनों समान नहीं होते, वरन् ये विभिन्न तकनीकों का प्रयोग करते हैं।

56. c ध्वनि की गति, इसके परम ताप के वर्गमूल के समानुपाती होती है और यह माध्यम के घनत्व के भी समानुपाती होती है। इसलिए शुष्क एवं ठण्डे मौसम की तुलना में, गर्म एवं आद्र मौसम में ध्वनि की गति अधिक होती है।

57. d इस प्रकार के सजावटी लैंपो के तंतु प्रकाशिक तंतु होते हैं और ये पूर्णआंतरिक परावर्तन के सिद्धांत पर कार्य करते हैं।

प्रकाशिक तंतुओं के निर्माण में प्रमुख आवश्यकता यह है कि इनके भीतर लंबी दूरियाँ तय करते समय प्रकाश का अवशोषण बहुत कम होना चाहिए। इसे क्वार्ट्ज़ जैसे पदार्थों के शोधन तथा विशिष्ट विरचन द्वारा बनाया जाता है। सिलिका काँच तंतुओं में 1 km लंबे तंतु में प्रकाश के 95% से भी अधिक भाग को संचरित करना संभव है। इसकी तुलना 1 km मोटाई के खिड़की के काँच के ब्लॉक में जितने प्रतिशत प्रकाश के संचरण की आप अपेक्षा करते हैं, से कीजिए।

58. d भारत मे विद्युत 240 वोल्ट व 50 चक्र प्रति सेकंड की है जबकि अमेरिका में विद्युत 120 वोल्ट व 60 चक्र प्रति सेकंड की है।

59. d टांसफॉर्मर, अन्योन्य प्रेरण (म्यूचुअल इंडक्शन) के सिद्धांत पर कार्य करता है और आधुनिक प्रत्यावर्ती धारा जनित (एसी जनरेटर) वैद्युत चुंबकीय प्रेरण पर आधारित है।

60. a Ku बैंड, वैद्युत-चुंबकीय स्पेक्ट्रम के माइक्रोवेब वाली आवृत्तियों के अंतगर्त आता है।

61. b कोरियालिस बल वायु की दिशा को प्रभावित करता है न कि उसके वेग को क्योंकि यह बल हवा की दिशा को वास्तविक मार्ग से विक्षेपित कर देता है।

62. b सरल आवर्त गति (एसएचएम) करते हुए किसी वस्तु का आवर्त काल (T) दो कारकों पर निर्भर करता है- वस्तु के गुरुत्व केंद्र/द्रव्यमान केंद्र व उसके आलम्बन बिंदु के बीच की दूरी (l) तथा गुरुत्वाकर्षण बल (g) पर। आवर्त काल (T), दूरी (l) के वर्गमूल के समानुपाती होता है। इसलिए जब किसी झूले पर

बैठा हुआ व्यक्ति खड़ा हो जाता है तो उसके गुरुत्व केंद्र तथा झूले के आलंबन बिंदु के बीच की प्रभावी दूरी (l), व्यक्ति के गुरुत्व केंद्र के ऊपर उठ जाने के कारण कम हो जाती है। यही कारण है कि झूले का आवर्त काल (T) भी कम हो जाता है अतः परिणामस्वरूप झूले की गति बढ़ जाती है।

63. c एलईडी पूर्णतया एकल वर्णी नही होते, वरन् वे विभिन्न वर्णों मे पाए जाते हैं।

64. a टीएफटी मॉनीटर लिक्विड क्रिस्टल डिस्प्ले (एलसीडी) का एक प्रकार है जो कि चित्रों की गुणवक्ता बढ़ाने और 3-D दृश्य प्रभाव उत्पन्न करने के लिए थिन-फिल्म ट्रांजिस्टर के प्रयोग द्वारा एक्टिव मैट्रिक्स एड्रेसिंग पर आधारित है। प्लाज़्मा डिस्प्ले-पैनेल (पीडीपी) में, विद्युत-आवेशित आयनों वाली गैस से बनी हुई सूक्ष्म कोशिकाओं वाली तकनीक का प्रयोग किया जाता है।

65. c एसएआर (सार) 10KHz से 10GHz के बीच वाले विकिरणों को मापता है।

66. d सभी यांत्रिक संरचनाओं की एक या अधिक प्राकृतिक आवृत्तियाँ होती हैं, तथा यदि किसी संरचना पर कोई प्रबल बाह्य परिचालन बल आरोपित है जिसकी आवृत्ति संरचना की किसी एक प्राकृतिक आवृत्ति से सुमेलित है तो संरचना में उत्पन्न परिणामी दोलन उस संरचना को भंग कर सकते हैं। यही कारण है कि जब परेड करते हुए चलने वाले सिपाही किसी ब्रिज को पार करते हैं, तब कदम-ताल मिलाकर चलने का क्रम तोड़ देते हैं। वायुयान अभिकल्पनाकार यह सुनिशिचित करते हैं कि उड़ान के दौरान इंजन की आवृत्ति का पंखे के दोलन की किसी भी संभावित प्राकृतिक आवृत्ति से सुमेल न हो। भूकंपों से अत्यधिक विनाश होता है। ध्यान देने योग्य एक रोचक बात यह है कि कभी-कभी किसी भूकंप से छोटी या ऊँची इमारतें प्रभावित नहीं होतीं, जबकि मध्यम ऊँचाई की इमारतें धराशायी हो जाती हैं। इसका कारण यह है कि कम ऊँचाई की इमारतों की प्राकृतिक आवृत्ति भूकंपी तरंगों की आवृत्ति से अधिक होती है जबकि ऊँची इमारतों की प्राकृतिक आवृत्ति भूकंपी तरंगों की आवृत्ति से अपेक्षाकृत कम होती है।

68. d ग्लेशियर पर हिमपात के दौरान ब्लू आइस उत्पन्न होती है और इस पर दबाव पड़ने के कारण यह उसी ग्लेशियर का भाग बन जाती है।

69. d कार्बन ब्लैक या लैंप ब्लैक, कार्बन के किसी उत्पाद जैसे कि तार, कोल तार या वनस्पति तेल के अपूर्ण दहन से प्राप्त किया जाता है। यह अक्रिस्टलीय कार्बन का एक रुप हैं। परंपरागत रुप से लैंप ब्लैक या सूट को तेल वाले दिये से प्राप्त किया जाता है और इसका प्रयोग 'काजल' या कोहल के रुप मे किया जाता है। इंटरनेशनल एजेंसी फॉर रिसर्च आन कैंसर (आई. ए. आर. सी) ने कार्बन ब्लैक को मनुष्यों में कैंसरकारी पाए जाने की संभावना व्यक्त की है।

70. c सभी भोज्य वस्तुओं, जैसे – फलों, सब्जियों, मांस, अनाज इत्यादि का एक अवयव जल भी होता है। जब किसी वस्तु का ताप बढ़ता है तो इसके परमाणुओं एवं अणुओं की यादृच्छिक गति की ऊर्जा बढ़ जाती है और वे अधिक ऊर्जा से चलने, दोलन करने या घूर्णन करने लगते हैं। जल के अणुओं के घूर्णन की आवृति लगभग 300 करोड़ अर्थात 3 गिगा हर्ट्ज (GHz) है। यदि जल को इस आवृति की सूक्ष्म तरंगें मिल जाएँ तो उसके अणु इन विकिरणों को अवशोषित कर लेंगे जो जल को गर्म करने के तुल्य ही हैं। ये अणु इस ऊर्जा को निकटवर्ती भोजन-अणुओं के साथ बाँट लेते हैं और इस प्रकार भोजन गर्म हो जाता है। माइक्रोवेव ओवन में आपको चीनी मिट्टी के बर्तनों का उपयोग करना चाहिए, धातु के बर्तनों का नहीं अन्यथा संचित विद्युत आवेशों के कारण आपको झटका लग सकता है। धातुएँ अत्यधिक ऊष्मा के कारण पिघल भी सकती हैं। चीनी मिट्टी का पात्र अप्रभावित और ठंडा बना रहता है। क्योंकि इसके विशाल अणु अपेक्षाकृत बहुत कम आवृत्ति से घूर्णन एवं कंपन करते हैं और इस कारण सूक्ष्म तंरगों को अवशोषित नहीं कर पाते। अतः वे गर्म नहीं होते। इस प्रकार, माइक्रोवेव ओवन का मूल सिद्धांत यह है कि जिस स्थान पर हम भोजन रखते हैं वहाँ उपयुक्त आवृत्ति की सूक्ष्म तरंगें उत्पन्न की जाएँ। इस प्रकार बर्तन को गर्म करने में ऊर्जा व्यर्थ नहीं होती। पारम्परिक विधि में पहले बर्नर पर रखा हुआ पात्र गर्म होता है, फिर इससे ऊर्जा पात्र में रखे भोजन को स्थानांतरित होती है, जबकि माइक्रोवेव ओवन ऊर्जा सीधे जल के अणुओं को और उनसे संपूर्ण भोजन को प्राप्त होती है। जल के अणु, वसा और शर्करा के अणुओं की तुलना में अधिक ध्रुवीय होते हैं इसलिए ये माइक्रोवेव की विकरण ऊर्जा को अवशोषित कर लेते हैं।

71. d फ्रीक्वेंसी मॉडयूलेशन या एफ एम, अपनी तात्कालिक अवृत्ति में बदलाव करके कैरियर वेव द्वारा सूचनाएं प्रसारित करता है। एंप्लीट्यूड माड्यूलेशलन या ए एम में कैरियर वेव के आयाम मे परिवर्तन होता रहता है जबकि इसकी आवृत्ति नियत रहती है। ए एम, प्रसारित किए जाने वाले सिग्नलों की क्षमता मे परिवर्तन करके सूचनाएं प्रेषित करता है।

72. c स्क्विड या सुपरकंकडक्टिंग क्वांटम इंटरफेरेंस डिवाइस में एक पतली कुचालक सतह द्वारा अलग-अलग दो सुपरकंडक्टर होते हैं जो कि दो समानांतर जोसेफ्सन जंक्सन का निर्माण करते हैं। सुपरकंडाक्टिविटी का क्षेत्र भविष्य के लिए संभावनाओं से भरा है। बार्क ने द्रव हीलियम के तापमान पर सुपरकंडक्टिविटी केबलों के नमूनों का प्रकार निर्धारित करने के लिए एक परीक्षण सुविधा का निर्माण कार्य पूरा कर लिया है। वैरिएबल इनर्जी साइक्लोट्रान सेंटर (वी.ई सी.सी.), कोलकत्ता मे भी सुपरकंडक्टिंग केबलों और उनके जोड़ो का प्रकार निर्धारण करने की परीक्षण सुविधा का निर्माण

करके चालू भी कर दिया गया है। इंदिरा गाँधी सेंटर फार एटॉमिक रिसर्च (आई.जी.सी.ए.आर.), अविध्वंसक परीक्षण सहित पदार्थ तकनीक के लिए स्क्विड तकनीक के विकास में भी काम कर रहा है।

73. b बी.डब्लू.आर और पी.डब्लू.आर में मुख्य अंतर यह है कि बी.डब्लू.आर में रिएक्टर का कोर, पानी को गर्म करता है जो वाष्प में बदलकर टरबाइन को चलाता है। पी.डब्लू.आर में रिएक्टर का कोर पानी को गर्म करता है, पर उबालता नहीं है। वह गर्म जल तदुपरांत निम्न दाब जल तंत्र के साथ ऊष्मा का आदान-प्रदान करता है और वाष्प में परिवर्तित होकर टरबाईन को चलाता है।

74. c ऊष्मागतिकी में, उष्मा-इंजन एक ऐसे यंत्र को कहते हैं जो कि ऊष्मा या ऊष्मीय उर्जा को कार्य में परिवर्तित करता है। एक कार्यकारी पदार्थ को उच्च ताप से निम्न ताप पर लाकर ऐसा किया जाता है। एक 'ऊष्मा-स्त्रोत' ऊष्मीय उर्जा उत्पन्न करता है जो कि कार्यकारी पदार्थ को उच्च ताप पर ले आता है। प्रशीतक में कार्यकारी पदार्थ (प्रायः फ्रीऑन गैस) का उच्च दाब क्षेत्र से निम्न दाब क्षेत्र में प्रसार होता जिसके कारण वह (फ्रीऑन) ठंडी हो जाती है तथा वाष्प द्रव में रूपांतरित हो जाती है। अब ठंडे तरल द्वारा, उस भाग से ऊष्मा का अवशोषण किया जाता हैं जिसे कि ठंडा करना है। इससे तरल वाष्प में रूपांतरित हो जाता है। संक्षिप्त रूप में यह कहा जा सकता है कि यह ऊष्मा इंजन के ठीक विपरीत कार्य करता है।

75. b क्रायोजेनिक इंजन के द्वारा बल प्रदान करके, रॉकेट की टन भार क्षमता को बढ़ाया जाता है।

76. b फाइबर किसी भी उच्च चुम्बकीय व्यतिकरण (ई एक आई) क्षेत्र जैसे कि एलांग साइड यूटीलिटी लाइन, पॉवर लाइन और रेल रोड ट्रैक आदि में कहीं पर भी लगाया जा सकता है।

77. d इलेक्ट्रॉनिक पेपर, ई-पेपर एवं इलेक्ट्रॉनिक इंक, इस प्रकार से बनायी गयी प्रौद्योगिकी हैं जो कागज पर सामान्य इंक की भाँति प्रकट होती है। पारंपरिक डिस्प्ले की अपेक्षा इलेक्ट्रॉनिक पेपर को पढ़ना अधिक सुविधाजनक होता है। ई-इंक या इलेक्ट्रॉनिक इंक एक खास प्रकार का ट्रेडमार्क वाला इलेक्ट्रॉनिक पेपर है जो ई-इंक कार्पोरेशन, एक निजी इलेक्ट्रॉनिक डिस्प्ले (इ.पी.डी.) द्वारा बनायी जाती है। ई-इंक, कैम्ब्रिज (मेसाचुसेट्स) में स्थित है। अमेजन किन्डल एक ई-बुक है जो अमेजन डाट कॉम की अनुषंगी लैब 126 द्वारा विकसित किया गया है अधिकांशतः ई-इंक इलेक्ट्रॉनिक पेपर डिस्प्ले का प्रयोग करते हैं जो कि पढ़ने के लिए 16 ग्रे शेड्स उत्पन्न करने में सक्षम होती है।

117. c नासा के हबल स्पेस टेलीस्कोप के खगोलशास्त्रियों ने ऐसा चित्र प्राप्त किया है जो बृहस्पति के उपग्रह 'यूरोपा' की सतह से उत्सर्जित जल वाष्प की बूंदें हो सकती हैं।

118. b हिग्स बोसॉन कण भौतिकी के स्टैंडर्ड मॉडल में एक मूल कण है। अन्य विद्युत चुम्बकीय क्षेत्र की तरह निर्वात में इसका मान एक गैर शून्य मूल्य स्थिरांक है।

119. c न्यूटन के तृतीय नियम के अनुसार सभी क्रिया के बराबर और विपरीत प्रतिक्रिया होती है। उदाहरणः जब कूँए से जल बाहर निकाले जाते समय, रस्सी टूट जाती है तो जो व्यक्ति जल निकाल रहा है वह पीछे की दिशा में गिर जाता है।

121. b एंटीबायोटिक प्रतिरोधता स्वाभिक रूप से होती है लेकिन मानव एवं पशुओं में एंटी-बायोटिक दवाओं के दुरुपयोग के कारण इस प्रक्रिया को गति मिलती है तथा यह महामारी का रूप धारण कर लेती है।

122. c दिये गये दोनों कथन सही है।

123. d 'ऑस्मोटिक पॉवर' के संदर्भ में दिये गये सभी कथन सही हैं।

124. b तापमण्डल के कारण पृथ्वी पर रेडियो तरंगों के प्रसारण में मदद मिलती है। इस मण्डल से रेडियो तरंगें वापस पृथ्वी पर लौटती हैं।

125. a हमारे सौर मण्डल के बाहर ग्रहों को एक्सोप्लैनेट कहा जाता है। इनमें से अधिकांश किसी तारामण्डल का हिस्सा है, एक एक्सोप्लेनेट या एक्स्ट्रासोलर ग्रह एक ऐसा ग्रह है जो सूर्य के इतर एक तारे की कक्षा की परिक्रमा भी करता है।

126. b इन विस्फोटित तारों को सुपरनोवा कहा जाता है।

127. d सिनलाइट्रस नोवल माड्यूलर तकनीक है जो अलग-अलग समायोज्य जेनॉन शॉर्ट- आर्क लैंप का उपयोग करता है। यह जर्मनी द्वारा विकसित की गयी है, इसलिए दोनों ही कथन सही नहीं हैं।

128. c विभिन्न माध्यमों में ध्वनि की गति का अवरोही क्रम है - ठोस > द्रव > गैस।

129. b केन्द्रीय रेलमंत्री सुरेश प्रभु ने अगले 10 वर्षों में ऊर्जा खपत पर भारतीय रेलवे के खर्च में से 41,000 करोड़ रूपये बचाने के लिए मिशन 41 K की शुरूआत की।

130. c कोरिओलिस बल, पृथ्वी के घूर्णन के कारण अनुभूत एक बल है जो विषुवत रेखा पर उपस्थित नहीं होता है तथा यह मौसमी घटनाओं जैसे मध्य अक्षांशीय चक्रवात, हरिकेन एवं प्रति चक्रवात आदि के दिशा निर्धारण के लिगे उत्तरवायी होता है।

132. c लाईट इमीटिंग डायोड (LED) लैंप, कॉम्पैक्ट फ्लोरोसेंट लैंप (CFL) की तुलना में कम ऊर्जा की खपत करता है।

133. c कूपर बेल्ट (Kuiper Belt) नेप्च्यून (वरूण) की कक्षा से बाह्य स्थित सौरमण्डल का क्षेत्र है जिसमें कई प्रकार के धूमकेतु, क्षुद्रग्रह एवं अन्य बर्फ के छोटे पिण्ड बड़े पैमाने पर पाये जाते हैं। आंतरिक ग्रह, बाह्य ग्रहों की अपेक्षा सघन होते हैं।

134. c गुरुत्वीय तरंगे, विद्युत चुम्बकीय तरंग नहीं होती हैं। ये बिल्कुल अलग परिघटना है। क्योंकि इनके द्वारा उन सूचनाओं का वहन किया जाता है जो विद्युत चुम्बकीय तरंग द्वारा वहन नहीं किया जा सकता है।

137. b ऊँचाई पर प्रेशर कूकर में क्वथनांक बिन्दु समुद्र तल की अपेक्षा कम होता है। ऊँचाई पर यदि प्रेशर कुकर में भोजन पकाया जाता है तो 610 मीटर की ऊँचाई के बाद प्रत्येक 300 मीटर की ऊँचाई वृद्धि पर लगने वाले समय में लगभग 5% की वृद्धि होती है।

143. b एंटीबायोटिक प्रतिरोधकता स्वाभाविक रूप से होता है, लेकिन मनुष्यों एवं पशुओं के लिए एंटीबायोटिक दवाओं के दुरुपयोग से, इस प्रक्रिया में तेजी आने से यह महामारी का रूप ले लिया है।

144. c यह नैनीताल में स्थित है।

145. d दिये गये सभी कथन सही हैं।

146. d गुरुत्वानुवर्तन, पौधों के विभिन्न हिस्सों का गुरुत्वाकर्षण बल के संदर्भ में वृद्धि है।

147. d P-तरंगें ध्वनि तरंगों के समान होती है क्योंकि वे प्रकृति से अनुदैर्ध्य होती है।

148. c न्यूट्रॉन बम सामान्यतः आधाभूत संरचना को क्षति नहीं पहुँचाता है। इसका निर्माण मुख्यतः जैविक अवसंरचना को क्षति पहुँचाने के लिए की गयी थी। न्यूट्रॉन बम एक विशेषीकृत रणनीतिक (टैक्टिकल) परमाणु हथियार है, जिसमें ब्लास्ट प्रभाव को कम कर दिया जाता है एवं विकिरण को बढ़ा दिया जाता है न्यूट्रॉन बम में संलयन अभिक्रिया को अंजाम दिया जाता है।

149. d पृथ्वी पर ज्वार की घटना, पृथ्वी, चन्द्रमा एवं सूर्य के द्रव्यमानों के संयुक्त प्रभाव के कारण दिखाई देता है। ज्वार में चन्द्रमा का प्रभाव सूर्य की अपेक्षा अधिक पड़ता है, क्योंकि यह पृथ्वी के अधिक निकट है। पृथ्वी अपने अक्ष पर घूमती है, ऐसे में एक ओर गुरुत्वाकर्षण बल के कारण प्रत्यक्ष ज्वार का अनुभव होता है, वहीं उसके विपरीत ओर संतुलन के सिद्धांत के कारण अपकेंद्रीय बल के कारण अप्रत्यक्ष ज्वार का अनुभव होता है।

151. a सीएफएल की अपेक्षा एलईडी अधिक दक्ष होता है।

152. d प्रत्यावर्ती धारा की अपेक्षा उच्च वोल्टेज वाली दिष्ट धारा में विद्युत का ह्रास कम होता है।

153. a संलयन अभिक्रियाएँ बहुत अधिक शक्तिशाली होती हैं और एक बार प्रारंभ हो जाती हैं, तो ऊर्जा नियंत्रित नहीं की जा सकती है। आणविक शक्ति रिएक्टर में विखंडन प्रयुक्त होता है, चूँकि यह नियंत्रित किया जा सकता है, जबकि संलयन आणविक शक्ति उत्पन्न करने में उपयोग नहीं किया जाता है, क्योंकि अभिक्रिया आसानी से नियंत्रित नहीं होती है और संलयन अभिक्रिया के लिए आवश्यक दशाएँ उत्पन्न करना महंगा होता है।

155. b पवन ऊर्जा कुल नवीकरणीय ऊर्जा क्षमता का लगभग 70% योगदान करती है।

157. d फ़्यूज ऐसे पदार्थ के तार का टुकड़ा होता है जिसका गलनांक बहुत कम होता है। जब अतिभार के कारण तारों से होकर उच्च धारा प्रवाह होता है या शॉर्ट सर्किट होता है तो तार गर्म होकर पिघल जाता है परिणामस्वरूप परिपथ भंग हो जाता है और धारा-प्रवाह रूक जाता है।

158. d गर्म हवा-गुब्बारे तभी उड़ते हैं, जब उनके भीतर की हवा, उनके चारों ओर की हवा की अपेक्षा कम घनीभूत होती है। गर्म हवा-गुब्बारा बर्नर का उपयोग गुब्बारे के भीतर की हवा को गर्म करने में करता है। यह बर्नर आम तौर पर तरल प्रोपेन से प्रज्वलित होता है।

159. c चुंबक मैग्नेटाइट से बनता है, जो करीब 800 ई० पू० में मैग्नेशिया के नगर में खोजा गया एक खनिज है। यह खनिज मैग्नेटाइट कहलाता है, जो मुख्यतः Fe304 से बना है। अधिकांश स्थायी चुंबक मुख्यतः अल्युमुनियम, निकेल और कोबाल्ट की एक मिश्रधातु अल्निको (ALNICO) से बने होते हैं।

161. a द्वितीयक सेल पुनः उपयोग योग्य होती हैं, क्योंकि इस सेल में मौजूद रासायनों का पुनर्भरण संभव है, यदि एक बार यह कुछ समय के लिए प्रयुक्त हो चुकी होती है। बटन सेल शुष्क सेल होती हैं और उनमें मौजूद रसायन शुष्क सेल के दीर्घकाल की प्रयुक्तता के बाद समाप्त हो जाते हैं।

162. c गति के प्रथम नियम अथवा जड़त्व के नियम के अनुसार यदि कोई वस्तु स्थिर है तो वह स्थिर ही रहेगी और यदि वह गतिमान है तो स्थिर वेग से गतिशील ही रहेगी जब तक कि उस पर कोई बाह्य बल न लगाया जाए।

163. c विद्युतीय परिपथों में अत्यधिक विद्युतधारा प्रवाह का एक कारण तारों का प्रत्यक्षतः स्पर्श है। अत्यधिक विद्युतधारा का दूसरा कारण एक सॉकेट से कई उपकरणों का संयोजन हो सकता है। इसके कारण परिपथ में अतिभार हो सकता है।

164. c सूक्ष्म कण न्युट्रिनो कमजोर बल के माध्यम से किसी पदार्थ से अंतक्रिया करते हैं। चूँकि वे बहुत कम अंतर्क्रिया करते हैं, इसलिए न्युट्रिनो सूर्य और यहाँ तक कि पृथ्वी से भी अबाधित गुजरते हैं।

अध्याय-4

रसायन विज्ञान

(Chemistry)

1. तनाव (Stress) के इलाज के लिए उपयोग की जाने वाली दवाओं की श्रेणी है-

(a) पीड़ानाशक
(b) पूतिनाशक
(c) ऐन्टीहिस्टमीन
(d) प्रशांतक

2. पौधों और जानवरों के मर जाने के बाद बचे हुऐ पदार्थ अपघटन के द्वारा परिवर्तित हो जाते हैं-

(a) अमोनियम में।
(b) जल में।
(c) अवसादी चटटान में।
(d) कार्बोहाइड्रेट्स में।

3. PM 2.5 में 2.5 क्या प्रदर्शित करता है?

(a) प्रति घन सेमी सूक्ष्म कणों की सांद्रता
(b) सूक्ष्म कणों का pH मान
(c) सूक्ष्म कणों का आकार
(d) कुल प्रदूषकों की तुलना में निलंबित सूक्ष्म कणों का आयतन

4. क्लोरोफ़ॉर्म प्रयोग किया जाता है:

1. विलायक के रूप में
2. अपमार्जक के रूप में
3. संवेदनाहारी के रूप में
4. कीटनाशक के रूप में

निम्नलिखित कूटों की सहायता से सही उत्तर चुनिए :

(a) केवल 3
(b) केवल 1, 2 और 3
(c) केवल 1 और 3
(d) 1, 2, 3 और 4

5. निम्नलिखित कथनों पर विचार कीजिए :

1. नाइट्रीकरण द्वारा जीवाणु नाइट्रोजन का पुनः चक्रण करते हैं।
2. विनाइट्रीकरण द्वारा मृदा के अंदर आमोनिया का नाइट्रेट आयन में परिवर्तन होता है।

उपर्युक्त कथनों में से कौन सा/से कथन सही है/हैं?

(a) केवल 1

(b) केवल 2

(c) 1 और 2 दोनों

(d) न तो 1 और न ही 2

6. डायरेक्टरेट ऑफ रेवन्यू इंटेलिजेंस (डीआरआई) ने तस्करी करके देश में लायी जाने वाली ओजोन क्षय करने वाले प्रतिबंधित पदार्थ 'R-22' नामक प्रशीतक गैस की 2.4 लाख किलोग्राम से भी अधिक मात्रा पकड़ी। इस संदर्भ में निम्नलिखित कथनों पर विचार कीजिए:

1. रेफ्रिजेंट 22 गैस (R-22), का प्रयोग आवासीय व शीतलक प्रक्रमों तथा औद्योगिक संयंत्रों के वातानुकूलन अनुप्रयोगों में किया जाता है।
2. चूँकि भारत क्योटो प्रोटोकॉल पर हस्ताक्षर करने वाले देशों में शामिल है अतः यह अपेक्षित है कि वह ओजोन क्षयकारी पदार्थ (ओडीएस) व रसायनों के उत्पादन तथा उपभोग को कार्मिक रूप से समाप्त करे।

उपर्युक्त कथनों में से कौन सा/से कथन सही है/हैं?

(a) केवल 1 (b) केवल 2

(c) 1 और 2 दोनों (d) न तो 1 और न ही 2

7. ब्रीथ एनालाइजर के संबंध में निम्नलिखित कथनों पर विचार कीजिए :

1. शराब पीकर गाड़ी चलाने वालों की जाँच करने के लिए पुलिस द्वारा ब्रीथ एनालाइजर में अवरक्त विकिरण का उपयोग किया जाता है।
2. ब्रीथ एनालाइजर रक्त में अल्कोहल की मात्रा या सांद्रता को प्रत्यक्ष रूप से नहीं मापता है।

उपर्युक्त कथनों में से कौन सा/से काथन सही है/हैं?

(a) केवल 1 (b) केवल 2

(c) 1 और 2 दोनों (d) न तो 1 और न ही 2

8. निम्नलिखित में से कौन से मोटर वाहन उत्सर्जन के कारण उत्पन्न होने वाले प्रदूषक हैं?

1. ओज़ोन
2. कार्बन मोनोऑक्साइड
3. बेन्ज़ीन
4. फॉर्मालिन
5. कार्बन डाई ऑक्साइड
6. नाइट्रोजन ऑक्साइड

निम्नलिखित कूटों की सहायता से सही उत्तर चुनिए:

(a) केवल 1, 2, 4, 5 और 6 (b) केवल 2, 4, 5 और 6

(c) केवल 1, 2, 3, 5 और 6 (d) 1, 2, 3, 4, 5 और 6

9. ईंधन के रूप में प्रयोग की जाने वाली प्राकृतिक गैस के संदर्भ में निम्नलिखित कथनों पर विचार कीजिए :

1. मीथेन, जो कि प्राकृतिक गैस की मुख्य घटक है, अन्य जीवाश्म ईंधनों की तुलना में प्रति जूल ऊर्जा उत्पन्न करने के लिए कम कार्बन डाईऑक्साइड उत्पन्न करती है।
2. मीथेन, स्वयं ग्रीनहाउस गैस है, जो कार्बन डाईऑक्साइड की तुलना में सौर विकिरण की 20 गुना अधिक मात्रा अवशोषित करती है।

उपर्युक्त कथनों में से कौन सा/से कथन सही है/हैं?

(a) केवल 1 (b) केवल 2

(c) 1 और 2 दोनों (d) न तो 1 और न ही 2

10. एक बीकर में सांद्र सल्फ्यूरिक अम्ल लिया गया है। यदि इसमें पर्याप्त मात्रा में जल डाला जाए तो क्या होगा?

1. अम्ल, जल से अभिक्रिया के कारण बीकर से बाहर छलक जाएगा।
2. अम्ल तनुकृत हो जाएगा।
3. पर्याप्त मात्रा में ऊष्मा उत्पन्न होगी जिससे बीकर का तापमान बढ़ जाएगा।

उपर्युक्त कथनों में से कौन सा/से कथन सही है/हैं?

(a) केवल 2 (b) केवल 2 और 3

(c) केवल 1 और 3 (d) 1, 2 और 3

11. निम्नलिखित कथनों पर विचार कीजिए :

1. पिछले 15 वर्षों से पृथ्वी की सतह पर वायु का तापमान सामान्य बना हुआ है जबकि हरित गैसों का उत्सर्जन निरंतर रूप से बढ़ रहा है।
2. विश्व में वर्ष 2000-2010 के मध्य 100 बिलियन टन CO_2 का उत्सर्जन हुआ जो कि मानव द्वारा वर्ष 1750 से उत्सर्जित कुल CO_2 का उत्सर्जन का एक चौथाई है।
3. 'इक्वलिब्रिअम सेंसिटीविटी' को CO_2 की संद्रता में दोगुनी वृद्धि के परिणामस्वरूप पृथ्वी के तापमान में होने वाली वृद्धि के रूप में परिभाषित किया जाता है।

उपर्युक्त कथनों में से कौन से कथन सही हैं?

(a) केवल 1 और 2

(b) केवल 2 और 3

(c) केवल 1 और 3

(d) 1, 2 और 3

12. एरोसॉल पर्यावरण के गर्म होने को कैसे प्रभावित करते हैं?

1. सल्फेट वाले एरोसॉल सूर्य की किरणों को परावर्तित करके वायुमण्डल को गर्म होने से रोकते हैं परंतु कुछ ऐरोसॉल उसे गर्म भी करते हैं।
2. सामान्यतः, ऐरोसॉल कार्बन डाईऑक्साइड और अन्य ग्रीन हाउस गैसों द्वारा तापन-प्रभाव को प्रतिसंतुलित करते हैं।
3. अधिकतर जलवायु नमूनों से ज्ञात होता है कि ऐरोसॉल वायुमण्डल को लगभग 0.3-0.5° C तक ठंडा करते हैं।
4. काजल (जिसे ब्लैक कार्बन भी कहते हैं) सर्वाधिक सामान्य व महत्वूपर्ण एरोसॉल है और यह वायुमंडल को गर्म करता है क्योंकि यह सूर्य की किरणों को अवशोषित कर लेता है।

निम्नलिखित कूटों के आधार पर सही उत्तर चुनिए :

(a) केवल 1, 2 और 3

(b) केवल 2, 3 और 4

(c) केवल 1, 3 और 4

(d) 1, 2, 3 और 4

13. निम्नलिखित कथनों पर विचार कीजिए :

1. कार्बन डाईऑक्साइड एक निश्चित दर पर अवरक्त किरणों को अवशोषित करती है और CO_2 की मात्रा के दोगुने होने के प्रत्येक स्तर पर सामान्यतः 1° C तापमान बढ़ जाता है।
2. CO_2 की बढ़ती हुई मात्रा जल वाष्प के स्तर तथा बादलों की स्थिति पर प्रत्यक्ष प्रभाव डालती है जिससे कि तापमान में पुनः वृद्धि या ह्रास होता है।
3. तापमान में लगभग 3°C की वृद्धि से और अधिक क्षेत्र सूखे से प्रभावित होंगे, 30% प्रजातियों के लुप्त होने का खतरा बढ़ जायेगा और प्रवालों से संबंधित जैव-विविधता की हानि का संकट उत्पन्न हो जायेगा।

उपर्युक्त कथनों में से कौन से कथन सही नहीं हैं?

(a) केवल 1 और 2 (b) केवल 2 और 3
(c) केवल 1 और 3 (d) उपर्युक्त में कोई नहीं

14. 'बॉडी बर्डन' के संदर्भ में निम्नलिखित कथनों में से कौन से सही हैं?

1. यह व्यक्ति के शरीर में वास्तविक रूप से उपस्थित रसायनों का स्तर है।
2. इसका मूल्यांकन जैवनिगरानी के द्वारा किया जाता है।
3. जैवनिगरानी को वर्तमान में उद्भासन से संबंधित स्वास्थ्य समस्याओं के सबसे प्रासंगिक आकलनकर्ता के रूप में मान्यता प्राप्त है।

निम्नलिखित कूटों के आधार पर सही उत्तर चुनिए :

(a) केवल 1 और 2 (b) केवल 2 और 3
(c) केवल 1 और 3 (d) 1, 2 और 3

15. छोटे बच्चों के लिए प्लास्टिक के खिलौने हानिकारक क्यों होते हैं?

1. इन खिलौनों में एक अति विषैला रसायन थैलेट्स पाया जाता है।
2. विषैले रसायन जो खिलौने में पाये जाते हैं, का विनियमन एवं निगरानी सरकार द्वारा नहीं किया जाता है एवं इस प्रकार बच्चों के लिए यह खतरनाक है।
3. वैज्ञानिक साक्ष्यों से यह स्पष्ट हुआ है कि थैलेट्स के संपर्क में आने पर कई प्रकार की स्वास्थ्य समस्याएं उत्पन्न हो सकती है जो कि दमा से लेकर जन्म से पूर्व की समस्याएं तक हो सकती हैं।

निम्नलिखित कूटों के आधार पर सही उत्तर चुनिए :

(a) केवल 1 और 2 (b) केवल 2 और 3
(c) केवल 1 और 3 (d) 1, 2 और 3

16. पूर्व में ऐन्टिमनी ट्राइसल्फाईड, पोटैशियम क्लोरेट और श्वेत फॉस्फोरस का मिश्रण कुछ गोंद और स्टार्च के साथ मिलाकर उचित लकड़ी से बनी माचिस की तीली के सिरे पर लगाया जाता था। परंतु श्वेत फॉस्फोरस माचिस उद्योग में काम करने वालों और माचिस का उपयोग करने वाले दोनों के लिए खतरनाक था। आजकल निरापद माचिस के सिरे पर क्या लगाया जाता है?

(a) ऐन्टिमनी ट्राईसल्फाइड

(b) ऐन्टिमनी ट्राईसल्फाइड और पोटैशियम क्लोरेट

(c) स्टार्च एवं गोंद के साथ श्वेत फॉस्फोरस

(d) पोटैशियम क्लोरेट

17. विलयन के संदर्भ में निम्नलिखित कथनों में से कौन सा/से कथन सही है/हैं?

1. यह एक विषमांगी मिश्रण है।
2. विलयन के कण नंगी आँख से नहीं देखे जा सकते हैं।

निम्नलिखित कूटों के आधार पर सही उत्तर चुनिए :

(a) केवल 1 (b) केवल 2

(c) 1 और 2 दोनों (d) न तो 1 और न ही 2

18. स्वच्छ विकास मैकेनिज्म (सीडीएम) के तहत मार्गों पर सोडियम बल्ब के स्थान पर लाइट एमिटिंग डायोड (एलईडी) का प्रयोग किया जाएगा। सोडियम लैम्प की तुलना में एलईडी के क्या लाभ हैं?

1. सोडियम बल्बों से मरकरी जैसी हानिकारक गैसों का उत्सर्जन होता है तथा इनके प्रयोग से ऊर्जा की अधिक खपत भी होती है जबकि एलईडी के प्रयोग से इस प्रकार की कोई क्षति नहीं होती।
2. एलईडी प्रकाश में दृश्यता अधिक होती है क्योंकि यह एक निश्चित क्षेत्र में ही केंद्रित होता है और एलईडी से प्राप्त प्रकाश श्वेत रंग का होता है।
3. कुहरे के दौरान एलईडी का प्रयोग अधिक सुसंगत है क्योंकि एलईडी लेजर के सिद्धांत पर आधारित है।

निम्नलिखित कूटों के आधार पर सही उत्तर चुनिए :

(a) केवल 1 और 2 (b) केवल 2 और 3

(c) केवल 1 और 3 (d) 1, 2 और 3

19. निम्नलिखित में से कौन से गुण के कारण कार्बन अणु खरबों यौगिकों की संरचना का कारण बनता है?

1. चार परमाणुओं के साथ स्थायी बंधन बनाने की क्षमता, इसे स्थिर बनाता है।
2. कार्बन में कार्बन के ही अन्य परमाणुओं के साथ आबंध बनाने की अद्वितीय क्षमता होती है जिससे बड़ी संख्या मे अणु बनते हैं, इस गुण को शृंखलन (catenation) कहते हैं।

निम्नलिखित कूटों के आधार पर सही उत्तर चुनिए :

(a) केवल 1

(b) केवल 2

(c) 1 और 2 दोनों

(d) न तो 1 और न ही 2

20. अपघटन की प्रक्रिया के संबंध में निम्नलिखित कथनों पर विचार कीजिएः

1. किसी भी प्रकार के अपघटन को होने के लिए ऑक्सीजन की आवश्यकता नहीं होती।
2. गरम एवं आर्द्र जलवायु अपघटन की गति को बढ़ाता है।

उपर्युक्त कथनों में से कौन सा/से कथन सही है/हैं?

(a) केवल 1 (b) केवल 2

(c) 1 और 2 दोनों (d) न तो 1 और न ही 2

21. निम्नलिखित कथनों पर विचार कीजिए :

1. द्रव चालित उत्थापक, आर्कमिडीज सिद्धांत पर कार्य करते हैं और द्रव चालित ब्रेक, पास्कल के नियम पर आधारित होते हैं।
2. द्रव चालित ब्रेक में पैडल पर थोड़ा सा बल पहिये पर अधिक मंदन बल उत्पन्न करता है।

उपर्युक्त कथनों में से कौन सा/से कथन सही है/हैं?

(a) केवल 1 (b) केवल 2

(c) 1 और 2 दोनों (d) न तो 1 और न ही 2

22. द्रवीकृत पेट्रोलियम गैस या एलपीजी के विषय में निम्नलिखित कथनों पर विचार कीजिए :

1. यह ओजोन को क्षरण से बचाने के प्रयास के क्रम में, एयरोसोल प्रोपेलेंट और प्रशीतक के रूप में क्लोरो-फ्लोरो कार्बन के स्थान पर व्यापक रूप से प्रयोग में लायी जाती है।
2. एलपीजी की अपनी एक विशिष्ट गंध होती है जिसके कारण रिसाव पर यह आसानी से पहचानी जा सकती है।
3. भंडारित किये पात्रों में से एलपीजी के बहने पर इसके एकाएक प्रसारित होने से रोकने के लिए इसमें एथिल मरकेप्टन मिश्रित किया जाता है।
4. इसका लाभ यह है कि यह विषैली नहीं होती, संक्षारित नहीं करती, टेट्राएथिललेड से मुक्त तथा उच्च ऑक्टेन मात्रा वाली होती है।

उपर्युक्त कथनों में से कौन से कथन सही हैं?

(a) केवल 1, 2 और 3

(b) केवल 3 और 4

(c) केवल 1, 3 और 4

(d) केवल 1 और 4

23. सामान्तया हम साबुन और अपमार्जक को समान समझते हैं परंतु ये भिन्न होते हैं। इस संदर्भ में निम्नलिखित कथनों पर विचार कीजिए :

1. साबुन लंबी कार्बोकिस्लिक अम्ल श्रृंखला के सोडियम और पोटैशियम लवण होते हैं।
2. अपमार्जक सामान्तया लंबी कार्बोकिस्लिक अम्ल श्रृंखला के अमोनियम एवं सुल्फोनेट लवण होते हैं।
3. साबुन कठोर जल में अप्रभावी रहते हैं।
4. स्नान करते समय बनने वाला अघुलनशील पदार्थ या *'स्कम'* कठोर जल में पाए जाने वाले लवणों एवं अमोनियम तथा सल्फोनेट के आवेशित सिरों के मध्य होने वाली अभिक्रिया के कारण बनता है।

उपर्युक्त कथनों में से कौन से कथन सही हैं?

(a) केवल 1, 2 और 3 (b) केवल 2 और 4

(c) केवल 1 और 2 (d) 1, 2, 3 और 4

24. टिंक्चर आयोडीन, खांसी के सिरप एवं टॉनिकों में एथनॉल का प्रयोग क्यों किया जाता है?

(a) क्योंकि कमरे के तापमान पर यह द्रव-अवस्था में रहता है।

(b) क्योंकि एथनॉल सभी अनुपातों में द्रव में घुलनशील है।

(c) क्योंकि यह एक उत्तम विलायक है।

(d) क्योंकि यह एक कार्बनिक यौगिक है।

25. कैल्सियम व मैग्नीशियम की जैव महत्ता के संदर्भ में निम्नलिखित कथनों पर विचार कीजिए :

1. समस्त एन्जाइम, जो फॉस्फेट के संचरण में एटीपी का उपयोग करते हैं, मैग्नीशियम का उपयोग सह-घटक के रूप में करते हैं।
2. पौधों में प्रकाश-अवशोषण के लिए मुख्य रंजक (Pigment) क्लोरोफिल में मैग्नीशियम होता है।
3. शरीर में कैल्सियम का 99% दाँतों तथा हड्डियों में होता है, यह अंतरतांत्रिकीय पेशीय कार्यप्रणाली, अंतरतांत्रिकीय प्रेषण, कोशिका झिल्ली अखंडता (Cell Membrane Integrity) तथा रक्त-स्कंदन (Blood-coagulation) में महत्त्वपूर्ण भूमिका निभाता है।
4. हड्डी एक अक्रिय तथा अपरिवर्तनशील पदार्थ है तथा हड्डी में कैल्सियम प्लाज़्मा से होकर आता है।

उपर्युक्त कथनों में से कौन से कथन सही हैं?

(a) केवल 1, 2 और 3 (b) केवल 2, 3 और 4

(c) केवल 1, 3 और 4 (d) 1, 2, 3 और 4

26. रंगीन बोतलों और मिनरल जल वाली बोतलों में अधिक समय तक पेय जल का भंडारण करना स्वास्थ्य के लिए घातक है क्योंकि :

1. जल में उपस्थित खनिज पानी की बोतल से अभिक्रिया करके सोडियम बेंजोएट व थायोपेंटॉल बनाते हैं।
2. पॉलीएथिलीन टेरेफ्थैलेट (पीएटी) से बनी हुई बोतलों में पाए जाने वाले हानिकारक रसायन पीएटी बोतलों में भंडारित जल में घुलते रहते हैं।
3. पुर्नचक्रित पीएटी से अज्ञात रसायन जल में जा सकते हैं और अन्य घातक रसायनिक पदार्थ जैसे कि पॉलीविनाइल क्लोराइड (पीवीसी) एवं सोडियम थैलेट पीएटी बोतलों से निकल कर जल में घुल सकते हैं।

निम्नलिखित कूटों के आधार पर सही उत्तर चुनिए :

(a) केवल 1 और 2 (b) केवल 2 और 3

(c) केवल 1 और 3 (d) 1, 2 और 3

27. निम्नलिखित में से कौन सा प्रक्रम अपने उपयोग के क्रियाकलापों के साथ सही सुमेलित हैं?

(प्रक्रम)		(क्रियाकलाप)
1. क्रायोजेनिक आसवन	:	पहले से ही CO_2 की उच्च सान्द्रता वाली धारा से व्यावसायिक शुद्धिकरण
2. फीडबैक मैकेनिज्म	:	जलवायु को प्रभावित करने वाले विभिन्न कारको के बीच संबंध एवं प्रभाव का निर्धारण
3. जैव निक्षालन	:	जीव-जंतुओं का प्रयोग कर अयस्कों से धातुओं का निष्कर्षण

निम्नलिखित कूटों के आधार पर सही उत्तर चुनिए :

(a) केवल 1 और 2
(b) केवल 1 और 3
(c) केवल 2 और 3
(d) 1, 2 और 3

28. 'हाइड्रोजन अर्थव्यवस्था' के संदर्भ में निम्नलिखित कथनों पर विचार कीजिए :

1. हाइड्रोजन अर्थव्यवस्था का मूल सिद्धांत ऊर्जा का द्रव हाइड्रोजन तथा गैसीय हाइड्रोजन के रूप में अभिगमन तथा भंडारण है।
2. हाइड्रोजन अर्थव्यवस्था का मुख्य लाभ यह है कि ऊर्जा का संचरण विद्युत्-ऊर्जा के रूप में न होकर भारी जल के रूप में होता है।
3. चौपहिया वाहनों में डाइहाइड्रोजन को CNG के साथ मिश्रित करके प्रयोग में लाया जाता है।
4. आजकल डाइहाइड्रोजन का उपयोग ईंधन सेलों में विद्युत्-उत्पादन के लिए किया जाता है।

उपर्युक्त कथनों में से कौन से कथन सही हैं?

(a) केवल 1, 2 और 3
(b) केवल 2, 3 और 4
(c) केवल 1, 3 और 4
(d) 1, 2, 3 और 4

29. जल के स्व-शुद्धिकरण की क्षमता, जल को शुद्ध करने में अक्षम है, इसका क्या कारण है?

(a) जल में निलंबित कण, कार्बनिक तथा अकार्बनिक पदार्थों की सांद्रता में वृद्धि होने पर यह प्रदूषित हो जाता है।
(b) जल में घुले हुये पदार्थों की सांद्रता बढ़ने पर यह प्रदूषित हो जाता है।
(c) जल में कार्बनिक पदार्थों की मात्रा बढ़ने पर यह प्रदूषित हो जाता है।
(d) जल में अकार्बनिक पदार्थों की मात्रा बढ़ने पर यह प्रदूषित हो जाता है तथा उपयोग के लायक नहीं रहता।

30. निम्नलिखित कथनों में से खनिजों के संबंध में कौन सा/से सही नहीं है/हैं?

1. खनिज कार्बनिक तथा अकार्बनिक मूल के प्राकृतिक पदार्थ होते हैं जिनका एक निश्चित रासायनिक एवं भौतिक गुण होता है।
2. खनिजों के गुण एवं मात्रा में प्रत्यक्ष संबंध होता है।
3. पृथ्वी की सतह का 90 प्रतिशत से अधिक भाग सिलिकायुक्त खनिजों से बना है।

निम्नलिखित कूटों के आधार पर सही उत्तर चुनिए :

(a) केवल 1 और 2 (b) केवल 2
(c) केवल 1 और 3 (d) केवल 3

31. निम्नलिखित कथनों पर विचार कीजिए :

1. प्राथमिक सेलों में रसायनिक ऊर्जा सीधा वैद्युत ऊर्जा में परिवर्तित हो जाती है और जब सम्पूर्ण रसायनिक ऊर्जा समाप्त हो जाती है तथा खर्च हो जाती है तो सेल बेकार हो जाता है।
2. द्वितीयक सेलो में, पहले रसायनिक ऊर्जा का परिवर्तन वैद्युत ऊर्जा में होता है, तत्पश्चात् यह वैद्युत ऊर्जा पुनः रसायनिक ऊर्जा में परिवर्तित होती है और फिर यही क्रम चलता रहता है।
3. सभी द्वितीयक सेलो को दुबारा आवेशित किया जा सकता है।

उपर्युक्त कथनों में से कौन से कथन सही हैं?

(a) केवल 1 और 2 (b) केवल 2 और 3
(c) केवल 1 और 3 (d) 1, 2 और 3

32. HFC-134 के संबंध में निम्नलिखित कथनों पर विचार कीजिए :

1. HFC-134, एक अक्रिय गैस है जो कि मुख्यतः घरेलू प्रशीतन व वाहनों के वातानुकूलन में 'उच्च-तापमान' वाले प्रशीतक के रूप में प्रयोग की जाती है।
2. HFC-134, त्वचा से स्पर्श करने पर फ्रॉस्ट बाइट का कारण तथा आँखों के स्पर्श में आने पर अंधता का कारण बन सकती है।

उपर्युक्त कथनों में से कौन सा/से कथन सही है/हैं?

(a) केवल 1 (b) केवल 2
(c) 1 और 2 दोनों (d) न तो 1 और न ही 2

33. सामान्यतः क्लोरीन का प्रयोग जल के जीवाणुओं को समाप्त करने और व्यापक रूप से तरणताल, स्पॉ व पेय जल को स्वच्छ बनाने के लिए किया जाता है। इस संदर्भ में निम्नलिखित कथनों पर विचार कीजिएः

1. क्लोरीन को जल में मिलाने पर यह बहुत से रसायनिक यौगिकों जैसे कि हाइपोक्लोरस एसिड एवं हाइपोक्लोराइट ऑयन में टूट जाती है।
2. हाइपोक्लोरस अम्ल एवं हाइपोक्लोराइट ऑयन, जल में उपस्थित सूक्ष्मजीवों व जीवाणुओं की कोशिकाभित्ति अंदर जाकर एंजाइमो को नष्ट कर देते हैं।
3. हाइपोक्लोरस अम्ल एवं हाइपोक्लोराइट, कोशिका की भीतरी संरचना को नष्ट कर देते हैं और जीवाणुओं की कोशिका को ऑक्सीकृत कर देते हैं जिससे कि कोशिका की मृत्यु हो जाती है और यह हानिरहित हो जाती है।
4. इसके अतिरिक्त, स्वतंत्र या नवजात क्लोरीन सूक्ष्मजीवों एवं जीवाणुओं की डीएनए की संरचना को प्रभावित कर देती है जिससे कि उनके जनन करने की क्षमता क्षीण हो जाती है।

उपर्युक्त कथनों में से कौन से कथन सही हैं?

(a) केवल 1 और 2 (b) केवल 1, 2 और 3

(c) केवल 1, 3 और 4 (d) 1, 2, 3 और 4

34. बायो फिल्म के संबंध मे निम्नलिखित कथनों पर विचार कीजिएः

1. तेल एवं गैस उद्योग के पाइपो में बायो फिल्म महत्वपूर्ण रुप से क्षरण का कारण बनते है।
2. बायो फिल्म, प्रदूषित महासागरों व समुद्रों से पेट्रोलियम तेल को हटा सकती है।
3. अधिकांश प्राणियों के दांतो पर, बायो फिल्म दंत जमाव के रुप में पायी जाती है और दंत-क्षरण तथा मसूदों से संबंधित रोगों का कारण बनती है।
4. बायो फिल्म का प्रयोग माइक्रोबियल फ्यूल सेलों में ऊर्जा उत्पादन के लिए किया जाता है, जिस कारण वे वैश्विक तापन के उत्तरदायी हैं।

उपर्युक्त कथनों में से कौन सा/से सही है/हैं?

(a) केवल 1 (b) केवल 1 और 2

(c) केवल 1, 2 और 3 (d) 1, 2, 3 और 4

35. बोस-आइंस्टीन कंडनसेट (BEC) के विषय में निम्नलिखित कथनों पर विचार कीजिए:

1. यह पदार्थ की पांचवी अवस्था है।
2. बोस-आइंस्टीन कंडनसेट, सामान्य वायु के घनत्व के एक लाखवें भाग जितने कम घनत्व वाली गैस को बहुत ही कम तापमान पर ठंडा करने से तैयार होता है।
3. सामान्यतः पायी जाने वाली पदार्थ की अन्य अवस्थाओं की तुलना में, बोस-आइंस्टीन कंडनसेट अत्यंत मजबूत होता है।

उपर्युक्त कथनों में से कौन सा/से कथन सही है/हैं?

(a) केवल 1

(b) केवल 1 और 2

(c) केवल 2 और 3

(d) 1, 2 और 3

36. निम्नलिखित कथनों पर विचार कीजिए :

1. व्यवसायिक श्वसन अनियमितताएं (ओआरडी), मुख्यतः किसी वातावरण में निलंबित विविक्त पदार्थ (सस्पेंडिड पार्टीकुलेट मैटर या एसपीएम) की उच्च सांद्रता के कारण होती हैं।
2. निलंबित विविक्त पदार्थ (सस्पेंडिड पार्टीकुलेट मैटर या एसपीएम) वातावरण में निलंबित ठोस या तरल के कण होते हैं जिनका कि आकार 10 माइक्रोमीटर से अधिक नहीं होता है।

उपर्युक्त कथनों में से कौन सा/से कथन सही नहीं है/हैं?

(a) केवल 1

(b) केवल 2

(c) 1 और 2 दोनों

(d) न तो 1 और न ही 2

37. निम्नलिखित में से कौन सा कारक किसी क्षेत्र में स्मॉग की उत्पत्ति को प्रभावित करता है?

(a) जनसंख्या

(b) भौगोलिक स्थिति

(c) सूर्यप्रकाश की अवधि

(d) उपर्युक्त में से सभी

38. हर बार जब आप कोई सुनहरे रंग वाला पका हुआ आम खाते हैं तो यह ध्यान रखने लायक है कि इसके द्वारा कुछ कैंसरकारी तत्व भी आप के शरीर में पहुँचते हैं क्योंकि किसान वर्षों से हरे आम को पकाने के लिए कैल्सियम कार्बाइड का प्रयोग कर रहे हैं। आम कैल्सियम कार्बाइड के संपर्क में आने पर क्यों पक जाते हैं?

(a) कैल्सियम कार्बाइड हरे आम के क्लोरोफिल से अभिक्रिया करके पीत वर्णी क्रोमोप्लास्ट उत्पन्न करते हैं, जो कि वस्तुतः कच्चे आम को पीला रंग प्रदान करता है।

(b) कैल्सियम कार्बाइड आर्द्रता से अभिक्रिया करने के पश्चात्, एसीटिलीन गैस उत्पन्न करता है और यह गैस फलों को उसी प्रकार से पका देती है, जिस प्रकार से एथाइलिन गैस का प्रयोग वैज्ञानिक रूप से किया जाता है।

(c) कैल्सियम कार्बाइड CO_2 उत्पन्न करता है, जो हाइपरथर्मिक होती है अर्थात यह वातावरण का तापमान बढ़ा देती है और इस प्रकार आम परिपक्वता के पहले ही पक जाते हैं।

(d) कैलसियम कार्बाइड एक हार्मोन की तरह कार्य करता है और यह परिपक्वता के पहले ही पकने की प्रक्रिया प्रारंभ कर देता है।

39. संवहन ऊष्मा स्थानांतरण की वह विधि है, जिसमें पदार्थ की वास्तविक गति के कारण ऊष्मा का स्थानांतरण होता है। यह केवल तरल पदार्थों में ही संभव है और यह प्राकृतिक या प्रणोदित हो सकता है। संवहन के संदर्भ में निम्नलिखित कथनों पर विचार कीजिए:

1. प्राकृतिक संवहन की प्रक्रिया में गुरुत्वाकर्षण एक महत्वपूर्ण भूमिका निभाती है।
2. घरों के वायुतापन निकाय तथा वाहनों के शीतलन निकाय प्राकृतिक संवहन निकायों के सामान्य उदाहरण हैं।
3. मानव शरीर में हृदय एक पम्प की भाँति कार्य करता है जो रूधिर का शरीर के विभिन्न भागों में संचरण करता है, इस प्रकार प्रणोदित संवहन द्वारा ऊष्मा स्थानांतरित करके शरीर में एक समान ताप स्थापित करता है।

उपर्युक्त कथनों में से कौन से कथन सही हैं?

(a) केवल 1 और 2

(b) केवल 2 और 3

(c) केवल 1 और 3

(d) 1, 2 और 3

40. ''पाइरोलिसिस'' के संबंध में निम्नलिखित कथनों पर विचार कीजिएः

1. यह आक्सीज़न की उपस्थिति में उच्च तापमान पर जैविक सामग्री का ताप-रसायनिक अपघटन है।
2. ''पाइरोलिसिस'' अन्य उच्च ताप प्रक्रियाओं जैसे 'दहन' और 'हाइड्रोलिसिस' से भिन्न है क्योंकि यह ऑक्सीजन, जल या अन्य किसी भी अभिकर्मक के साथ अभिक्रिया नहीं करता।

उपर्युक्त कथनों में से कौन सा/से कथन गलत है/हैं?

(a) केवल 1
(b) केवल 2
(c) 1 और 2 दोनों
(d) न तो 1 और न ही 2

41. प्रकाश सेल, प्रकाश वैद्युत प्रभाव का एक प्रौद्योगिकीय अनुप्रयोग है। यह एक ऐसा उपकरण है जिसका वैद्युत गुण प्रकाश द्वारा प्रभावित होता है। प्रकाश सेल के संदर्भ में निम्नलिखित कथनों पर विचार कीजिए :

1. इसे विद्युत नेत्र भी कहा जाता है और इसका प्रयोग गणना करने वाले उपकरण के नियंत्रण में किया जाता है, अतः प्रकाश सेल किसी प्रेक्षागृह में एक-एक कर प्रवेश करने वाले व्यक्तियों की गणना करने में सहायता करता है।
2. स्वचालित द्वार नियंत्रक में, प्रकाश सेल का प्रयोग द्वार-प्रकाश विद्युत परिपथ में किया जाता है, जब कोई व्यक्ति द्वार की ओर बढ़ता है तो उसके द्वारा प्रकाश सेल पर पड़ने वाला प्रकाश पुंज बाधित हो जाता है और इस प्रकार प्रकाशिक धारा में अचानक होने वाले बदलाव का उपयोग एक मोटर द्वारा द्वार खोलने में किया जाता है।
3. चोर अलार्म में, एक प्रकाश सेल द्वारा उत्पन्न अदृश्य पराबैंगनी प्रकाश, प्रकाश द्वार पर लगाए गए दूसरे प्रकाश सेल पर सतत् रूप से डाला जाता है, किसी अनधिकृत व्यक्ति के द्वार में प्रवेश करने पर प्रकाश सेल पर पड़ने वाला प्रकाश-पुंज अवरोधित हो जाता है और जिसके पश्चात् अलार्म बज जाता है।

उपर्युक्त कथनों में से कौन से कथन सही हैं?

(a) केवल 1 और 2
(b) केवल 2 और 3
(c) केवल 1 और 3
(d) 1, 2 और 3

42. निम्नलिखित कथनों पर विचार कीजिए और गलत कथन/कथनों को पहचानें:

1. क्लोरोफलोरो कार्बन, मीथेन और इथेन के अस्थिर व्युत्पन्न के रूप में उत्पन्न एक कार्बनिक यौगिक है।
2. रैकॉन, सीएफसी, एचसीएफसी और संबंधित यौगिकों का ड्यूपांट्स का ब्रांड नाम है।
3. सीएफसी तथा एचसीएफसी रंग हीन होते हैं।

सही कूट :

(a) केवल 1

(b) केवल 2 और 3

(c) केवल 1 और 3

(d) केवल 2

43. वायु प्रदूषण के विश्लेषण के लिए, निम्न वायुमण्डल में वायु-प्रदूषकों के संवहन के पूर्वानुमानों के लिए मूल तकनीक का प्रयोग विभिन्न गणितीय मॉडलों पर किया जाता है। निम्न में से कौन मुख्य प्रक्रियाएं व उनके सही उपयोग हैं?

1. प्वाइंट सोर्स डिसपर्सन, दावानल या धूल की आँधी के लिए प्रयोग की जाती है।
2. लाइन सोर्स डिसपर्सन, हवाई अड्डे और सड़क मार्ग वायुप्रकीर्णन के नमूनों के लिए प्रयोग किया जाता है।
3. एरिया सोर्स डिसपर्सन, औद्योगिक स्रोतों के लिए प्रयोग किया जाता है।
4. प्रकाश रसायनिक मॉडल का प्रयोग उन अभिक्रियाशील प्रदूषकों के लिए होता है जो स्मॉग बनाते हैं।

सही कूट :

(a) केवल 1, 2 और 3

(b) केवल 2, 3 और 4

(c) केवल 2 और 4

(d) 1, 2, 3 और 4

44. निम्नलिखित कथनों पर विचार कीजिए

1. स्विस चीज में पाए जाने वाले बड़े-बड़े छिद्र *प्रोपिओनोबैक्टीरियम शरमनाई* द्वारा बड़ी मात्रा में उत्पन्न होने वाली CO_2 के कारण होते हैं।
2. 'राक्यूफोर्ट चीज, एक विशेष प्रकार के कवक की वृद्धि से परिपक्व होते हैं, जिससे विशेष सुगंध आती है।
3. व्हिस्की, ब्रांडी तथा रम बिना असवन के उत्पन्न किए जाते हैं, जबकि वाइन तथा बियर किण्वित रस के असवन द्वारा तैयार किए जाते हैं।

उपर्युक्त कथनों में से कौन सा/से कथन सही नहीं है/हैं?

(a) केवल 1 और 2

(b) केवल 2 और 3

(c) केवल 2

(d) केवल 3

45. भारत तथा जापान के अनुसंधाकर्ता संयुक्त रूप से, भूरे समुद्री शैवाल से जैव ईंधन के उत्पादन का प्रयास कर रहे हैं। उस शर्करा का नाम बताइए, जो कि भूरी शैवाल में सर्वाधिक मात्रा में पाई जाती है और जिस पर वर्तमान शोध किया जा रहा है?

(a) लैमिनरिन

(b) मैनिनटॉल

(c) एलगिनेट

(d) फ्रक्टोज

46. निम्नलिखित कथनों पर विचार कीजिए:

1. गैसें सामान्य दाब पर कुचालक होती हैं, परंतु अत्यंत उच्च दाब पर वे सुचालक होती हैं।
2. निम्न दाब पर गैसों के आयन विद्युत-धारा का संचालन करते हैं।
3. सामान्य दाब पर गैसों के आयन, गैस के अणुओं से होने वाली टक्कर व पुनर्संयोजन के कारण विद्युत का संचालन नहीं कर पाते।

उपर्युक्त कथनों में से कौन से कथन सही हैं?

(a) केवल 1 और 2

(b) केवल 2 और 3

(c) केवल 1 और 3

(d) 1, 2 और 3

47. कुछ वैज्ञानिकों का मानना है कि वायुमंडल में प्रति दस लाख भाग में कार्बन डाइअक्साइड (CO_2) का 350 भाग से अधिक संकेंद्रण फीडबैक लूप में परिणत हो सकता है। यहाँ फीडबैक लूप से तात्पर्य है :

(a) वायुमार्ग का वह भाग जो वायु को बिना रोके विपरीत दिशा में जाने देता है।

(b) आर्कटिक पर्माफ्रॉस्ट से मीथेन का रिसाव।

(c) प्रोटीन के द्वितीयक संरचना में एक लोचदार क्षेत्र।

(d) आर्कटिक क्षेत्र के पौधे एवं जन्तुओं को नियंत्रित करने का एक तरीका।

48. सकल विलीन ठोस (टीडीएस) के संदर्भ में निम्नलिखित में से कौन सा कथन सही नहीं है?

(a) यह किसी द्रव्य में संपूर्ण अकार्बनिक व कार्बनिक अणु, आयन, कोलॉएड सॉल या निलंबित कणों के संयुक्त भाग की माप है।

(b) कृषि-क्षेत्रों एवं घरों से बहकर आने वाला जल, प्रदूषित मृदा का निक्षालन और औद्योगिक तथा वाहितमल निस्तारण केंद्र (सीवेज ट्रीटमेंट प्लांट) से निकलने वाले जल-प्रदूषक, जल में टीडीएस के मुख्य स्रोत हैं।

(c) सकल विलीन ठोस और सकल निलंबित ठोस (टीएसएस) में यह भिन्न है कि सकल निलंबित ठोस (टीएसएस), 2 माइक्रोमीटर की छन्नी से निकल नहीं सकते परंतु फिर भी विलयन में ये अनिश्चित काल के लिए निलंबित रहते हैं।

(d) टीडीएस की उच्च दर सामान्यतया कठोर जल को इंगित करती है तथा इसे एक प्राथमिक तथा मुख्य प्रदूषक माना जाता है।

49. निम्नलिखित कथनों पर विचार कीजिए:

1. pH को विलयन में हाइड्रोजन आयनों के धनात्मक दशमलव लघुगणक के रूप में परिभाषित किया जाता है।
2. एक साधारण pH संकेतक बनाने के लिए घरेलू पादपों, मुख्यतः लाल पत्तागोभी से एंथोसायनिन का निष्कर्षण एक प्रचलित रसायनिक प्रदर्शन है।

उपर्युक्त कथनों में से कौन सा/से कथन सही है/हैं?

(a) केवल 1

(b) केवल 2

(c) 1 और 2 दोनों

(d) न तो 1 और न ही 2

50. तापमान का 'सतह व्युत्क्रमण सिद्धांत' संबंधित परिघटना है–

(a) ऊँचाई बढ़ने के साथ तापमान में वृद्धि से

(b) बढ़ती ऊँचाई के साथ तापमान में कमी से

(c) घटती ऊँचाई के साथ तापमान में कमी से

(d) घटती ऊँचाई के साथ तापमान में वृद्धि से

51. निम्नलिखित कथनों पर विचार कीजिए :

1. एथनॉल का आसवन, अमेरिका में मुख्यतः मक्के से और ब्राजील में गन्ने से किया जाता है और ये दोनों देश विश्व के 80 प्रतिशत से भी अधिक एथनॉल का उत्पादन करते हैं।
2. समशीतोषण क्षेत्र वाले गन्ने से एथनॉल के आसवन में उष्णकटिबंधीय क्षेत्र वाले मक्का से इसके उत्पादन की तुलना में कम भूमि व कम जीवाश्म ईंधन की आवश्यकता पड़ती है।
3. अमरीकी सरकार मक्के पर सब्सिडी दे रही है जिसके कारण अधिकाधिक अमरीकी किसान अपने मक्के की फसल को एथनॉल के उत्पादन में लगा रहे हैं, जिससे खाद्य पदार्थों की कीमतों में वृद्धि हो गई है।
4. अमेरिका में एथनॉल के दो प्रकार के मिश्रणों को ईंधन के रूप में प्रयोग करने की अनुमति मिली है, जिसमें से E10 सर्वाधिक प्रचलित है, यह पेट्रोल का मिश्रण है जिसमें कि 10 प्रतिशत तक एथनॉल होता है जो कि ऑक्सीजिनेट के रूप में प्रयोग किया जाता है।

उपर्युक्त कथनों में से कौन सा/से कथन गलत है/हैं?

(a) केवल 1, 2 और 3 (b) केवल 2

(c) केवल 3 (d) केवल 1 और 4

52. वैज्ञानिकों ने एक विषैले रसायन के कारण स्वास्थ्य में होने वाले खतरों को बताया है जो मुख्य रूप से दहन प्रक्रिया के माध्यम से वातावरण में मुक्त होती है, यह पहली बार नगरों के कूड़े-कचरे में फ्लू गैस एवं राख में पाया गया था। यह माना जाता है कि स्तन कैंसर एवं पुरूषों में शुक्राणुओं की संख्या कम होने का मुख्य कारण यही विषाक्त पदार्थ है। इस रसायनिक पदार्थ का नाम बताइए :

(a) बेन्जीन हेक्साक्लोराइड (बीएचसी) (b) डीडीटी

(c) डीडीई (d) डाईऑक्सिन

53. बायोप्लास्टिक, नवीनीकृत जैव-भार वाले पदार्थों जैसे कि वनस्पति वसा एवं तेल, मक्का स्टार्च, मटर स्टार्च या माइक्रोबॉयोटा से प्राप्त होने वाले प्लास्टिक हैं। बायोप्लास्टिक के संदर्भ में निम्नलिखित कथनों पर विचार कीजिए :

1. थर्मोप्लास्टिक स्टार्च, जो कि बायोप्लास्टिक बाजार का 50 प्रतिशत हिस्सेदार है, वर्तमान में सबसे अधिक प्रयोग में लाया जाने वाला बायोप्लास्टिक है।
2. स्टार्च बायोप्लास्टिक का प्रयोग औषधि क्षेत्र में दवाइयों के कैप्सूल के निर्माण में किया जाता है, क्योंकि शुद्ध स्टार्च में आर्द्रता को अवशोषित कर लेने का गुण होता है।
3. सेलुलॉइड, जिसे कि साधारणतया पहला बायोप्लास्टिक माना जाता है, सेलुलोज-बायोप्लास्टिक है।
4. पॉलीअमाइड 11 (पीए 11) या नाइलॉन 11 एक पॉलीअमाइड बायोप्लास्टिक है जोकि वनस्पति तेल का व्युत्पन्न है और जिसे अरण्डी के बीजों से 'रिल्सन' नामक व्यापारिक नाम के रूप में उत्पादित किया जाता है तथा यह पूर्णतया जैव-निम्नीकृत है।

उपर्युक्त कथनों में से कौन से कथन सही हैं?

(a) केवल 1, 2 और 3 (b) केवल 2, 3 और 4

(c) केवल 1, 3 और 4 (d) केवल 1, 2 और 4

54. निम्नलिखित कथनों पर विचार कीजिए:

1. आकाश के नीले रंग का कारण है कि लाल रंग की तुलना में नीले रंग की तरंग दैर्ध्य कम होती है।
2. वातावरण के कणों के कारण बैंगनी रंग का प्रकीर्णन नीले रंग की तुलना में अधिक होता है।
3. वायुमंडल के बड़े कणों जैसे वर्षा की बूंदे, धूल इत्यादि के कारण कम तरंग-दैध्र्य वाले प्रकाश का पूर्ण प्रकीर्णन हो जाता है, जबकि अधिक तरंग-दैर्ध्य वाले प्रकाश का प्रकीर्णन नहीं होता।

उपर्युक्त कथनों में से कौन सा/से कथन सही है/हैं?

(a) केवल 1 (b) केवल 1 और 2

(c) केवल 2 और 3 (d) 1, 2 और 3

55. निम्न में से कौन सा कथन 'ज़ीअलाइट' के उपयोगों के बारे में गलत है?

(a) यह अत्यधिक पर्यावरण या विकिरण का शरीर पर पड़ने वाले प्रभाव की निगरानी करने में मदद करता है।

(b) यह तेल को पेट्रोल में परिवर्तित करने के काम आता है।

(c) यह पानी को शुद्ध करने के काम आता है।

(d) यह रेडियोधर्मी सामग्री के रिसाव के प्रबंधन में इस्तेमाल किया जाता है।

56. अमल्गम मिश्रण क्या होते हैं?

(a) अत्यधिक रंग वले मिश्र धातु।

(b) वह मिश्रधातु, जिसमें एक भाग 'पारा' हो।

(c) वह मिश्रधातु, जो अपघर्षण का अत्यधिक प्रतिरोध करे।

(d) वह मिश्रधातु, जिसमें कार्बन हो।

57. चावल की फसल के बाद आम तौर पर उस क्षेत्र में मटर और अन्य फलीदार पौधे बोये जाते हैं, क्योंकि वे:

(a) मृदा में नाइट्रोजन की मात्रा बढ़ाते हैं।

(b) मृदा में नाइट्रोजन की मात्रा घटाते हैं।

(c) मृदा में अम्ल के प्रभाव को कम करते हैं।

(d) क्षेत्र में सौंदर्य बोध बढ़ाते हैं।

58. निम्नलिखित कथनों पर विचार कीजिएः

1. मीथेन, पशुओं और अन्य कृषि पद्धतियों तथा नगरपालिका के ठोस अपशिष्ट गड्ढ़ों में जैव कचरे के क्षय द्वारा उत्सर्जित होती है।

2. रूस का ग्रीनहाउस गैस के उत्सर्जन में प्रतिशत के हिसाब से, चीन और अमेरिका के बाद तीसरा सबसे बड़ा योगदान है।

उपर्युक्त कथनों में से कौन सा/से कथन सही है/हैं?

(a) केवल 1

(b) केवल 2

(c) 1 और 2 दोनों

(d) न तो 1 और न ही 2

59. निम्नलिखित कथनों पर विचार कीजिएः

1. रसायन जैसे सुरिचक एवं मधुरक, खाद्य-पदार्थों की पोषक-गुणवत्ता बढ़ाने के काम आते हैं।
2. एस्पार्टेम सर्वाधिक प्रचलित एवं व्यापक रूप से उपयोग में आने वाला कृत्रिम मधुरक है, सामान्यतः यह सुक्रोस के मुकाबले 100 गुना अधिक मीठा होता है, परंतु इसका उपयोग केवल ठंडे खाद्य-पदार्थों तथा पेय पदार्थों तक ही सीमित है, क्योंकि यह भोजन पकाने वाले तापमान पर अस्थायी होता है।
3. एलिटेम अधिक प्रबल मधुरक है और यह एस्पार्टेम से अधिक स्थायी होता है।
4. सुक्रलोस का रूप-रंग और स्वाद शर्करा जैसे ही होता है, यह भोजन बनाने वाले तापमान पर स्थायी होता है परंतु यह कैलोरी प्रदान नहीं करता।

उपर्युक्त कथनों में से कौन से कथन सही हैं?

(a) केवल 1 और 3

(b) केवल 1, 2 और 3

(c) केवल 2, 3 और 4

(d) 1, 2, 3 और 4

60. साबुन कठोर जल में कार्य क्यों नहीं करते?

(a) कठोर जल में कैल्सियम तथा मैग्नीशियम के आयन होते हैं, ये आयन सोडियम अथवा पोटैशियम साबुन को कठोर जल में घोलने पर क्रमशः अघुलनशील कैल्सियम और मैग्नीशियम साबुन में परिवर्तित कर देते हैं।

(b) कठोर जल में सोडियम तथा पोटैशियम के आयन होते हैं, ये आयन कैल्सियम अथवा मैग्नीशियम साबुन को कठोर जल में घोलने पर क्रमशः अघुलनशील सोडियम और पोटैशियम साबुन में परिवर्तित कर देते हैं।

(c) कठोर जल का पृष्ठ-तनाव बहुत कम होता है और इसलिए कठोर जल में उपस्थित अशुद्धियां कैल्सियम तथा मैग्नीशियम के साथ कोलॉइड बना लेती हैं।

(d) कठोर जल की श्यानता और घनत्व अपेक्षाकृत अधिक होता है, इसलिए कठोर जल के कैल्सियम तथा मैग्नीशियम आयन, सोडियम या पोटैशियम आयनों के साथ अघुलनशील निलंबन बना लेते हैं।

61. निम्नलिखित कथनों पर विचार कीजिएः

1. उच्च घनत्व पॉलीथीन (एचडीपी), उच्च वायुमंडलीय दाब पर एथीन के बहुलकीकरण द्वारा प्राप्त की जाती है, यह रसायनतः अक्रिय और कठोर परंतु लचीली और विद्युत की अल्प चालक होती है।
2. अल्प घनत्व पॉलीथीन (एलडीपी), कम वायुमण्डलीय दाब पर एथीन के बहुलकीकरण द्वारा प्राप्त की जाती है, इसमें रेखीय अणु होते हैं तथा निविडसंकुलन के कारण इसका घनत्व उच्च होता है और यह कठोर एवं मजबूत होती है।

उपर्युक्त कथनों में से कौन सा/से कथन सही है/हैं?

(a) केवल 1 (b) केवल 2

(c) 1 और 2 दोनों (d) न तो 1 और न ही 2

62. हाइड्रोजन परऑक्साइड (H_2O_2) के संदर्भ में निम्नलिखित कथनों पर विचार कीजिएः

1. इससे स्पर्श होने पर त्वचा इसे अवशोषित कर लेती है और उसका रंग अस्थायी रूप से सफेद हो जाता है।
2. स्वस्थ लोगों की तुलना में अस्थमा से ग्रस्त लोगों के फेफड़ों में हाइड्रोजन परऑक्साइड की मात्रा कम होती है।

उपर्युक्त कथनों में से कौन सा/से कथन सही है/हैं?

(a) केवल 1 (b) केवल 2

(c) 1 और 2 दोनों (d) न तो 1 और न ही 2

63. निम्नलिखित कथनों पर विचार कीजिएः

1. हल्की गैस से भरे हुए साबुन के बुलबुले हवा में ऊपर तैरते हैं।
2. एंटी-बबल (एंटी बुलबुला) गैस की एक पतली झिल्ली से घिरी हुई द्रव की बूंद होती है।
3. पानी के अंदर एंटी-बबल तली में डूब जाता है।

उपर्युक्त कथनों में से कौन सा/से कथन सही है/हैं?

(a) केवल 2 (b) केवल 1 और 3

(c) केवल 1 और 2 (d) 1, 2 और 3

64. उत्प्रेरक परिवर्तक (कैटालिरिक कनवर्टर) में कीमती धातु, प्लैटिनम पैलाडियम और रोडियम लगे होते हैं जो उत्प्रेरक का कार्य करते हैं, ये परिवर्तक स्वचालित वाहनों में लगे होते हैं और विषैली गैसों के उत्सर्जन को कम करते हैं। उत्प्रेरक परिवर्तक के संबंध में निम्नलिखित कथनों में से कौन से कथन सही हैं?

1. जब धुआँ, उत्प्रेरक परिवर्तक से गुजरता है तो अदग्ध हाइड्रोकार्बन कार्बन-डाईऑक्साइड व जल में परिवर्तित हो जाता है।
2. उत्प्रेरक परिवर्तक में कार्बन मोनोऑक्साइड (CO) तथा नाइट्रिक ऑक्साइड (NO_2), क्रमशः कार्बन-डाईऑक्साइड (CO_2) तथा नाइट्रोजन गैस (N_2) में परिवर्तित हो जाते हैं।
3. उत्प्रेरक परिवर्तक में धुआँ, जल तथा चूने की फुहार से होकर गुजरता है और इससे सल्फर डाइऑक्साइड जैसी गैसे हटा दी जाती हैं।
4. उत्प्रेरक परिवर्तक युक्त मोटर वाहनों में सीसा रहित (अनलेडेड) पेट्रोल का प्रयोग करना चाहिए, क्योंकि सीसा युक्त पेट्रोल उत्प्रेरक को अक्रिय करता है।

सही कूटः

(a) केवल 1, 2 और 3

(b) केवल 2, 3 और 4

(c) केवल 1, 2 और 4

(d) 1, 2, 3 और 4

65. डाइहाइड्रोजन का उपयोग ईंधन सेलों में विद्युत-उत्पादन के लिए किया जाता है तथा यह परंपरागत जीवाश्म ईंधनों की तुलना में अधिक लाभप्रद है क्योंकिः

(a) यह प्रदूषण-मुक्त है तथा गैसोलिन एवं अन्य ईंधन की तुलना में प्रति ईकाई द्रव्यमान से अधिक ऊर्जा मुक्त करता है।

(b) यह किफायती ईंधन है एवं इसकी कैलोरी वैल्यू अत्यंत कम होती है।

(c) यह केरोसिन एवं पेट्रोल जैसे अन्य ईंधनों के साथ मिश्रित करके वैकल्पिक ईंधन के रूप में प्रयोग किया जा सकता है।

(d) पेट्रोल एवं डीजल जैसे अन्य ईंधनों की तुलना में यह प्रकृति में अधिक प्रचुरता में मिलता है तथा इसके शोधन में कम विषाक्त तथा कम हानिकारक रसायन उत्पन्न होते हैं।

66. 'संश्लेषण गैस' या 'सिन्गैस' के संदर्भ में निम्नलिखित कथनों पर विचार कीजिएः

1. यह कार्बन मोनोऑक्साइड एवं मेथेन का मिश्रण होती है।
2. यह मेथेनॉल एवं बहुत सारे हाइड्रोकार्बन के संश्लेषण के लिए प्रयोग में लायी जाती है।
3. सिन्गैस वहितमल (सीवेज वेस्ट), अखबारी कागज, लकड़ी का बुरादा और लकड़ी की छीलन से प्राप्त किया जाता है।
4. कोयला से सिन्गैस का उत्पादन करने की प्रक्रिया को कोल गैसीकरण कहते हैं।

उपर्युक्त कथनों में से कौन से सही हैं?

(a) केवल 1, 2 और 3

(b) केवल 2, 3 और 4

(c) केवल 1, 3 और 4

(d) 1, 2, 3 और 4

67. निम्नलिखित कथनों पर विचार कीजिएः

1. बोरॉन-10 (^{10}B) समस्थानिक की न्यूट्रॉन को अवशोषित करने की क्षमता अत्यधिक उच्च होती है, इसलिए बोराइड्स धातु नाभिकीय उद्योग में परिरक्षण-कवच एवं नियंत्रण करने वाली छड़ों के रूप में प्रयुक्त की जाती है।
2. एल्युमिनियम धातु एवं इसके यौगिकों का घरेलू उपयोग कम हो गया है क्योंकि यह सस्ता नहीं होता तथा क्षयकारी होता है।
3. आर्थोबोरिक अम्ल का जलीय विलयन सामान्यतः मंद पूतिरोधी (एंटीसेप्टिक) के रूप में किया जाता है।

उपर्युक्त कथनों में से कौन से कथन सही हैं?

(a) केवल 1 और 2

(b) केवल 2 और 3

(c) केवल 1 और 3

(d) केवल 1, 2 और 3

68. धूम्रपान से शरीर में ऑक्सीजन की कमी हो जाती है। इस सम्बन्ध में सही कारण को पहचानिए?

(a) धूम्रपान से शरीर में कार्बन-मोनोऑक्साइड (CO) की मात्रा बढ़ जाती है और इससे हीम-बद्ध ऑक्सीजन की सांद्रता कम हो जाती है, जिसके कारण से शरीर में ऑक्सीजन की कमी हो जाती है।

(b) धूम्रपान से शरीर में कार्बन-डाइऑक्साइड (CO_2) की सांद्रता बढ़ जाती है और इससे हीम-बद्ध ऑक्सीजन कम हो जाती है, जिसके कारण से शरीर में ऑक्सीजन की कमी हो जाती है।

(c) धूम्रपान से धुंए में उपस्थित अभिक्रियाशील मुक्त कणों तथा निकोटीन के बीच अंतःक्रिया होती है जिसके कारण रक्त की ऑक्सीजन वहनीय क्षमता कम हो जाती है।

(d) निकोटीन तीव्रता से हीमोग्लोबीन से अभिक्रिया करके इससे बद्ध हो जाता है, जिससे रक्त की ऑक्सीजन वहनीय क्षमता कम हो जाती है।

69. आर्द्रक (सर्फेक्टैंट) से संबंधित निम्नलिखित कथनों पर विचार कीजिए:

1. ये सामान्यतः कार्बनिक यौगिक होते हैं जिनमें जल-स्नेही एवं जल-विरोधी समूह होते हैं और ये किसी द्रव या द्रव व ठोस के बीच के पृष्ठ-तनाव को बढ़ाते हैं।
2. ये कुहरा-रोधी (एंटी-फॉग) कारकों की तरह कार्य करते हैं, जो किसी सतह पर कुहरे के रूप में प्रतीत होने वाले जल की छोटी बूँदों के रूप में संघनन को रोकते हैं।
3. ये इफैंट रेस्पिरेटरी डिस्ट्रेस सिंड्रोम से ग्रस्त, समय से पूर्व जन्म लेने वाले बच्चों के, वायुकोशों में पृष्ठ-तनाव को कम करते हैं।

उपर्युक्त कथनों में से कौन से कथन सही हैं?

(a) केवल 1 और 2

(b) केवल 1 और 3

(c) केवल 2 और 3

(d) 1, 2 और 3

70. निम्नलिखित कथनों पर विचार कीजिएः

1. बिजली संयंत्र अथवा ज्वलनशील पदार्थों जैसे पेट्रोल से लगी आग के लिए जल सर्वोत्तम अग्निशामक होता है।
2. कार्बन डाइऑक्साइड, केवल लकड़ी तथा कागजों से लगी आग के लिए अग्निशामक के रूप में प्रयुक्त होती है।

उपर्युक्त कथनों में से कौन सा/से कथन सही है/हैं?

(a) केवल 1

(b) केवल 2

(c) 1 और 2 दोनों

(d) न तो 1 और न ही 2

71. किसी स्प्रिंग को एक क्लैम्प के दो सिरों के बीच संपीडित कर दिया गया और इस प्रकार किया गया कार्य स्प्रिंग की स्थितिज ऊर्जा के रूप में संरक्षित हो जाता है। क्लैम्प के बीच संपीडित स्प्रिंग को अब एक सांद्र सल्फ्यूरिक अम्ल (H_2SO_4) वाले विलयन में डालने के कारण वह घुल जाती है। इस स्थिति में स्प्रिंग में संरक्षित स्थितिज ऊर्जा का क्या होगा?

(a) ऊर्जा के संरक्षण के नियमानुसार, स्प्रिंग की स्थितिज ऊर्जा, गतिज ऊर्जा के रूप में विलयन के अणुओं को वितरित हो जाएगी और इसप्रकार अणुओं का कंपन बढ़ जाएगा।

(b) चूँकि, ऊष्मा भी ऊर्जा का ही एक रूप होती है, इसलिए संपीडित स्प्रिंग में संरक्षित स्थितिज ऊर्जा, ऊष्मा के रूप में विलयन को स्थानांतरित हो जाएगी और इस प्रकार विलयन का तापमान थोड़ा सा बढ़ जाएगा।

(c) स्प्रिंग की स्थितिज ऊर्जा, सीधे तौर पर गतिज ऊर्जा में रूपांतरित हो जाएगी जिसके कारण सिस्टम में त्वरित गति होगी।

(d) स्थितिज ऊर्जा द्रव्यमान में परिवर्तित हो जाएगी और इसके कारण सिस्टम का द्रव्यमान थोड़ा बढ़ जाएगा।

72. निम्नलिखित कथनों पर विचार कीजिए:

1. वर्तमान में क्लोरोफार्म का प्रमुख उपयोग फ्रेऑन प्रशीतक R-22 बनाने में होता है, पहले इसका उपयोग शल्य चिकित्सा में निश्चेतक के रूप में होता था परंतु अब इसका स्थान ईथर जैसे कम विषैले और अधिक सुरक्षित निश्चेतकों ने ले लिया है।
2. क्लोरोफार्म को सूँघने से केंद्रीय तंत्रिका तंत्र अवमनित हो जाता है और चक्कर, थकान एवं सिरदर्द हो सकता है, यह प्रकाश की उपस्थिति में वायु द्वारा धीरे-धीरे ऑक्सीकृत होकर अत्यधिक विषैली गैस, कार्बोनिल क्लोराइड बनाती है जिसे फॉस्ज़ीन भी कहते हैं और इसीलिए भंडारण के लिए इसे गहरे रंग की बोतलों में रखा जाता है।
3. आयडोफार्म का पूतिरोधी (ऐंटिसेप्टिक) गुण, स्वयं आयडोफार्म के कारण नहीं होता बल्कि मुक्त हुई आयोडीन के कारण होता है।
4. क्षोभमंडल में फ्रेऑन मूलक श्रृंखला अभिक्रिया प्रारंभ कर देते हैं तथा प्राकृतिक ओज़ोन संतुलन को अनियमित कर देते हैं।

उपर्युक्त कथनों में से कौन से कथन सही हैं?

(a) केवल 1, 2 और 3

(b) केवल 2 और 4

(c) केवल 1, 3 और 4

(d) केवल 1, 2 और 4

73. हरित रसायन (ग्रीन केमिस्ट्री) के बारे में निम्नलिखित कथनों में कौन सा कथन सही नहीं है?

(a) हरित रसायन (ग्रीन केमिस्ट्री), एक ऐसी उत्पाद प्रक्रिया है जो कि पर्यावरण का न्यूनतम् प्रदूषण या ह्रास करती है।

(b) हरित रसायन (ग्रीन केमिस्ट्री), विकास की प्रक्रियाओं के साथ-साथ रासायनिक हानि को कम करने का ज्ञान आधारित अनुप्रयोग है।

(c) हरित रसायन (ग्रीन केमिस्ट्री), एक अपव्ययी दृष्टिकोण है जिसमें कि पदार्थों, ऊर्जा-उपभोग एवं अपशिष्ट-उत्पादन में कमी को शामिल किया जाता है।

(d) हरित रसायन (ग्रीन केमिस्ट्री), कीटनाशकों एवं रासायनिक उर्वरक के प्रयोग द्वारा मुख्यतः जैव-कृषि (ऑर्गेनिक फार्मिंग) पर जोर देता है और इस प्रकार हरित क्रांति को बढ़ावा देता है।

74. आजकल अक्सर ऐसा होता है कि जब मद्यव्ययसनी गलती से मेथेनॉल मिश्रित एथेनॉल जिसे विगुणित एल्कोहॉल भी कहते हैं, पी लेते हैं जो कि अन्धेपन व मृत्यु का कारण भी बन सकता है। निम्नलिखित दिए गए कथनों में से अन्धेपन एवं मृत्यु का सर्वाधिक सही कारण क्या है?

(a) शरीर में मेथेनॉल पहले मेथेनैल में ऑक्सीकृत होता है, तत्पश्चात् मेथेनॉइक अम्ल में जो कि दृक-तंत्रिका को नष्ट कर देता है जिसके कारण अंधापन होता है तथा केंद्रीय तंत्रिका तंत्र को अवमनित करने के गुणों के कारण घातक हो सकता है।

(b) शरीर में मेथेनॉल तीव्रता से अवशोषित हो जाता है तथा वसा में घुलनशील होने के कारण यह प्लाज्मा-झिल्ली की लिपिड संरचना को नष्ट कर देता है, जिसके कारण मस्तिष्क व कौर्निया की कोशिकाओं के साथ-साथ वृहद स्तर पर कोशिकाओं की मृत्यु हो जाती है।

(c) मेथेनॉल, कुछ जैविक एंजाइमों की उपस्थिति में एल्कोहाल से अभिक्रिया करता है और जिसके कारण एथेनॉल विषाक्तता (एथेनॉल पॉइज़निंग) होती है।

(d) मेथेनॉल का रक्त में शीघ्रता से अवशोषित हो जाता है और यह सोडियम पोटैशियम पंप ($Na^+ - K^+$ Pump) को तत्क्षण रोक देता है।

75. निम्नलिखित कथनों पर विचार कीजिए:

1. विटामिन सी जल में घुलनशील विटामिन है और इसकी आपूर्ति भोजन में निरंतर बनी रहनी चाहिए क्योंकि शरीर से तीव्रता से उत्सर्जित कर दिए जाने के कारण शरीर में इसका भंडारण नहीं किया जा सकता।

2. विटामिन B_{12} या कोबालमिन वसा में घुलनशील विटामिन है परंतु इसका भंडारण मुख्यतः यकृत में किया जा सकता है।

उपर्युक्त कथनों में से कौन सा/से कथन सही नहीं है/हैं?

(a) केवल 1

(b) केवल 2

(c) 1 और 2 दोनों

(d) न तो 1 और न ही 2

76. निम्नलिखित कथनों पर विचार कीजिएः

1. कार्बन–टेट्रा क्लोराइड को पाइरिन के नाम से भी जाना जाता है एवं इसका उपयोग विद्युत् से उत्पन्न आग को बुझाने में किया जाता है।
2. फॉर्मिक अम्ल सर्वप्रथम लाल चींटियों के आसवन से प्राप्त किया गया था।
3. मैग्नीशियम हाइड्रॉक्साइड को मिल्क–ऑफ मैग्नीशिया कहा जाता है एवं इसका प्रयोग प्रत्या–अम्ल के रूप में किया जाता है।
4. मार्श–गैस को मस्टर्ड गैस भी कहा जाता है एवं इसका प्रयोग उद्योगों में व्यापक रूप से किया जाता है।

उपर्युक्त कथनों में से कौन से कथन सही हैं?

(a) केवल 1, 2 और 3

(b) केवल 1, 2 और 4

(c) केवल 1, 3 और 4

(d) 1, 2, 3 और 4

77. सागरीय लवणता के उर्ध्व वितरण की प्रवृत्तियों के संदर्भ में, निम्नलिखित कथनों पर विचार कीजिएः

1. उच्च अक्षांशों पर बढ़ती गहराई के साथ लवणता कम होती जाती है।
2. विषुवत रेखा पर, उच्च वर्षण और भूमध्यसागरीय धाराओं के द्वारा प्रवाहित जल के फलस्वरुप, सतह पर लवणता कम होती है लेकिन जल की सतह के नीचे उच्च लवणता पायी जाती है।
3. मध्य अक्षांशों में 100 फैदम की गहराई तक लवणता की मात्रा गहराई बढ़ने के साथ बढ़ती जाती है तदुपरांत ये बढ़ती गहराई के साथ घटती है।

उपर्युक्त कथनों में से कौन सा/से कथन सही है/हैं?

(a) केवल 1

(b) केवल 2

(c) केवल 2 और 3

(d) 1, 2 और 3

78. 'A' और 'B' दो गैसें हैं, जिनकी विशेषताएं निम्नलिखित हैं:

- गैस 'A' मुख्यतः कार्बन-मोनोऑक्साइड (CO), हाइड्रोजन (H_2) और कार्बन-डाई-ऑक्साइड (CO_2) का मिश्रण है जिसे अत्यधिक गर्म कोक की सतह पर जल-वाष्प की धारा प्रवाहित करके उत्पादित किया जाता है।
- गैस 'B' मुख्यतः कार्बन-मोनोऑक्साइड (CO) और नाइट्रोजन (N_2) का मिश्रण है जिसमें CO और N_2 का अनुपात 2 : 1 है।

उपरोक्त दी गई लक्षणों के आधार पर गैस 'A' एवं 'B' की पहचान कीजिए और नीचे दिए गए विकल्पों में से सही उत्तर का चयन कीजिए:

(a) वाटर गैस और प्रोड्यूसर गैस क्रमशः।

(b) प्रोड्यूसर गैस और वाटर गैस क्रमशः।

(c) दोनों गैसें CNG हैं।

(d) गैसों की व्यक्तिगत पहचान करने के लिए दी गई सूचना अपर्याप्त है।

79. स्वच्छ प्रौद्योगिकी (क्लीन टेक्नोलॉजी) निम्नलिखित तथ्यों में से किन पर बल देती है?

1. कार्बन फुटप्रिन्ट को बढ़ाना
2. हरित अर्थव्यवस्था
3. ठोस अपशिष्ट का पुनर्चक्रण
4. हरित परिवहन
5. पर्यावरण संरक्षण के सन्दर्भ में जागरुकता लाने के लिए सूचना प्रौद्योगिकी का उपयोग

निम्नलिखित कूटों के आधार पर सही उत्तर का चयन कीजिए:

(a) केवल 1, 2 और 3

(b) केवल 2 और 3

(c) केवल 2, 3, 4 और 5

(d) 1, 2, 3, 4 और 5

80. प्रकाश विज्ञान में, प्रकाश की चाल का निर्वात में तथा सापेक्ष माध्यम में अनुपात निरपेक्ष अपवर्तनांक (Refractive Index) कहलाता है। प्रकाश का वेग निम्नलिखित में से किस माध्यम में अधिकतम होगा?

(a) जल (b) मेथेनॉल

(c) एथेनॉल (d) बेन्जीन

81. सनस्क्रीन लोशन में प्रयोग किए जाने वाले रसायनों में से निम्नलिखित में से कौन सा कार्बनिक अणु प्रकाश की पराबैंगनी किरणों का अवशोषण करके उसे ऊष्मा के रूप में छोड़ देता है?

(a) जिंक ऑक्साइड

(b) एवोबेंजोन

(c) टाइटैनियम डाइऑक्साइड

(d) एंथ्रानिलेट्स

82. निम्नलिखित कथनों में से कौन सा/से कथन असत्य है/हैं?

1. ऐसे पदार्थ जो कि विलायक में अघुलनशील होता है तथा आँखों से देखा जा सकता है, विलयन बनाता है।
2. कोलॉइड एक समांगी मिश्रण है जिसके कणों का आकार इतना छोटा है कि उन्हें सरलता से नहीं देखा जा सकता, किंतु इतना बड़ा है कि ये प्रकाश का फैलाव करने में सक्षम है।

सही कूटः

(a) केवल 1

(b) केवल 2

(c) 1 और 2 दोनों

(d) न ही 1 और न ही 2

83. नग्न आँखों की दृश्य क्षमता (रिजलूशन सीमा) कितनी होती है?

(a) 200 ए. ओ.

(b) 200 नैनो मीटर

(c) 200 माइक्रो मीटर

(d) 200 मिली मीटर

84. नाइट्रिक अम्ल के सम्पर्क में आते ही हमारे हाथों का रंग पीला क्यों हो जाता है?

(a) नाइट्रिक अम्ल का प्राकृतिक रंग पीला होता है।

(b) नाइट्रिक अम्ल में उपस्थित नवजात ऑक्सीजन हमारे हाथों का रंग पीला कर देता है।

(c) जब नाइट्रिक अम्ल त्वचा के सम्पर्क में आता है, तो इसका क्षरण होता है तथा इस अभिक्रिया में ट्रायोसीन नामक तत्व बनता है।

(d) नाइट्रिक अम्ल त्वचा की प्रोटीन से अभिक्रिया करके नाइट्रोफिनोलस नामक पीला तत्व बनाता है, जो हमारे हाथों का रंग पीला कर देता है।

85. निम्न वैज्ञानिक पर्यवेक्षणों पर विचार कीजियेः

1. यदि CO_2 को सहसा विस्तारित किया जाता है तो यह शुष्क बर्फ में बदल जाती है।
2. जब टायर में छिद्र हो जाता है तब उसके अन्दर की वायु ठण्डी हो जाती है।
3. निर्वात में कपूर या बर्फ, उत्सादन प्रक्रिया को दर्शाते हैं।
4. समान तापमान पर भाप, जल से अधिक घातक रूप से जलाता है।

उपरोक्त में से कौन सी प्रक्रियाएं, एडिबैटिक प्रक्रिया के कारण होती हैं?

(a) केवल 1 और 3
(b) केवल 2 और 4
(c) केवल 2 और 3
(d) केवल 1 और 2

86. निम्नलिखित कथनों पर विचार कीजिएः

1. प्राथमिक बैटरी में ऊर्जा की प्राप्ति, बैटरी के अन्दर अपरिवर्तनीय रसायनिक अभिक्रिया से होती है।
2. द्वितीयक बैटरी को पहले बाहरी विद्युत स्रोत से चार्ज किया जाता है तभी उससे ऊर्जा का उत्पादन किया जा सकता है।

उपर्युक्त कथनों में से कौन सा/से कथन सत्य है/हैं?

(a) केवल 1
(b) केवल 2
(c) 1 और 2 दोनों
(d) न ही 1 और न ही 2

87. निम्नलिखित कथनों पर विचार कीजिएः

1. ऑक्सीकारकों का आहार अनुपूरकों के प्रमुख संघटक के रूप में वृहत उपयोग होता है तथा इनका अन्वेषण कैंसर, हृदय रोग तथा ऊँचाई रुग्णता के निवारण के लिए किया जाता है।
2. विटामिन A, C तथा E प्रमुख एण्टी ऑक्सीकारक हैं।

उपर्युक्त में से कौन सा/से कथन सत्य है/हैं?

(a) केवल 1
(b) केवल 2
(c) 1 और 2 दोनों
(d) न ही 1 और न ही 2

88. मानव में होने वाले ब्लैक फुट डिजीज के लिए निम्नलिखित में से कौन सा तत्व उत्तरदायी है?

(a) आर्सेनिक
(b) फ्लोरीन
(c) पोटैशियम
(d) मैग्नीशियम

89. मनीला हेम्प के संदर्भ में निम्नलिखित कथनो पर विचार कीजिएः

1. मनीला हेम्प एक प्रकार का रेशा है, जो अबेका नामक पौधे की पत्तियो से प्राप्त किया जाता है।
2. इसक पहले उपयोग मुख्यतः मनीला रस्सियो को बनाने में किया जाता था, लेकिन अब इसका उपयोग मनीला लिफाफे और मनीला पेपर बनाने में किया जाता है।

उपर्युक्त कथनों में से कौन सा/से कथन सही नहीं है/हैं?

(a) केवल 1 (b) केवल 2

(c) 1 और 2 दोनों (d) न तो 1 न ही 2

90. नाखून-पॉलिश रिमूवर में क्या रहता है?

(a) एसिटोन (b) बेन्ज़ीन

(c) पेट्रोलियम ईथर (d) ऐसिटिक अम्ल

91. निम्नलिखित रासायनिक उर्वरकों को उनके खपत के अनुसार क्रम में व्यवस्थित कीजिएः

1. नाइट्रोजन
2. फास्फोरस
3. पोटाश

सही कूटः

(a) 1 > 2 > 3 (b) 1 > 3 > 2

(c) 2 > 3 > 1 (d) 3 > 2 > 1

92. निम्नलिखित में से कौन सा रेडियोसक्रिय समस्थानिक विधि, कैम्ब्रियन-पूर्व शैलों के काल निर्धारण के लिए उपयुक्त नहीं है?

(a) U–Pb विधि

(b) Sm/Nd विधि

(c) 14C विधि

(d) Rb/Sr विधि

93. निम्नलिखित को उनको सामान्य ताप पर विशिष्ट धारिता तथा वायुमण्डलीय दाब के आधार पर अवरोही क्रम में व्यवस्थित करेः

1. केरोसीन
2. बर्फ
3. जल
4. पारा

(a) बर्फ > जल > केरोसीन > पारा

(a) केरोसीन > पारा > जल > बर्फ

(a) जल > बर्फ > केरोसीन > पारा

(a) पारा > केरोसीन > बर्फ > जल

94. निम्नलिखित कथनो पर विचार कीजिएः

(1) इस्पात की प्रत्यास्थता सीमा तांबे से अधिक होती है।

(2) तांबे की तनन क्षमता इस्पात से अधिक होती है।

उपर्युक्त में से कौन सा/से कथन असत्य है/है?

(a) केवल 1
(b) केवल 2
(c) 1 और दोनो
(d) न तो 1 और ना ही 2

95. निम्नलिखित कथनों पर विचार कीजिएः

1. बिटुमिन जो कि एक पेट्रोलियम उत्पाद है, का उपयोग सड़कों के धातुकरण के लिए किया जाता है।
2. नेप्थालिन बॉल प्राप्त करने का एक स्रोत कोलतार भी है।

उपर्युक्त में से कौन सा/से कथन सत्य है/हैं?

(a) केवल 1
(b) केवल 2
(c) 1 और 2 दोनों
(d) न ही 1 और न ही 2

96. निम्नलिखित में से कौन पृष्ठतनाव का परिणाम नहीं हैं?

(a) तरल सतह पर वाष्प की उत्पत्ति।

(b) सतह पर पारे की गोलकृति।

(c) तरल पदार्थ का केशिकीय उत्थान।

(d) तरल मेंनिस्कस की उत्तल आकृति।

97. किसी ठोस का गलनांक वह तापमान है जिस पर वह ठोस अवस्था से द्रव अवस्था में परिवर्तित हो जाता है। उन पदार्थों का गलनांक, जो गलन की प्रक्रिय में सिकुड़ते हैं, घटता है:

(a) दाब बढ़ाने पर

(b) दाब घटाने पर

(c) पहले दाब बढ़ाने फिर घटाने पर

(d) उपर्युक्त में से कोई नहीं

98. इथनोइक अम्ल के संबंध में निम्नलिखित कथनों पर विचार कीजिए:

1. इथनोइक अम्ल को सामानयतः एसीटिक अम्ल कहा जाता है।
2. शुद्ध इथनोइक अम्ल का गलनांक 290K होता है और यह सर्दियों में प्रायः जम जाता है।

उपर्युक्त कथनों में से कौन सा/से कथन सही है/हैं?

(a) केवल 1

(b) केवल 2

(c) 1 और 2 दोनों

(d) ना ही 1 ना ही 2

99. निम्नलिखित कथनों पर विचार कीजिए:

1. सिल्वर, निकेल और चांदी विद्युत सुचालक के सबसे अच्छे उदाहरण है।
2. मिश्र धातुएं, उच्च ताप पर सरलता से जल जाती है।
3. डायमंड, एबोनाइट और कठोर रबड़ कुचालक है।

उपर्युक्त कथनों में से कौन से कथन सही हैं?

(a) केवल 1 और 2 (b) केवल 1 और 3

(c) केवल 2 और 3 (d) 1, 2 और 3

100. सोडियम हाइड्रोजन कार्बोनेट का प्रयोग नहीं किया जाता–

(a) बेकिंग पाऊडर बनाने में

(b) पेट में अम्ल की अधिकता को प्रभावहीन बनाने में

(c) सोडा एसिड अग्निशामक यंत्र के रूप में

(d) रासायनिक उद्योगों में ऑक्सीकरण एजेंट के रूप में

101. निम्नलिखित कथनों पर विचार कीजिएः

1. प्लास्टिक जो गर्म करने पर आसानी से विकृत हो जाता है और सरलतापूर्वक मुड़ जाता है थर्मोसेटिंग प्लास्टिक कहलाता है। जैसे पॉलिथीन और पी.वी. सी.।
2. प्लास्टिक जिन्हें एक बार साँचे में ढालने पर पुनः ऊष्मा देकर नर्म नहीं किया जा सकता उन्हें थर्मो प्लास्टिक कहते हैं। जैसे बैकेलाइट और मेलामाइन।

उपर्युक्त कौन से कथन सही नहीं है?

(a) केवल 1 (b) केवल 2

(c) 1 और 2 दोनों (d) ना ही 1 और ना ही 2

102. पानी का असामान्य रूप से उच्च क्वथनांक होता है, क्योंकिः

(a) पानी के अणु मजबूत H–बन्ध से जुड़े होते हैं।

(b) क्वथन के समय O-H बन्ध टूट जाते हैं।

(c) पानी के अणुओं में मजबूत सहसंयोजक–बन्ध होता है।

(d) पानी के अणुओं में सशक्त विसर्जन बल होता है।

103. निम्नलिखित में से किसे पॉवर एल्कोहल के रूप में जाना जाता है?

(a) 75% पेट्रोल और 25% शुद्ध एल्कोहल का मिश्रण

(b) 99.5% ऐथेनॉल

(c) संशोधित स्प्रिट

(d) ऐथेनॉल और मेथेनॉल का मिश्रण

104. निम्नलिखित कथनों पर विचार करेंः

1. चेरनोबिल आपदा, 26 अप्रैल 1987 को चेरनोबिल परमाणु ऊर्जा संयंत्र यूक्रेन में घटित एक परमाणु दुर्घटना थी।
2. अमेरीका के इडाहो में स्थित राष्ट्रीय रिएक्टर परीक्षण स्टेशन के एस. एल–1 में 3 जनवरी 1961 में विस्फोट हुआ था जो कि विश्व की प्रथम परमाणु दुर्घटना थी।

गलत कथन/कथनों की पहचान करेंः

(a) केवल 1 (b) केवल 2

(c) 1 और दोनों (d) ना ही 1 और ना ही 2

105. तरलीकृत पेट्रोलियम गैस (LPG) के मुख्य अवयव हैं-

(a) मीथेन, ईथेन और हेक्सेन

(b) ईथेन, हेक्सेन और नोनेन

(c) मीथेन, ब्यूटेन और प्रोपेन

(d) मीथेन, हेक्सेन और नोनेन

106. पोटैशियम परमैगनेट पीने के पानी को शुद्ध करने में प्रयोग किया जाता है क्योंकि-

(a) यह पानी की अशुद्धियों को विलीन कर देती है।

(b) यह जीवाणुहीन करने वाला एक कारक है।

(c) यह उपचयन करने वाला एक कारक है।

(d) यह अपचयन करने वाला एक कारक है।

107. विभिन्न प्रकार की वेल्डिंग के लिए प्रयोग की जाने वाली गैसें हैं-

(a) ऑक्सीजन और हाइड्रोजन

(b) ऑक्सीजन, एसीटिलीन और ऑर्गन

(c) ऑक्सीजन और एसीटिलीन

(d) ऑक्सीजन, हाइड्रोजन और नाइट्रोजन

108. मोती के मुख्य अवयव हैं -

(a) कैल्शियम कार्बोनेट, मैग्नेशियम कार्बोनेट

(b) कैल्शियम ऑक्साइड, अमोनियम क्लोराइड

(c) अर्गोनाइट, सोडियम कार्बोनेट

(d) अमोनियम सल्फेट, सोडियम कार्बोनेट

109. स्टेनलैस स्टील मिश्र धातु है-

(a) आयरन, कार्बन और निकल की

(b) आयरन और मैंगनीज की

(c) आयरन, क्रोमियम और जिंक की

(d) आयरन, क्रोमियम और निकल की

110. निम्नलिखित में से कौन सा युग्म सुमेलित नहीं है?

(a) गैलेना : लैड सल्फाइड

(b) ग्रीन विट्रियोल : कॉपर सल्फेट

(c) प्लास्टर ऑफ पेरिस : कैल्शियम सल्फेट

(d) कैलोमेल : मरक्यूरस क्लोराइड

111. निम्नलिखित में से किन कार्यों में सिलीकॉन कार्बाइड का प्रयोग होता है?

(a) सीमेंट और ग्लास के निर्माण में।

(b) तालाबों के जल को कीटाणु रहित करने में।

(c) मूर्तियों को ढालने में।

(d) कठोर पदार्थ की कटाई करने में।

112. निम्नलिखित कथनों पर विचार करें:

1. विटामिन जैविक पदार्थ होते हैं जिन्हें जीवों द्वारा सामान्यतौर पर संश्लेषित किया जा सकता है।
2. एन्जाइम साधारणतय विभिन्न pH के होते हैं लेकिन इनके आदर्श तापमान समान होते हैं।

उपर्युक्त में से कौन सा/से कथन सही है/हैं?

(a) केवल 1
(b) केवल 2
(c) 1 और 2 दोनों
(d) न ही 1 और न 2

113. पानी न अम्लीय है और न ही क्षारीय क्योंकि-

(a) यह प्रोटान को स्वीकार या उत्सर्ग नहीं करता।

(b) यह उच्च ताप पर उबलता है।

(c) इसके विभाजन से हाइड्रोजन आयनों की समान मात्रा प्राप्त होती है।

(d) यह इलेक्ट्रॉन को स्वीकार या उत्सर्ग नहीं करता।

114. जंग (Rust) निम्न में से है -

(a) Fe2O3 और Fe(OH)2 का एक मिश्रण।

(b) FeO और Fe(OH)2 का एक मिश्रण।

(c) केवल FeO।

(d) Fe2O3, 3H2O और FeO का एक मिश्रण।

115. निम्नलिखित कथनों पर विचार करें :

1. कार्बन की चतुर्संयोजकता और इसके द्वारा श्रृंखला बनाने के गुण के कारण ही कार्बन के यौगिकों में अत्यंत विविधता पाई जाती है।
2. कार्बन अनेक गुणों वाला तत्व है जिसके कारण यह सभी जीवित प्राणियों और बहुत सी वस्तुएं जिनका हम प्रयोग करते हैं, का आधार है।

उपर्युक्त में से कौन सा/से कथन सही है/हैं?

(a) केवल 1
(b) केवल 2
(c) 1 और 2 दोनों
(d) न ही 1 और न ही 2

116. निम्नलिखित समष्टियों की पारस्परिक क्रिया को सुमेलित करें:

	जाति अ	जाति ब	पारस्परिक क्रिया का नाम
1.	+	+	A. स्पर्धा
2.	–	–	B. सहोपकारिता
3.	+	–	C. सहभोजिता
4.	+	0	D. परजीविता

कूट :

(a) 1-A, 2-B, 3-D, 4-C (b) 1-B, 2-C, 3-A, 4-D

(c) 1-B, 2-A, 3-D, 4-C (d) 1-B, 2-A, 3-C, 4-D

117. निम्नलिखित को सुमेलित कीजिए:

1. वह प्रकिया जिसके द्वारा पानी में घुलनशील अकार्बनिक पोषक मृदा संस्तर में प्रवृष्ट कर जाते हैं और अनुपलब्ध लवण के रूप में अवक्षेपित हो जाते हैं	A. खंडन
2. अपरदाहारी द्वारा अपरद को छोटे–छोटे कणों में खंडित कर देना	B. निक्षालन
3. एक गहरे रंग के क्रिसटल रहित तत्व के निर्माण की प्रक्रिया जो कि सूक्ष्म जैविक क्रिया के लिए उच्च प्रतिरोधी होता है और इसका अपघटन बहुत धीमी गति से चलता है	C. अपचय
4. जीवाणुवीय एवं कवकीय एंजाइमों द्वारा अपरदों को सरल अकार्बनिक तत्वों में तोड़ने की प्रक्रिया	D. ह्यूमिफिकेशन

निम्नलिखित कूटों में से सही उत्तर का चयन करें :

(a) 1-A, 2-C, 3-D, 4-B (b) 1-A, 2-B, 3-D, 4-C

(c) 1-B, 2-A, 3-D, 4-C (d) 1-B, 2-A, 3-C, 4-D

118. निम्नलिखित कथनों पर विचार करें :

1. जल सर्वाधिक प्रचलित अग्निशमक है परन्तु जल तभी काम करता है जब आग लकड़ी और कागज में लगी हो।
2. विद्युतीय उपकरण एवं ज्वलनशील पदार्थ जैसे की पेट्रोल द्वारा लगी हुई आग के लिए CO2 सर्वोत्तम अग्निशमक है।
3. ऑक्सीजन से हलकी होने के कारण CO2 आग को एक आवरण के समान ढंक लेती है।

4. CO_2 न केवल आग के चारों ओर आवरण का काम करती है, बल्कि यह ईंधन का ताप भी कम कर देती है।

उपर्युक्त में से कौन सा/से कथन सही है/हैं?

(a) 1, 2, 3 और 4 (b) केवल 1, 2 और 3

(c) केवल 1, 3 और 4 (d) केवल 1, 2 और 4

119. निम्न में से कौन से तेल उपभोग करने वाले बैक्टिरिया हैं?

i) सल्फेट की कमी करने वाला बैक्टिरिया

ii) अम्ल उत्पन्न करने वाला बैक्टिरिया

iii) ओलियोफेजिक बैक्टिरिया

iv) सामान्य एरोबिक बैक्टिरिया

सही कूट है:

(a) केवल i, ii और iii (b) केवल i, ii और iv

(c) केवल ii, iii और iv (d) केवल i, iii और iv

120. निम्नलिखित प्रदूषकों पर विचार कीजिए:

1. आर्सेनिक
2. पारा
3. डी.डी.टी. (DDT)

उपर्युक्त में से कौन-सा/से प्रदूषक जैव आवर्धित होते है/हैं?

(a) केवल 1 एवं 2 (b) केवल 2 एवं 3

(c) केवल 3 (d) 1, 2 एवं 3

121. नाइट्रोजन, प्रोटीन निर्माण का एक आवश्यक घटक एवं सभी जीवित ऊतकों के निर्माण का मूल इकाई होती है। निम्नलिखित एजेंटों पर विचार कीजिए:

1. सूक्ष्म जीव
2. औद्योगिक प्रक्रिया
3. वायुमण्डलीय परिघटना

उपर्युक्त वर्णित एजेंटों में कौन-सा/से एजेंट नाइट्रोजन स्थिरीकरण में भाग लेते हैं?

(a) केवल 1 एवं 2 (b) केवल 3

(c) केवल 2 एवं 3 (d) 1, 2 एवं 3

122. HFC-23 के संदर्भ में निम्नलिखित कथनों पर विचार कीजिए:

1. HFC-23 गैस में कार्बन डाई ऑक्साइड की तुलना में 14800 गुना वैश्विक तापन संभावना है।
2. यह, HCFC-22 (हाइड्रोक्लोरो फ्लोरो-कॉर्बन-22), जिसका प्रयोग औद्योगिक प्रशीतन के रूप में किया जाता है, का उप-उत्पाद है।
3. भारतीय कंपनियों को इस गैस के उत्सर्जन की समाप्ति सुनिश्चित करने में आने वाले खर्च का मुआवजा दिया जायेगा।

उपर्युक्त वर्णित कथनों में से कौन-से कथन सही हैं?

(a) केवल 1 एवं 2
(b) केवल 2 एवं 3
(c) केवल 1 एवं 3
(d) 1, 2 एवं 3

123. निम्नलिखित में से किनमें क्लोरोफ्लोरो कार्बन (सीएफसी) का उपयोग होता हैं?

1. सीएफसी का एयरोसोल के डिब्बे में दबावकारी माध्यम के रूप में प्रयोग किया जाता है।
2. सीएफसी ट्यूबलेस टायर को मदद करते हैं।
3. सीएफसी इलेक्ट्रॉनिक सामानों की सफाई में उपयोग किए जाते हैं।
4. सीएफसी प्लास्टिक फोम में प्रयोग किए जाते हैं।

निम्नलिखित कूटों की सहायता से सही उत्तर चुनिए:

(a) केवल 1, 2 और 4
(b) केवल 1, 3 और 4
(c) केवल 1, 2 और 3
(d) केवल 1 और 4

124. निम्नलिखित पर विचार कीजिए:

1. रेफ्रिजरेटर
2. एयर कंडीशनर
3. कीट भगाने वाला
4. दुर्गंध नाशक

उपर्युक्त वर्णित स्रोत/स्रोतों में से किस/किन से पृथ्वी के पर्यावरण को गंभीर नुकसान पहुँचाने वाला क्लोरोफ्लोरोकार्बन (CFC) उत्सर्जित होता है?

(a) केवल 1, 2 और 4
(b) केवल 1 और 2
(c) केवल 2
(d) 1, 2, 3 और 4

125. देश में पहली बार, पेट्रोलियम एवं गैस मंत्री द्वारा पूर्णतः LNG ईंधन आधारित एक बस की शुरूआत की गयी है। LNG ईंधन के संदर्भ में निम्नलिखित कथनों पर विचार कीजिए:

1. इसका कार्बन डाईऑक्साइड (CO_2) उत्सर्जन डीजल से कम होता है।
2. यह एक पर्यावरण अनुकूल ईंधन है, जिसमें अन्य मोटर वाहन ईंधन की तुलना में कम मात्रा में Nox, Sox एवं पार्टिकुलेट तत्व पाया जाता है।

3. परिवहन क्षेत्र में LNG की शुरूआत से भारत को अपनी COP21 प्रतिबद्धता को पूरा करने में मदद मिलेगी।

उपर्युक्त वर्णित कथनों में से कौन-सा/से कथन सही है/हैं?

(a) केवल 1 और 3
(b) केवल 2
(c) केवल 2 और 3
(d) 1, 2 और 3

126. सल्फर डाइऑक्साइड (SO_2), और नाइट्रोजन ऑक्साइड वायुमण्डल के उत्सर्जित होते हैं और हवा और वायु धराओं द्वारा एक स्थान से दूसरे स्थान पर पहुँच जाते हैं, तो अम्लीय वर्षा होती है। निम्नलिखित में से कौन-से SO_2 और NOX के प्रमुख स्रोत हैं?

1. विद्युत उत्पादन के लिए जीवाश्म ईंधन को जलाना
2. वाहन और भारी उपकरण
3. तेल रिफाइनरी उद्योग
4. विनिर्माण उद्योग

नीचे दिए गए कूट का प्रयोग कर सही उत्तर का चयन कीजिए।

(a) केवल 1, 3 और 4
(b) केवल 1 और 2
(c) केवल 1, 2 और 3
(d) 1, 2, 3 और 4

127. निम्नलिखित कथनों पर विचार कीजिए:

1. फुलरीन या कार्बन-60, कार्बन का एक अपरूप होता है जिसमें कार्बन के 60 परमाणुओं का गुच्छ होता है।
2. हीरा कार्बन का क्रिस्टलीय अपररूप होता है।
3. ग्राफीन अब तक खोजे गये पदार्थो में सबसे पतला किन्तु सबसे अधिक मजबूत पदार्थ है।
4. ग्रेफाइट जो विद्युत का सुचालक है, वह कभी-कभी अर्द्धचालक के रूप में व्यवहार करता है।

उपर्युक्त वर्णित कथनों में से कौन-से कथन सही हैं?

(a) केवल 1, 2 और 3

(b) केवल 1 और 2

(c) केवल 2 और 3

(d) 1, 2, 3 और 4

128. सौर सेल या फोटोवोल्टिक सेल के संदर्भ में निम्नलिखित कथनों पर विचार कीजिएः

1. सौर सेल एक विद्युत उपकरण है जो फोटोवोल्टिक प्रभाव का उपयोग कर प्रकाश ऊर्जा को सीधे विद्युत ऊर्जा में बदल देता है।
2. सौर सेलों का प्रयोग सौर मॉड्यूल बनाने हेतु किया जाता है जो सूर्य के प्रकाश से विद्युत को उत्पन्न करता है।
3. सौर सेलों द्वारा, प्रकाश ऊर्जा को, उपयोग करने योग्य विद्युत की प्रत्यावर्ती धारा (AC) में, बदल दिया जाता है।

उपर्युक्त कथनों में से कौन-से सही हैं?

(a) केवल 1 एवं 2 (b) केवल 1 एवं 3

(c) केवल 2 एवं 3 (d) 1, 2 एवं 3

129. हाइड्रोजन 'फ्यूल सेल' स्वच्छ ऊर्जा स्रोतों में से एक है एवं इनका तेजी से वाहनों में प्रयोग बढ़ता जा रहा है। हाइड्रोजन फ्यूल सेल के संदर्भ में निम्नलिखित में से कौन सा गलत है?

(a) हाइड्रोजन फ्यूल सेल, तेजी से बढ़ती स्वच्छ एवं किफायती एवं विश्वसनीय ऊर्जा का स्रोत है जो लचीली है एवं आसानी से स्थापित किया जा सकता है।

(b) हाइड्रोजन फ्यूल सेल में मानव स्वास्थ को हानि पहुँचाने वाल हानिकारक रसायन उपस्थित नहीं होते।

(c) हाइड्रोजन फ्यूल सेल एक 'रासायनिक कारखाने' की तरह है जहाँ पर लगातार ईंधन को सीधे विद्युत के रूप में परिवर्तित किया जाता रहता है, जब तक ईंधन की आपूर्ति होती रहती है।

(d) हाइड्रोजन फ्यूल सेल के द्वारा इमारतों में उपयोग हेतु विद्युत तो पहुंचाई जा सकती है लेकिन इसका प्रयोग छोटे इलेक्ट्रॉनिक उपकरणों में विद्युत उपयोग हेतु नहीं किया जा सकता।

130. निम्नलिखित में से कौन सी परिघटना, ब्रह्माण्ड के लगातार होते विस्तार को बताता है?

(a) ब्लू शिफ्ट एवं कॉस्मिक माइक्रोवेव पृष्ठभूमि

(b) लाल शिफ्ट एवं कॉस्मिक माइक्रोवेव पृष्ठभूमि

(c) ब्लू शिफ्ट एवं कॉस्मिक रेडियोवेव पृष्ठभूमि

(d) लाल शिफ्ट एवं कॉस्मिक रेडियोवेव पृष्ठभूमि

131. कथन (A) : मीथेन, संपीड़ित प्राकृतिक गैस (CNG) का मुख्य संघटक है।

कारण (R) : मीथेन का उपयोग घरों एवं कारखानों में सीधे ही किया जा सकता है, जहाँ इसे पाइपलाइनों के द्वारा पहुँचाया जा सकता है।

कूटः

(a) A एवं R दोनों सही हैं तथा R, A की सही व्याख्या करता है।

(b) A एवं R दोनों सही हैं तथा R, A की सही व्याख्या नहीं करता है।

(c) A सही है लेकिन R गलत है।

(d) A गलत है लेकिन R सही है।

132. निम्नलिखित कथनों पर विचार कीजिए:

1. ध्वनि की गति गैस में, द्रव एवं ठोस की तुलना में अधिक होती है।
2. हृदय, अपश्रव्य आवृत्ति पर कंपन करता है।
3. कम लंबाई के बांसुरी से उच्च आवृत्ति की तरंगे उत्पन्न होती हैं।

उपर्युक्त कथनों में से कौन-सा/से सही है/हैं?

(a) केवल 2 (b) केवल 3

(c) केवल 2 एवं 3 (d) 1, 2 एवं 3

133. निम्नलिखित कथनों में से कौन-सा/से सही है/हे?

1. किसी भी जल में बायोकेमिकल ऑक्सीजन डिमांड (BOD) जितनी अधिक होगी, उसकी गुणवत्ता उतनी ही अधिक होगी।
2. बायोमैग्नीफिकेशन (जैव आवर्धन) जलीय खाद्य श्रृंखला के लिए अच्छा होता है।
3. सुपोषण (यूट्रोफिकेशन) को जल प्रदूषक के रूप में माना जाता हे।

नीचे दिये गये कूट का प्रयोग कर सही उत्तर का चयन करें:

(a) केवल 1 एवं 3 (b) केवल 2 एवं 3

(c) केवल 3 (d) 1, 2 एवं 3

134. निम्नलिखित कथनों में से कौन सा/से सही है/हैं?

1. लोहे की विशिष्ट ऊष्मा जल की विशिष्ट ऊष्मा की तुलना में बहुत अधिक है।
2. रेडियो तरंग की गति प्रकाश की गति से अधिक होती है।

निम्नलिखित कूटों की सहायता से सही उत्तर चुनिए :

(a) केवल 1 (b) केवल 2

(c) 1 और 2 दोनों (d) इनमें से कोई नहीं

135. निम्नलिखित युग्मों पर विचार कीजिए :

1. हाइड्रोजन पराक्साइड : प्रणोदक
2. ट्राइ नाइट्रोफिनॉल : एण्टीसेप्टिक
3. कैलिफोर्नियम : रेडियोएक्टिव पदार्थ

उपर्युक्त युग्मों में से कौन सा/से युग्म सही सुमेलित नहीं है/हैं?

(a) केवल 1 (b) केवल 2
(c) केवल 1 और 3 (d) इनमें से कोई नहीं

136. 'पारा विषाक्तता' के संदर्भ में निम्नलिखित में से क्या सही नहीं है?

(a) पकाने के बाद भी पारा समाप्त नहीं होता।
(b) विद्युत एवं ऊष्मा के लिए कोयले का दहन पारे का प्रमुख स्रोत है।
(c) पारा एक ऐसा तत्व है जिसे नष्ट नहीं किया जा सकता है; इसलिए, पहले से प्रयुक्त पारे का पुनर्चक्रण द्वारा पारे की नयी आवश्यकता की पूर्ति की जा सकती है, बिना पारे के नये खनन के।
(d) लोग जब एक कार्बनिक यौगिक 'मिथाइल मरकरी' से दूषित झील मछली का सेवन करते हैं, तो वे इसके संपर्क में आ जाते हैं।

137. निम्नलिखित में से कौन वायुमण्डल में एअरोसोल का कार्य कर सकता/सकते है/हैं?

(a) सल्फर डाईऑक्साइड (b) मरुस्थली धूल
(c) समुद्री नमक (d) उपर्युक्त सभी

138. निम्नलिखित कौन सा अभिसमय कुछ निश्चित खतरनाक रसायनों के अंतर्राष्ट्रीय व्यापार से मानव स्वास्थ्य तथा पर्यावरण को होने वाली संभावित हानि से संरक्षित करने से संबंधित है?

(a) रॉटरडम अभिसमय (b) मिनिमाटा अभिसमय
(c) पेरिस अभिसमय (d) डर्बन अभिसमय

139. निम्नलिखित में से कौन विष का कार्य कर सकता है/सकते हैं?

1. पारा
2. फ़्लूरीन
3. क्रोमियम
4. निकेल
5. सायनाइड

निम्नलिखित कूटों की सहायता से सही उत्तर चुनिए :

(a) केवल 1, 2 और 5 (b) केवल 1, 2 और 3
(c) केवल 1, 2, 3 और 5 (d) 1, 2, 3, 4 और 5

140. सूक्ष्मजैविक ईंधन सेल के बारे में निम्नलिखित कथनों पर विचार कीजिए:

1. वे ईंधन के रूप में जैविक अपशिष्ट पदार्थ का और उत्प्रेरक के रूप में सहज उपलब्ध सूक्ष्मजीवों का उपयोग करती हैं।
2. उन्हें उच्च विनियमित वितरण प्रणाली की आवश्यकता नहीं होती है जैसी कि हाइड्रोजन ईंधन सेलों के लिए आवश्यक होती है।
3. एन्जाइम ईंधन सेलों की अपेक्षा उनकी रूपांतरण दक्षता निम्न होती है।

उपर्युक्त कथनों में से कौन सा/से कथन सही है/हैं?

(a) केवल 1 और 2 (b) केवल 2

(c) केवल 2 और 3 (d) केवल 3

141. सूक्ष्मजैविक कीटनाशकों में सम्मिलित हैं :

1. जीवाणु
2. शैवाल
3. फफूँद
4. लाइकेन
5. प्रोटोजोआ

निम्नलिखित कूटों की सहायता से सही उत्तर चुनिए :

(a) केवल 1, 2 और 3 (b) केवल 2, 3 और 4

(c) केवल 2, 3, 4 और 5 (d) केवल 1, 2, 3 और 5

142. निलंबित कण पदार्थ (एसपीएम), धुन्ध का मुख्य स्रोत है, जो दृश्यता कम करता है, विशेष रूप से महानगरों में, शीतकालवधि में, जहाँ अत्यधिक वाहन हैं। वे कौन से ठोस कण हैं, जो एसपीएम का कार्य करते हैं?

1. वाष्प
2. धुआँ
3. धूल

निम्नलिखित कूटों की सहायता से सही उत्तर चुनिए :

(a) केवल 1 और 2 (b) केवल 2 और 3

(c) केवल 1 और 3 (d) 1, 2 और 3

143. निम्नलिखित कथनों पर विचार कीजिए :

1. प्राकृतिक गैस वाणिज्यिक और घरेलू दोनों उद्देश्य से अपेक्षाकृत किफ़ायती लागत पर उत्पादित होती है तथा गैसोलीन या डीज़ल ईंधन की तुलना में स्वच्छ रूप से प्रज्जवलित होती है।
2. जैव-गैस सम्पीडित प्राकृतिक गैस के रूप में वाहन चलाने में प्रयुक्त की जा सकती है।

उपर्युक्त उल्लिखित कथनों में से कौन सा/से कथन सही है/हैं?

(a) केवल 1 (b) केवल 2

(c) 1 और 2 दोनों (d) न तो 1 और न ही 2

144. निम्नलिखित युग्मों पर विचार कीजिए:

1. संवहन : प्रशीतन
2. पराबैंगनी किरणें : पॉलीकार्बोनेट लेन्स
3. मेम्ब्रेन प्रौद्योगिकी : वाटर प्यूरीफायर

उपर्युक्त युग्मों में से कौन सा/से सही सुमेलित है/हैं?

(a) केवल 1 और 2 (b) केवल 1

(c) केवल 2 और 3 (d) 1, 2 और 3

145. विश्व स्वास्थ्य संगठन द्वारा किये गये विश्व के 1600 शहरों के सर्वेक्षण के अनुसार, भारत की राजधानी दिल्ली में वायु की गुणवत्ता, विश्व के किसी भी प्रमुख शहर की अपेक्षा अधिक खराब है। मानवीय गतिविधियों के अलावा, निम्नलिखित में से कौन प्राकृतिक रूप से वायु प्रदूषक उत्पन्न कर रहे हैं?

1. ओजोन 2. नाइट्रोजन ऑक्साइड

3. कार्बन मोनोऑक्साइड

निम्नलिखित कूटों की सहायता से सही उत्तर चुनिए :

(a) केवल 1 और 2 (b) केवल 2

(c) केवल 2 और 3 (d) 1, 2 और 3

146. जल निकायों की वनस्पतियों और जीव-जंतुओं के संरक्षण के लिए फैक्ट्रियों से निकलने वाले अम्लों का उदासीनीकरण एक अनिवार्य मानदण्ड है। अम्लों के उदासीनीकरण में प्रयुक्त होने वाले "रासायनिक एजेण्ट" हैं :

1. कैल्सियम हाइड्राक्साइड 2. कार्बन डाईऑक्साइड

3. कैल्सियम कार्बोनेट 4. कास्टिक सोडा

निम्नलिखित कूटों की सहायता से सही उत्तर चुनिए:

(a) केवल 1

(b) केवल 1 और 2

(c) केवल 2 और 3

(d) केवल 1, 3 और 4

147. इसके अत्यधिक महत्त्व के कारण पेट्रोलियम को 'काला सोना' भी कहा जाता है। पेट्रोलियम के संदर्भ में निम्नलिखित कथनों पर विचार कीजिए:

1. यह अपमार्जक, फाइबर, पॉलीथीन और मानव-निर्मित अन्य प्लास्टिकों के विनिर्माण में प्रयुक्त होता है।
2. प्राकृतिक गैस, पेट्रोलियम का सहउत्पाद है।
3. पेट्रोलियम पुनर्चक्रण योग्य है।

उपर्युक्त कथनों में से कौन सा/से कथन सही है/हैं?

(a) केवल 1 (b) केवल 2

(c) केवल 1 और 2 (d) केवल 2 और 3

उत्तरमाला

1. (d)	**2.** (a)	**3.** (c)	**4.** (c)	**5.** (d)	**6.** (a)	**7.** (c)
8. (c)	**9.** (c)	**10.** (d)	**11.** (a)	**12.** (d)	**13.** (d)	**14.** (d)
15. (d)	**16.** (b)	**17.** (b)	**18.** (a)	**19.** (c)	**20.** (b)	**21.** (b)
22. (d)	**23.** (a)	**24.** (c)	**25.** (a)	**26.** (b)	**27.** (d)	**28.** (c)
29. (a)	**30.** (b)	**31.** (c)	**32.** (b)	**33.** (b)	**34.** (c)	**35.** (b)
36. (d)	**37.** (d)	**38.** (b)	**39.** (c)	**40.** (a)	**41.** (a)	**42.** (d)
43. (c)	**44.** (d)	**45.** (c)	**46.** (b)	**47.** (b)	**48.** (d)	**49.** (b)
50. (a)	**51.** (b)	**52.** (d)	**53.** (a)	**54.** (b)	**55.** (a)	**56.** (b)
57. (a)	**58.** (a)	**59.** (c)	**60.** (a)	**61.** (d)	**62.** (a)	**63.** (d)
64. (c)	**65.** (a)	**66.** (b)	**67.** (c)	**68.** (a)	**69.** (c)	**70.** (d)
71. (d)	**72.** (a)	**73.** (d)	**74.** (a)	**75.** (b)	**76.** (a)	**77.** (b)
78. (a)	**79.** (c)	**80.** (a)	**81.** (b)	**82.** (c)	**83.** (c)	**84.** (d)
85. (d)	**86.** (c)	**87.** (b)	**88.** (a)	**89.** (d)	**90.** (a)	**91.** (a)
92. (d)	**93.** (d)	**94.** (b)	**95.** (c)	**96.** (a)	**97.** (a)	**98.** (d)
99. (b)	**100.** (d)	**101.** (c)	**102.** (a)	**103.** (a)	**104.** (b)	**105.** (c)
106. (c)	**107.** (c)	**108.** (a)	**109.** (d)	**110.** (b)	**111.** (d)	**112.** (b)
113. (c)	**114.** (d)	**115.** (c)	**116.** (c)	**117.** (c)	**118.** (d)	**119.** (b)
120. (d)	**121.** (d)	**122.** (a)	**123.** (b)	**124.** (d)	**125.** (d)	**126.** (d)
127. (d)	**128.** (a)	**129.** (d)	**130.** (b)	**131.** (b)	**132.** (c)	**133.** (c)
134. (d)	**135.** (d)	**136.** (d)	**137.** (d)	**138.** (a)	**139.** (d)	**140.** (a)
141. (d)	**142.** (d)	**143.** (c)	**144.** (d)	**145.** (d)	**146.** (d)	**147.** (a)

व्याख्या

1. d प्रशांतक एक दवा है जिसका उपयोग चिंता, भय, तनाव, घबड़ाहट और मानसिक अशांति से संबंधित अवस्थाओं को कम करने के लिए किया जाता है।

3. c PM 2.5 में, 2.5 सूक्ष्म कणों के आकार को माइक्रॉन में प्रदर्शित करता है।

4. c क्लोराफ़ॉर्म के उपयोग निम्न अनुसार हैं :

1. विलायक के रूप में
2. कार्बनिक संश्लेषण में अभिकर्मक के रूप में
3. संवेदनाहारी के रूप में
4. तापीय ईंजन के संचालन में तरल पदार्थ के रूप में

5. d जीवाणु द्वारा किये जाने वाले नाइट्रीकरण के माध्यम से अमोनिया, मृदा में, नाइट्रेट आयन के रूप में परिवर्तित होती है। विनाइट्रीकरण द्वारा नाइट्रोजन का वायुमण्डल में पुनःचक्रण होता है।

6. a भारत ने क्योटो प्रोटोकॉल व मोंट्रियल प्रोटोकॉल दोनों पर हस्ताक्षर किया है किंतु ओजोन क्षयकारी पदार्थों (ओडीएस) व रसायनों के उत्पादन और उपभोग को क्रमिक रूप से समाप्त करने कि प्रक्रिया मोंट्रियल प्रोटोकॉल से संबंधित है। क्योटो प्रोटोकॉल मुख्यतः हरित गैसों के उत्सर्जन में कमी लाने से संबंधित है।

7. c ब्रीथ एनालाइजर प्रत्यक्ष रूप से रक्त में अल्कोहल की मात्रा या सांद्रता को नहीं मापता, इसके लिए रक्त के नमूने के विश्लेषण की आवश्यकता होती है। इसके बजाय, यह किसी की श्वास में अल्कोहल की मात्रा का अनुमान परोक्ष रूप से रक्त में अल्कोहल की मात्रा का अनुमान लगाकर कर लेता है।

8. c मोटर वाहन से निकलने वाले प्रमुख उत्सर्जकों में नाइट्रस ऑक्साइड (N2O) कार्बन मोनो ऑक्साइड (CO), ओजोन, बेंजीन, कार्बन डाईऑक्साइड (CO2) और अन्य वाष्पशील कार्बनिक यौगिक हैं।

10. d सल्फ्युरिक अम्ल की प्रबल जल-बंधुता के कारण यह जल से अभिक्रिया करने के प्रयास में बीकर से बाहर निकल आता है। इसीलिए प्रयोगशाला में सल्फ्युरिक अम्ल को तनुकृत करने के लिए बीकर में पहले से जल लेकर अम्ल को ऊपर से इसमें गिराते हैं। अम्ल और जल के बीच की अभिक्रिया हाइड्रोनियम आयनों के बनने की अभिक्रिया का उत्तम उदाहरण है। हाइड्रेशन अभिक्रिया के कारण यह एक प्रबल ऊष्माक्षेपी प्रतिक्रिया है। इसमें इतनी ऊष्मा और भाप उत्पन्न होती है जिससे हाथ जल जाए।

11. a वह शब्दावली, जिसका प्रयोग वैज्ञानिक यह बताने के लिए करते हैं कि कार्बन डाईऑक्साइड के स्तर में परिवर्तन होने पर पर्यावरण में क्या प्रतिक्रिया होता है उसे "क्लाईमेट सेंसीटिविटी" कहते हैं। 'इक्वलिब्रिअम सेंसिटीविटी', सभी फीड बैक-मेकैनिज़्म के क्रियाशील होने के पश्चात् (वनस्पतियों एवं बर्फ की परत में होने वाले परिवर्तन को छोड़कर) बाकी, सभी परिस्थितियों में तापमान की वृद्धि को इंगित करता है।

16. b आजकल निरापद माचिस के सिरे पर केवल ऐन्टिमनी ट्राइसल्फाइड और पोटैशियम क्लोरेट लगा रहता है। रगड़ने वाली सतह पर चूर्णित काँच और थोड़ा सा लाल फॉस्फोरस लगाते हैं जो कम खतरनाक होता है जब माचिस की तीली को खुरदरी सतह पर रगड़ा जाता है तो कुछ लाल फास्फोरस श्वेत फॉस्फोरस में परिवर्तित हो जाता है तथा यह माचिस की तीली पर लगे पोटैशियम क्लोरेट से अभिक्रिया कर पर्याप्त उष्मा उत्पन्न कर देता है जिससे ऐन्टिमनी ट्राइसल्फाइड का दहन प्रारंभ हो जाता है।

17. b विलयन एक संमागी मिश्रण है।

18. a एल ई डी लेज़र के आधार पर कार्य नहीं करते वरन ये एक अत्यधिक अपमिश्रित p-n संधि डायोड होते हैं जो कि एक प्रकार का ट्रांजिस्टर होता है।

20. b अपघटन की प्रक्रिया में ऑक्सीजन की आवश्यकता होती है।

21. b कई युक्तियाँ जैसे की द्रव चालित उत्थापक और द्रव चालित ब्रेक पास्कल के नियम पर आधारित हैं। इन युक्तियों में दाब संचरण के लिए तरलों का प्रयोग किया जाता है।

22. d एलपीजी की कोई विशिष्ट गंध नहीं होती है, अतः रिसाव होने पर इसका पता लगाने के लिए इसमें एथिल मरकेप्टन मिश्रित किया जाता है।

25. a हड्डी एक अक्रिय तथा अपरिवर्तनशील पदार्थ नहीं है, यह किसी मनुष्य में लगभग 400mg प्रतिदिन की दर से विलेयित तथा निक्षेपित होती है और इसका सारा कैल्सियम प्लाज़्मा में से होकर गुज़रता है।

26. b जल में पाये जाने वाले खनिज प्लास्टिक बोतलों में पाये जाने वाले रसायनों से अभिक्रिया नहीं करते वरन्, वस्तुतः प्लास्टिक बोतलों एवं रंगीन बोतलों में पॉलीविनाइल क्लोराइड (पीवीसी) एवं सोडियम थैलेट पाये जाते हैं जो कि दीर्घकालीन जल भंडारण करने पर जल में घुल जाते हैं और इस प्रकार स्वास्थ्य के लिए हानिकारक हैं।

28. c हाइड्रोजन अर्थव्यवस्था का मुख्य लाभ यह है कि ऊर्जा का संचरण विद्युत्-ऊर्जा के रूप में न होकर डाईहाइड्रोजन के रूप में होता है।

30. b खनिज के गुण एवं मात्रा में प्रतिलोम संबंध पाया जाता है।

31. c द्वितीयक सेलों में, सर्वप्रथम वैद्युत-ऊर्जा को रासायनिक ऊर्जा में परिवर्तित किया जाता है और यह वैद्युत-ऊर्जा के रुप में भण्डारित हो जाती है तथा पुनः बैद्युत-ऊर्जा के रुप में प्रयोग किया जाता है।

33. b क्लोरीन जीवाणुओं एवं अन्य सूक्ष्मजीवों की कोशिकाओं को नष्ट कर देता है परंतु यह कीटाणुओं के डीएनए की संरचना को नहीं बदलता।

34. c सूक्ष्म जैविक ईंधन कोशिकाएं (माइक्रोबिसल फ्यूल सैल), जैव निम्नीकरणीय पदार्थों से विद्युत-ऊर्जा उत्पन्न करती हैं, यह प्रक्रिया पर्यावरण अनुकूल है।

35. b सामान्यतः पायी जाने वाली पदार्थ की अन्य अवस्थाओं की तुलना में, बोस-आइंस्टीन कंडनसेट पदार्थ की अत्यंत भंगुर अवस्था होती है। इस अवस्था को बाह्य वातावरण में लाने पर अधिक तापमान के कारण यह संघनन के न्यूनतम बिंदु से नीचे आ जाती है और यह मात्र एक गैस के रूप में रह जाती है।

37. d अक्सर कोहरा (स्मॉग) की घटना-बड़े यातायात मोटर वाहन, उच्च तापमान, धूप एवं शांत हवाओं की वजह से होता है। मौसम एवं भूगोल स्मॉग की स्थिति एवं उसकी सघनता को प्रभावित करते हैं क्योंकि तापमान स्मॉग बनने में लगे समय को नियंत्रित करता है अतः उष्ण एवं प्रकाश युक्त दिन में स्मॉग और अधिक घना हो सकता है।

39. c घरों के वायुतापन निकाय तथा वाहनों के शीतलन निकाय प्रणोदित संवहन निकायों के सामान्य उदाहरण हैं।

40. a यह, आक्सीज़न की अनुपस्थिति में, उच्च तापमान पर जैविक सामग्री का ताप-रासायनिक अपघटन है।

41. a फोटो सेल, पराबैंगनी किरणें उत्सर्जित नहीं करता है। चोर अलार्म पर पड़ने वाली पराबैंगनी किरणों के मार्ग में आने वाले व्यवधान के कारण फोटो सेल में वैद्युत-धारा उत्पन्न हो जाती है और अलार्म बजने लगता है।

42. d ड्यूपोंट के क्लोरोफ्लोरो कार्बन, हाइड्रोक्लोरोफ्लोरो कार्बन और संबंधित यौगिकों का ब्राँड नाम, फ्रेऑन है।

43. c प्वाइंट स्रोत फैलाव का प्रयोग औद्योगिक स्रोतों के विश्लेषण के लिए तथा क्षेत्र स्रोत फैलाव का प्रयोग दावाग्नि एवं धूल भरी आँधियों के विश्लेषण के लिए किया जाता है।

44. d वाइन तथा बियर बिना आसवन के उत्पन्न किए जाते हैं, जबकि व्हिस्की, ब्रांडी तथा रम किण्वित रस के आसवन द्वारा तैयार किए जाते हैं।

46. b गैसें अत्यंत निम्न दाब पर विद्युत की सुचालक होती हैं। अत्यंत निम्न ताप पर गैसों के आयन आवेशों का संवहन करते हैं।

48. d टीडीएस का मुख्य प्रयोग धाराओं, नदियों एवं झीलों के जल की गुणवत्ता के अध्ययन में किया जाता है, हालांकि इसे प्राथमिक या मुख्य प्रदूषक नहीं माना जाता (उदाहरणतः यह स्वास्थ्य पर प्रभावों से संबंधित नहीं है) परंतु यह रासायनिक प्रदूषकों के एक वृहत्तर श्रेणी के सकल संग्रहण का सूचक है। सामान्यतः टीडीएस का उच्च स्तर जल की कठोरता को इंगित करता है।

49. b pH को विलयन में हाइड्रोजन आयन के नकारात्मक दशमलव लघुगणक के रूप में परिभाषित किया जाता है।

50. a सतह व्युत्क्रमण पृथ्वी की सतह के निकट वातावरण की परतें हैं जिनमें ऊँचाई बढ़ने के साथ तापमान बढ़ता है।

51. b उष्णकटिबंधीय क्षेत्र वाले गन्ने से एथनॉल के आसवन में, समशीतोषण क्षेत्र वाले मक्का से एथनॉल के आसवन की तुलना में, कम भूमि व कम जीवाश्म ईंधन की आवश्यकता पड़ती है।

53. a पॉलीएमाइड 11 (पीए 11) या नाइलॉन 11 एक गैर जैव निम्नीकृत रसायन है।

54. b जब प्रकीर्णन करने वाले कण तरंगदैर्ध्य की तुलना में अधिक बड़े होते हैं, तब सभी तरंगदैर्ध्य लगभग समान्य रूप से बिखरते हैं। जब तरंगदैर्ध्य प्रकीर्णन करने वाले कण से बहुत बड़े होते हैं तब उनका बिखरना तरंगदैर्ध्य की चतुर्घात के व्युत्क्रमानुपाती होता है।

55. a 'ज़िओलाइट' एक छिद्रपूर्ण खनिज है, जिसका उपयोग एक उत्प्रेरक और आणविक छलनी के रूप में किया जाता है।

58. a चीन, संयुक्त राज्य अमेरिका और भारत के बाद रूस ग्रीन हाउस गैसों का उत्सर्जन (प्रतिशत में) करने वाला चौथा सबसे बड़ा देश है।

59. c सुरिचक खाद्य, रंजक एवं मधुरक व अन्य खाद्य-योज्यों (फूड एडिटिव्स) का कोई पोषक गुणवत्ता नहीं होती। इन्हे या जो भंडारित खाद्य-पदार्थों की सुरक्षा-अवधि बढ़ाने अथवा शोभा बढ़ाने के उद्देश्य से मिलाया जाता है।

61. d उच्च घनत्व पॉलीथीन (एचडीपी), इथेन के निम्न दाब के अन्तर्गत बहुलकीकरण द्वारा प्राप्त की जाती है, अल्प-घनत्व पॉलीथीन (एलडीपी) उच्च दाब द्वारा प्राप्त की जाती है।

62. a 'नेचर मैगज़ीन' में प्रकाशित एक अध्ययन के अनुसार, श्वेत रक्त कोशिकाओं को घाव के जगह पर पहुँचने और उसे भरने की प्रक्रिया शुरू करने का संकेत कोशिकाओं के अंदर मौजूद हाइड्रोजन परऑक्साइड देती है। अध्ययन ने यह भी सुझाव है कि अस्थमा से ग्रस्त मरीजों के फेफड़ों में स्वस्थ लोगों से ज्यादा मात्रा में हाइड्रोजन परऑक्साइड होती है जिससे उनके फेफड़ों में श्वेत रक्त कोशिकाएं की मात्रा अपर्याप्त होती है।

63. d एंटी-बुलबुले में अंदर व बाहर दोनों ओर जल की उपस्थिति के कारण इसका उत्प्लावन धनात्मक होता है और इसलिए यह जल की ऊपरी सतह की ओर उठता है।

64. c स्क्रैबर मे जल या चूने के फुहार से ऑटोमोबाइल से निकलने वाले धुँए को प्रवाहित किया जाता है, जिससे सल्फर-डाइऑक्साइड जैसी गैसें समाप्त हो जाती हैं।

66. b संश्लेषण गैस या 'सिन्गैस' मे कार्बन-मोनोऑक्साइड व हाइड्रोजन होता है।

67. c अल्युमिनियम और उसके यौगिकों का घरेलू प्रयोग काफी सीमा तक कम हो गया है क्योंकि यह विषैला होता है।

69. c सरफेक्टैंट किसी द्रव या द्रव व ठोस के बीच पृष्ठ तनाव को कम करते है।

70. d कार्बन डाइऑक्साइड अग्निशामक के रूप में बिजली के संयंत्र अथवा ज्वलनशील पदार्थों से लगी आग को बुझाने में किया जाता है जबकि पानी, लकड़ी अथवा कागज से लगी आग को बुझाने के लिए सर्वोत्तम अग्निशामक है।

71. d द्रव्यमान व ऊर्जा की तुल्यता के समीकरण के अनुसार यह सिद्ध किया जा चुका है कि द्रव्यमान एवं ऊर्जा अन्तर परिवर्तनीय हैं। E = mc2, समीकरण उचित अन्तरपरिवर्तन को दर्शाती है। इस प्रकार, इसके नियमानुसार ऊर्जा द्रव्यमान में परिवर्तित हो जाती है और जिसके कारण संपूर्ण तंत्र का द्रव्यमान बढ़ जाता है।

72. a मेथेन व एथेन के क्लोरोफ्लुओरो व्युत्पन्न संयुक्त रूप से फ्रेऑन कहलाते हैं। यह अत्यधिक स्थायी, निष्क्रिय तथा निरावेषी (नॉन-टॉक्सिक) असंक्षारक (नॉन-कोरोसिव) तथा आसानी से द्रवित हो सकने वाली गैसें हैं। फ्रेऑन 12 (CF2Cl2) उद्योगों मे सर्वाधिक प्रयुक्त होने वाले सामान्य फ्रेऑनों में से एक है। इसका उत्पादन स्वार्ट्स अभिक्रिया द्वारा टेट्राक्लोरोमेथेन से किया जाता है। यक ऐरोसॉल प्रणोदक, प्रशीतक तथा वायु शीतलन में उपयोग करने के लिए उत्पादित किए जाते हैं। अधिकांश फ्रेऑन यहाँ तक कि प्रशीतन में काम आने वाले भी, वायुमंडल से होते हुए क्षोभमंडल में विसरित हो जाते हैं। क्षोभमंडल में फ्रेऑन, मूलक श्रृंखला अभिक्रिया प्रारंभ कर देते हैं तथा प्राकृतिक ओज़ोन संतुलन को अनियंत्रित कर देते हैं।

73. d हरित रसायन (ग्रीन केमिस्ट्री) या धारणीय रसायन (सस्टेनाबल केमिस्ट्री), रसायनिक शोध एवं अभियांत्रिकी से संबंधित एक सिद्धांत है जो कि उत्पादों के ऐसे अभिकल्प एवं प्रक्रिया को प्रोत्साहित करता है जिससे कि घातक अपशिष्टों का उत्पादन कम किया जा सके। इसका प्रमुख उद्देश्य अपशिष्टों

को कम करना है और यह रासायनिक उर्वरकों तथा कीटनाशकों के प्रयोग को बढ़ावा नहीं देता।

75. b विटामिन B12 या कोबालमिन जल में घुलनशील विटामिन है।

76. a एलेसांड्रो वोल्टा ने मैगिओर झील से निकलने वाली मार्श गैस के अध्ययन के दौरान मेथेन गैस की खोज की थी, इसीलिए मेथेन को मार्श गैस भी कहते है। सल्फर मस्टर्ड को सामान्यतया मस्टर्ड गैस भी कहते हैं। यह युद्ध में प्रयोग होने वाली गैस है जो कि खुली हुई त्वचा पर पीले रंग के द्रव से भरे हुए फफोले के लिए उत्तरदायी है। इसका रसायनिक नाम बी. आई. एस. (2-क्लोरोइथाइल) सल्फाइड है।

77. b उच्च अक्षांशों पर बढ़ती गहराई के साथ लवणता बढ़ती जाती है। विषुवत रेखा पर उच्च वर्षण और भूमध्यसागरीय धाराओं के द्वारा प्रवाहित जल के फलस्वरुप सतह पर लवणता कम होती है लेकिन समुद्र जल सतह के नीचे उच्च लवणता प्राप्त होती है। मध्य अक्षांशों में 200 फैदम की गहराई तक लवणता की मात्रा गहराई बढ़ने के साथ बढ़ती जाती है, तदुपरांत ये बढ़ती गहराई के साथ घटती है।

78. a वॉटर गैस एक संश्लेषित गैस होती है जिसमें कार्बन मोनोऑक्साइड और हाइड्रोजन होते हैं। यह एक उपयोगी उत्पाद है, परंतु कार्बन-मोनोऑक्साइड के विषैले होने के कारण इसे सावधानी पूर्वक प्रयोग में लाना चाहिए।

$$H_2O + \underset{\text{रक्त तप्त कोक}}{C} \longrightarrow \underbrace{H_2 + CO}_{\text{वॉटर गैस}}$$

प्रोड्यूसर गैस से तात्पर्य एक ऐसी ईंधन-गैस से है जो कि कोक और नाइट्रोजन से बनायी जाती है। रक्त-तप्त, कार्बन वाले किसी ईंधन पर वायु प्रवाहित की जाती है जिससे नाइट्रोजन गैस के साथ कार्बन-मोनोऑक्साइड उत्पन्न होती है।

$$\underset{\text{(रक्त-तप्त कार्बन-ईंधन)}}{2C} + O_2 + N_2 \longrightarrow \underbrace{2CO + N_2}_{\text{प्रोड्यूसर-गैस}}$$

79. c क्लीन तकनीकि (Clean Technology) के अन्तर्गत पुनर्चक्रण नवीकरण ऊर्जा (पवन ऊर्जा, सौर ऊर्जा, बायोगैस, पन बिजली, जैव ईंधन) सूचना प्रौद्योगिकी, हरित परिवहन, विद्युत मोटर, हरित रसायन, प्रकाश, ग्रे-वाटर (Greywater) और अन्य उपकरण आते हैं जो अब और अधिक ऊर्जा कुशल हैं। यह कम प्रदूषण एवं लघु पर्यावरणीय फुटप्रिंट वाले विद्युत उत्पादन एवं ईंधन निर्माण का एक माध्यम है।

80. a प्रकाश विज्ञान में निरपेक्ष अपवर्ततांक किसी पदार्थ या माध्यम में प्रकाश के गति की माप है। यह निर्वात में प्रकाश के चाल एवं उस माध्यम में प्रकाश की निरपेक्ष चाल के अनुपात के रूप में व्यक्त किया जाता है।

यह गणितीय रूप में इस प्रकार से लिखा जायेगा,

n = निर्वात में प्रकाश की चाल/माध्यम में प्रकाश की चाल

उदाहरण के लिए, जल का अपवर्तन सूचकांक 1.33 का तात्पर्य है – निर्वात में प्रकाश की चाल, जल में प्रकाश की चाल की 1.33 गुणा होती है।

120. d डीडीटी, पीसीबी, टोक्साफेन एवं जैविक रूप में पाया जाने वाला पारा जैवआवर्द्धित होते है।

121. d नाइट्रोजन स्थिरीकरण की प्रक्रिया में सूक्ष्म जीव, औद्योगिक प्रक्रिया एवं वायुमण्डलीय परिघटना तीनों भाग लेती है।

122. a भारतीय कंपनियों को HFC-23 के उत्सर्जन पर रोक के लिए कोई भी मुआवजा नहीं दिया जायेगा।

123. b क्लोरोफ्लोरो कार्बन गैर विषैले, गैर ज्वलंतशील रसायन होते हैं जिसमें कार्बन, क्लोरीन और फ्लोरीन के परमाणु होते हैं। वे एयरोसोल स्प्रे के निर्माण में, फोम के लिए ब्लोइंग एजेंट और पैकिंग सामग्री में, साल्वेन्ट्स और रेफ्रिजरेन्ट्स के रूप में प्रयोग किए जाते हैं।

124. d रेफ्रिजरेटर, एयर कंडीशनर, कीट भगाने वाला एवं दुर्गंध नाशकों आदि से क्लोरोफ्लोरो कार्बन (CFC) का उत्सर्जन होता है जिससे पृथ्वी के पर्यावरण को गंभीर नुकसान पहुँचता है।

125. d LNG ईंधन के संदर्भ में दिये गये सभी कथन सही हैं।

126. d वायुमण्डल में SO2 और NOX का प्रमुख श्रोत विद्युत उत्पादन के लिए जीवाश्म ईंधन को जलाना, वाहन और भारी उपकरण, निर्माण, तेल रिफाइनरी और अन्य उद्योग है।

128. a सौर सेलों द्वारा सौर ऊर्जा को सीधे बिजली के प्रयोग करने हेतु दिष्ट धारा (DC) में बदला जाता है जिसे बाद में प्रत्यावर्ती धारा (AC) में बदला जाता है।

129. d हाइड्रोजन फ्यूल सेल को विभिन्न क्षमता – माइक्रोवॉट से लेकर मेगावॉट – का बनाया जा सकता है जिसका उपयोग विभिन्न तरीके से इलेक्ट्रॉनिक उपकरणों से लेकर पूरी बिल्डिंग को विद्युत प्रदान करने के लिये किया जा सकता है।

131. b मीथेन कोयला एवं खनिज तेल की अपेक्षा स्वच्छ ईंधन माना जाता है क्योंकि आसान रसायनिक संरचना के कारण केवल कार्बन डाईऑक्साइड एवं जल वाष्प को उत्सर्जित करता है। इसलिए यह भट्टियों, पानी के हीटर, स्टोव एवं चिमनियों में घरों में उपयोग किया जाता है। मिथेन संपीड़ित प्राकृतिक गैस (CNG) का मुख्य संघटक है।

यद्यपि कारण (R) कथन (A) का सही स्पष्टीकरण नहीं है।

132. c विभिन्न माध्यमों में ध्वनि की गति अवरोही क्रम में – ठोस > द्रव > गैस।

133. c जब जल में BOD का स्तर अधिक होता है, जल में घुले ऑक्सीजन की मात्रा घट जाती है क्योंकि ऑक्सीजेन का जल में उपस्थित जीवाणुओं द्वारा प्रयोग कर लिया जाता है। चूँकि अब जल में घुलनशील ऑक्सीजन घट जाती है। अतः इसके कारण मछली एवं अन्य जलीय जीवों की मृत्यु होने लगती है। 'बायोमैग्नीफिकेशन', किसी खाद्य श्रृंखला में उच्चतर स्तर पर बढ़ने में जीवों के ऊत्तकों में पदार्थों खासतौर पर खतरनाक रसायनों की मात्रा में वृद्धि है। 'युट्रोफिकेशन', किसी जलीय तंत्र में कृत्रिम या प्राकृतिक माध्यम से, पोषक तत्वों - फॉस्फेट डिटर्जेंट, उर्वरक या मल आदि की वृद्धि से है।

134. d जल की विशिष्ट उष्मा (4200 J/Kg), आयरन की विशिष्ट उष्मा (2100 J/Kg) से अधिक होती है। रेडियो तरंग एवं प्रकाश तरंग दोनों की गति समान होती है।

135. d हाइड्रोजन परक्साइड एक आक्सीकारक, विरंजक एवं कीटाणुनाशक के रूप में प्रयोग किया जाता है। सांद्रित हाइड्रोजन परक्साइड या HTP (High Test Peroxide) का प्रयोग रॉकेट इंजन में प्रणोदक के रूप में भी होता है। TNP (ट्राई नाइट्रोफेनाल) प्रबलतम् अम्लीय फेनॉल है। अन्य नाइट्रेट यौगिको, जैसे TNT, की तरह यह भी एक विस्फोटक है। इसका परंपरागत उपयोग अब पुराना हो चुका है। वर्तमान में यह जलन के उपचार, एंटीसेप्टिक, डाई एवं रासायनिक एजेंट के रूप में हो रहा है। कैलिफोर्नियम एक रेडियोएक्टिव तत्व है। जो परमाणु रियक्टरों को शुरु करने हेतु न्यूट्रान के प्रारंभिक आपूर्तिकर्त्ता की भूमिका निभाता है।

136. d लोग जब, मिथाइल मरकरी नामक कार्बनिक यौगिक से दूषित मछली एवं शंख (Sellfish) को खाते हैं, तब वे इस यौगिक के संपर्क में आ जाते हैं।

138. a रॉटरडम अभिसमय 10 सितंबर 1998 को रॉटरडम, नीदरलैण्डस में एक सम्मेलन में स्वीकार किया गया। यह अभिसमय 24 फरवरी, 2004 को प्रभावी हुआ।

140. a सूक्ष्मजैविक ईंधन सेल प्रौद्योगिकी ऊर्जा के वैकल्पिम स्रोतों के अनुसंधान के लिए बहु-विषयात्मक उपागम प्रस्तुत करती है। एन्जाइम ईंधन सेलों की अपेक्षा उनकी रूपांतरण दक्षता उच्च होती है। वे जैविक इलेक्ट्रॉन परिवहन तंत्र से 90% तक इलेक्ट्रॉन का उपयोग करती हैं।

141. d शैवाल जैव संकेतक माने जाते हैं जो पर्यावरण-परिवर्तन, विशेषकर वायु प्रदूषण, की सूचना देते हैं। वे ऐसे क्षेत्र में पाये जाते हैं जहाँ वायु शुद्ध होती है।

142. d ठोस कणों के निलंबित पदार्थ (एसपीएम) हवा में धुआँ, धूल और वाष्प के रूप में शामिल रहते हैं तथा ये हवा में लंबी अवधि तक निलंबित रह सकते हैं।

145. d मानवीय गतिविधियों के अतिरिक्त O3, NO2 और CO का उत्पादन प्राकृतिक रूप से होता है। प्राकृतिक रूप से धरातल-स्तर पर ओजोन के दो प्रमुख स्रोत हाइड्रोकार्बन और समतापमण्डलीय ओजोन की अल्प मात्रा हैं। प्राकृतिक रूप से नाइट्रोजन ऑक्साइड का निर्माण मृदा में जीवाणु द्वारा किया जाता है और यह पादपों की वृद्धि में महत्त्वपूर्ण भूमिका निभाती है। कार्बन मोनोऑक्साइड ज्वालामुखी विस्फोट से उत्पन्न होती है।

146. d अम्लों को उदासीन बनाने हेतु सामान्यतः उपयोग किये जाने वाले क्षार कैल्शियम हाइड्राऑक्साइड, कैल्शियम कार्बोनेट और कास्टिक सोडा हैं।

147. a प्राकृतिक गैस मुख्यतः मिथेन से बनी हुई हाइड्रोकार्बन गैस है जो प्राकृतिक रूप से पायी जाती है। यह पेट्रोलियम का सहउत्पाद नहीं है। इसे पुनर्चक्रित नहीं किया जा सकता है।